मंत्र रहस्य

(साधकों, योगियों, साधुओं एवं गृहस्थ व्यक्तियों के लिए अत्यन्त लाभकारी रहस्य जिसके माध्यम से वे अपने जीवन को ऊर्ध्वमुखी बनाकर जीवन की पूर्णता प्राप्त कर सकेंगे)

I0248390

लेखक
डॉ. नारायणदत्त श्रीमाली

सम्पादक
कैलाशचन्द्र

वी एण्ड एस पब्लिशर्स

प्रकाशक

वी एण्ड एस पब्लिशर्स

F-2/16, अंसारी रोड, दरियागंज, नई दिल्ली-110002
☎ 23240026, 23240027 • *फैक्स:* 011-23240028
E-mail: info@vspublishers.com • *Website:* www.vspublishers.com

शाखा : हैदराबाद

5-1-707/1, ब्रिज भवन (सेन्ट्रल बैंक ऑफ इण्डिया लेन के पास)
बैंक स्ट्रीट, कोटी हैदराबाद-500 095
☎ 040-24737290
E-mail: vspublishershyd@gmail.com

वितरक :

- **पुस्तक महल®**, दिल्ली
  J-3/16, दरियागंज, नई दिल्ली-110002
  ☎ 23276539, 23272783, 23272784 • *फैक्स:* 011-23260518
  E-mail: info@pustakmahal.com • *Website:* www.pustakmahal.com
  बंगलुरू: ☎ 080-22234025 • *टेलीफैक्स:* 080-22240209
  पटना: ☎ 0612-3294193 • *टेलीफैक्स:* 0612-2302719
- **पी.एम. पब्लिकेशंस**
  - 10-बी, नेताजी सुभाष मार्ग, दरियागंज, नई दिल्ली-110002
    ☎ 23268292, 23268293, 23279900 • *फैक्स:* 011-23280567
    E-mail: pmpublications@gmail.com
  - 6686, खारी बावली, दिल्ली-110006
    ☎ 23944314, 23911979
- **यूनीकार्न बुक्स**
  मुम्बई :
  23-25, ज़ाओबा वाडी (वी०आई०पी शोरूम के सामने), ठाकुरद्वार, मुम्बई-400002
  ☎ 022-22010941 • *फैक्स:* 022-22053387

© **कॉपीराइट** : वी एण्ड एस *पब्लिशर्स*

ISBN 978-93-814480-2-1

संस्करण: 2011

भारतीय कॉपीराइट एक्ट के अन्तर्गत इस पुस्तक के तथा इसमें समाहित सारी सामग्री (रेखा व छायाचित्रों सहित) के सर्वाधिकार प्रकाशक के पास सुरक्षित हैं। इसलिए कोई भी सज्जन इस पुस्तक का नाम, टाइटल डिजाइन, अंदर का मैटर व चित्र आदि आंशिक या पूर्ण रूप से तोड़-मरोड़ कर एवं किसी भी भाषा में छापने व प्रकाशित करने का साहस न करें, अन्यथा कानूनी तौर पर वे हर्जे-खर्चे व हानि के जिम्मेदार होंगे।

मुद्रक: परम आफसेट, ओखला

दो शब्द

भद्रं कर्णेभिः श्रृणुयाम देवा भद्रं पश्येमाक्षभिर्य जत्राः।
स्थरै रङ्गै स्तुष्टुवां सस्तनू भिर्व्यशेम देवहितं यदायुः॥

यह समस्त ब्रह्मांड मन्त्र-आबद्ध है। जीवन की प्रत्येक हलचल मन्त्र-संचालित है। प्राणिमात्र का छोटे से छोटा कार्य मन्त्र-संबद्ध है, अतः जीवन में मन्त्रों के बिना प्राणि-अस्तित्व की कल्पना ही नहीं की जा सकती।

जब ब्रह्मांड का अणु-अणु मन्त्रबद्ध है, तो जीवन को भली भांति समझने के लिए मन्त्र के मूल रहस्य को समझना भी मानव का पुनीत और प्रथम कर्त्तव्य है, और इसी कर्त्तव्य-पूर्ति में यह ग्रन्थ पहला और अमिट चरण-चिह्न है।

इस पुस्तक की योजना बहुत पहले बन गई थी, परन्तु अन्य कई कार्यों में व्यस्त रहने के कारण जितना ध्यान और समय इस ग्रन्थ के लेखन में दिया जाना चाहिए था, देना संभव नहीं रहा, फलस्वरूप ग्रन्थ की पूर्णता में विलम्ब होता गया।

यह ग्रन्थ मन्त्र शास्त्र का सांगोपांग अध्ययन देने में समर्थ है। इसमें सैद्धान्तिक एवं व्यावहारिक दोनों ही पक्षों का सम्यक् संयोजन करने का प्रयास किया गया है, जिससे साधक को एक ही स्थान पन पूरी और प्रामाणिक जानकारी मिल सके।

मुझे विश्वास है साधकों, योगियों, साधुओं एवं गृहस्थ व्यक्तियों के लिए यह पुस्तक अत्यन्त अनुकूल, सहायक एवं पथ प्रदर्शक बनेगी। इसके माध्यम से वे अपने जीवन को ऊर्ध्वमुखी बनाकर जीवन की पूर्णता प्राप्त कर सकेंगें।

सर्वे भवन्तु सुखिनः सर्वे सन्तु निरामयाः।
सर्वे भद्राणि पश्यन्तु मा कश्चिद् दुःख भाग्भवेत्॥

–डॉ. नारायणदत्त श्रीमाली

सम्पादकीय

भारत वर्ष ही नहीं अपितु विश्व के साधकों को मंत्र साधना में मार्गदर्शन हेतु एक ऐसे ग्रंथ की आवश्यकता थी, जो उन्हें सम्यक् एवं समुचित ज्ञान दे सके, सैद्धान्तिक पद्धति का मर्म बता सके और उनकी समस्याओं के निराकरण हेतु पथ प्रदर्शन कर सके। मंत्र-शास्त्र के क्षेत्र में पूज्य सद्गुरुदेव डॉ० नारायणदत्त श्रीमाली जी (स्वामी निखिलेश्वरानन्द जी) से बढ़कर कौन व्यक्तित्व हो सकता है? मैंने उनसे निवेदन किया कि जब भी आपको समय मिले, आप मुझे व्याख्यान दें, जिससे मैं उसे लिपिबद्ध कर सकूं।

इस बीच अनेक साधुओं, संन्यासियों, गृहस्थ शिष्यों तथा साधकों द्वारा यह मांग बराबर बनी रही। मेरा निवेदन स्वीकार कर सद्गुरुदेव ने नित्य थोड़ा-थोड़ा समय देना आरंभ किया, जिससे इस ग्रंथ को साकार रूप दिया जा सका। वह चाहते थे कि यह केवल साधकों के लिए ही उपयोगी न हो, अपितु सामान्य गृहस्थ भी इससे लाभ उठा सकें। उनकी यह इच्छा भी थी कि साधना के क्षेत्र में पहुंचे हुए योगियों के लिए जिस प्रकार यह ग्रंथ लाभदायक हो, उसी प्रकार इस क्षेत्र में पहली बार प्रवेश करने वालों के लिए भी उतना ही उपयोगी हो।

ग्रंथ में पहली बार मंत्र के स्वरूप और विनियोग को स्पष्ट किया गया है। अंत में मंत्र और उनकी विधि देकर इसकी उपयोगिता और भी बढ़ा दी गई है।

यह बात सही है कि बिना समर्थ गुरु के मंत्र-शास्त्र का ज्ञान सम्भव नहीं है, क्योंकि मंत्र मूल रूप से ध्वन्यात्मक हैं और ध्वनि का ज्ञान गुरु मुख से ही सम्भव है, फिर भी यह ग्रंथ नए साधकों को रास्ता अवश्य दिखा सकता है और मंत्र शास्त्र से परिचित करा सकता है। यदि उनमें लगन होगी, तो निश्चय ही वे इसमें आगे बढ़कर गुरु की तलाश करेंगे और सफलता प्राप्त कर सकेंगे।

साधक सीधे मंत्रों का प्रयोग या अनुष्ठान प्रारम्भ न करें। एक मंत्र और उससे सम्बन्धित अनुष्ठान को पूर्ण करने के लिए अधिक विधि विधान की आवश्यकता होती है तथा उसका ध्वन्यात्मक ज्ञान गुरु के द्वारा ही सम्भव है। अतः उन्हें चाहिए कि गुरु के चरणों में बैठकर सम्यक् ज्ञान प्राप्त करें और अपने अनुकूल साधना या मंत्र का चयन कर उसमें सफलता प्राप्त करें। मुझे विश्वास है कि यह ग्रंथ प्रत्येक व्यक्ति के लिए वरदान सिद्ध होगा और इसके माध्यम से वह अपनी इच्छाओं की पूर्ति कर सकेगा।

–कैलाशचन्द्र श्रीमाली

पूज्य सद्गुरुदेव डॉ. नारायणदत्त श्रीमाली जी

मनुष्य जीवन और ब्रह्माण्ड ज्ञात-अज्ञात रहस्यों से भरा हुआ है। ज्ञात रहस्यों को विस्तार से समझना और उनके मूल की खोज करना मनुष्य की प्रकृति है। वहीं अज्ञात रहस्यों के सम्बन्ध में अनन्त जिज्ञासाओं के कारण कई ऐसे रहस्य उजागर हुए हैं, जिनके बारे में केवल कल्पना की जाती थी। सभ्यता के विकास के साथ यह क्रम निरन्तर चलता जा रहा है। आज मानव सभ्यता बड़े गर्व के साथ कह रही है कि हमने आदि युग से इक्कीसवीं शताब्दी तक ही यात्रा की है। पहिए के आविष्कार से कम्प्यूटर तक की यात्रा अवश्य ही महान् कही जा सकती है। इस पूरी यात्रा में बाह्य उपकरणों की ओर अधिक ध्यान दिया गया तथा अपनी सुख-सुविधा के लिए नए-नए उपकरण मनुष्य जुटाता रहा। इसी कड़ी में पत्थर के शस्त्रों से परमाणु शस्त्रों तक की यात्रा भी सम्पन्न की।

आज इस उन्नति का सुप्रभाव और दुष्प्रभाव दोनों देखने को मिल रहे हैं। जहां तक तकनीकी क्रान्ति से सम्पूर्ण विश्व को 'ग्लोबल विलेज' बना दिया है, वहीं असुरक्षा, भय, असन्तोष, निराशा, अविश्वास, अनिद्रा, व्यभिचार, युद्ध आदि में भी वृद्धि हुई है। क्या सभ्यता की यह उन्नति वास्तव में उन्नति कही जा सकती है? इस विषय पर हमारे ऋषियों ने भी विचार किया और उन्होंने जो मूल सिद्धान्त प्रतिपादित किया, वह था-

सर्वे भवंतु सुखिनः सर्वे संतु निरामयाः।
सर्वेभद्राणि पश्यंतु मा कश्चिद् दुःख भाग्भवेत्॥

यह सिद्धान्त कहां खो गया, सुख के इतने अधिक उपकरण हो जाने के बाद भी मनुष्य संतप्त, त्रस्त और दुःखी क्यों है? उसके जीवन में सुख और सन्तोष क्यों नहीं है, क्यों नहीं मनुष्य अपने जीवन में तृप्ति का अनुभव कर रहा है? विज्ञान हमारी वैदिक संस्कृति में मूल रूप से विद्यमान रहा है, इसीलिए चरक जैसे महान् चिकित्सक, सुश्रुत जैसे शल्य चिकित्सक, आर्यभट्ट और भास्कराचार्य जैसे खगोलशास्त्री भी हुए हैं, जिन्होंने वैज्ञानिक सिद्धान्तों की स्थापना की। इन्हीं के साथ महान् ज्ञानी ऋषि भी हुए हैं, जैसे शंकराचार्य, गौतम, विश्वामित्र, वशिष्ठ, अत्रि, कणाद, वेद व्यास, जिन्होंने जीवन के सिद्धान्तों की व्याख्या की। उनके ज्ञान का मूल आधार यह था कि किस प्रकार मनुष्य अपने जीवन में जन्म से मृत्यु तक की यात्रा स्वस्थ शरीर और चित्त के साथ कर सके। इसके लिए मंत्रों की रचना हुई। तंत्र विज्ञान अर्थात् क्रिया विज्ञान का विकास किया गया और उसके लिए आवश्यक उपकरण यंत्र का निर्माण हुआ। ब्रह्माण्डीय शक्ति, जिसे देव शक्ति माना गया, उसके और मनुष्य के बीच तारतम्य बैठ सके, उसी हेतु यह साधना विज्ञान विकसित किया गया। ऋषियों का

निश्चित सिद्धान्त था कि ब्रह्माण्डीय शक्ति अनंत है और इस अनन्त ऊर्जा से मनुष्य निरन्तर शक्ति प्राप्त कर सकता है। उस शक्ति को अपनी शक्ति के साथ संयोजन कर, योग कर वह जीवन के दु:खों का निराकरण कर सकता है। देवी-देवता, सम्मोहन, आकर्षण, साधना, विज्ञान, मंत्र, अनुष्ठान, यज्ञ, मुद्राएं इसी सिद्धान्त का प्रकट स्वरूप हैं। ऋषियों की परम्परा में इस साधना ज्ञान का विकास इस शताब्दी में नवीन रूप में अद्वितीय सिद्ध पुरुष द्वारा किया गया है।

सद्गुरुदेव डॉ. नारायणदत्त श्रीमाली, जिनका संन्यस्त नाम परमहंस स्वामी निखिलेश्वरानन्द जी है, ने इस ज्ञान को जन-जन की भाषा में विस्तृत रूप से प्रदान करने हेतु अपने जीवन में संकल्प लिया। इसकी पूर्ति के लिए पूज्यश्री ने पूरे भारत वर्ष का भ्रमण किया, उन अज्ञात रहस्यों की खोज की, जिनके कारण मानव जीवन परिष्कृत और मधुर बन सकता है। उन्होंने संसार में रहकर सांसारिक जीवन को भी पूर्णता के साथ जिया, क्योंकि उनका यह सिद्धान्त था कि गृहस्थ जीवन की समस्याओं के पूर्ण ज्ञान हेतु गृहस्थ बनना आवश्यक है। अनुभव प्राप्त कर ही शुद्ध ज्ञान प्रदान किया जा सकता है। उनके द्वारा रचित सैकड़ों ग्रंथों में मनुष्य के जीवन में त्रास को मिटाकर संतोष और तृप्ति प्रदान करने की भावना निहित है। इसी क्रम में उन्होंने मंत्र-शास्त्र, तंत्र-शास्त्र, सम्मोहन-विज्ञान, ज्योतिष, हस्तरेखा, आयुर्वेद आदि को वैज्ञानिक एवं तार्किक रूप से स्पष्ट किया।

अपने जीवन की 65 वर्षों की यात्रा में मानव जीवन के लिए उन्होंने ज्ञान का अमूल्य भण्डार खोल दिया, क्योंकि उनका कहना था कि ज्ञान ही शाश्वत है। इसी क्रम में उन्होंने सन् 1981 में 'मंत्र-तंत्र-यंत्र विज्ञान' मासिक पत्रिका प्रारम्भ की, जिसके माध्यम से सारे रहस्यों को स्पष्ट किया। आज लाखों घरों में पहुंच रही इस ज्ञान प्रदीपिका ने भारतीय सांस्कृतिक मूल्यों की धरोहर स्थापित कर दी है। यह पत्रिका ज्ञान का वह भण्डार है, जो मानव जीवन के प्रत्येक पहलू से सम्बन्धित सभी समस्याओं के समाधान प्रस्तुत करने के साथ-साथ जीवन को ऊर्ध्वमुखी गति प्रदान करने की दशा में क्रियाशील बनाने का सार्थक प्रयास है।

अपना कार्य पूर्ण कर देने के पश्चात् 3 जुलाई-1998 को सांसारिक काया का त्याग कर वे परमात्मा के साथ अवश्य समाहित हो गए, परन्तु आशीर्वाद स्वरूप उनके द्वारा स्थापित 'अंतर्राष्ट्रीय सिद्धाश्रम साधक परिवार' और 'मंत्र-तंत्र-यंत्र विज्ञान' मासिक पत्रिका पूर्ण रूप से गतिशील है। उनके द्वारा प्रदान किया गया ज्ञान ही इसका आधार है और ज्ञान की इस अजस्र गंगा में लाखों शिष्य सम्मिलित हैं।

—नन्दकिशोर श्रीमाली

—मंत्र-तंत्र-यंत्र विज्ञान,
डॉ. श्रीमाली मार्ग, हाई कोर्ट कॉलोनी,
जाधपुर-342001 (राजस्थान)
फोन : 0291-432209, 011-7182248

अनुक्रम

स्वस्तिवाचन — 17-18

प्रवेश — 19-82

मन्त्र — 83-99

वर्ण 84, वर्ण प्रभाव 86, वर्ण ध्यान 88, वर्णों के देवता, रूप एवं शक्ति 89, वर्णों के ऋषि एवं छन्द 91, वर्ण वर्ग, नक्षत्र 92, वर्गीकरण 93, मन्त्र 94, ध्वनि 95, मन्त्रों की आत्मा 96, मन्त्र स्वरूप 97, मन्त्र सामर्थ्य 98

अन्तश्चेतना — 100

आसन — 101-106

स्वस्तिकासन 101, समासन 102, सिद्धासन 102, पद्मासन 104

आधार — 107-118

मूलाधार चक्र 108, स्वाधिष्ठान चक्र 108, मणिपूर चक्र 109, सूर्य चक्र 110, चन्द्रचक्र 112, अनाहत चक्र 113, विशुद्ध चक्र 113, आज्ञा चक्र 114, सहस्रार चक्र 115

अष्टांग योग — 119-122

यम 119, नियम 120, आसन 121

मुद्रा — 123-138

नित्य पूजा मुद्राएं 123, सन्ध्या मुद्राएं 124, अंगन्यास मुद्राएं 126, कर-न्यास मुद्राएं 127, जीवन्यास मुद्राएं 128, देवोपासना की मुद्राएं 129, भोजन मुद्रा 129, पंचदेव मुद्राएं 129, शक्ति मुद्राएं 130, महाकाली मुद्राएं 130, महालक्ष्मी मुद्राएं 130, तारा मुद्राएं 130. त्रिपुरा मुद्राएं 130, भुवनेश्वरी मुद्राएं 130, शक्ति चालिनी मुद्रा 131, योनि मुद्रा 131, खेचरी मुद्रा 131

बंध : मूलबंध, जालंधर बंध, उड्डियान बंध 131, महाबंध 132

प्राणायाम : रेचक 132, पूरक, 132, कुंभक 132, प्रत्याहार 132, धारणा 133, ध्यान 133, अष्ट सिद्धियां 133, समाधि 134, अन्तश्चेतना जागरण 134, साधना 135

मन्त्र-अंग : भक्ति 136, शुद्धि 137, आसन 137, पंचांग सेवन 137,

आचार 137, तर्पण 137, धारणा 137, दिव्यदेश साधन 137 प्राण-क्रिया 137, मुद्रा 137, तर्पण 137, हवन 137, बलि 137, योग 137, जप 137, ध्यान 138, समाधि 138

साधना   139-148

साधना क्या है 139, साधना के केन्द्र 139, साधना के अंग 140, साधकों के कृत्य 140, निद्रा त्याग 140, स्नान 140, स्नान दोष निवारण 141, यज्ञोपवीत धारण विनियोग 141, यज्ञोपवीत धारण मन्त्र 142, जीर्ण यज्ञोपवीत त्याग मन्त्र 142, आसन 142, आसन पूजा 142, कार्यानुसार आसन 143, दिशा विचार 144, तिलक किन-किन अंगों पर 146, चन्दन लगाने का मन्त्र 146, भस्म लगाने का मन्त्र 145, तिलक करने का सामान्य मन्त्र 146, सन्ध्या कब करे 146 सन्ध्या स्थान 147

पूजा   149-158

अठारह उपचार 149, षोडशोपचार 149, दसोपचार 149, पंचोपचार 149, सामान्य पूजा-विधि 149, पंचगव्य प्रमाण 150, माला-संस्कार 150, करमाला 150, शक्ति अनुष्ठान 151, लक्ष्मी अनुष्ठान 151, वर्ण माला 151, मणि माला 152, माला-चयन 154, पुष्प 154, त्याज्य पुष्प 154, सावधानियां 155, जप 156, मुद्रा 157, विशिष्ट मुद्राएं 158, प्रधान मुद्राएं 158

मन्त्र-सिद्धि   159-163

चार पीठिकाएं 159, दीक्षा : क्रियावती 160, वर्णमयी 160, कलावती 160, वेधमयी 161, पंचायतनी 161, क्रमदीक्षा 161, भूत-शुद्धि 162

मन्त्र अनुष्ठान   164-179

मन्त्र की महिमा 164, मन्त्रों के अधिष्ठाता देवता 164, मन्त्र संज्ञा 165, मन्त्र प्रयोग 165

मन्त्र भेद : पल्लव 166, योजन 166, रोध 166, पर 166, सम्पुट 166, विदर्भ 166

मन्त्रों में ध्वनि-प्रयोग 166, षट्कार्यों में आसन प्रयोग 167, तन्त्र कार्यों में आसन प्रयोग 167, मन्त्र अनुष्ठान 167, अन्य तथ्य 168, मानस-जप 170, मन्त्र-सिद्धि 170, नियम 171, मन्त्र साधन गोपनीयता 171, साधना ज्योतिष परिप्रेक्ष्य में 171, साधना प्रारम्भ में शुभ समय-ज्ञान 173, सिद्धियां : अणिमा 175, महिमा 175, लघिमा 175, प्राप्ति 175, प्राकाम्य 176, ईशिता 176, वशिता 176, ख्याति 176

गौण सिद्धियां : अनूर्मि 176, दूर श्रवण सिद्धि 176, दूर दर्शन सिद्धि 176, मनोजव सिद्धि 176, काम रूप सिद्धि 176, परकाय प्रवेश 176,

स्वच्छन्द मरण 176, देवक्रीडानुदर्शन 176, यथासंकल्प संसिद्धि 176, अप्रतिहत गति 176

क्षुद्र सिद्धियां : त्रिकालज्ञता 177, अद्वन्द्वता 177, परचिताज़भिज्ञता 177, प्रतिष्टम्भ 177, अपराजय 177

शक्तिपात 177, स्पर्श दीक्षा 179, दृग्दीक्षा 179, ध्यान दीक्षा 179

मन्त्र-संस्कार 180-213

दस महाविद्याएं 180, कुलाकुल चक्र 181, राशिचक्र 181, नक्षत्रचक्र 182, अकडम चक्र 184, अकथह चक्र 185, ऋणी-धनी चक्र 186, मास 187, पक्ष 188, तिथि 188, वार 188, नक्षत्र 188, योग 188, करण 188, लग्न 189, मन्त्र स्थान 189, आसन 189, मन्त्र भेद 190, पुरुष-स्त्री मन्त्र 190, मन्त्र के दोष 191

मन्त्रों के संस्कार : जनन 192, दीपन 192, बोधन 193, ताडन 193, अभिषेक 193, विमलीकरण 193, जीवन 193, तर्पण 193, गोपन 193, आप्ययन 193

मन्त्र दोष : अभक्ति 193, अक्षर-भ्रांति 194, लुप्त 194, छिन्न 194, ह्रस्व 194, दीर्घ 194, कथन 194, स्वप्न-कथन 194, कूर्म-चक्र 194

मन्त्र-जप-अंग : मन्त्र 196, मन्त्रशिखा 196, मन्त्रचैतन्य 196, मन्त्रार्थ 197, मन्त्र-भावना 200, गुरु-ध्यान 200, इष्ट ध्यान 202, कुल्लुका 202, महासेतु 203, कवचसेतु 203, निर्वाण 204 बन्धन 204, योनि मुद्रा 204, करन्यास 204, अंगन्यास 204, प्राणायाम 204, मुखशुद्धि 204, प्राण-योग 205, दीपन 205, सूतकद्वय मोक्षण 205, मध्य दृष्टि 206, अनुलोम-विलोम वर्ण मातृका 206 पुरश्चरण 206, भोजन 206, भोजन में निषिद्ध वस्तुएं 206

पुरश्चरण नियम-पालन : भूमि शैया 206, ब्रह्मचर्य 206 मौन 207, गुरु-सेवा 207, स्नान 207, पूजा 207, दान 207, कीलन-उत्कीलन 207

मन्त्र-सिद्धि के उपाय : भ्रामण 211, रोधन 211, वश्य 211, पीडन 211, पोषण 211, शोषण 211, दाहन 212, शांति पाठ 212, शांति स्तोत्र 212

विशिष्ट ज्ञातव्य तथ्य 214-231

योनिमुद्राबन्ध 214, प्रणव किसे कहते हैं 214, प्रणव कहां लगाना चाहिए 214, प्रणव कहां नहीं लगाना चाहिए 214, ॐकार कहां लगाना चाहिए 214, किस कर्म में क्या लगावें 215, मानसिक जप 215, पूजा कब करे 216, जप काल में निषेध 216, जप काल में पवित्री धारण 216, जप संख्या साधन 216, स्तोत्र पाठ 217, देव-स्पर्श 217, घर में मूर्ति 217, पुष्प 218, दीप पूजा 218, षट्कर्म 218, षट्कर्म

देवता एवं दिशा 218, षट्कर्म काल 219, षट्कर्म दैनिक ऋतु 219, षट्कर्म तिथि, वार नक्षत्र, लग्नादि 219, मन्त्रों के अधिष्ठाता देवता 220, पल्लव मन्त्र 220, योजन मन्त्र 220 रोध मन्त्र 220, पर मन्त्र 220, सम्पुट मन्त्र 220, विदर्भ मन्त्र 220 हूं फट् प्रयोग 220, स्त्री, पुरुष. नपुंसक मन्त्र 221, षट् कर्म आसन 221, षट् मुद्रा 221, षट् देव ध्यान 221, षट् कर्म कुंभ 221, माला-निर्णय 221, माला-विचार 222, जपांगुली-विचार 222, जप दिशा 222, जप विचार 223, षट् कर्म होमकुंड 223, षट्कर्म हवन सामग्री 223, अग्निर्जिह्वा 223, अग्नि नाम 224, स्रुक्स्रुव 224, मन्त्र प्रारम्भ लग्न 224, मन्त्र जप के लिए ब्राह्मण कैसे हों 224, त्याज्य ब्राह्मण 225, जप करते समय मुंह किधर हो 225, निषिद्ध आसन 225, आसन 225, माला 226, माला-संस्कार 226, माला वस्त्र से आच्छादित 226, जप नियम 226, पंचामृत 227, गंध अंगुली विचार 227, अष्ट गंध 227. वर्ज्य पदार्थ 227, धूप दीप-स्नान 227, नैवेद्य 227, साष्टांग नमस्कार 227, नवधा भक्ति 228, प्रदक्षिणा विचार 228, यज्ञकाष्ठ विचार 228, अग्नि 228, कर्म विशेष में अग्निनाम 228, अग्नि सप्त जिह्वा नाम 229, होम में वर्ज्य समिधाएं 229, अग्नि स्वरूप 229, अग्नि सम्मुख 229, शाकल्य प्रमाण 229, पूर्णाहुति विचार 229, वह्नि चैतन्य मन्त्र 229, मन्त्र पल्लव 230, मन्त्र कीलन 230, मन्त्र-उत्कीलन 230, मन्त्र-सिद्धि-साधन 230, मन्त्र जप समय में छींक दोष परिहार 230, मन्त्र सिद्ध लक्षण 230, पोडशोपचार 231, पंचोपचार 231, सर्वमान्य गुरु ध्यान 231, पण्टाक्षर गणेश मन्त्र 231, गणेश विनियोग 231, गणेश ध्यान 231, गायत्री स्वरूप 231, गायत्री विनियोग 231, शिखा कहां-कहां बांधनी चाहिए 231

गणपति 232-235

सिद्ध लक्ष्मी गणपति 232, मंगल के लिए 234, समस्त प्रकार की रक्षा के लिए 234, लक्ष्मी-प्राप्ति हेतु 235

बीजयुक्त श्रीसूक्त 236-269

विधि 238, विनियोग 238, ऋष्यादिन्यास 239, करन्यास 239, अंग-न्यास 240, ध्यान 240, श्रीसूक्त पाठ 241, लक्ष्मीसूक्त 242, पाठफल 242, मन्त्र 243, षोडशोपचार पूजन 24, क्षमा-याचना 243 बीजोक्त श्रीसूक्त 244, सोलह श्लोकों के विनियोग, ऋष्यादिन्यास, करन्यास, षडंग-न्यास, ध्यान, मन्त्र 244-269

बीजयुक्त लक्ष्मी सूक्त 270-272

दारिद्र्य विनाशक धनदा प्रयोग 273-279

दारिद्र्य नाश : ऋष्यादिन्यास 275, करन्यास 275, षडंगन्यास 275, ध्यान 276, मन्त्र 276

सिद्ध लक्ष्मी : करन्यास 276, हृदयादिन्यास 276, ध्यान 277

धनदा : विनियोग 278, ऋष्यादिन्यास 278, करन्यास 278, पडंगन्यास 278, ध्यान 279, मन्त्र 279

सिद्ध सम्पुट मन्त्र 280-374

पूर्ण मन्त्र 281

काली मन्त्र : भूतशुद्धि 281, काली ध्यान, 281, काली यन्त्र 281, काली मन्त्रोद्धार 281, मन्त्र 282

तारा मन्त्र : तारा ध्यान 282, तारा यन्त्रोद्धार 283, तारा मन्त्रोद्धार 283, मन्त्र 283

षोडशी मन्त्र : षोडशी ध्यान 284, षोडशी यंत्रोद्धार 284, षोडशी मन्त्रोद्धार 284, मन्त्र 285

भुवनेश्वरी मन्त्र : भुवनेश्वरी ध्यान 285, भुवनेश्वरी यंत्रोद्धार 286, भुवनेश्वरी मन्त्रोद्धार 286, मन्त्र 286, मन्त्रफल 286

छिन्नमस्ता मन्त्र : छिन्नमस्ता ध्यान 286, छिन्नमस्ता यंत्रोद्धार 287, छिन्नमस्ता मन्त्रोद्धार 287, मंत्र 287, मन्त्रफल 288

त्रिपुरभैरवी मन्त्र : त्रिपुरभैरवी ध्यान 289, त्रिपुरभैरवी यंत्रोद्धार 289, त्रिपुरभैरवी मन्त्रोद्धार 289, मन्त्र 289, मन्त्रफल 289

धूमावती मन्त्र : धूमावती ध्यान 289, धूमावती यंत्रोद्धार 289, धूमावती मन्त्रोद्धार 289, मन्त्र 289, मन्त्रफल 290

बगलामुखी मन्त्र : बगलामुखी ध्यान 291, बगलामुखी यंत्रोद्धार 292, बगलामुखी मन्त्रोद्धार 292, मन्त्र 292, मन्त्रफल 292

मातंगी मन्त्र : मातंगी ध्यान 292, मातंगी यंत्रोद्धार 291, मातंगी मन्त्रोद्धार 293, मन्त्र 293, मन्त्रफल 293

कमला मन्त्र : कमलात्मिका ध्यान 295, कमलात्मिका यंत्रोद्धार 295, कमलात्मिका मन्त्रोद्धार 295, मन्त्र 295, मन्त्रफल 295

दुर्गा मन्त्र : दुर्गा ध्यान 295, दुर्गा यंत्रोद्धार 295, दुर्गा मन्त्रोद्धार 296, मन्त्र 296, मन्त्रफल 296

शिव मन्त्र : शिव ध्यान 297, शिवयंत्रोद्धार 297, शिवमन्त्रोद्धार 297, मन्त्र 298, मन्त्रफल 298

गणेश मन्त्र : गणेश ध्यान 299, गणेश यंत्रोद्धार 299, गणेश मन्त्रोद्धार 299, मन्त्र 299, मन्त्रफल 299

सूर्य मन्त्र : सूर्य ध्यान 299, सूर्य यंत्रोद्धार 299, सूर्य मन्त्रोद्धार 300, मन्त्र 300, मन्त्रफल 300

विष्णु मन्त्र : विष्णु ध्यान 301, विष्णु यंत्रोद्धार 301 विष्णु मन्त्रोद्धार 301, मन्त्र 301, मन्त्रफल 301

षडक्षर वक्रतुण्ड मन्त्र : विनियोग 302, ध्यान 302, वक्रतुण्डगणेश यन्त्र 302, मन्त्र 302, मन्त्रफल 302

एकत्रिंशदक्षर वक्रतुण्ड मंत्र : विनियोग 302, ध्यान 302, मन्त्र 302,

उच्छिष्ट गणपति नवार्ण मन्त्र : विनियोग, ध्यान, मन्त्र, मन्त्रफल 303

शक्ति विनायक मन्त्र : विनियोग, ध्यान, मन्त्र 303, मन्त्रफल 304

लक्ष्मी विनायक मन्त्र : विनियोग, ध्यान, मन्त्र, मन्त्रफल 304

त्रैलोक्यमोहन कर गणेश मन्त्र : विनियोग, ध्यान 304, मन्त्र, मन्त्रफल 305

ऋणहर्ता गणेश मन्त्र : विनियोग, ध्यान, मन्त्र, मन्त्रफल 305

हरिद्रा गणेश मन्त्र : विनियोग, ध्यान, मन्त्र, मन्त्रफल 306

सिद्धि विनायक मन्त्र : विनियोग, ध्यान, मन्त्र, मन्त्रफल 306

शिव पंचाक्षरी मन्त्र : विनियोग, ध्यान 307, मन्त्र, मन्त्रफल 308

अष्टाक्षरी शिव मन्त्र : विनियोग, ध्यान, मन्त्र, मन्त्रफल 308

त्र्यक्षर मृत्युञ्जय मन्त्र : विनियोग 308, ध्यान, मन्त्र, मन्त्रफल 309

त्र्यम्बक मन्त्र : विनियोग 309, ध्यान 309, मन्त्र 309 मन्त्रफल 309

महामृत्युञ्जय मन्त्र : विनियोग, ध्यान, मन्त्र, मन्त्रफल 310

रुद्र मन्त्र : विनियोग 311, ध्यान 311, मन्त्र 311, मन्त्रफल 311

त्वरित रुद्र मन्त्र : विनियोग 311, ध्यान 311, मन्त्र 311, मन्त्रफल 312

विष्णु मन्त्र : विनियोग 312, ध्यान 312, मन्त्र 312, मन्त्रफल 312

द्वादशाक्षर विष्णु मन्त्र : विनियोग 312, ध्यान, मन्त्र, मन्त्रफल 313

राम मन्त्र : विनियोग 313, ध्यान 313, मन्त्र 313, मन्त्रफल 313

दशाक्षर राम मन्त्र : विनियोग 313, ध्यान, मन्त्र, मन्त्रफल 314

कृष्ण मन्त्र : विनियोग 314, ध्यान 314, मन्त्र 314, मन्त्रफल 314

लक्ष्मीनारायण मन्त्र : विनियोग 314, ध्यान 314, मन्त्र, मन्त्रफल 315

नृसिंह मन्त्र : विनियोग 315, ध्यान 315, मन्त्र 315, मन्त्रफल 315

वाराह मन्त्र : विनियोग 315, ध्यान 316, मन्त्र 316, मन्त्रफल 316

सूर्य मन्त्र : विनियोग 316, ध्यान 316, मन्त्र 316, मन्त्रफल 316

हनुमान मन्त्र : विनियोग 317, ध्यान 317, मन्त्र 317, मन्त्रफल 317

हनुमान अष्टादशाक्षर मन्त्र : विनियोग, ध्यान 317, मन्त्र, मन्त्रफल 318

द्वादशाक्षर हनुमान मन्त्र : ध्यान 318, मन्त्र 318, मन्त्रफल 318

द्वादशाक्षर वीर साधन मन्त्र : ध्यान 319, मन्त्र 319, मन्त्रफल 319

चतुर्दशाक्षर हनुमान मन्त्र : मन्त्र 319, मन्त्रफल 319

आपत्ति उद्धारक बटुक मन्त्र : मन्त्र 320, मन्त्रफल 320
स्वर्णाकर्षण भैरव मन्त्र : विनियोग 320, ध्यान, मन्त्र, मन्त्रफल 321
क्षेत्रपाल मन्त्र : विनियोग 321, ध्यान 321, मन्त्र 322, मन्त्रफल 322
कामदेव बीज मन्त्र : विनियोग, ध्यान, मन्त्र, मन्त्रफल 322
वरुण मन्त्र : विनियोग 322, ध्यान 323, मन्त्र 323, मन्त्रफल 323
कुबेर मन्त्र : विनियोग 323, ध्यान 323, मन्त्र 323, मन्त्रफल 323
षोडशाक्षर कुबेर मन्त्र : मन्त्र 323
चन्द्र मन्त्र : विनियोग 324, ध्यान 324, मन्त्र 324, मन्त्रफल 324
मंगल मन्त्र : विनियोग 324, ध्यान 324, मन्त्र 324, मन्त्रफल 324
गुरु मन्त्र : विनियोग 325, ध्यान 325, मन्त्र 325, मन्त्रफल 325
शुक्र मन्त्र : विनियोग 325, ध्यान 325, मन्त्र 325, मन्त्रफल 325
धर्मराज मन्त्र : मन्त्र 326, मन्त्रफल 326
चित्रगुप्त मन्त्र : मन्त्र 326
घंटाकर्ण मन्त्र : मन्त्र 326, मन्त्रफल 326
कार्तवीर्यार्जुन मन्त्र : विनियोग, ध्यान 326, मन्त्र, मन्त्रफल 327
हरिवाहन गरुड़ मन्त्र : विनियोग 327, ध्यान 327, मन्त्र, मत्रफल 327
चरणायुध मन्त्र : विनियोग 327, ध्यान 328, मन्त्र 328, मन्त्रफल 328
सन्तान गोपाल मन्त्र : विनियोग, ध्यान, मन्त्र, मन्त्रफल 328
पुत्र-प्राप्ति मन्त्र : मन्त्र 328, मन्त्रफल 329
विविध गायत्री मन्त्र : हंस गायत्री मन्त्र 329, ब्रह्म गायत्री मन्त्र 329, सरस्वती गायत्री मन्त्र 329, विष्णु गायत्री मन्त्र 329, त्रैलोक्य मोहन गायत्री मन्त्र 329, लक्ष्मी गायत्री मन्त्र 329, नारायण गायत्री मन्त्र 329, राम गायत्री मन्त्र 329, जानकी गायत्री मन्त्र 329, लक्ष्मण गायत्री मन्त्र 330, हनुमान गायत्री मन्त्र 330, गरुड़ गायत्री मन्त्र 330, कृष्ण गायत्री मन्त्र 330, गोपाल गायत्री मन्त्र 330, राधिका गायत्री मन्त्र 330, परशुराम गायत्री मन्त्र 330, नृसिंह गायत्री मन्त्र 330, शिव गायत्री मन्त्र 330, रुद्र गायत्री मन्त्र 330, गौरी गायत्री मन्त्र 331, गणेश गायत्री मन्त्र 331, षण्मुख गायत्री मन्त्र 331, नन्दी गायत्री मन्त्र 331, सूर्य गायत्री मन्त्र 431, चन्द्र गायत्री मन्त्र 331, भौम गायत्री मन्त्र 331, पृथ्वी गायत्री मन्त्र 331, अग्नि गायत्री मन्त्र 331, जल गायत्री मन्त्र 331, आकाश गायत्री मन्त्र 332, वायु गायत्री मन्त्र 332, इन्द्र गायत्री मन्त्र 332, काम गायत्री मन्त्र 332, गुरु गायत्री मन्त्र 332, तुलसी गायत्री मन्त्र 332, देवी गायत्री मन्त्र 332, शक्ति गायत्री मन्त्र 332, अन्नपूर्णा गायत्री मन्त्र 332, काली गायत्री मन्त्र 332, तारा गायत्री मन्त्र 333, त्रिपुर सुन्दरी गायत्री मन्त्र 333, भुवनेश्वरी गायत्री मन्त्र 333, भैरवी गायत्री मन्त्र 333,

छिन्नमस्ता गायत्री मन्त्र 333, धूमावती गायत्री मन्त्र 333, बगलामुखी गायत्री मन्त्र 333, मातंगी गायत्री मन्त्र 333, महिषर्मार्दनी गायत्री मन्त्र 333, त्वरिता गायत्री मन्त्र 333

दुर्गाष्टाक्षर मन्त्र : विनियोग 334, ध्यान 334, मन्त्र 334, मन्त्रफल 334

नवार्ण मन्त्र : विनियोग 334, मन्त्र 334

नवार्ण भेद मन्त्र : मारण 335, मोहन 335, उच्चाटन 336, वशीकरण 336, स्तम्भन 336, विद्वेषण 336, नवार्ण महामन्त्र 336

दुर्गास्मृता मन्त्र : विनियोग 337, मन्त्र 337, मन्त्रफल 337

दक्षिण कालो मन्त्र : विनियोग, ध्यान, मन्त्र, मन्त्रफल 338

भद्रकाली मन्त्र : मन्त्र 338, मन्त्रफल 338

श्मशान काली मन्त्र : मन्त्र 338, मन्त्रफल 338

पंचाक्षर मन्त्र : मन्त्र 338, मन्त्रफल 338

नील सरस्वती मन्त्र : विनियोग 338, मन्त्र 339, मंत्रफल 339

सरस्वती मन्त्र : विनियोग 339, ध्यान 339, मन्त्र 339, मन्त्रफल 339

वाग्देवी मन्त्र : मन्त्र 339

विद्या मन्त्र : मन्त्र 339, मन्त्रफल 339

एकाक्षरी सरस्वती मन्त्र : मन्त्र 340, मन्त्रफल 340

षोडशी मन्त्र : विनियोग 340, मन्त्र 340, मन्त्रफल 340

बाला त्रिपुरा मन्त्र : विनियोग, ध्यान, मन्त्र, मन्त्रफल 341

भुवनेश्वरी मन्त्र : विनियोग, ध्यान, मन्त्र, मन्त्रफल 341

त्र्यक्षरात्मक भुवनेश्वरी मन्त्र : मन्त्र 341

त्रिपुर भैरवी मन्त्र : विनियोग, ध्यान, मन्त्र, मन्त्रफल 342

छिन्नमस्ता मन्त्र : विनियोग, ध्यान, मन्त्र 342, मन्त्रफल 343

धूमावती मन्त्र : विनियोग 343, ध्यान 343, मन्त्र 343, मन्त्रफल 343

बगलामुखी मन्त्र : विनियोग 343, ध्यान 343, मन्त्र, मन्त्रफल 344

मातंगी मन्त्र : विनियोग 344, ध्यान 344, मन्त्र 344, मन्त्रफल 344

लक्ष्मी बीज मन्त्र : विनियोग 344, ध्यान 344, मन्त्र 345, मंत्रफल 345

चतुरक्षर लक्ष्मी बीज मन्त्र : ध्यान 345, मन्त्र 345

दशाक्षर लक्ष्मी मन्त्र : ध्यान 345, मन्त्र 345

महालक्ष्मी मन्त्र : विनियोग 345, ध्यान 346, मन्त्र 346

द्वादशाक्षर महालक्ष्मी मन्त्र : मन्त्र 346

सिद्ध लक्ष्मी मन्त्र : विनियोग, ध्यान, मन्त्र, मन्त्रफल 347

ज्येष्ठा लक्ष्मी मन्त्र : विनियोग 347, ध्यान, मन्त्र, मन्त्रफल 348

वसुधा लक्ष्मी मन्त्र : विनियोग, ध्यान, मन्त्र, मन्त्रफल 348

वार्ताली मन्त्र : विनियोग 349, ध्यान 349, मन्त्र 349, मन्त्रफल 349

महिषमर्दिनी मन्त्र : विनियोग, ध्यान 349, मन्त्र, मन्त्रफल 350
रेणुका शबरी मन्त्र : विनियोग, ध्यान, मन्त्र, मन्त्रफल 350
अन्नपूर्णा मन्त्र : विनियोग 350, ध्यान 350, मन्त्र 351, मन्त्रफल 351
पृथ्वी मन्त्र : विनियोग 351, मन्त्र 351, मन्त्रफल 351
मणिकर्णिका मन्त्र : विनियोग 351, मन्त्र 351, मन्त्रफल 352
शीतला मन्त्र : विनियोग 352, मन्त्र 352
ज्वालामुखी मन्त्र : मन्त्र 352, मन्त्रफल 352
स्वप्न सिद्धि मन्त्र : विनियोग 352, मन्त्र 352
स्वप्नेश्वरी मन्त्र : विनियोग 353, ध्यान 353, मन्त्र 353, मन्त्रफल 353
स्वप्न देवी मन्त्र : मन्त्र 353
स्वप्न चक्रेश्वरी मन्त्र : मन्त्र 353, मन्त्रफल 353
हनुमान मन्त्र : मन्त्र 354, मन्त्रफल 354
चन्द्र योगिनी मन्त्र : मन्त्र 354, मन्त्रफल 354
स्वप्न मातंगी मन्त्र : मन्त्र 354, मन्त्रफल 354
घटाकर्ण मन्त्र : मन्त्र 354, मन्त्रफल 354
कर्ण पिशाचिनी मन्त्र : 355, मन्त्रफल, कर्ण पिशाचिनी अन्य मन्त्र 355
स्वप्न मुसलमानी मन्त्र : मन्त्र 355, मन्त्रफल 355
वागीश्वरी मन्त्र : मन्त्र 355, चित्रेश्वरी मन्त्र 356, कीर्तीश्वरी मन्त्र 356
अंतरिक्ष सरस्वती मन्त्र : मन्त्र, नीला मन्त्र, घट सरस्वती मन्त्र 356
यक्षिणी साधना मन्त्र : विचित्रा 356, विभ्रमा 356, हंसी 356, भिक्षिणी 356, जन-रंजिनी 357, विशाला 357, मदना 357, घंटा 357, काल-कर्णी 357, महामाया 357, माहेन्द्री 357, शंखिनी 357, चंद्रिका 357, श्मशानी 357, वट 358, मेखला 358, लक्ष्मी 358, मानिनी 358, शत-पत्रिया 358, सुलोचना 358, सुशोभना 358, कपालिनी 358, विला-सिनी 358, नटी 358, कामेश्वरी 358, स्वर्णरेखा 359, सुर-सुन्दरी 359, मनोहरा 359, प्रमदा 359, अनुरागिणी 359, नखकेशिका 359, नेमिनि 359, पद्मिनी 359, स्वर्णवती 359, रतिप्रिया 359, कुबेर 359, विल्व 359, चंद्रद्रवा वट 359, धनदा 360, पुत्रदा 360, अशुभ क्षयकारी 360, विद्यादात्री 360, जयार्क 360, संतोषा 360, राज्यदा तुलसी 360, राज्यदा कोल 360, कुश 360 अपामार्ग 360, क्षीरार्णवा 360, चंद्रामृत 360, स्वामीश्वरी 361, महामायाभोग 361, त्यागा 361, उच्छिष्ट 360, सर्वज्ञ सुलोचना 361, भूतलोचना 361, जलपाणि 361, मातंगेश्वरी 361, विद्या 361, कुमारी 361, बंदी 361
अष्ट अप्सरा आवाहन मन्त्र : शशि 361, तिलोत्तमा 361, कांचनमाला, कुंडला, रत्नमाला, रम्भा, उर्वशी, भूषणा 362

अष्ट किनारी मन्त्र : मंजुघोषा, मनोहारी, सुभगा, विशालनेत्री, सुरति प्रिया, अश्वमुखी 362, दिवाकीर 363

कात्यायनी मन्त्र : सुभग कात्यायनी 363, कुंडल कात्यायनी 363, चंद्र-कात्यायनी 363, रुद्र कात्यायनी 363, महाकात्यायनी 363, सुर कात्यायनी 363

कर्ण पिशाचिनी मन्त्र : ध्यान 363, मन्त्र 363, मन्त्रफल 364,

सिद्ध कर्ण पिशाचिनी मन्त्र : विनियोग 365, ध्यान 365, मन्त्र 365, मन्त्रफल 365

अन्य कर्ण पिशाचिनी मन्त्र : 365, 366

वार्ताली मन्त्र : मन्त्र 366, मन्त्र फल 366

विप्रचाण्डालिनी मन्त्र : मन्त्र 366, मन्त्रफल 366

क्षोभिणी मन्त्र : मन्त्र 367, मन्त्रफल 367

प्रेत साधन मन्त्र : मन्त्र 367, मन्त्रफल 367

चेटक मन्त्र : यक्षिणी चेटक 367, लिंग चेटक 367, नाना सिद्धि चेटक 367, सागर चेटक 368, काली चेटक 368, फेत्कारिणी चेटक 368, रतिराज चेटक 368, शत्रुयोजन दृष्टि चेटक 368, तस्कर ग्रहण चेटक 369, चौर्यं चेटक 369, गुप्त वार्ता लक्ष्य चेटक 369 स्वर्ण सिद्धि मन्त्र 369, अदृश्य विधान मन्त्र 369, प्रत्यंगिका मन्त्र 370, चोरी न हो मन्त्र 370, भूत उपद्रव नाश मन्त्र 370, नजर झाड़ने का मन्त्र 371, ज्वर दूर करने का मन्त्र 371, सुख प्रसव मन्त्र 371, बिच्छू झाड़ने का मन्त्र 371, सर्प झाड़ने का मन्त्र 372, शत्रु पीड़ा कारक मन्त्र 372, शत्रु को पागल करने का मन्त्र 372, शत्रु गृह कलह कारक मन्त्र 372, विक्रय रोधन मन्त्र 372, शत्रु मारण मन्त्र 373, मुख स्तंभन मन्त्र 373, वशीकरण मन्त्र 373, विचित्र मन्त्र 373

उपसंहार   375-380

स्वस्तिवाचन

ओम स्वस्ति नो मिमीतामश्विना भगः
स्वस्ति देव्यदितिरनर्वणः। स्वस्ति पूषा
असुरो दधातु नः स्वस्ति द्यावापृथिवी सुचेतुना
स्वस्तये वायुमुप ब्रवामहै सोमं स्वस्ति
भुवनस्य यस्पतिः। बृहस्पतिं सर्वगणं स्वस्तये
स्वस्तय आदित्यासो भवन्तु नः।
विश्वे देवा नो अद्या स्वस्तये वैश्वानरो
वसुरग्निः स्वस्तये। देवा अवन्त्वृभवः स्वस्तये
स्वस्ति नो रुद्रः पात्वंहसः।
स्वस्ति मित्रावरुणा स्वस्ति पथ्ये रेवति।
स्वस्ति न इन्द्रश्चाग्निश्च स्वस्ति नो अदिते कृधि
स्वस्ति पन्थामनुचरेम सूर्याचन्द्रमसाविव।
पुनर्ददताघ्नता जानता संगमेमहि।
ऋग्वेद : ५.५१.११.१२.१३.१४.१५

ओम् द्यौः शान्तिरन्तरिक्ष ँ शान्तिः
पृथिवी शान्तिरापः शान्तिरोषधयः शान्तिः।
वनस्पतयः शान्तिर्विश्वे देवाः शान्तिर्ब्रह्म शान्तिः
सर्व ँ शान्तिः शान्तिरेव शान्तिः सा मा
शान्तिरेधि।

द्युलोक में जो सर्वत्र शान्ति है, जो शान्ति अन्तरिक्ष में है और जो शान्ति पृथ्वी पर है वही शान्ति जल, औषधि, व वनस्पतियों में भी है।

समस्त देवताओं में और उनकी भावनाओं में शान्ति है, ब्रह्म लोक में सर्वत्र शान्ति है और समस्त ब्रह्माण्ड में जो शान्ति है वही शान्ति मुझे प्राप्त हो!

अग्ने नय सुपथा राये अस्मान्विश्वानि
देव वयुनानि विद्वान्। युयोध्यस्मज्जुहुराणमेनो
भूयिष्ठां ते नम उक्तिं विधेम।

हे! ईश्वर, आप समस्त प्राणियों को अच्छे पथ पर चलाने वाले हैं तथा समस्त आनन्द को देने वाले हैं। आपकी कृपा से ही धार्मिक व्यक्ति मोक्ष प्राप्त कर

उत्तम मार्ग से उत्तम प्रज्ञा को प्राप्त करते हैं। वही प्रज्ञा हम भी प्राप्त करना चाहते हैं अतः आप हमारे कुटिल पाप दूर करें, हम आपको प्रणामयुक्त वाणी कहकर श्रद्धा-युक्त अभिवादन करते हैं।

ओम् आब्रह्मन ब्राह्मणो ब्रह्मवर्चसी जायताम
आ राष्ट्रे राजन्यः शूर इषव्यो ऽतिव्याधी
महारथो जायताम्
दोग्ध्री धेनुर्वोढ़ाऽनड्वानाशुः
सप्तिः पुरन्धिर्योषा
जिष्णु रथेष्ठाः सभेयो युवास्य
यजमानस्य वीरो जायताम्
निकामे निकामे नः पर्जन्यो वर्षतु
फलवत्यो न ओषधयः पच्यन्ताम्
योगक्षेमो नः कल्पताम्।
यजुर्वेद अ० २२-२२

हे ब्रह्मन्! मेरे राष्ट्र में ब्राह्मण ब्रह्म तेज को धारण करने वाले हों, क्षत्रिय वीर, रोग रहित तथा धनुर्विद्या में निपुण हों, गायें अधिक दूध देने वाली हों तथा बैल भारी-से-भारी बोझ ढोने में समर्थ हों, घोड़े गतिमान हों, नारियां पतिव्रता हों, यजमान युवक सभ्य, विजयी तथा रथवाहन युक्त हों, बादल समय पर पूर्ण वर्षा करें, औषधियां फल धारण करने वाली हों तथा सभी प्रकार से हमारा योग क्षेम हो।

भद्रं कर्णेभिः श्रृणुयाम् देवा भद्रं पश्येमाक्षभिर्यजत्राः।
स्थिरै रङ्गैस्तुष्टुवा ँ सस्तनूभिर्व्यशेम ह देवहितं यदायुः।
ऋग्वेद १-८९-८

हे देवो। हम नित्य अपने कानों से मंगलदायक वचन सुनते रहें, हे यज्ञों में चरु, पुरोडास आदि से सन्तुष्ट होने वाले देवो! हम अपने नेत्रों से अच्छा देखें, हम अपने अंगों से राष्ट्र हित में कार्य करें और प्रजापति हमें पूर्ण आयु प्रदान करें।

ओम् शतं जीव शरदो वर्द्धमानः शतं
हेमन्तान्छतमु वसन्तान्। शतमिन्द्राग्नी
सविता वृहस्पतिः शतायुषा हविषेमं पुनर्दुः।
ऋग्वेद : १०.१६१-४

हे प्रभु! हम सौ वर्ष तक जीवित रहें, हमारी सन्तान बलिष्ठ होकर शतायु हो, हम अपने परिवार बन्धु-बांधव सहित दीर्घ आयु प्राप्त करें, हम शतायु होकर ईश्वर की आराधना में दत्तचित्त हों तथा राष्ट्र निर्माण में पूर्ण सहयोग दें।

प्रवेश

मंत्र की अपने आप में पूर्ण और स्वतंत्र सत्ता है। जीवन के पार्थिव अपार्थिव चेतन अचेतन, निष्क्रिय और सक्रिय जीवन में मंत्र की सर्वोपरि महत्ता है। बिना मंत्र के जीवन का अस्तित्व संभव ही नहीं। वेदों में मंत्र को सर्वोच्च सत्ता एवं उन्हें ब्रह्म के समान माना है। हमारे जीवन में जो कुछ भी घटित हो रहा है इसके मूल में मंत्र की सत्ता विद्यमान है। यह बात अलग है कि हम उनके अस्तित्व को स्वीकार करें या न करें अथवा मंत्र के महत्त्व को समझें या न समझें, परन्तु यह निश्चित है कि बिना मंत्र के हमारे जीवन का कोई अस्तित्व नहीं।

मानव जो कुछ बोलता है वह अपने आप में शब्द है और जब शब्द का सम्बन्ध अर्थ से हो जाता है तो वह कल्याणमय बन जाता है। वे शब्द निरर्थक होते हैं जिनके मूल में अर्थ विद्यमान नहीं रहता। कालिदास ने 'वागर्थाविव' कह कर इसी कथन की पुष्टि की है, परन्तु जिसके मूल में अर्थ है वे शब्द ही सार्थक हैं। ऐसा नहीं कहा जा सकता, क्योंकि जब शब्द को ब्रह्म कह दिया जाता है तब फिर प्रत्येक शब्द ब्रह्ममय वन जाता है। हम लौकिक व्यक्ति जिन शब्दों के अर्थ समझ लेते हैं उन्हें सार्थक कहते हैं पर जिन शब्दों को हम नहीं समझ पाते वे वास्तव में ही इतने उच्च कोटि के होते हैं कि हमारी बुद्धि उन शब्दों के मूल तक नहीं पहुंच पाती और इसी लिए हम अपने अहं के वशीभूत होकर उन शब्दों को निष्क्रिय कह देते हैं।

कई बार हम देखते हैं कि उच्च कोटि के साधक का ध्यान टूटने पर उनके मुंह से कई ऐसे शब्द निकल जाते हैं जिनका आपस में कुछ भी सम्बन्ध या तारतम्य नहीं होता, तब हम आश्चर्यचकित से उनके मुंह की ओर ताकते रहते हैं और फिर अपने मन को समझाकर शान्त कर लेते हैं कि स्वामी जी ने कुछ भी मुंह से कह दिया होगा।

परन्तु ये 'कुछ भी' शब्द अपने आप में अत्यन्त ही महत्त्वपूर्ण होते हैं, क्योंकि उनका धरातल इतना ऊंचा होता है कि हम सामान्य मानव उस ऊंचाई तक पहुंच नहीं पाते या हमारी बुद्धि इतनी विकसित नहीं है कि हम उस ऊंचाई को समझ सकें।

वास्तव में मानव के मुंह से जो भी शब्द निकलता है वह 'मंत्रमय' होता है। जिन शब्दो के अर्थ समझ में आते हैं उन्हें बातचीत की संज्ञा से विभूषित कर देते हैं पर जो शब्द यों ही मुंह से निकल जाते हैं या जिन शब्दों के अर्थ हमारी समझ में

नहीं आते उन शब्दों को हम व्यर्थ का मान लेते हैं, जबकि वास्तव में बात यह है कि जिन शब्दों के अर्थ समझ में आते हैं, वे लौकिक शब्द या सामान्य शब्द कहे जा सकते हैं, इसके विपरीत जिन शब्दों का अर्थ या तारतम्य सामान्य व्यक्ति के समझ में नहीं आता, वे शब्द वास्तव में ही अपना महत्त्व रखने वाले होते हैं।

मेरे कहने का तात्पर्य यह नहीं है कि प्रत्येक वह शब्द जिसके मूल और अर्थ का रहस्य हम नहीं समझ पाते, वे उच्च कोटि के होते हैं परन्तु इस प्रकार के निश्चित लय और शब्दों से बंधे हुए समूह को 'मंत्र' कहा जा सकता है।

मानव जब दूसरे से बात करता है तो वह मंत्र ही है, क्योंकि एक निश्चित लय और सीमा से बंधे शब्दों के समूह का प्रभाव सामने वाले के मन पर अवश्य पड़ता है, क्योंकि वह उन शब्दों के मूल और उसके अर्थ को समझता है। उदाहरण के लिए एक भिखारी किसी सम्पन्न व्यक्ति के दरवाजे पर जाकर घर के स्वामी को यह कहता है कि 'मैं भूखा हूं तो यह वाक्य मंत्रमय है क्योंकि इन शब्दों का अर्थ प्रभाव गृह स्वामी के चित्त पर पड़ता है।

एक व्यक्ति जा रहा है और एक भिखारी उससे याचना करता है पर वह उसे टरका देता है, परन्तु कुछ दूर जाने पर दूसरा भिखारी विगलित कंठ से वही वाक्य दोहराता है, जो कि पहले भिखारी ने कहे थे तो वह व्यक्ति द्रवित होकर उस भिखारी को कुछ-न-कुछ दे देता है।

यहां पर दोनों भिखारियों ने एक ही शब्दों का प्रयोग किया है, परन्तु पहले भिखारी ने सामान्य तरीके से अपनी बात कही थी, जबकि दूसरे भिखारी ने उन्हीं वाक्यों को एक विशेष लय के साथ उच्चरित किया, जिसका प्रभाव उस व्यक्ति पर गहराई के साथ पड़ सका।

मेरे कहने का तात्पर्य यह है कि मंत्र के प्रभाव में ध्वनि और लय का विशेष महत्त्व होता है, क्योंकि वह मंत्र निरर्थक होता है, जिसके मूल में निश्चित लय या ध्वनि नहीं होती। इस प्रकार से वे शब्द निरर्थक कहे जा सकते हैं जिनके मूल में अर्थ भले ही हो परन्तु यदि वे शब्द एक विशेष लय के साथ नहीं कहे जायें तो उनका प्रभाव सर्वथा नगण्य होता है।

एक कवि सम्मेलन में जब हास्य रस का कवि मंच पर खड़ा होकर एक विशेष लय के साथ अपनी हास्य कविता सुनाता है तो दूर-दूर तक बैठे श्रोता खिलखिला पड़ते हैं और हंसते-हंसते दोहरे हो जाते हैं, परन्तु इसके कुछ ही समय बाद या किसी अन्य अवसर पर इसी प्रकार के मच पर खडे हाकर उसी हास्य कवि की वही कविता कोई अन्य पाठक पढ़ता है तो एक भी श्रोता नहीं हंस पाता।

यहां पर स्थान वही है, शब्द वही है, परन्तु एक व्यक्ति उन शब्दों को एक विशेष लय के साथ पढ़ता है जिससे उन शब्दों का प्रभाव दूर बैठे श्रोताओं के चित्त पर पड़ता है, परन्तु यदि वे ही शब्द बिना लय के साथ पढ़े जायें तो उनका प्रभाव बिल्कुल नहीं होता।

इससे यह स्पष्ट है कि शब्द या उसके अर्थ मंत्र शास्त्र की दृष्टि से विशेष महत्त्व नहीं रखते, अपितु एक विशेष लय या ध्वनि महत्त्वपूर्ण प्रभाव रखती है। कवि ने जिन शब्दों का प्रयोग किया था वे शब्द एक दूसरे से जुड़े होने के कारण अर्थमय अवश्य थे, परन्तु उसके साथ कहने का एक विशेष ढंग या लय महत्त्वपूर्ण था जिसका प्रभाव श्रोताओं पर पड़ा और वे दूर बैठे हुए भी खिलखिलाने या हंसने लगे।

यदि मोटे रूप में कहा जाय तो यदि हास्य कविता का प्रभाव श्रोताओं के चित्त पर पड़ सकता है तो अन्य पंक्ति का भी प्रभाव पड़ सकता है, यदि उस पंक्ति को विशेष लय के साथ कहा जाय।

मंत्र का मूल यह 'लय' ही है, जो साधक एक निश्चित लय के साथ मंत्र का उच्चारण करता है वह निश्चय ही सफलता प्राप्त कर लेता है, परन्तु यदि सीधे-सादे रूप में उस मंत्र का पठन किया जाए तो उसका प्रभाव नहीं होगा, क्योंकि उस शब्द या वाक्य के साथ लय का संयोग नहीं है।

शब्दों की शक्ति अपने आप में अत्यन्त महत्त्वपूर्ण मानी गई है क्योंकि विज्ञान के अनुसार हम जो भी उच्चारण करते हैं वह ध्वनि पूरे ब्रह्माण्ड में फैल जाती है और वह युगों-युगों तक अक्षुण्ण बनीं रहती है। उदाहरण के लिये रेडियो पर जो भी भाषण या संगीत सुनते हैं वह ध्वनि हजारों मील दूर से उच्चरित होती है, परन्तु हमारे पास रेडियो के रूप में ऐसा साधन विद्यमान है जिससे कि हम उस ध्वनि को पकड़ पाते हैं और तब हम उस व्यक्ति की आवाज सुनने में समर्थ हो जाते हैं जो कि हजारों मील दूर बैठा बोल रहा है।

अतः शब्द की सीमा अपार है, सामने बैठे व्यक्ति पर ही शब्द का प्रभाव पड़ता हो यही सब कुछ नहीं है अपितु हजारों मील दूर बैठे व्यक्ति के चित्त पर भी हम उन शब्दों के द्वारा एक निश्चित प्रभाव डालने में समर्थ हो सकते हैं। उदाहरण के लिए यदि हास्य रस का कवि हजारों मील दूर बैठा विशेष लय के साथ कविता सुना रहा हो और हम रेडियो के द्वारा उस कविता को सुनें तब भी हम खिलखिला पड़ते हैं क्योंकि उस ध्वनि का प्रभाव हमारे चित्त पर पड़ रहा है। फलस्वरूप उस शब्द के द्वारा जो प्रभाव हम पर होना चाहिए वह होता है और इसीलिए हम हंसते हैं। इसी प्रकार करुण रस की कविता सुनकर सुबकने लग जाते हैं, वीर रस सुनकर रोमांच हो उठते हैं और वीभत्स रस के द्वारा हम घोर घृणा से भर जाते हैं।

किसी शब्द की मूल ध्वनि क्या है, जिससे कि उसका निश्चित और स्थायी प्रभाव पड़ सके यह पुस्तक नहीं बता सकती। इसके लिए गुरु की आवश्यकता होती है, क्योंकि वही उच्चारण करके उस शब्द की मूल ध्वनि को समझा सकता है और जब हमें शब्द की मूल ध्वनि का ज्ञान हो जाता है तो हम उसी लय के साथ उस शब्द का उच्चारण कर निश्चित प्रभाव डालने में समर्थ हो सकते है।

यहां पर 'गुरु' शब्द का प्रयोग विशेष अर्थ में नहीं कर रहा हूं। गुरु वह होता है जिसे उस क्षेत्र का विशेष ज्ञान हो। अतः जो मंत्र की व्याख्या, उसका उप-

योग, उसकी क्रिया, उसका अर्थ और उसकी ध्वनि समझा सके वही गुरु कहा जा सकता है ।

कई बार लोगों के मुंह से ऐसा सुनने में आता है कि कलयुग में मंत्र निरर्थक हो गए हैं, क्योंकि उनका प्रभाव नहीं होता या जिस प्रकार से ग्रन्थ में लिखा हुआ है उसी प्रकार से क्रिया करने पर भी उसका जो प्रभाव होना चाहिए वह नहीं हो पाता ।

इससे लोगों की आस्था मंत्र से हटने लगती है और वे इसी तथ्य पर पहुंचते हैं कि मंत्र अपने आप में व्यर्थ हैं या मंत्रों का प्रभाव नहीं हो पाता, परन्तु कारण कुछ और है, जैसा कि मैंने ऊपर बताया कि मंत्र या शब्द अथवा उसका अर्थ अपने आप में बहुत अधिक महत्त्व नहीं रखता, अपितु उसकी ध्वनि विशेष महत्त्व रखती है, और मंत्र में जो चेतना मानी गई है, वह 'ध्वनि' ही है । यह ध्वनि पुस्तक के निर्जीव पृष्ठ नहीं बता सकते । इसके लिए गुरु की उपस्थिति अनिवार्य है क्योंकि वही मंत्र और उसकी मूल ध्वनि उच्चारण करके समझा सकता है ।

अतः तब तक मंत्र और मंत्र-जप निरर्थक है जब तक कि उसकी ध्वनि का ज्ञान हमें नहीं हो जाता । यही नहीं अपितु आवश्यकता इस बात की है कि ठीक उसी रूप में ध्वनि-उच्चारण होना चाहिए जो कि उस शब्द का मूल जीवन्त है । केवल मात्र उसी प्रकार से उच्चारण कर देना ही सब कुछ नहीं होता ।

मंत्र की सत्ता अपने आप में सर्वोपरि है और इसका प्रभाव निश्चित और स्थायी होता है परन्तु दुख इस बात का है कि धीरे-धीरे हमारी वर्तमान पीढ़ी मंत्र के महत्त्व को अस्वीकार करने लगी है, उसकी उपयोगिता से हम दूर हटने लगे हैं, हममें इतना धैर्य नहीं रह गया है कि हम सही गुरु की खोज कर सकें और उनके द्वारा मंत्र की मूल ध्वनि को प्राप्त कर सकें ।

हमारा भारतवर्ष इस क्षेत्र में सर्वोपरि था, क्योंकि यहां के साधक और महर्षि अपने आप में मंत्रमय थे, उनका पूरा जीवन मंत्र और उनके रहस्य को समझने-समझाने में बीत जाता था । वे शिष्यों को अपने साथ रखकर उन्हें पुत्रवत स्नेह देते थे और उन्हें मंत्र की मूल ध्वनि का ज्ञान कराते थे । यह परम्परा मौलिक रूप से बराबर आगे बढ़ती गयी, परन्तु मुगलकाल में इस पद्धति का ह्रास हुआ और उस समय फारसी कलमा तथा इसी प्रकार के मंत्रों का प्रचलन बढ़ा, फलस्वरूप मूल मंत्र और उसके रहस्य को समझने वाले महर्षि कम होते गए । इसके बाद जो रहा सहा वैभव था वह अंग्रेजों ने पूरी तरह से समाप्त कर दिया । यह विद्या ब्राह्मणों के पास पीढ़ी-दर-पीढ़ी चली आ रही थी, परन्तु जब ब्राह्मणों के पुत्रों ने अंग्रेजों की गुलामी और नौकरी करनी शुरू कर दी तो वे उसी रंग में रंग कर चोटी और यज्ञोपवीन से हाथ धो बैठे और मंत्र आदि विद्याओं को दकियानूसी कहने लगे ।

कुछ समय बाद बहुत ही कम साधक ऐसे रह गए, जिन्हें मंत्रों का और उनकी ध्वनि का पूर्ण ज्ञान था । वे यह चाहते थे कि यह मौलिक परम्परा आगे भी जीवित

रहे, परन्तु उनके पास सर्वथा अयोग्य शिष्यों की ही भरमार बनी रही जो कि चमत्कार में तो विश्वास करते थे परन्तु परिश्रम करने से जी चुराते थे। जो एक ही दिन में मंत्र मर्मज्ञ होना चाहते थे उनकी ध्वनि या उनके स्वरूप को समझने का परिश्रम करना नहीं चाहते थे। ऐसी स्थिति में गुरु किंकर्त्तव्यविमूढ़ बन गया कि इन शिष्यों को किस प्रकार से ज्ञान दिया जाय, क्योंकि गुरु ज्ञान तो देना चाहता था, पर योग्य शिष्यों का ही अभाव हो गया था और वे उस विद्या को प्राप्त करने में सर्वथा अयोग्य और असमर्थ दिखाई देने लगे।

वर्तमान पीढ़ी ने मंत्र को रटे रटाये तरीके से बोलने में ही पूर्णता समझ ली। आज भी ब्राह्मण के पुत्र को पन्द्रह, बीस, पचास मंत्र अवश्य कंठस्थ होंगे परन्तु उसकी लय का उसे कतई ज्ञान नहीं होगा। पुस्तकों के माध्यम से जो कुछ देखा, आजीविका वृत्ति बनाने के लिए उन मंत्रों को रट लिया और इस प्रकार से अपनी जीविकोपार्जन में सहायता प्राप्त कर ली। उनका मूल उद्देश्य पेट भरना रह गया। मंत्र के मूलस्वरूप को समझने में उनकी रुचि नहीं रही। इस प्रकार धीरे-धीरे इस विषय में जानकार कम होते गए, जिन महर्षियों को या साधकों को इनका ज्ञान था वह ज्ञान उनके साथ ही समाप्त हो गया। वे शिष्य की झोली में बहुत कुछ डालने के लिए लालायित थे परन्तु शिष्य की झोली ही जब फटी हुई थी तो गुरु क्या कर पाता? साथ-ही-साथ शिष्य में धैर्य और परिश्रम करने की भावना ही नहीं थी, तब गुरु अपने ज्ञान को दे ही कैसे पाता? और इस प्रकार मंत्र को समझने वाले साधकों का अभाव होता गया।

कुछ साधक अपने आपको समाज से तब अलग कर बैठे जब उन्होंने देखा कि हमारी उपयोगिता नहीं के बरबार रह गई है, मंत्र या इनसे संबंधित व्यक्तियों को निम्न स्तर से देखा जाने लगा है, समाज की भावना केवल मात्र यही रह गई है कि येन केन प्रकारेण धन संचय किया जाय, इसके लिए चाहे कुछ भी करना पड़े। उनका सारा तंत्र या कार्य केवल इसी बिन्दु पर केन्द्रित हो गया कि किस प्रकार से ज्यादा-से-ज्यादा धन इकट्ठा किया जाय। ऐसी स्थिति में उन साधकों ने अपने आपको समाज से अलग कर दिया और पहाड़ में दूर एकान्त स्थान में अपनी साधना में रत हो गए, इस प्रकार उनका सम्पर्क समाज से टूट गया।

ऐसी स्थिति में पूरा समाज दिग्भ्रमित हो गया है। वह मंत्रों की महत्ता को स्वीकार करता है। वह चाहता है कि मंत्रों को समझा जाय और उसका उपयोग जीवन को सुखमय बनाने के लिए किया जाय। इसके लिए वह साधुओं, संन्यासियों के चारों ओर चक्कर लगाता है, और वे नकली साधु या लम्बी-लम्बी जटाएं बढ़ाकर आंखों में ललाई लाकर इन्हें सब्ज बाग दिखाते रहते हैं कि तुम्हें मैं सब कुछ दे सकता हूं जबकि हकीकत में उनके पास कुछ है ही नहीं। जब उनके पास कुछ है ही नहीं तो वह दूसरों को क्या दे पाएगा? उनके ठोकर खाने पर जब कुछ भी प्राप्त नहीं हो पाता, तब सामान्य मानव परेशान हो जाता है, मंत्रों पर से उसका विश्वास डिगने लगा है तथा साधु और संन्यासियों पर उसकी अनास्था पैदा हो गई है।

मंत्र शास्त्र की दृष्टि से पिछले पांच सौ वर्ष अंधकार के ही थे, जिसमें धीरे-धीरे इस विद्या का लोप होता गया। एक समय ऐसा भी आया जबकि सही गुरु प्राप्त होना हिमालय पर चढ़ाई करने के समान हो गया। आज नकली साधु गुरु और संन्यासी तो गली कूचों में मिल जायेंगे, परन्तु इस क्षेत्र में सही जानकारी रखने वाला गुरु दस लाख में एक या दो ही होंगे।

जब प्रतिशत इतना कमजोर है तो सामान्य मानव के बस की बात नहीं रह गई है। जब भी वह इस प्रकार के लेख पढ़ता है या किसी साधु के चमत्कार की कहानियां सुनता है तो वह उस तरफ भागता है, परन्तु बदले में उसे कुछ भी नहीं मिल पाता।

आजादी के वाद इस भयावह स्थिति पर भी विचार हुआ और यह आशंका वलवती हो गई कि यदि इसी प्रकार बना रहा तो एक समय ऐसा भी आ सकता है जबकि इस विद्या को जानने वाला एक भी व्यक्ति न रहे, अतः इस पर गहराई के साथ विचार किया गया और मैं यह देख रहा हूं कि पिछले दस वर्षों में एक नई चेतना पैदा हो रही है जो कि लोगों का विश्वास पुनः मंत्र पर स्थापित करने में सफल रही है। जिनका विश्वास पूरी तरह से डगमगा गया था, उन्हें संबल मिला है। सामान्य मानव को अब यह विश्वास होने लगा है कि यह विद्या पूरी तरह से लुप्त नहीं हो गई है, क्योंकि जिन लोगों ने इस विद्या को जीवन्त बनाए रखने के लिए प्रयत्न प्रारम्भ किए हैं वे समर्थ हैं, उन्हें मंत्रों का गहराई के साथ ज्ञान है।

मंत्र को समझने के लिए धैर्य की आवश्यकता होती है, क्योंकि मंत्र अपने आपमें पूर्ण नहीं है अपितु उसके साथ जो क्रिया-पद्धति है वह मिल कर एक पूर्ण मंत्र का निर्माण करती है, जैसे आटा अपने आपमें पूर्ण रोटी नहीं है अपितु आटे के साथ जिस प्रकार से पूरी क्रिया करने पर रोटी का निर्माण होता है तभी उससे भूख शान्त हो सकती है, उसी प्रकार जब तक मंत्र और उसकी पद्धति का पूर्ण ज्ञान नहीं होता तब तक उससे पूरा लाभ नहीं उठाया जा सकता।

मुझे याद है कि कुछ वर्षों पूर्व केदारनाथ के पास एक साधु सम्मेलन हुआ था, जिसमें मुख्य रूप से उन साधुओं, साधकों एवं मंत्र अध्येताओं को निमंत्रण किया था जो इस क्षेत्र में पूर्ण जानकार थे। उसमें लगभग तीन सौ साधु महर्षि आदि इकट्ठे हुए थे, जो कि अपने आपमें वीतरागी थे, साधु थे, ऐसे व्यक्ति थे जो घर गृहस्थी से सर्वथा मुक्त थे और जिनका पूरा जीवन मंत्रों की शोध में ही व्यतीत हुआ था।

उस सम्मेलन में मैं भी उपस्थित था और मेरे गुरु भाई डा० श्रीमाली जी भी उपस्थित थे। मेरा उपस्थित होने का मूल कारण यह देखना था कि अब तक मंत्रों को जानने वाले कितने लोग शेष हैं और वे इस विद्या को आगे बढ़ाने के लिए कितने अधिक प्रयत्नशील हैं।

पर सम्मेलन में बात यह सामने आई कि धीरे-धीरे मंत्र और उसकी ध्वनि को सही रूप से समझने वाले लोग समाप्त हो रहे हैं और जिनके पास यह विद्या है

भी वे पूरी तरह से समाज से कटे हुए हैं। इस प्रकार हमारा समाज इस प्रकार की उच्च विद्या से वंचित रह रहा है और वह पागलों की तरह इधर-उधर भटक रहा है परन्तु उसे सच्चा साधु या सच्चा मंत्र मर्मज्ञ प्राप्त नहीं हो रहा है।

सम्मेलन की समाप्ति तक भी कोई ठोस निर्णय नहीं लिया गया। सबके मन में एक ही दुख था कि योग्य शिष्यों की प्राप्ति नहीं हो रही है, जिन्हें यह ज्ञान दिया जा सके, साथ-ही-साथ यदि कोई शिष्य प्राप्त होता भी है तो वह परिश्रम करने से घबराता है और इस प्रकार का एकाकी जीवन जीने का अभ्यस्त न होने के कारण थोड़े समय बाद ही भाग खड़ा होता है।

सम्मेलन में उन मंत्र मर्मज्ञों की मृत्यु पर भी दुख प्रगट किया गया जो पिछले दो वर्षों में मृत्यु को प्राप्त हो गए थे। इस प्रकार धीरे-धीरे मंत्रों की वास्तविक ध्वनि और उसकी क्रिया को समझने वाले लोगों की समाप्ति हो रही थी और नये व्यक्ति तैयार नहीं हो रहे थे जो कि इस प्रकार की चेतना को और भारत की इस दुर्लभ विद्या को जीवित रख सकें।

सम्मेलन का निर्णय लगभग यही था कि ऐसी स्थिति में कुछ भी नहीं किया जा सकता और जो कुछ हो रहा है, वह ठीक ही हो रहा है। यदि प्रभु को यही मंजूर है तो इसके आगे क्या किया जा सकता है?

यह स्थिति एक प्रकार से कायरता की स्थिति थी। इस स्थिति को डा० श्रीमाली सहन नहीं कर सके। उन्होंने खड़े होकर कहा, कि सम्मेलन जो भी निर्णय ले रहा है, वह सही हो सकता है, परन्तु यह निर्णय पूर्णतः कायरता का निर्णय है, नपुंसकता का निर्णय है, हकीकत में देखा जाय तो यह वास्तविकता से भागने का निर्णय है। यदि सम्मेलन का यही निर्णय रहा तो भारतवर्ष के लिए यह अत्यन्त भयावह स्थिति होगी और वह दिन दूर नहीं होगा जबकि इस पृथ्वी से मंत्र और उसकी ध्वनि हमेशा-हमेशा के लिए समाप्त हो जाएगी।

आने वाली पीढ़ी हमें, और हमारे सम्मेलन को धिक्कारेगी कि कायरता के साथ सम्मेलन को समाप्त कर हमने अपने आपको मृत्यु के मुंह में डाल दिया। आने वाला समय हममें से किसी को भी क्षमा नहीं करेगा, आवश्यकता इस बात की है कि हम इस चुनौती को स्वीकार करें और एक ऐसी पीढ़ी का निर्माण करें जो कि इस प्रकार के ज्ञान से पूर्ण हो, जिनमें मंत्रों को सीखने, समझने और उनके प्रयोग में रुचि लेने की ललक हो और जो पूर्ण रूप से मंत्रों के प्रति समर्पित हों वे युवक आगे आवें या ऐसे युवकों की खोज की जाय जो कि इस प्रकार के कार्य के लिए पूर्णतः समर्थ हों।

भारतवर्ष की भूमि नपुंसक नहीं है। साठ करोड़ जनता में कम-से-कम सौ युवक ऐसे प्राप्त हो सकते हैं जिन्हें परिश्रम करने की और मंत्रों को जीवित बनाए रखने की रुचि हो और जो सारे सुखों को त्याग कर इस क्षेत्र में कुछ कर गुजरने का हौसला रखते हों।

अपनी बात को समाप्त करते हुए डा० श्रीमाली ने कहा कि मुझे दुख इस बात का हो रहा है कि हम रचनात्मक भूमिका निभाने की अपेक्षा कायरता की भूमिका निभाने की कोशिश कर रहे हैं। यदि आप सभी इस बात के लिए कृतसंकल्प हों तो ऐसी कोई बात नहीं है, परन्तु आपने भगवे वस्त्र धारण करके इस बात का निश्चय कर लिया है कि अब आपका समाज से कोई सम्बन्ध नहीं रह गया है, यह एक प्रकार से पलायन की भूमिका है, संघर्ष से छुटकारा पाने का प्रयत्न है, कठिनाइयों से मुक्ति पाने की चाह है, आपके ये निर्णय किसी भी प्रकार से योग्य नहीं हैं और इस सम्मेलन के उपयुक्त तो सर्वथा नहीं ही हैं।

मैं इस बात के लिए भी दृढ़ संकल्प हूं कि चाहे मुझे कितना ही त्याग करना पड़े या चाहे मैं अकेला ही रह जाऊं फिर भी मैं इसी प्रयत्न में बराबर लगा रहूंगा कि यह विद्या सर्वथा लोप न हो जाय और इस विद्या की पूर्णता में किसी प्रकार की न्यूनता न आवे।

यह छोटा-सा वक्तव्य अपने आपमें चुनौतीपूर्ण था और एक प्रकार से उस पूरे सम्मेलन पर थप्पड़ की तरह था जिसने एक बार पुनः सही ढंग से सोचने के लिए मजबूर कर दिया। सम्मेलन के अधिकांश मंत्र मर्मज्ञ डा० श्रीमाली से परिचित थे और उनके कार्यों से तथा उनकी साधनाओं से तभी से परिचित थे जब वे गृहस्थ जीवन में नहीं थे। वे इस बात को जानते थे कि आज विश्व में मंत्र के क्षेत्र में स्वामी सच्चिदानन्द जी से उच्चकोटि का व्यक्ति नहीं है, वे सही रूप में युग पुरुष हैं, और मंत्र साधना आदि के क्षेत्र में सर्वोपरि हैं। उनका ज्ञान हिमालय से भी महान है, मंत्र के क्षेत्र में और साधना के क्षेत्र में उनकी महत्ता निर्विवाद रूप से सभी स्वीकार करते हैं।

डा० श्रीमाली इस प्रकार की महान विभूति के प्रमुख शिष्य हैं यह बात सभी को ज्ञात थी और वे सभी इस बात को अनुभव करते थे कि वास्तव में उनका शिष्य होना ही अपने आप में पूर्णता है। इस प्रकार की चुनौती वही व्यक्तित्व दे सकता है, जिसमें आग हो या जिसमें इस विषय की पूर्णता हो।

सम्मेलन के लगभग सभी साधु और महर्षि प्रसन्न थे कि जिस व्यक्ति ने इस चुनौती को सबके सामने रक्खा है, वह अपने आप में एक सम्पूर्ण और समर्थ व्यक्तित्व है, मंत्र के क्षेत्र में आज भी उनकी राय को सबसे ऊंचा महत्त्व दिया जाता है। सम्मेलन के सभापति के रूप में उनका नाम निर्विवाद रूप से लिया गया था और एक मत से उन्हें सभापति पद पर बिठाने का निर्णय लिया था, परन्तु यह उनकी ही विनम्रता थी कि उन्होंने अस्वीकार करते हुए सामान्य मंत्र शास्त्री के रूप में ही भाग लेने का निश्चय किया था।

सभी ने एक प्रकार से हर्षध्वनि की और उनकी अभ्यर्थना करते हुए एक मत से प्रस्ताव पास किया कि आज के युग में परमहंस स्वामी सच्चिदानन्द के प्रमुख शिष्य डा० श्रीमाली मंत्र के क्षेत्र में निर्विवाद रूप से सर्वश्रेष्ठ व्यक्तित्व है और एक प्रकार से उन्हें मंत्र पुरुष कहा जाए तो कोई अत्युक्ति नहीं होगी।

सम्मेलन को प्रसन्नता है कि उन्होंने इस गंभीरता को समझा है और इस विद्या को समाज से जोड़ने में रुचि ली है, सम्मेलन को विश्वास है कि यह विद्या भारतवर्ष से लोप नहीं हो सकेगी । और आने वाली पीढ़ियां डा० श्रीमाली की आभारी रहेंगी कि उनके प्रयत्नों से मंत्रों की मूल ध्वनि और उनकी क्रिया जीवित रह सकी है ।

इस प्रस्ताव के साथ ही सम्मेलन समाप्त हो गया ।

डा० श्रीमाली को मैं तब से जानता हूं जब वे यायावर जीवन में थे । वे गृहस्थ होते हुए भी पूर्णतः साधु थे और उन्होंने गृहस्थ के अनन्य पथ को इसीलिए छोड़ दिया था जिससे कि उन साधुओं और महर्षियों के सम्पर्क में आ कर उस ज्ञान को प्राप्त किया जा सके, जो कि वास्तव में उच्चकोटि का है और जिस ज्ञान की वजह से ही भारत पूरे विश्व में सम्मानित है ।

इस प्रकार के साधु जीवन के रूप में लगभग सत्रह वर्ष रहे और इन वर्षों में उन्होंने जो कुछ प्राप्त किया वह भारत और विश्व से छिपा हुआ नहीं है । इन वर्षों में वे उन सभी लोगों के सम्पर्क में आए जिनके पास इस प्रकार का थोड़ा बहुत भी ज्ञान था । वे कई साधुओं के पास रहे और उनसे उन सभी प्रकार की विद्याओं को सीखने का प्रयत्न किया जो कि वास्तव में ही दुर्लभ थी और यह उनका सौभाग्य था कि उन्हें इस प्रकार के साधु मिलते गए जो कि वास्तव में अपने क्षेत्र में उच्चकोटि के थे ।

सबसे बड़ी उपलब्धि परमहंस स्वामी सच्चिदानन्द जी की शिष्यता प्राप्त करना है । जो साधना के क्षेत्र में हैं वे परमहंस के नाम से परिचित हैं और वे ही इस बात को अनुभव कर सकते हैं कि उन तक पहुंचना ही हिमालय को लांघने के बराबर है या जीवन में उनके दर्शन उच्चकोटि का पुण्य माना जाता है, तब उनसे शिष्यत्व प्राप्त कर लेना अपने आपमें उच्चकोटि का भाग्य है । विश्व में मात्र तीन ही शिष्य उनके माने जाते हैं जिनको उन्होंने विधिवत दीक्षा दी है ।

यह बात इसका प्रमाण है कि डा० श्रीमाली ने इस स्तर को प्राप्त करने के लिए कितना अधिक प्रयत्न किया होगा, कितना कष्ट उठाया होगा और इस स्तर को प्राप्त करने के लिए कितना कठोर संघर्ष किया होगा ? सुना है कि स्वामी सच्चिदानन्द जी हजार से भी ज्यादा आयु के हैं और वे किसी को शिष्य बनाते ही नहीं, क्योंकि उनकी शिष्य बनाने की परीक्षा इतनी कड़ी और कठोर है कि उस परीक्षा को पास करना सामान्य जीवन में सम्भव ही नहीं है, आज भी साधक मंत्र या साधना कार्य को प्रारम्भ करने से पूर्व मन-ही-मन स्वामी सच्चिदानन्द जी का स्मरण करते हैं जिससे कि वे अप्रत्यक्ष रूप से उपस्थित होकर सहायक हो सकें ।

पिछले हजार वर्षों में केवल तीन शिष्य बनाना ही इस बात का प्रमाण है कि उनका चयन कितना कठिन है और किस प्रकार से वे उनकी परीक्षा लेते हैं । साधना के क्षेत्र में उनका शिष्य होना ही अपने आपमें पूर्णता माना जाता है, मेरे कथन की गंभीरता केवल वे व्यक्ति समझ सकते हैं जो कि साधना क्षेत्र में हैं या इस प्रकार की क्रिया से परिचित हैं ।

डा० श्रीमाली का जीवन एक ही कार्य को पूर्णता देने के लिए नहीं बना है, कई बार मैं आश्चर्यचकित रह जाता हूं कि एक ही व्यक्तित्व इतने अधिक कार्यों का बोझ किस प्रकार से सम्भाल लेता है ? किसी एक विद्या में पूर्णता प्राप्त करने के लिए ही जब पूरा जीवन खप जाता है तो किस प्रकार से उन्होंने कई विद्याओं में पूर्णता प्राप्त की है। और उन सभी विद्याओं में वे उस स्तर पर हैं जो कि अपने आपमें अन्यतम है।

ज्योतिष के क्षेत्र में उनकी महत्ता निर्विवाद रूप से स्वीकार की जाती है। इस क्षेत्र में उन्होंने उन सभी आयामों को पूर्णता दी है जो कि इस से संबंधित है। सामुद्रिक शास्त्र, अंक शास्त्र, मुखाकृति विज्ञान आदि क्षेत्र में उन्होंने ग्रन्थों की रचना की हैं, तथा ज्योतिष के गणित और फलित पक्ष में उनकी मान्यता पूरे भारतवर्ष में निर्विवाद रूप से स्वीकार की जाती है।

इसके अलावा आयुर्वेद का उन्हें अन्यतम ज्ञान है, यद्यपि इस विद्या से अभी सामान्य जन परिचित नहीं है, परन्तु उन्होंने इस क्षेत्र में जो कुछ प्राप्त किया है वह अपने आप में अन्यतम है। तन्त्र के क्षेत्र में उनकी महत्ता को सभी स्वीकार करते हैं, मंत्र के क्षेत्र में स्वामी सच्चिदानन्द जी का शिष्य होना ही इस बात का प्रमाण है कि वे इस क्षेत्र में सर्वोपरि हैं, और वह सम्मेलन इस बात को अनुभव कर रहा था कि पूरे सम्मेलन में उपस्थित साधुओं का ज्ञान भी उस अकेले व्यक्तित्व के ज्ञान से न्यून है, क्योंकि उन्हें सभी प्रकार के मंत्रों का पूर्ण ज्ञान है और उसकी मूल ध्वनि तथा क्रिया का विधिवत अभ्यास है।

वे मूलतः सरल गृहस्थ हैं, और गृहस्थ जीवन को भी कुशलता के साथ संचालन कर रहे हैं। पूरे दिन जिस प्रकार से वे व्यस्त रहते हैं उसको अनुभव करके आज भी मैं सोचने के लिए बाध्य हो जाता हूं कि ऐसी कौन-सी जीवट शक्ति है, जो कि उन्हें इतना श्रम करने के लिए उत्साहित करती रहती है।

डॉ० श्रीमाली से मेरा परिचय एक संयोग के रूप में ही हुआ था। यद्यपि आयु में मैं उनसे चार-पांच वर्ष बड़ा हूं परन्तु ज्ञान के क्षेत्र में उनकी महत्ता को निर्विवाद रूप से स्वीकार करता हूं।

मेरा उनका परिचय एक संयोग ही था और मैं सोचता हूं कि यह संयोग मेरे लिए अत्यन्त सुखदायक रहा है, उस समय भी मैं साधु जीवन में था और आज भी मैं साधु जीवन में ही हूं। बचपन से ही मैंने यह निश्चय कर लिया था कि मुझे विवाह नहीं करना है और अपना सारा जीवन योग्य गुरु की खोज में बिता देना है जिसके सान्निध्य में बैठकर मैं ज्ञान के उन आयामों को स्पर्श कर सकूं जो कि अपने आप में उच्चतर रहे हैं।

मैं अपने जीवन में एक जगह बहुत कम टिका हूं, भटका ज्यादा हूं, और इसी भटकते हुए जीवन में जो भी अनुभव हुए हैं वे अपने आप में अलग हैं। परन्तु मैं इस बात को स्वीकार करता हूं कि मैं अपने जीवन में जितना और जो कुछ प्राप्त करना

चाहता था वह प्राप्त नहीं कर पाया हूं, जबकि मेरे जीवन का लक्ष्य मंत्र-तंत्र के क्षेत्र में उच्च भावभूमि को स्पर्श करना था।

उस समय मैं बद्रीनाथ से पन्द्रह किलो मीटर दूर भृकुण्डी आश्रम में था और वहां स्वामी प्रवृज्यानन्द जी के सान्निध्य में मंत्र साधना सीख रहा था। उनके पास रहते हुए मुझे लगभग तीन वर्ष हो चुके थे और मैं यह अनुभव कर रहा था कि स्वामी प्रवृज्यानन्दजी मंत्र के क्षेत्र में सिद्धहस्त हैं और उन्हें सैकड़ों प्रकार के मंत्र तथा उनकी क्रिया का ज्ञान है।

उन्हीं दिनों की बात है एक दिन प्रातःकाल जब मैं स्नान कर वापस लौट रहा था तो मुझे आश्रम के बाहर एक युवक साधु दिखाई दिया जो कि अत्यन्त ही आकर्षक और प्रथम बार में ही हृदय पर गहरी छाप छोड़ देने वाला व्यक्तित्व लिये हुए था। सामान के नाम पर उसके पास कुछ नहीं था, शरीर पर मात्र भगवे-वस्त्र धारण किए हुए था।

परन्तु उसकी आंखों में एक विशेष प्रकार की लपक थी। कुछ ऐसा लग रहा था जैसे उसकी आंखों में एक अतृप्त प्यास हो, एक ऐसी इच्छा हो जो कि अभी तक शान्त नहीं हुई हो। जीवन को एक विशेष ढंग से जीने की चाह हो। कुल मिलाकर उसका व्यक्तित्व अपने आप में आकर्षक था और ऐसा लग रहा था जैसे यह व्यक्तित्व अपने आप में एक सशक्त अभिव्यक्ति है जिसके रोम-रोम से महानता स्पष्टतः अनुभव हो रही थी।

मैं जब कुटिया के पास पहुंचा तो वे एकटक खड़े मुझे आते हुए देख रहे थे। मैं जब पास पहुंचा तो उन्होंने शान्त गम्भीर स्वर से प्रश्न किया कि क्या स्वामी प्रवृज्यानन्द जी का आश्रम यही है?

मैंने स्वीकृति में गर्दन हिलाई तो उन्होंने दूसरा प्रश्न किया कि क्या स्वामीजी कुटिया के अन्दर विद्यमान हैं और क्या मैं उनसे इस समय भेंट कर सकता हूं?

मैंने जब उनका नाम पूछा तो उन्होंने दार्शनिक भाव से उत्तर दिया कि मिट्टी के एक कण को किसी भी नाम से पुकारा जाय इससे उस मिट्टी के कण में कोई अन्तर नहीं आता। मेरा जीवन भी इस ज्ञान के क्षेत्र में मिट्टी के कण के समान है, इसलिए इसको किसी विशेष संज्ञा से सम्बोधित करना आवश्यक नहीं है, यों यदि आप चाहें तो मुझे नारायण के नाम से सम्बोधित कर सकते हैं।

पहली बार में उनके उत्तर ने मेरे मन पर गहरी छाप छोड़ी। मैंने अनुभव किया कि यह व्यक्तित्व आयु में भले ही कम हो परन्तु इसके अन्दर ज्ञान की गरिमा है, वह अपने आप में उच्चतर है क्योंकि इसकी वाणी में एक विशेष चुम्बकीय शक्ति है, इसकी बातचीत में एक विशेष लोच है जिससे सामने वाले व्यक्ति को प्रभावित किया जा सकता है, इसके सारे शरीर में एक ऐसा आकर्षण है जिसे बार-बार देखने को जी चाहता है और बातचीत के बाद ऐसा लगता है कि जैसे इससे बार-बार मिला जाय,

बातें की जायें और इनके पास ज्ञान का जो भी सागर है, उसमें अवगाहन किया जाए।

मैंने अन्दर जाकर स्वामी जी को नवागन्तुक के आने की सूचना दी तो उन्होंने अन्दर आने की स्वीकृति दे दी। मैंने नवागन्तुक को स्वामी जी के मन्तव्य से परिचित कराया तो वे कुटिया के भीतर आकर स्वामी जी के सामने बैठ गये।

स्वामीजी ने जब उन्हें अपना परिचय और आने का कारण पूछा तो नवागन्तुक ने मुंह से कुछ भी न कहकर योग मुद्राओं से अपनी सारी बात स्पष्ट की और अपना नाम, अपना उद्देश्य और अपने आने का कारण योग मुद्राओं के माध्यम से ही व्यक्त किया। जब नवागन्तुक ने अपनी सारी स्थिति स्पष्ट कर दी तो स्वामी जी की आंखों में एक आश्चर्यजनक हर्ष की लहर दौड़ गई। उन्हें यह विश्वास हो गया कि आने वाला व्यक्ति सामान्य साधु नहीं है अपितु एक उच्च भावभूमि पर खड़ा हुआ व्यक्तित्व है जिसने साधना के क्षेत्र में काफी ऊंचे स्तर को स्पर्श किया है, क्योंकि इस प्रकार की योग मुद्राओं के माध्यम से अभिव्यक्ति वही दे सकता है जो कि साधना के क्षेत्र में उच्च धरातल पर स्थित हो और जिसकी कुण्डलिनी पूर्ण रूप से जागृत हो। स्वामी जी ने पास बैठे हुए नवागन्तुक को अपने पास खींचकर सीने से भींच लिया, उनकी आंखों से हर्ष के आंसू बह निकले और विगलित कंठ से कहा कि मैं जिस प्रकार के व्यक्तित्व की कल्पना करता था या मेरे मन में जिस प्रकार के साधक से मिलने की चाह थी तुम ठीक वैसे ही हो। निश्चय ही तुमने साधना के क्षेत्र में बहुत कुछ ज्ञान प्राप्त किया है और मैं इस समय अपने तीसरे नेत्र से जो कुछ देख रहा हूं, वह अपने आप में अन्यतम है।

इस पूरी क्रिया में मैं आश्चर्यचकित होकर उन दोनों को देख रहा था। मैं स्वामी जी के पास लगभग तीन वर्ष से था परन्तु यह पहला अवसर था जब मैंने अनुभव किया कि बिना जबान के भी बात हो सकती है, और इस प्रकार की बातचीत वही कर सकता है जो कि इस क्षेत्र में श्रेष्ठ स्तर पर पहुंचा हुआ हो।

मैंने देखा कि आयु में मुझसे छोटे होते हुए भी यह जो आया है, वह ज्ञान के क्षेत्र में मुझसे काफी ऊंचे स्तर पर है क्योंकि स्वामी जी से योग मुद्राओं के माध्यम से बातचीत वही कर सकता है जो कि अपने आप में कुछ महत्त्व रखता हो।

जब स्वामी जी कुछ स्थिर चित्त हुए तो उन्होंने बताया कि इस नारायण के आते ही मुझे अपनी विशेष इन्द्रिय या विशेष साधना से यह आभास हो गया कि यह मंत्र के क्षेत्र में जिज्ञासु अवश्य है परन्तु साधना के क्षेत्र में विशेष स्तर पर है। यह ऐसा व्यक्तित्व है जिसे यदि मंत्र साधना का ज्ञान कराया जाय तो यह पूर्ण क्षमता के साथ स्वीकार कर सकता है।

इसके साथ-ही-साथ उन्होंने भविष्यवाणी भी की कि यह व्यक्तित्व अपने आप में अद्‌भुत और विशेष महिमामण्डित है, क्योंकि आने वाला समय इसका है। यह अपने कार्यों से अपने विचारों से पूरे देश में एक नई क्रान्ति लाने में समर्थ हो सकेगा। और

यही एक ऐसा व्यक्तित्व है जिसके द्वारा भारतवर्ष की मूल्यवान विद्याएं पुनर्जीवित हो सकेंगी। यह व्यक्तित्व अपने लेखन से उन विद्याओं को युगों-युगों तक जिन्दा रखने में समर्थ हो सकेगा और उन सभी विद्याओं में यह अग्रगण्य माना जाएगा।

उन्होंने यह भी भविष्यवाणी की थी कि मैं इस व्यक्तित्व में बहुत ऊंची साधना पद्धति और ज्ञान के अत्यन्त उच्च क्षेत्र को देख रहा हूं। मैं देख रहा हूं कि निकट भविष्य में ही इसको ऐसा गुरु मिलने वाला है जो विश्व में सर्वोपरि है और जिसका शिष्य होना ही अपने आप में गौरवशाली घटना होगी। आने वाला समय इस व्यक्तित्व का है और अपने जीवन में यह ऐसा कार्य कर सकेगा जिससे आने वाली पीढ़ियां इसकी ऋणी रहेंगी।

मैं यह सब आश्चर्यचकित होकर सुन रहा था। कुटिया के बाहर जब इस व्यक्तित्व को देखा था तो मैंने इसे एक सामान्य व्यक्तित्व या साधारण साधु समझा था जो कि भटकता हुआ इधर आ गया हो, परन्तु अब जबकि मैं अपने गुरु के मुंह से इस प्रकार की भविष्यवाणी सुन रहा था तो मेरा सिर स्वयं ही इस व्यक्तित्व के सामने मन-ही-मन झुक गया।

स्वामी जी के स्थिरचित्त होते ही नारायण ने विनम्रतापूर्वक कहाकि आप जो मेरे बारे में कह रहे हैं यह मेरे लिए आशीर्वाद के रूप में है। इस समय तो मैं एक सामान्य रजकण ही हूं परन्तु यदि आप जैसे महर्षि का मुझ पर आशीर्वाद रहा तो निश्चय ही मैं आपकी वाणी को और आपके आशीर्वाद को सत्य सिद्ध करके दिखाने का प्रयत्न करूंगा।

इस समय मैं आपके सामने एक बालक की तरह उपस्थित हुआ हूं और मैंने यह अनुभव किया है तथा वायवो साधना के माध्यम से ज्ञात किया है कि मंत्र के क्षेत्र में आप एक महान विभूति हैं, मंत्रों की मूल भावना को आपने संजो कर रखा है। मैं इस ज्ञान में से यदि कुछ पाने का अधिकारी हूं तो मैं आपसे नम्रतापूर्वक प्रार्थना करता हूं कि आप मुझे उन मंत्रों का ज्ञान दें जो अब तक दुर्लभ रहे हैं। मुझे उन स्वरों को तथा मंत्र की ध्वनि को समझाने का विचार करें जो कि अपने आप में मूल रूप से रही है, मैं आपके सान्निध्य में कुछ समय बिताने का इच्छुक हूं और आपके चरणों में बैठकर ज्यादा-से-ज्यादा सीखने की इच्छा रखता हूं।

मैंने देखा कि महान् व्यक्तित्व होते हुए भी इनमें धमण्ड का नाम निशान तक नहीं था। इसके मुंह से जो भी बात निकल रही थी उसमें कहीं से भी कृत्रिमता नहीं थी, उसके सारे वाक्य हृदय से निकले हुए थे इसलिए सीधे प्रभाव डालने में समर्थ थे।

स्वामी जीने कहा यह मेरा सौभाग्य है कि तुम मेरे पास रहने की इच्छा प्रकट कर रहे हो, अब यदि मृत्यु भी आ जाएगी तो मुझे किसी प्रकार की चिन्ता नहीं रहेगी, क्योंकि मैं स्वयं इस प्रकार के शिष्य की खोज में था जिसे मैं अपना सारा ज्ञान दे सकूं, अपने हृदय के अमृत सिंचन से उसे आप्लावित कर सकूं। अब मुझे निश्चिन्त होकर रहना है, क्योंकि अभी तक मैं इस चिन्ता में था कि मेरे पास जो ज्ञान है वह

मैं किस प्रकार से कहां देकर जाऊं। ऐसा कोई योग्य शिष्य मुझे नहीं मिल सका था जिसे पाकर मैं पूर्णरूप आश्वस्त हो सकूं। आज तुम्हें पाकर मैं अपने आपको गौरवान्वित अनुभव कर रहा हूं, क्योंकि मेरी वायवी साधना यह कह रही है कि यही वह व्यक्तित्व है जो मेरे ज्ञान को आगे के समय में अक्षुण्ण रख सकेगा। यही व्यक्तित्व मंत्रों के मूल रहस्य को समाज के सामने स्पष्टता के साथ प्रदर्शित कर सकेगा. अतः तुम्हें पाकर वास्तव में मैं निश्चिन्तता अनुभव कर रहा हूं। तुम यहां सानन्द रहो और मैं अपने सारे ज्ञान को तुम्हारे हृदय में उंडेलने के लिए उत्सुक

स्वामीजी ने मुझे पास की कुटिया में नवागन्तुक के रहने आदि की व्यवस्था के लिए आज्ञा दी और कहा कि यह मंत्र के क्षेत्र में भले ही प्रार्थी है परन्तु तंत्र, आयुर्वेद, साधना आदि के क्षेत्र में अत्यन्त ही उच्च धरातल पर स्थित है, अतः इससे यदि तुम कुछ प्राप्त कर सकोगे तो यह तुम्हारा सौभाग्य ही होगा।

बातचीत समाप्त करते-करते स्वामी जी उठ खड़े हुए। वे मध्याह्न स्नान के लिए नदी तट पर जाने के लिए उद्यत थे। मैं नवागन्तुक को लेकर पास वाली कुटिया में आ गया और उनके रहने आदि की व्यवस्था में जुट गय

लगभग दो महीने उसी आश्रम में मुझे श्रीमाली जी के साथ रहने का सौभाग्य मिला और मैंने देखा कि इस व्यक्तित्व में सीखने की जितनी चाह है उतनी शायद ही किसी व्यक्ति में हो। परिश्रम करने की अपूर्व क्षमता है और प्रत्येक क्षण का उपयोग करने की भावना इनके मन में बराबर बनी रही है।

इतना होते हुए भी सुविधा के नाम पर कोई विशेष इच्छा इनके मन में नहीं थी। मैंने जब पहली ही रात बिस्तर का प्रबन्ध किया तो मुझे बताया कि मैंने बिस्तर पर सोना छोड़ दिया है और मात्र घास के पुआल पर ही सोता हूं, शाम को जब वे नदी से स्नान करके वापस लौटे तो अपने साथ कुछ घास काटकर लेते आये थे और वही उस कुटिया में एक तरफ कोने में बिछा दी जो कि उनका बिस्तर बन गया था।

उनकी दिनचर्या निश्चित बंधी हुई थी। प्रातः तीन बजे के लगभग वे उठ जाते और स्नान आदि से निवृत्त होकर अपनी व्यक्तित्व साधना में रत हो जाते, लगभग छः बजे अपनी दैनिक पूजा सन्ध्या आदि से निवृत्त होकर गुरु की कुटिया में पहुंच जाते और उस समय जबकि गुरु स्वामी प्रवृज्यानन्द जी नदी तट पर प्रातः सन्ध्या में व्यस्त होते, तब तक यह वक्यितत्व उनकी कुटिया को अपने हाथों से साफ करता और पानी से उसे धोकर पवित्र-सा बना देता, इसके साथ-ही-साथ गुरु के कपड़ों को भी साफ करने का उपक्रम करना प्रातःकालीन नियम-सा बन गया था।

लगभग आठ बजे से मंत्र दीक्षा प्रारम्भ हुई और पहली ही बार में उनको जो कुछ बताया गया उसे पूर्ण क्षमता के साथ स्वीकार कर लिया। जहां तक मुझे याद है दूसरी बार बताने की आवश्यकता उन्हें कभी नहीं रही। मन्त्रों को सिद्ध करने की उनकी चाह चरम सीमा पर थी और जब तक मन्त्र सिद्ध नहीं हो जाता

तब तक न तो उन्हें भूख की चिन्ता रहती और न विश्राम की आवश्यकता ही अनुभव होती। उनको एक ही धुन लग जाती कि जैसे भी हो, इस मन्त्र को पूर्णता के साथ सिद्ध करना है तथा सिद्ध करने के बाद जब उसे प्रयोगात्मक रूप से सफल देखते तभी उन्हें निश्चितता होती। मन्त्रों के प्रति इतना समर्पण भाव मैंने पहली बार देखा था।

उस एक महीने में ही उनकी कार्य पद्धति को देखकर मैं आश्चर्यचकित था, उनके जीवन का ध्येय केवल मात्र गुरु-सेवा और मन्त्र-साधना ही रह गया था। मन्त्र-साधना के बाद जो भी अवसर मिलता वह गुरु-सेवा में ही व्यतीत होता, क्योंकि श्रीमाली जी के अनुसार गुरु-सेवा ही मन्त्र की पूर्णता में सहायक है। जब तक हृदय से गुरु का आशीर्वाद प्राप्त नहीं होता तब तक मन्त्र में पूर्णता सम्भव ही नहीं है।

एक बार चर्चा के दौरान डा० श्रीमाली ने बताया था कि मुझे गुरु-सेवा करने में अपूर्व आनन्द की प्राप्ति होती है। जब मैं गुरु चरणों को अपनी जंघा पर रखकर सहलाता हूं तो मुझे ऐसा अनुभव होता है जैसे मैं साक्षात् अपने इष्ट की साधना कर रहा हूं, उस समय किसी प्रकार का व्याघात मुझे सहन नहीं होता। मेरे लिए गुरु-सेवा से बढ़कर और कोई आनन्द की बात नहीं है, मैं चाहे कितना ही थक जाऊं परन्तु यदि मुझे कुछ क्षण ही सही गुरु के चरण दबाने को मिल जायं तो मेरी सारी थकावट दूर हो जाती है और मैं अपने हृदय में एक विशेष प्रकार का आनन्द, जोश और उमंग अनुभव करने लग जाता हूं।

गुरु के प्रति ऐसी निष्ठा मैंने पहली बार देखी थी। यद्यपि मैं लगभग तीन वर्षों से उस आश्रम में था। परन्तु तब मैंने पहली बार अनुभव किया कि गुरु-सेवा में मैं कितना अनाड़ी हूं। मैंने केवल मात्र गुरु के कार्य को ही पूर्ण सेवा मान ली थी, जबकि श्रीमाली जी उमंग के साथ और हृदय के आनन्द के साथ गुरु-सेवा को अपने जीवन का एक अंग मान रहे थे। उन्हें इस प्रकार के कार्य में एक विशेष आनन्द की अनुभूति होती थी जो कि उस समय उनके चेहरे से स्पष्ट झलकती थी। ऐसी एकनिष्ठता होने पर गुरु किस प्रकार से न्यूनता बरत सकता है?

श्रीमाली जी अपनी धुन के पक्के हैं। एक बार वे जिस निश्चय को कर लेते हैं उसे जब तक पूरा नहीं कर लेते उनके मन में चैन नहीं आता। उस आश्रम में भी मैंने उनके इसी व्यक्तित्व के दर्शन किए थे। मैं दिन भर मन्त्र साधना सीखता था, परन्तु रात को दस-ग्यारह बजे के लगभग थक कर सो जाता था, परन्तु उस समय भी मैं श्रीमाली जी को एक ही आसन पर स्थिरचित्त बैठे हुए देखता और जब प्रातःकाल तीन बजे मेरी आंख खुलती तब भी उन्हें उसी आसन पर उसी प्रकार से स्थिरचित्त एक ही आसन पर बैठे हुए देखता। दूसरे दिन भी उनके चेहरे पर किसी प्रकार की थकावट के चिह्न दृष्टिगोचर नहीं होते। मैं सोचता कि इस व्यक्तित्व में ऐसी कौन-सी जीवट शक्ति है, जिसके बल पर इस व्यक्ति का इतना

परिश्रम करने पर भी थकावट नहीं आयी और हर समय अपने आपको तरोताजा बनाए रखती है।

मैंने अनुभव किया था कि उनमें सीखने की विशेष चाह है, उनका मुख्य जोर इस बात पर था कि मन्त्र की मूल आत्मा को और उसके रहस्य को समझा जाय। मैंने उन्हें कभी भी डायरी पर या पन्नों पर कुछ अंकित करते हुए नहीं देखा। उन्हें एक बार सुनकर ही मन्त्र पूरी तरह से याद रहता था और स्वामी प्रवृज्यानन्द जी जिस प्रकार से उसके रहस्य को बताते थे उसी प्रकार से वे उस मन्त्र की साधना में संलग्न हो जाते थे। मैंने देखा कि वे प्रत्येक क्षण को पूर्ण तन्मयता के साथ जीते हैं। उस क्षण का उपयोग करने की कला का उन्हें ज्ञान है।

उस आश्रम में डा० श्रीमाली लगभग तीन महीने तक रहे। यद्यपि पहले वे मात्र दो महीने ही रहने के लिए आए थे, परन्तु स्वामी जी के आग्रह पर वे एक महीने और रुक गये और इन तीन महीनों में उन्होंने जितना और जो कुछ प्राप्त किया वह अपने आप में अन्यतम है। जहां तक मुझे स्मरण है उन तीन महीनों में उन्होंने एक भी क्षण व्यर्थ नहीं खोया था। प्रत्येक क्षण मन्त्र साधना में लगे रहते और गुरु मुंह से मन्त्र की मूल ध्वनि को समझ कर उसी ध्वनि को जीवन्त बनाने का उपक्रम करते। मैं देखता कि जब श्रीमाली जी उसी मूल ध्वनि को वास्तविक रूप से उच्चारण करते तो स्वामी जी का चेहरा खिल उठता। कई बार बातचीत के दौरान उन्होंने कहा कि इस मूल ध्वनि को पकड़ना ही कठिन है, परन्तु नारायण पर सरस्वती की विशेष कृपा है, जिससे कि यह पहली ही बार में उस मूल ध्वनि को आत्मसात कर पुनः दोहरा देता है।

इन तीन महीनों में लगभग सभी प्रकार के मंत्रों को उन्होंने सीखा और उनकी क्रिया पद्धति का ज्ञान प्राप्त किया। यही नहीं अपितु क्रियात्मक रूप से भी उन्होंने उन मंत्रों की साधना सम्पन्न कर उन्हें वास्तविक कसौटी पर कसकर अनुभव भी किया।

तीन महीने के बाद एक दिन प्रातः स्वामी जी ने कहा कि मेरे पास जो कुछ भी ज्ञान था वह मैं तुम्हें दे चुका हूं, मुझे अब निश्चिंतता प्राप्त हो गई है, क्योंकि मेरे पास जो भी ज्ञान था वह मैं तुम्हें पूर्णता के साथ दे सका हूं और इससे भी ज्यादा प्रसन्नता इस बात की है कि तुमने पूर्ण क्षमता के साथ उस ज्ञान को ग्रहण किया। अब मैं यदि मृत्यु को भी प्राप्त करता हूं तो मेरे मन में किसी प्रकार का विषाद या दुख नहीं रहेगा—और कहते-कहते स्वामी जी की आंखें भीग गयीं।

स्वामी जी ने कहा कि आज सोमवार है, गुरुवार को मैं तुम्हें मंत्र दीक्षा दूंगा और उसी दिन चाहो तो तुम प्रस्थान कर सकते हो, क्योंकि आने वाला समय तुम्हें एक विशेष महिमा-मण्डित व्यक्तित्व से मिलायेगा। एक ऐसा गुरु तुम्हें प्राप्त होगा जिसके दर्शन ही साधकों को दुर्लभ हैं, जो इस समय समस्त साधकों और महर्षियों के सिरमौर हैं, ऐसे स्वामी सच्चिदानन्द तुम्हें गुरु रूप में प्राप्त हो सकेंगे, जिनका

शिष्यत्व प्राप्त करना ही अपने आप में महत्त्वपूर्ण घटना होगी।

गुरुवार के दिन श्रीमाली जी नित्य क्रिया से निवृत्त होकर पूर्ण समर्पण भाव से गुरु के चरणों में जाकर बैठ गए। गुरु ने उन्हें मंत्र दीक्षा देने की तैयारी कर ली। यह दीक्षा इस बात की सूचक थी कि स्वामी जी ने अपना उत्तराधिकारी निश्चित कर लिया है, क्योंकि उनके ज्ञान की पूर्णता को इसी शिष्य ने प्राप्त किया है, एक प्रकार से यह व्यक्तित्व गुरु का ही अंशभूत बन गया है।

साधना के क्षेत्र में दीक्षा का तात्पर्य यह है कि गुरु के पास जो कुछ था वह पूरी तरह से दिया जा चुका है और जिस प्रकार से ज्ञान दिया गया है उसी प्रकार से शिष्य ने ग्रहण भी कर लिया है, अतः गुरु इस बात के लिए निश्चिन्त हैं कि उनका ज्ञान शिष्य ने पूर्णता के साथ स्वीकार कर लिया है।

मुझसे पहले ही स्वामी जी के पास कई शिष्य आये होंगे और मैं भी लगभग तीन वर्षों से उनके सान्निध्य में था, परन्तु दीक्षा प्राप्त करने का सौभाग्य मुझे या मुझसे पूर्व आने वाले शिष्यों को प्राप्त नहीं हुआ था, क्योंकि इस प्रकार की दीक्षा गुरु अपने जीवन में केवल एक शिष्य को ही देता है और यह दीक्षा भी उसी शिष्य को दी जाती है जिसके प्रति गुरु निश्चिन्त होता है कि उसके पास जो भी और जितना भी ज्ञान था वह शिष्य ने प्राप्त कर लिया है और आने वाले समय में वह इस ज्ञान को आगे बढ़ाने में समर्थ हो सकेगा। यह दीक्षा इस बातकी सूचक होती है कि वह शिष्य उस गुरु का अंशभूत बन गया है और गुरु ने पूर्व में अपने गुरु से जो विशेष अध्यात्म बल प्राप्त किया है उसी को आगे प्रवृहित कर लिया है। यह दीक्षा इस बात की भी सूचक होती है कि गुरु उस शिष्य के ज्ञान से और उसके व्यक्तित्व से पूर्णतः सन्तुष्ट है।

मंत्र के क्षेत्र में स्वामी प्रवृज्यानन्द जी का नाम आदर के साथ लिया जाता है और जो मंत्र-मर्मज्ञ हैं या जो मंत्र के अध्येता हैं उनके लिए यह नाम अपरिचित नहीं है। एक प्रकार से देखा जाय तो मंत्र का पर्याय ही स्वामी प्रवृज्यानन्द को माना जाता है। अतः उनके द्वारा किसी को दीक्षा दिया जाना एक युगान्तरकारी घटना माना जाता है।

कई शिष्यों ने इस प्रकार की आशा संजोयी थी कि उन्हें गुरु के द्वारा दीक्षा प्राप्त हो सकेगी। यदि असत्य न कहूं तो मुझे भी यह आशा थी कि संभवतः मैं इस महिमा से मण्डित हो सकूंगा और मैं स्वामी प्रवृज्यानन्द द्वारा दीक्षित होने का सौभाग्य प्राप्त कर सकूंगा, परन्तु यदि तुलना की दृष्टि से देखा जाय तो मैं बेहिचक यह स्वीकार करने के लिए तैयार हूं कि डा० श्रीमाली का व्यक्तित्व मुझसे महान था और वर्तमान में भी महान है। उन्होंने उन तीन महीनों में ही जो कुछ प्राप्त किया था वह मैं तीन वर्षों में भी प्राप्त नहीं कर सका था। मंत्र के प्रति जो समर्पण भा उनके हृदय में है वह शब्दों से परे है, इसलिए वास्तव में ही वे स्वामी प्रवृज्यानन्द द्वारा दीक्षित होने के अधिकारी थे।

प्रातः स्वामी जी स्नान आदि से निवृत्त होकर विशेष साधना के द्वारा उस

कुटिया में ही पूजन सामग्री प्राप्त की और साधना के द्वारा सूर्य मंत्र से अग्नि प्रज्वलित कर सूर्य विज्ञान की महत्ता को स्वीकार किया कि सूर्य की किरणों के माध्यम से किसी भी पदार्थ की रचना और प्राप्ति संभव है। उस स्थान पर स्वामी प्रवृज्यानन्द जी ने पूजन की समस्त सामग्री सूर्य किरणों से ही प्राप्त की थी।

बाद में मुझे ज्ञात हुआ कि डा० श्रीमाली सूर्य सिद्धान्त और सूर्य विज्ञान के अन्यतम अध्येता हैं और इस प्रकार की साधना में वे सर्वोपरि हैं। उन्होंने सूर्य विज्ञान को विशेष आयाम दिये हैं जिसके माध्यम से किसी भी प्रकार की रचना या किसी भी प्रकार के पदार्थ परिवर्तन का ज्ञान उन्हें प्राप्त है।

स्वामी जी ने विशेष मंत्रों के द्वारा श्रीमाली जी को अभिसिंचित किया, मंत्रों के द्वारा ही उन्होंने वरुण का आह्वान किया और स्नान कराया, कुवेर के द्वारा वस्त्र प्राप्त किये और इस प्रकार मंत्रों के द्वारा ही सारी भौतिक सामग्री प्राप्त की।

तत्पश्चात् चन्दन की लेखनी से अष्टगंध के द्वारा श्रीमालीजी की जीभ पर सरस्वती के मूल मंत्र और उसके बीज मंत्र को अंकित किया और मूल ध्वनि के साथ उसमें प्राण स्पंदित किये। यह कार्य मेरे लिए सर्वथा नवीन था, परन्तु बाद में मुझे ज्ञात हुआ कि इस प्रकार से सरस्वती को स्थायी रूप से गले में स्थायित्व दे दिया जाता है जिससे प्रत्येक मंत्र कंठस्थ रहता है और उन्हें विशेष वाक्सिद्धि प्राप्त हो जाती है।

निश्चय ही डा० श्रीमाली जी सौभाग्यशाली हैं, जिन्हें विश्ववन्द्य स्वामी प्रवृज्यानन्द जी से मंत्र दीक्षा प्राप्त करने का सौभाग्य प्राप्त हुआ।

यह एक विशेष साधना है जिसे गुरु जीवन में मात्र एक शिष्य को ही दे सकता है, इससे गुरु के समस्त ज्ञान को वह स्वतः ही प्राप्त कर लेता है, साथ-ही-साथ उसे एक विशेष सिद्धि प्राप्त हो जाती है जिससे वह धारा प्रवाह रूप से घण्टों किसी भी विषय पर बोल सकता है। वह जो भी पढ़ता है उसे स्वतः ही कंठस्थ हो जाता है और एक बार जो कंठस्थ हो जाता है वह अमिट बन जाता है। उसके गले में सरस्वती विराजमान होती है, फलस्वरूप उसे विशेष वाक्सिद्धि प्राप्त होती है जिसके बल पर वह जो कुछ भी कहता है वह भविष्य में सत्य बन जाता है।

दीक्षा की समाप्ति अत्यन्त भाव-विह्वल थी। दीक्षा प्राप्त करने के बाद डा० श्रीमाली जी ने अपने पूर्ण शरीर को समर्पित भाव से गुरु चरणों में अर्पित कर दिया। उनकी आंखों से अश्रु प्रवाहित थे। उन्होंने कहा आप गुरु हैं, महान हैं और मैं आपके सामने अत्यन्त ही तुच्छ पद रज हूं, परन्तु आपने मुझे जो ज्ञान और महत्ता दी है उसके उपलक्ष में मैं कुछ भी देने में समर्थ नहीं हूं। मेरे पास तो केवल मात्र यह शरीर है, अतः दसों इन्द्रियों के साथ मैं अपने शरीर को ही समर्पित करता हूं।

स्वामी जी ने आनन्द के अश्रुओं के साथ अपने प्रिय शिष्य को हृदय से लगा लिया। हिचकियों के साथ उन्होने कहा कि आज मैं अपने आपको धन्य मानता हूं कि तुम्हारे जैसा योग्य शिष्य मुझे प्राप्त हो सका है, जिसे मैं अपना पूर्ण ज्ञान दे सका हूं।

आज मैं अपने आप को अत्यन्त हल्का अनुभव करने लगता हूं। मेरा आशीर्वाद प्रत्येक क्षण तुम्हारे साथ रहेगा। मैंने तुम्हें जो भी मंत्र साधना दी है उसे आगे की पीढ़ियों के लिए सुरक्षित बनाने का प्रयत्न करना, जिससे कि यह विद्या समाप्त न हो जाय। यही गुरु दक्षिणा है और यही याचना है, यदि तुम ऐसा कर सकोगे तो मैं अपने आपको सौभाग्यशाली समझूंगा।

सारा वातावरण एक विशेष आनन्दमिश्रित विषाद से आप्लावित था। मेरे लिए यह अप्रतिम दृश्य था, गुरु के लिए आनन्द का क्षण था और शिष्य के लिए यह विशेष अनुभूति थी।

वहां से जब डा० श्रीमाली विदा हुए तो पूरा वातावरण आंसुओं से तर था, मैंने पूर्व में ही गुरु जी से अनुमति ले ली थी कि मैं भी अब बिदा लेना चाहता हूं क्योंकि मेरा विचार अब यहां से ऊब गया था। मैं चाहता था कि कुछ समय श्रीमाली जी के साथ में रहूं और यदि उनसे ज्ञान न भी मिल सके तब भी उनके कार्यों से प्रेरणा लू ।

मैंने गुरु जी से अनुमति लेकर श्रीमाली जी से भी निवेदन किया था कि मैं कुछ समय उनके साथ रहना चाहता हूं, तो उन्होंने कहा था मेरा जीवन निश्चित जीवन नहीं है, इसलिए मैं नहीं कह सकता कि मेरा अगला पड़ाव कहां होगा और बह स्थान कितना सुरक्षित है, या वहां पर क्या कुछ उपलब्ध हो सकेगा ? इसके बारे में कुछ भी नहीं कहा जा सकता. फिर भी यदि तुम मेरे साथ चलने को उत्सुक ही हो तो मुझे कोई आपत्ति नहीं है, परन्तु चलने से पूर्व गुरु जी से प्रसन्नता के साथ अनुमति ले ली है तो उन्होंने साथ चलने की स्वीकृति दे दी।

गुरु जी के यहां से विदा होने के बाद लगभग चार महीने मैं श्रीमाली जी के साथ रहा, परन्तु इन चार महीनों में मैंने जो कुछ देखा वह अपने आप में आश्चर्यजनक होते हुए भी अविश्वसनीय है, परन्तु मैं इन सारी घटनाओं का साक्षी हूं और जब मैंने साधु जीवन स्वीकार कर ही लिया है तो मुझे झूठ बोलने की आदत नहीं है। समाज की मैं परवाह नहीं करता, ऐसी स्थिति में ऊंचे-से-ऊंचे व्यक्तित्व की आलोचना करने से भी मैं नहीं घबराता। जो भी बात देखता हूं वही बात कहता हूं, और इस प्रकार की बात अधिकतर कटु सत्य होने के कारण कड़वी होती है, इसलिए साधु समाज मुझसे डरा-डरा सा रहता है, परन्तु मैंने अपने जीवन में कभी भी हिचकिचाहट महसूस नहीं की, कभी भी सही बात कहने से विचलित नहीं हुआ, और मुंह पर कठोर-से-कठोर बात कहने में भी परवाह नहीं की, फिर भले ही मेरे सामने चाहे गुरु भी क्यों न हो यदि उनमें भी छिद्र देखता हूं तो उनके मुंह के सामने ही सही बात कह देता हूं फिर भले ही परिणाम कुछ भी हो।

भृकुण्डी आश्रम से बिदा होकर हम दोनों बद्रीनाथ आये और यहां पर बिरला धर्मशाला में विश्राम किया। यहां पर लगभग एक सप्ताह तक हम रहे। वहां पर रहने का मुख्य उद्देश्य भगवान बद्रीनाथ के दर्शन करना था, और गंगा के मूल स्रोत में अव-

गाहन करके मन मस्तिष्क और देह को निर्मल करना था। यहां पर भी श्रीमाली जी अपने ही ध्यान पूजन, साधना आदि में लगे रहते, उनका अधिकांश समय या तो गंगा तट पर व्यतीत होता या बद्रीनाथ के भव्य विग्रह के सामने विगलित कंठ से प्रार्थना में व्यतीत होता।

एक सप्ताह के बाद जब यहां से मन ऊब गया तो श्रीमाली जी ने कहा, अब आगे का जीवन ज्यादा कठिन है। यदि तुम कठिन जीवन जीने के अभ्यस्त नहीं हो तो अभी से साथ छोड़ देना उचित रहेगा।

मैंने कहा, मैं इतना कमजोर नहीं हूं और यदि कहीं से कमजोर बनूंगा भी तो आपका संबल साथ में होने के कारण मुझे किसी प्रकार की कोई चिन्ता नहीं रहेगी।

बद्रीनाथ से नीचे की तरफ उतर कर हमने केदारनाथ का रास्ता चुना, जो कि पगडंडी से है, सीधी सड़क घूमकर जाती है, अतः उससे पैदल जाने में काफी लम्बा रास्ता तय करना पड़ता है, परन्तु वहां से एक छोटा और सुगम रास्ता भी है जो कि पहाड़ को पार करके जाता है, अतः कम चलना पड़ता है, परन्तु यह रास्ता प्रत्येक व्यक्ति के लिए संभव नहीं है, क्योंकि इस रास्ते की चढ़ाई सीधी और दुर्गम है तथा पग-पग पर खतरों को पार करना पड़ता है।

मैंने जब पूछा कि कुछ समय ज्यादा ही लगता यदि सीधा रास्ता लें तो उचित नहीं रहेगा ? इस पर श्रीमाली जी ने जवाब दिया कि सीधे रास्ते पर तो प्रत्येक चल सकता है परन्तु यदि साधना पथ पर कुछ करना है तो उसके लिए शरीर को तैयार भी रखना पड़ेगा, शरीर को जितनी ही ज्यादा सुविधायें देंगे उस पर से नियंत्रण उतना ही हटता जायगा।

इसलिए साधक को चाहिए कि वह हमेशा चुनौतीपूर्ण रास्तों को ही स्वीकार करे और कठिन-से-कठिन जीवन जीने का अभ्यस्त बने। इससे शरीर में लोच बनी रहेगी और वह पूरी तरह से हमारे नियंत्रण में रहेगा। साथ-ही-साथ इस प्रकार के रास्ते से प्रकृति के जो निर्मल दृश्य देखने को मिलते हैं वे अपने आप में अदभुत होते हैं इस प्रकार की प्रकृति के साथ जीवन जीना अपने आप में जीवन का सही उपयोग करना है।

यह रास्ता पगडंडी से है और इस रास्ते का उपयोग अधिकतर वहां के स्थानीय निवासी ही करते हैं, परन्तु उनमें से भी शायद ही किसी ने इस पूरे रास्ते का उपयोग किया हो। वे एक गांव से दूसरे गांव जाने के लिए ही इस प्रकार की पगडंडी का उपयोग करते हैं, जबकि हमने बद्रीनाथ से केदारनाथ जाने के पूरे रास्ते को इस पगडंडी के द्वारा नापने का निर्णय लिया था।

मार्ग में प्रकृति के अदभुत और आश्चर्यजनक दृश्य से ऐसा लगता था जैसे प्रकृति हमारे चारों ओर बिखरी हुई हो और प्रत्येक क्षण हमसे बातचीत करने के लिए लालायित हो। ढेरों पहाड़ी पुष्प पगडंडी के दोनों तरफ खिले हुए थे। इस प्रकार के पुष्प पहली बार मैं अपने जीवन में देख रहा था। चलते-चलते जब भी मैं थक जाता

तो मेरी चाल अपने आप कह देती और इस तथ्य को अनुभव करके श्रीमाली जी स्वयं किसी हरे भरे मैदान को देखकर उस पर लेट जाते और कुछ ही क्षणों में प्रकृति की गोद में लेटने से सारी थकावट दूर हो जाती और हम पुनः आगे चलने के लिए तैयार हो जाते।

जहां पर भी सांझ होती, वहीं रुक जाते और आसपास जो भी गांव होता उस गांव में विश्राम कर लेते। मैंने उस समय भी यह अनुभव किया था कि श्रीमाली जी को सम्भवतः भूख-प्यास की चिन्ता कम ही रहती है, परन्तु फिर भी मेरी इच्छा को ध्यान में रखते हुए कहीं से आटे की व्यवस्था कर अपने हाथों से भोजन पकाने का उपक्रम करते और इस बात का पूरा ध्यान रखते कि कहीं मैं भूखा न रह जाऊं या मुझे किसी प्रकार का कष्ट न हो।

कई बार मैं सोचता कि मेरे साथ रहने से श्रीमाली जी को बन्धन ही हो गया है, पहले उनको अपनी स्वयं की ही चिन्ता थी, परन्तु अब उन्हें अपने साथ मेरी भी चिन्ता करनी पड़ती है। मैंने यह भी अनुभव किया कि उन्हें अपने लिए कम-से कम चिन्ता है। दिन भर चलने के बावजूद भी उनके शरीर पर या चेहरे पर थकावट के कोई भी चिह्न नहीं रहते, जबकि मैं थककर पस्त हो जाता। सीधे मैदान की यात्रा इतनी कठिन नहीं होती, उसमें तो सीधे चलना ही पड़ता है, परन्तु पहाड़ की यह चढ़ाई कमर को दोहरी कर लेती और सांस धौंकनी की तरह चलने लगती। ऐसा लगता जैसे पैरों में मन-मन के पत्थर बांध दिये हों, सारा शरीर पसीने से चिपचिपा उठता, परन्तु जब मैं आगे नजर दौड़ाता तो श्रीमाली जी उसी मस्ती में आगे चलते दिखाई देते। मैं विशेष प्रयत्न कर दौड़कर उनके साथ होता तो देखता कि उनके चेहरे पर एक विशेष प्रकार का ओज है और होठों पर किसी संस्कृत कवि के पद्य की कड़ी गुनगुना रही है।

मैंने एक-दो बार पूछा कि दादा! आपको चलने में कष्ट नहीं होता तो उन्होंने कहा कि मन को नियंत्रण करने के बाद इस प्रकार की समस्या सामने नहीं आती। यह भी अपने आप में एक विशेष साधना है और जब वह साधना सम्पन्न हो जाएगी तो भूख-प्यास थकावट आदि की चिन्ता नहीं रहेगी।

मार्ग में सैकड़ों प्रकार की वनस्पतियां. पौधे पगडंडी के दोनों ओर दिखाई देते थे, जिसमें प्रत्येक पौधा दूसरे से भिन्न था। मुझे यह जानकर आश्चर्य हो रहा था कि श्रीमालीजी को अधिकांश पौधों का ज्ञान था और वे रुककर उस पौधे के बारे में मुझे बताते। यह जानकारी देते कि इस पौधे का क्या नाम है, संस्कृत में इस प्रकार के पौधे को क्या कहते हैं और मानव जीवन में इसका क्या उपयोग है? प्रत्येक पौधा अपनी एक विशिष्टता लिए हुए था। प्रकृति के प्रत्येक पौधे का निर्माण मानव-जीवन को सुखमय बनाने के लिए तथा उसे निरोग रखने के लिए किया है, आवश्यकता इस बात की है कि हम उस पौधे के गुण-धर्म से परिचित हों और उसका लाभ उठा सकें।

मुझे सैकड़ों प्रकार के पौधों से परिचय उन्हीं दिनों हुआ और आज जब मैं

साधु समाज में तथा सामाजिक जीवन में प्रसिद्ध चिकित्सक के रूप में जाना जाता हूं तो इसका प्रारम्भ उन्हीं दिनों हुआ था ।

आज भी मेरी चिकित्सा का आधार ये ही पौधे हैं, क्योंकि मैंने उस समय भी अपनी डायरी में उन पौधों के नमूने एकत्र कर लिए थे और जब रात को विश्राम करते तो मैं प्रत्येक पौधे के बारे में फिर से जानकारी प्राप्त करता । किस प्रकार की बीमारी में किस पौधे का किस प्रकार से उपयोग होता है, इसकी जानकारी प्राप्त कर डायरी में नोट कर लेता ।

वास्तव में प्रकृति महान् है आज इस सभ्यता तक पहुंचने के बाद भी मानव पूर्णतः प्रकृति से अनभिज्ञ है, इसी वजह से मानव परेशान, दुखी और बीमार है, जिस दिन मानव को प्रकृति के इस गुण का पूरी तरह से पता चल जायेगा, उस दिन बीमारी इस संसार से समाप्त हो जायेगी, क्योंकि प्रत्येक प्रकार की बीमारी की चिकित्सा इन जड़ी-बूटियों के माध्यम से सम्भव है ।

अब भी मैं साल में तीन महीने इन्हीं पहाड़ों में चक्कर लगाता हूं और इस प्रकार के पौधों के बीज और पत्तों को एकत्र कर ले जाता हूं तथा उनसे औषधि निर्माण करके बांटता हूं । मैंने जिस बीमारी की भी चिकित्सा की है उसमें पूरी तरह से सफल हुआ हूं और इसका पूरा श्रेय श्रीमाली जी को ही है, क्योंकि उन्हीं की वजह से मैं उन पौधों से परिचित हो सका था और उनके उपयोग की जानकारी प्राप्त कर सका था ।

बद्रीनाथ और केदारनाथ के बीच लगभग आधा रास्ता पार करने के बाद एक जलाशय दिखाई देता है, इसे इन्द्र सरोवर कहते हैं । वहां की भाषा में इसे 'इन्दस' कहते हैं । सम्भवतः यह शब्द इन्द्र सरोवर का अपभ्रंश है, जहां तक मेरी जानकारी है, इस प्रकार के जलाशय की बहुत ही कम लोगों को जानकारी है । इस सरोवर से लगभग एक किलो मीटर दूर 'धुन्धुआ' ग्राम है, जिसमें मुश्किल से दस-बारह घर हैं । यहां के लोग अत्यन्त सीधे-सादे निष्कपट और सरल प्रकृति के हैं तथा वे इस जलाशय को देवता की तरह मानते हैं ।

पहाड़ों के बीच इतने बड़े जलाशय की कल्पना ही आश्चर्यजनक है । यह जलाशय लगभग एक किलोमीटर लम्बा तथा आधा किलोमीटर चौड़ा है । इसका पानी स्वच्छ दर्पण की तरह चमकता है, जिसमें अपना प्रतिबिम्ब स्पष्ट दिखाई देता है ।

जलाशय के चारों तरफ अत्यन्त घना जंगल है, जिसमें जंगली भालू अधिकतर दिखाई देते हैं, ये भालू पहाड़ों में काफी ऊंचाई पर पाये जाते हैं और बहुत क्रोधी चालाक और खूंख्वार होते हैं, इसके अतिरिक्त यह घना जंगल देखते ही आनन्द मिश्रित भय का संचार करता है, क्योंकि कहीं-कहीं पर तो सूर्य की किरणें भी पृथ्वी का स्पर्श नहीं कर पातीं ।

कुछ समय तक जलाशय के किनारे विश्राम किया और जलाशय के स्वच्छ

जल में स्नान कर अपने आपको तरो-ताजा अनुभव किया। जब मैं स्नान कर बाहर निकला तो कुछ ही दूरी पर मुझे दो भालू जीभ लपलपाते हुए दिखाई दिये। मैंने भालुओं को इतने निकट से पहली बार देखा था, अतः मंत्र जप करना भूल गया और श्रीमाली जी की तरफ ताका, वे भी स्नान कर बाहर आ रहे थे। उन्होंने कहा इसमें भय की कोई बात नहीं है। यदि तुम्हारे मन में भय का संचार नहीं होगा या इन्हें भगा देने या मार देने का विचार नहीं आयेगा तो ये भालू या जंगली पशु तुम्हारा कुछ भी अहित नहीं करेंगे, जिस प्रकार से ये आये हैं उसी प्रकार से वापस चले जायेंगे।

हमारा भय ही हमें समाप्त करता है। जब किसी जंगली पशु को देखते हैं तो पहली बार भय का संचार होता है और दूसरे ही क्षण हम उस पशु को मारने या समाप्त करने की बात सोचते हैं, यही विचार सामने आने वाले पशु पर आघात करता है और जब इस विचार का आघात पशु के मस्तिष्क में होता है तो वह भी पुनः अपनी रक्षा के लिए आक्रमण का निर्णय कर लेता है और आक्रमण की तैयारी में जुट जाता है।

यदि पशु को देखने के बाद हमारे मन में किसी प्रकार का भय या आक्रमण की भावना नहीं आती तो ऐसी विचार तरंग बनती ही नहीं, जो कि पशु के मन या मस्तिष्क को आन्दोलित कर उसके मन में भी आक्रमण की भावना भर दे।

इस प्रकार मानव यदि पशु के द्वारा मारा जाता है तो उससे पूर्व वह स्वयं अपने भय से या जरूरत से ज्यादा बुद्धि उपयोग करने के कारण मारा जाता है।

मैंने अपने मन को शान्त किया। अपने मन-मस्तिष्क से इस विचार को ही निकाल दिया कि सामने वाले पशु मेरा संहार कर सकते हैं। कुछ समय बाद भालू वहां से मुड़कर पुनः जंगल में खो गये।

दो घंटे सन्ध्या वन्दन आदि से निवृत्त होकर जब मैंने चलने का उपक्रम किया तो श्रीमाली जी ने कहा कि कुछ समय इसी जलाशय के तट पर रहकर साधना के कुछ चरण यहीं पर सम्पन्न करेंगे, अतः कुछ दिन अगर तुम साथ रहना चाहो तो यहीं रहना होगा।

मैंने उन्हें याद दिलाया कि आपने तो केदारनाथ तक चलने का निश्चय किया था, फिर एकाएक यहीं पर रुकने का निश्चय कैसे हो गया? तो उन्होंने कुछ भी उत्तर नहीं दिया, इतना ही कहा कि लगभग पन्द्रह-बीस दिन यहां रहना है और यही वह स्थान है जहां कुछ साधनाएं सही तरीके से सम्पन्न हो सकती हैं।

मैं कुछ भी समझ नहीं पा रहा था, मैं सोच रहा था। इस स्थान को ही क्यों चुना गया है। इस स्थान के चारों तरफ खतरे ही खतरे हैं। पिछले गांव में यह सुनने को मिला था कि इस जंगल में जरूरत से ज्यादा पहाड़ी अजगर और सर्प रहते हैं जोकि अत्यन्त विषैले होते हैं तथा कुछ सर्प तो सोते हुए मनुष्य की छाती पर बैठ कर उसकी सांसें को पी लेते हैं अर्थात् अपना मुंह मनुष्य के नथनों से सटा लेते हैं

जिससे मनुष्य सांस नहीं ले पाता और कुछ ही क्षणों में घुटकर मर जाता है। मैंने यह भी सुना था कि ये अजगर विशाल होते हैं और एक ही बार में मानव की हड्डियों को चरमरा देते हैं।

एक प्रकार से चारों तरफ असुरक्षा ही थी, फिर ऐसे स्थान पर रहने का क्या प्रयोजन था, परन्तु साधक की गति साधक ही जान सकता है, मेरे बस की बात नहीं थी। मैं श्रीमाली जी का साथ भी छोड़ना नहीं चाहता था, अतः अनमने भाव से ही सही, मैंने उनके साथ ही रहने का निश्चय कर लिया।

मैंने एक-आध बार दबी जबान से इन खतरों के प्रति बात भी की, परन्तु सुनकर भी उन्होंने अनुसुना कर दिया।

सन्ध्या पूजन आदि करते-करते शाम के लगभग चार बज गए थे। मुझे जोरों से भूख लग आई थी। मेरे चेहरे से उन्होंने इस बात की जानकारी ले ली कि मैं यहां पर अनमने भाव से ही ठहरा हूं और भूख भी लग आई है। वे कुछ दूर जाकर एक पौधे की कुछ पत्तियां ले आये। इस पौधे को वहां की स्थानीय भाषा में 'हुन्दुस' कहते हैं। इसकी पत्तियां पतली और चार उंगल लम्बी होती हैं तथा इसके किनारे कटे हुए होते हैं।

मुझे आठ-दस पत्तियां देते हुए उन्होंने कहा कि इन पत्तियों को धीरे-धीरे चबा लो, तुम्हारी भूख-प्यास शान्त हो जाएगी और एक बार आठ-दस पत्तियां चबाने से लगभग एक सप्ताह तक भूख प्यास शौच आदि की शंका नहीं रहेगी।

मैंने उन पत्तियों के बारे में विस्तार से जानकारी प्राप्त की तो उन्होंने बताया कि इस पौधे के कई उपयोग हैं, परन्तु पहाड़ में साधना करने वाले साधकों को प्रकृति की तरफ से यह विशेष वरदान है, क्योंकि पौधा पहाड़ों पर प्रचुरता से प्राप्त हो जाता है और इस पौधे में विशेषकर इसकी पत्तियों में यह विशेष गुण होता है कि एक बार आठ-दस पत्तियां चबा लेने पर लगभग एक सप्ताह तक भूख नहीं लगती, साथ-ही-साथ न प्यास की शंका होती है। इस प्रकार एक सप्ताह तक साधक एक ही आसन पर बैठकर भली प्रकार से साधना कर सकता है, क्योंकि इस अवधि में उसे किसी प्रकार की भूख-प्यास आदि की चिन्ता नहीं रहती।

उन्होंने बताया कि यह गुण हरी पत्तियों में ही सम्भव है। यदि इन पत्तियों को सुखाकर उपयोग किया जाए तो इस प्रकार का लाभ प्राप्त नहीं होता।

मैंने उस पौधे को भली प्रकार से पहिचाना। बातचीत में मुझे ज्ञात हुआ कि इस पौधे की जड़-तना, पत्तियां-पुष्प आदि सभी का उपयोग है और इस पौधे को यदि सर्वश्रेष्ठ पौधा कहा जाय तो विशेष अत्युक्ति नहीं होगी।

रात्रि को मैंने धुंधुआ ग्राम में जाकर विश्राम करने का प्रस्ताव रखा तो श्रीमाली जी ने स्वीकार कर लिया। रात्रि को गांव में एक सज्जन व्यक्ति के घर विश्राम किया, प्रातः पुनः जलाशय के तट पर आ गए।

प्रातःकालीन स्नान सन्ध्या आदि से निवृत्त होकर श्रीमाली जी मंत्र प्रयोग

के लिए तैयार हो गए । उन्होंने जलाशय के तट पर पत्थरों से एक वेदिका बनाई और उस पर आसन लगाकर बैठ गए । उन्होंने मुझे भी अपने पास बैठने के लिए कहा और सावधान किया कि जब तक मैं न कहूं तुम्हें इस आसन से सरकना नहीं है ।

मैं आश्चर्यचकित-सा पास में बैठ गया । मैं देखना चाहता था कि क्या होने वाला है ? यहां पर कौन-सा विशेष प्रयोग किया जा रहा है और यदि विशेष प्रयोग है तो इसी स्थान का चुनाव क्यों किया गया है ?

श्रीमाली जी ने कुछ समय तक मंत्रोच्चारण किया । इस प्रकार लगभग एक घण्टा व्यतीत हो गया, दोपहर के लगभग दो बजे वे अपने आसन से उठे और मुझे भी अपने स्थान से उठकर जाने के लिए कहा ।

हम दोनों पास ही एक पेड़ की छाया में जाकर बैठ गए । श्रीमालीजी ने कहा कि मुझे संकेत मिला है कि यहीं पर कुछ विशेष साधना सम्पन्न होगी और इस स्थान का चुनाव भी अज्ञात संकेत ने ही दिया है । हो सकता है, आने वाले समय में तुम्हें कुछ अप्रत्याशित देखने को मिले । यदि तुम भयभीत न हो तो यहां रुक सकते हो अन्यथा तुम्हें धुंधुआ ग्राम में जाकर कुछ दिन रहना चाहिए । मैं आज की रात्रि और आगे के दिनों में इसी जलाशय के तट पर विश्राम करूंगा और रात्रि को भी यहीं पर रहूंगा ।

मैंने श्रीमालीजी के साथ ही रहने का निश्चय कर लिया । यद्यपि मेरा मन कई प्रकार की आशंकाओं से भरा हुआ था, परन्तु मैं घबराकर भागने वाला व्यक्ति नहीं था । मैं उन क्रियाओं को देखना चाहता था जो कि श्रीमाली जी के कथनानुसार उनके द्वारा सम्पादित होने वाली थीं । मैं देखना चाहता था कि किस प्रकार के मंत्र होते हैं, और उन मंत्रों के द्वारा किस प्रकार से सिद्धियां प्राप्त की जा सकती हैं ।

मेरी जिज्ञासा पर श्रीमाली जी ने बताया कि कई प्रकार के मंत्र होते हैं जिनमें वेदोक्त मंत्र, सर्वविदित हैं । इनके द्वारा भी अभीष्ट सिद्धि प्राप्त की जा सकती है, वर्षा कराना, अग्नि प्रज्वलित करना और अन्य सैकड़ों प्रकार के कार्य वेदोक्त मंत्रों से भी सम्भव हैं, परन्तु उनमें ध्वनि का विशेष महत्त्व है, और जब तक उन वेदोक्त मंत्रों की ध्वनि का विशेष ज्ञान नहीं होता तब तक वे मंत्र निरर्थक होते हैं ।

मैंने पिछले तीन वर्षों में स्वामी प्रवृज्यानन्द जी के आश्रम में वेदोक्त मंत्रों का भी अध्ययन किया था और उनका जोर भी इस बात पर था कि मंत्रों के साथ-ही-साथ उसकी ध्वनि पर विशेष ध्यान देना चाहिए, तभी उन मंत्रों से पूर्णता प्राप्त की जा सकती है । मैंने वहां रहकर ध्वनि विज्ञान पर भी अभ्यास किया था, अतः मैंने अपनी बात को उनके सामने रखा और बताया कि मैंने किस प्रकार से उन मंत्रों के ध्वनि ज्ञान का अभ्यास किया है ।

श्रीमाली जी ने बातचीत में बताया कि वेदोक्त मंत्रों के अलावा सैकड़ों प्रकार के अन्य मंत्र भी होते हैं, जिनमें साबर मंत्र विशेष उल्लेखनीय है । कलयुग में इन मंत्रों का प्रभाव तुरन्त, निश्चित और पूर्ण रूप से होता है । इन मंत्रों में तंत्र और मंत्र

का परस्पर संयोजन होता है जिससे इन मंत्रों में विशेष प्रभाव आ जाता है साबर मंत्रों के द्वारा सभी प्रकार के कार्य भली प्रकार से सम्पन्न किए जा सकते हैं, क्योंकि इन मंत्रों में एक विशेष प्रभाव होता है और उस प्रभाव के फलस्वरूप ही कार्य में तुरन्त सफलता प्राप्त होती है। इन मंत्रों की भाषा में फारसी तथा संस्कृत शब्दों का समायोजन होता है। इस प्रकार से इन दोनों पद्धतियों के सम्मिश्रण से इन मंत्रों का निर्माण हुआ है। परन्तु इस प्रकार के मंत्र सिद्ध करने में विशेष सावधानी की आवश्यकता होती है, क्योंकि इन मंत्रों पर फारसी प्रभाव और मुसलमानी प्रभाव विशेष रूप से है। इन मंत्रों को सिद्ध करते समय माध्यम की भी आवश्यकता होती है, और साधक के साथ-ही-साथ योगिनी या साधिका की आवश्यकता भी अनुभव की जाती है।

कई मंत्र तो ऐसे हैं जिनमें साधिका का उपस्थित होना अत्यन्त आवश्यक है क्योंकि बिना उसके मंत्र सिद्धि में सफलता संदिग्ध मानी जाती है।

इस प्रकार के माध्यम को योगिनी कहा जाता है और इसके लिए विशेष प्रकार से चयन होता है, अलग-अलग मंत्रों के लिए अलग-अलग प्रकार की योगिनियों का उल्लेख है, परन्तु इस बात का विशेष ध्यान रखा जाता है कि योगिनियां मंत्र पूत हों और उनमें विशेष जीवट शक्ति हो।

साधक और योगिनी का सम्बन्ध गुरु शिष्य का सम्बन्ध होता है। एक बार चर्चा के दौरान श्रीमाली जी ने बताया था कि इन योगिनियों के चयन में जहां सावधानी बरतनी पड़ती है, वहां साथ-ही-साथ संयम का भी विशेष महत्त्व होता है। यदि साधक किसी भी क्षण संयम से हट जाता है या कामातुर हो जाता है तो उसकी साधना खण्डित हो जाती है और उस प्रभाव को स्वयं ही झेलना पड़ता है, फलस्वरूप कई बार इससे साधक की मृत्यु भी हो जाती है।

योगिनी का चयन पन्द्रह वर्ष की अवस्था से अट्ठाइस वर्ष की अवस्था के बीच होता है। कुछ साधनाओं में अक्षत यौवना साधिका या योगिनी का सहारा लिया जाता है और कुछ साधनाओं में इस प्रकार का कोई प्रतिबन्ध नहीं होता।

साबर मन्त्र अपने आप में सरल हैं। इनका उच्चारण सुगम है परन्तु इनमें से कई मन्त्र श्मशान में सिद्ध करने के लिए होते हैं और वे तभी सफलता देते हैं जबकि श्मशान में ही सिद्ध किये जायें। कुछ मन्त्रों को सिद्ध करने के लिए मृत देह की आवश्यकता अनुभव की जाती है। कुछ मन्त्रों की सिद्धि में योगिनी का सहारा लिया जाता है और अधिकांश मन्त्र अरण्य में सिद्ध किये जाते हैं।

तीन बजे श्रीमाली जी पुनः उसी आसन पर जाकर बैठ गये और मुझे भी अपने पास बिठा लिया। उनका ध्येय पिछले कुछ समय में जो साबर मन्त्र सीखे थे उनका प्रयोग करना था और यह देखना था कि उनमें कितनी सफलता प्राप्त की जा सकती है?

लगभग पांच बजे अकस्मात् कहीं से साधु प्रकट हुआ। उसे साधु न कहकर

अघोरी कहा जाय तो ज्यादा उपयुक्त रहेगा। लम्बा चौड़ा शरीर, सिर पर लम्बी और उलझी हुई जटाएं, बड़े-बड़े नेत्र, हाथों और पांवों के नाखून बढ़े हुए, पूरे शरीर पर किसी प्रकार का कोई वस्त्र नहीं था, आंखों में एक विशेष चमक दिखाई देती थी, जो कि नरभक्षी पिशाचों या व्याघ्र में ही देखी जा सकती है।

श्रीमाली जी अपने आसन पर उसी प्रकार बैठे रहे। वह अघोरी झूमता-सा आकर श्रीमाली जी के सामने बैठ गया। ऐसा लग रहा था जैसे उसे विवशता के साथ बुलाया गया हो। उसके चेहरे से और हाव-भाव से कठोरता प्रकट हो रही थी।

श्रीमाली जी आंखें बन्द किये बराबर मन्त्र जप में संलग्न थे। मैं अन्दर-ही-अन्दर थोड़ा भयभीत भी हो गया था कि न मालूम यह जंगली राक्षस कौन है? मैंने यह भी सुना था कि इधर के पहाड़ों में कुछ आदिम जातियां इस प्रकार की भी हैं जो सर्वथा नग्न रहती हैं और नरभक्षी हैं, अकेले-दुकेले मनुष्य या स्त्री को देखकर ये उस पर झपट पड़ते हैं और मार कर खा जाते हैं।

मैं चिन्तित इस बात के लिए था कि कहीं यह नरभक्षी न हो और यदि इसने आक्रमण कर दिया तो हम दोनों मिलकर भी इसका सामना नहीं कर सकेंगे।

मैं बराबर उस पर नजर जमाये हुए था। यदि श्रीमाली जी ने मुझे हर हालत में बैठे रहने की आज्ञा न दी होती तो मैं निश्चय ही वहां से भाग खड़ा होता, परन्तु मैं उनकी आज्ञा से बंधा हुआ था, अतः मैं उसी प्रकार आसन पर बैठा रहा।

शाम के लगभग आठ बज गये। आकाश में चन्द्रमा निकल आया था। उस दिन सम्भवतः पूर्णिमा थी, अतः पृथ्वी पर पूरा प्रकाश बिखरा हुआ था। तारों की रोशनी से एक विशेष प्रकार का माहौल बन गया था। अभी तक श्रीमाली जी अपने आसन पर डटे हुए थे और सामने वह नरभक्षी भी बैठा हुआ था। थोड़े-थोड़े समय बाद वह जीभ बाहर निकाल कर लपलपाता, तब उसकी आंखों में एक विशेष चमक सी पैदा हो जाती। ऐसा लग रहा था जैसे सामने दो-दो शिकारों को देखकर उसके हृदय में विशेष प्रसन्नता व्याप्त हो रही हो।

लगभग आठ बजे श्रीमाली जी ने आंख खोलीं और जब उस अघोरी को सामने बैठे हुए देखा तो उनके चेहरे पर हास्य की क्षीण रेखा उभर आई। चन्द्रमा के उस प्रकाश में भी मैं श्रीमाली जी के चेहरे की प्रत्येक रेखा भली प्रकार से देख रहा था।

कुछ मिनटों का मौन रहा, तब उस अघोरी ने बांस के फटे स्वर से पूछा कि मुझे यहां पर क्यों बुलाया गया है? मैं भूखा हूं और मैं अपनी भूख अभी तुरन्त शान्त करना चाहता हूं।

फिर मेरी तरफ इशारा करते हुए कहा कि इसको पहले कभी नहीं देखा। मैं सोचता हूं कि क्षुधा शान्त करने के लिए यह उपयुक्त है।

उसकी बात सुनकर मैं अन्दर से कांप उठा। मेरा रोम रोम खड़ा हो गया।

ऐसा लगा कि अब शिकारी झपटने ही वाला है । मैं तुरन्त अपने आसन से उठ खड़ा हुआ और स्वत: ही मेरे पांव दो कदम पीछे हट गये ।

मुझे भयभीत देखकर वह अघोरी जोरों से खिलखिला पड़ा । मानो कह रहा हो कि इस प्रकार उठने और पीछे हटने से कुछ भी नहीं होगा । मुझे भूख शान्त करनी ही है, परन्तु जब मैंने उसकी हंसी में श्रीमाली जी की हंसी को भी सम्मिलित देखा तो मैं आश्चर्य के साथ रुक गया ।

श्रीमाली जी ने संकेत से पुन: मुझे अपने पास बुलाया और परिचय करवाया । परिचय के दौरान ज्ञात हुआ कि श्रीमाली जी इसके साथ लगभग चार महीने रह चुके हैं और एक अघोरी गुरु के द्वारा कुछ विशेष मन्त्र दोनों ने ही साथ-साथ सीखे थे, अत: श्रीमाली जी ने साधना के द्वारा इसको भी यहां बुला लिया था जिससे कि दोनों मिलकर उन साबर मन्त्रों को पूर्ण रूप से सिद्ध कर सकें ।

श्रीमाली जी के बताने पर भी मुझे विश्वास नहीं हो रहा था कि यह व्यक्ति किसी के पास रहा होगा और इसने साबर मन्त्रों का अध्ययन किया होगा । मेरी आशंका को देखकर श्रीमाली जी उठकर उसके पास जाकर बैठ गये और मुझे भी बुलाकर उसके दूसरी तरफ बिठा दिया । उसके शरीर से दुर्गन्ध-सी आ रही थी । ऐसा लग रहा था जैसे वर्षों से उसने स्नान न किया हो ।

उस रात्रि को हम तीनों वहीं जलाशय के निकट ही सोये । यद्यपि मैं श्रीमाली जी के पार्श्व में सोया था फिर भी भयभीत था । कुछ ही क्षणों बाद श्रीमाली जी नींद में आ गए, परन्तु मेरी आंखों में नींद नहीं थी । मैं सारी रात चौकन्ना-सा जागता रहा, मेरे मन से अभी तक भय नहीं गया था और मैं इस बात से चिन्तित था कि न मालूम यह अघोरी कब मेरा सफाया कर दे ।

प्रात:काल लगभग तीन बजे श्रीमाली जी उठ खड़े हुए । इससे पूर्व ही वह अघोरी जाग कर जलाशय के पानी में घुस गया था । उसे तैरते हुए देखना भी एक सुखद आश्चर्य था । ऐसा लग रहा था जैसे कोई रीछ तालाब में घुसा हुआ हो ।

श्रीमाली जी स्नान कर प्रात:कालीन सन्ध्यावन्दन आदि कार्यों में लग गये थे । मैं भी स्नान कर नित्य पूजा हेतु एक ओर बैठ गया, परन्तु उस दिन मेरा ध्यान पूजा में नहीं लग सका । मैं ज्योंही ध्यान लगाने का प्रयत्न करता, दूसरे ही क्षण मेरा मन उचट जाता और दृष्टि उस रीछ पर पड़ जाती । वह अभी तक उस जलाशय में गेंडे की तरह तैर रहा था ।

लगभग प्रात: सात बजे श्रीमाली जी प्रात:कालीन नित्य नैमित्तिक कार्य से निवृत्त हुए । मैं इससे पूर्व ही सन्ध्या आदि से निवृत्त हो गया था, परन्तु वह अघोरी अभी तक पानी में था । कभी वह तैरता हुआ बहुत दूर निकल जाता और कभी मुर्दे के समान तैरता हुआ पुन: तट तक आ जाता । ऐसा लग रहा था जैसे पानी से उसे विशेष प्रेम हो ।

लगभग साढ़े सात बजे वह पानी से बाहर निकला और किनारे पर आकर

एक पत्थर पर बैठ गया, सारे शरीर से पानी की धारायें बह रही थीं। परन्तु उसे इसका कुछ भी एहसास नहीं था। मैं बराबर उसे कौतुहल के साथ देख रहा था। परन्तु मैं अभी तक यह विश्वास नहीं कर पा रहा था कि यह व्यक्ति मंत्र साधना में है, और श्रीमाली जी ने चार महीने इस पशु के साथ बिताये हैं।

कुछ क्षणों बाद वह उस पत्थर पर ही चित्त लेट गया और आंखें बन्द कर कुछ देर गुनगुनाता रहा। मैं उसके मुंह से निकलने वाले शब्दों को समझ नहीं पा रहा था, परन्तु ऐसा लग रहा था जैसे वह किसी मंत्र साधना में रत हो।

साढ़े आठ बजे वह अचानक हड़बड़ाकर उठ खड़ा हुआ और श्रीमाली जी की ओर देखकर पूछा कि क्या मैं चला जाऊं? श्रीमाली जी ने कहा कि तुम्हें साबर मन्त्रों को सिद्ध तो करना ही है। अच्छा होगा यदि उस निश्चित स्थान पर जाकर सिद्ध करने लगो, मैं शीघ्र ही वहीं पर तुमसे भेंट करूंगा।

वह सीधा उठ खड़ा हुआ और बिना कुछ कहे एक तरफ को रवाना हो गया। लगभग दस या पन्द्रह कदम चलने के बाद वह पुनः लौटा और पास आकर बोला, आज मैं यहीं पर रहूंगा, दो तीन दिन के बाद जाऊंगा, तब तक मैं श्यामा साधना यहीं सम्पन्न कर लूंगा।

श्रीमाली जी ने स्वीकृति दे दी और वह पुनः जलाशय में घुस गया।

उस समय पहली बार मुझे साबर मन्त्रों की महत्ता ज्ञात हुई। जब श्रीमाली जी ने अगला प्रयोग प्रारम्भ किया। उन्होंने साबर मन्त्रों के बारे में मुझे विस्तार से बताया और यह भी जानकारी दी कि किस प्रकार से इन मन्त्रों के माध्यम से असम्भव कार्यों को भी सम्भव किया जा सकता है। उन्होंने कुछ मन्त्रों को सिद्ध करने की विधि भी मुझे समझाई।

लगभग बारह बजे वह अघोरी पानी से बाहर निकला और एक शिला पर बैठकर मंत्र जप चालू किया। इस समय वह जोर-जोर से मंत्र पढ़ रहा था। ऐसा लग रहा था जैसे वह कोई कलमा पढ़ रहा हो।

कुछ ही क्षणों बाद हवा में चलता हुआ एक लकड़ी का टुकड़ा आता दिखाई दिया, जिसके सिरे पर एक पोटली बंधी हुई थीं। यह लकड़ी का टुकड़ा लगभग पांच फीट लम्बा और ऊपर से थोड़ा सा मुड़ा हुआ था। मुड़े हुए स्थान पर कपड़े से बंधी हुई एक पोटली थी और वह डंडा स्वतः ही चलता हुआ या यों कहें कि हवा में बहता हुआ उस अघोरी के पास आकर रुक गया।

पोटली और डंडे को देखकर अघोरी ने चार छः गालियां हवा में उछालीं। उन गालियों के बोलने के लहजे से ज्ञात हुआ कि यह व्यक्ति उत्तर प्रदेश या बिहार का निवासी होना चाहिए, क्योंकि वह संस्कृत और हिन्दी में ऐसी गालियां उछाल रहा था जिसे सभ्य भाषा में बोलना या लिखना संभव नहीं है।

उसने झपट कर उस डंडे को पकड़ लिया और उस पर से पोटली खोल दी। पोटली में अत्यन्त स्वादिष्ट भोजन था। ऐसा लग रहा था जैसे अभी-अभी किसी ने

भोजन पकाकर भेजा हो । भोजन में दो प्रकार के साग और गेहूं की रोटियां थीं, साथ ही हलवे की सुगन्ध भी दूर बैठे हुए अनुभव हो रही थी ।

उस भोजन को पत्थर पर रखकर उसने फिर आठ-दस गालियां दीं । गालियों की भाषा से ऐसा लग रहा था जैसे कि वह किसी स्त्री को गालियां दे रहा हो और कम भोजन भेजने पर नाराज हो । उसने चीखकर आदेश भी दिया कि इससे चार गुना भोजन और लेकर आ, ये जो दो बाप तेरे बैठे हुए हैं इन्हें कौन खिलाएगा ?

मैंने आश्चर्यचकित होकर देखा कि वह डंडा आज्ञापालक सेवक की तरह पुनः हवा में तैरता हुआ एक तरफ को निकल गया, । अघोरी ने उस भोजन को मेरे और श्रीमाली जी के सामने लाकर रख दिया और कहा कि पहले आप लोग भोजन कर लें, मेरे लिए अभी भोजन आ रहा है ।

मेरे लिए यह आश्चर्यचकित था कि इस घनघोर जंगल में इस प्रकार का स्वादिष्ट भोजन कहां से लाया गया है । इस तरफ गेहूं की खेती होती नहीं है फिर गेहूं की रोटियां कहां से तैयार की गई हैं ? यह भी स्पष्ट था कि भोजन को पके हुए ज्यादा समय नहीं बीता है, क्योंकि अभी तक भी हलवे में से सुगन्ध और भाप निकल रही थी ।

श्रीमाली जी ने कहा, पहले तू खा ले क्योंकि तेरा पेट बड़ा है, अगर तू भूखा रह गया तो फिर गालियां देगा ।

परन्तु वह इसी बात पर अड़ा रहा कि पहले श्रीमाली जी खायेंगे, तभी वह भोजन करेगा । उसे श्रीमाली जी की अपेक्षा मेरी चिन्ता विशेष रूप से थी । उसकी आंखों में उस समय ठीक वैसी ही करुणा व्याप्त थी जैसी करुणा पुत्र को भोजन कराते समय मां की आंखों में होती है । मैं उसके बदले हुए व्यवहार को आश्चर्यचकित होकर देख रहा था, जिसे मैं भयानक और नरपिशाच समझ रहा था उसके सीने में भी हृदय है, यह पहली बार मैंने अनुभव किया । मैंने यह भी अनुभव किया कि इसकी आंखों में भी ममता, स्नेह, और प्रेम का सागर हिलोरें ले रहा था ।

यद्यपि मुझे भूख नहीं थी, क्योंकि मैं दो दिन पूर्व ही पौधे की पत्तियां चबा चुका था, जिससे कि मेरी भूख प्यास शान्त हो गई थी । परन्तु श्रीमाली जी के अनुरोध पर मैंने वह भोजन करना प्रारम्भ किया । इसमें कोई दो राय नहीं कि इस प्रकार का स्वादिष्ट भोजन पहली बार वहां खाया था और उसके बाद आज तक मुझे वापस उस प्रकार का स्वादिष्ट भोजन प्राप्त नहीं हो सका है ।

कुछ ही क्षणों बाद वह लकड़ी का डंडा पुनः उसी प्रकार से आता हुआ दिखाई दिया । इस बार उसके सिरे पर बहुत बड़ी पोटली बंधी हुई थी और उस पोटली में लगभग पहले की अपेक्षा तिगुना खाना विद्यमान था ।

अघोरी ने झपट कर उस पोटली को खोल दिया और बिना किसी को कहेसुने खाने में जुट गया । कुछ ही क्षणों में उसने वह पूरा खाना उदरस्थ कर लिया ।

मेरे लिए यह सब कौतुहल था । यद्यपि मैंने स्वामी प्रवृज्यानन्द जी से वेदोक्त

और साबर मंत्रों की दीक्षा ली थी, और दोनों ही प्रकार के मंत्रों का अध्ययन किया था परन्तु उन्हें क्रियात्मक रूप से परीक्षण करने का सौभाग्य नहीं मिला था। यहां पर पहली बार मैं उन साबर मंत्रों का क्रियात्मक पक्ष देख रहा था और मैं अनुभव कर रहा था कि मंत्रों के माध्यम से जंगल में भी मंगल मनाया जा सकता है।

रात्रि को विश्राम के समय बातचीत के दौरान ज्ञात हुआ कि वह गोरखपुर जिले का रहने वाला था और उसका नाम शंकर सहाय था। वह गोरखपुर के प्रसिद्ध मन्दिर गोरखनाथ के मन्दिर में भी कुछ समय साधना के लिए रहा था। परन्तु वहां से उसका मन उचट गया था।

उसके बाद वह आठ-दस वर्षों के लिए नेपाल चला गया था और वहीं पर दक्षिण काली के मन्दिर के पास लगभग छः वर्ष तक रहकर तंत्र साधना का ज्ञान प्राप्त किया था। इसके बाद भी जब उसकी इच्छा शान्त नहीं हुई तो उसने विशिष्ट मंत्रों की खोज में पूरे हिमालय को छान मारा, और इसी दौरान एक प्रसिद्ध अघोरी गुरु के पास श्रीमाली जी से भेंट हुई थी, वहीं पर इन दोनों ने लगभग छः महीने तक रहकर विशिष्ट अघोर विद्याओं और साबर विद्याओं का अध्ययन किया था।

छः महीने बाद जब गुरु का शरीर शान्त होने लगा तो गुरु ने कहा कि मेरे पास जो विशिष्ट विद्याएं हैं वे विद्याएं मैं तुम दोनों को देना चाहता हूं, और मरते समय उस गुरु ने कुछ ऐसी विशेष साबर विद्याए इन दोनों शिष्यों को लिखाई थीं जो कि तांत्रिक-मांत्रिक क्षेत्र में सर्वोपरि कही जाती हैं।

वे विद्याएं तो इन दोनों ने गुरु के चरणों में बैठकर सीख ली थीं, परन्तु उन विद्याओं को क्रियात्मक रूप से परीक्षण करने का अवसर प्राप्त नहीं हो सका था, क्यों कि इसके तुरन्त बाद ही वृद्ध गुरु का शरीर शान्त हो गया था।

गुरु ने ही यह बताया था कि यदि इस सरोवर के तट पर इन विद्याओं का परीक्षण प्रयोग सिद्ध किया जाए तो ज्यादा अनुकूल रहेगा। अतः उसके बाद दोनों शिष्य अलग-अलग भागों पर बढ़ गए थे। वहां से रवाना होने के कुछ समय बाद श्रीमाली जी स्वामी प्रवृज्यानन्द जी के आश्रम में पहुंचे थे, जहां पर उनसे मेरी भेंट हुई थी।

वहां से केदारनाथ जाते समय मार्ग में उस सरोवर को देखकर उन साबर विद्याओं को परीक्षण करने का अवसर अनुभव कर श्रीमाली जी ने साधना के द्वारा ही इस गुरु भाई को भी बुला लिया था जिससे कि दोनो मिलकर उन विद्याओं को सिद्ध कर सकें।

अघोरी चाहता था कि दोनों अलग-अलग स्थानों पर बैठकर मंत्र सिद्ध करें। वह जलाशय के उस किनारे पर बैठकर मंत्र सिद्ध करना चाहता था, इसीलिए वह श्रीमाली जी के पास से रवाना हो गया था, परन्तु फिर कुछ सोचकर रुक गया था।

बातचीत में मुझे पता लगा कि ऊपर से देखने में यह चाहे कितना ही क्रठोर क्यों न हो, परन्तु अन्दर से यह अत्यन्त ही कोमल और मधुर है। यद्यपि पिछले तीन

वर्षों से इसने पूरे शरीर के कपड़े त्याग दिए थे और योगिनी साधना में विशेष सफलता प्राप्त की थी।

दूसरे या तीसरे दिन बातचीत के दौरान अघोरी ने स्वीकार किया था कि यद्यपि मैं योगिनी साधना में और कृत्या साधना में अपने आप को काफी अच्छे स्तर पर मानता हूं, परन्तु हकीकत में देखा जाय तो इस क्षेत्र में भी श्रीमाली जी का ज्ञान मुझसे बढ़कर है। यह अलग बात है कि वे सौम्य हैं, और जरा-जरा सी बात पर उछलते उफनते नहीं। उनके साथ रहने पर भी यह ज्ञात नहीं होता कि इनमें इतना अधिक ज्ञान है, परन्तु मैं लगभग छः महीने इनके साथ रहा हूं और मैं यह स्वीकार करता हूं कि मैंने आज तक जो साधनाएं सिद्ध की हैं वे साधनाएं तो श्रीमाली जी कई वर्षों पूर्व सिद्ध कर चुके हैं। जब वे मुझे पहली बार मिले थे तब भी वे चौंसठ योगिनी साधना में निष्णात थे। कृत्या साधना में यदि उन्हें सर्वश्रेष्ठ कहा जाय तो कोई अत्युक्ति नहीं होगी।

तीसरे दिन प्रातःकाल जब मेरी आंख खुलीं तो मैंने देखा कि अघोरी वहां से जा चुका था। मैंने श्रीमाली जी से इस सम्बन्ध में पूछा तो पता चला कि प्रातः दो बजे ही वह यहां से रवाना हो गया था और इसी जलाशय के दूसरे किनारे पर बैठकर सारी अघोर साधनाओं को सिद्ध कर रहा है। यदि समय और अवसर रहा तो कुछ कार्य सम्पादन कर हम भी उस तरफ जायेंगे।

इसके बाद हम उस जलाशय के निकट लगभग एक सप्ताह तक और रहे और इस बीच श्रीमाली जी ने वेदोक्त मंत्रों का भी परीक्षण किया। हकीकत में देखा जाए तो इन वेदोक्त मंत्रों में भी बहुत सत्यता है। और यदि इनका सही ढंग से विधान किया जाए तो इसका फल भी तुरन्त और निश्चित होता है।

यजुर्वेद में विशेष रूप से इस प्रकार के मंत्रों की प्रचुरता है। इसमें भी कृष्ण और यजुर्वेद शुक्ल यजुर्वेद दो अलग-अलग शाखाएं हैं जिसमें शुक्ल यजुर्वेद इस प्रकार के मंत्रों की दृष्टि से अत्यन्त महत्त्वपूर्ण है, इसमें विशेष कर ऐसे मंत्रों का विधान है जिसके माध्यम से देवताओं का आह्वान किया जा सकता है और कार्य सम्पन्न किया जाता है।

एक रात्रि को बहुत जोरों का तूफान आया। उस क्षेत्र में इस प्रकार के तूफान कम ही आते हैं, परन्तु उस दिन का जो तूफान था वह वास्तव में ही शरीर को हिला देने वाला था। उस समय श्रीमाली जी उसी पत्थर की शिला पर बैठकर साधनारत थे। तूफान से इस कदर वर्षा हो रही थी कि देखते-देखते छः इंच बर्फ चारों तरफ जम गई। जब उन्होंने आंख खोली तो उन्होंने मुझे शीत से ठिठुरते हुए देखा और उन्होंने मेघ आह्वान कर वायु मंत्र प्रयोग किया, जिससे आकाश में छाए हुए बादल चारों तरफ बिखर गए और कुछ ही क्षणों में आकाश बिलकुल साफ हो गया। अब तक मैंने मंत्रों के बारे में यह अनुभव किया था या अपने गुरु स्वामी प्रवृज्यानन्द जी से सुना था

कि यदि सही प्रकार से मंत्र ध्वनि प्रगट की जाय तो मनोवांछित कार्य सिद्धि निश्चित रूप से संभव है ।

आज मैंने इस बात का अनुभव भी किया, क्योंकि वायु आह्वान से जोरों से वायु चलने लगी । फलस्वरूप आकाश में बादलों का जो घटाटोप था वह दूर हो गया और आकाश बादल रहित होकर निर्मल दिखाई देने लगा ।

इन सात दिनों में श्रीमाली जी ने अधिकतर वेदोक्त मंत्रों का परीक्षण किया, साथ-ही-साथ मुझे भी इसके बारे में समझाते रहे कि किस प्रकार से इन मंत्रों का आह्वान किया जाता है, मंत्रों को चैतन्य करने के लिए क्या किया जाता है ? मंत्र चैतन्य करने के बाद उसका दीपन और मार्जन किस प्रकार होता है ? तब जाकर मंत्र निर्मल होता है ।

इसके बाद जिस देवता का मंत्र है, उस देवता का आह्वान मन-ही-मन करते हुए मंत्र की मूल ध्वनि के साथ उसका आह्वान किया जाता है जिससे वह देवता आकर कार्य सम्पादन करता है ।

वरुण, इन्द्र, अग्नि, पवन आदि मंत्रों के परीक्षण भी वहां पर किए गए और इन समस्त मंत्रों की उपयोगिता मेरे सामने भली प्रकार से स्पष्ट हो गई ।

एक दिन अवसर देखकर मैंने प्रश्न किया कि ये परीक्षण किसी भी शहर या गांव में भी हो सकते हैं, फिर इसके लिए इस सुनसान स्थान को ही क्यों चुना गया है । इस पर श्रीमाली जी ने उत्तर दिया कि यहां पर केवल वेदोक्त मंत्रों का परीक्षण ही नहीं था अपितु कुछ साबर मंत्रों का भी परीक्षण अध्ययन करना था इसीलिए इस स्थान को चुना गया था ।

इसके अतिरिक्त यह स्थान साबर मंत्रों की सिद्धि के लिए सर्वाधिक उपयुक्त है, कहते हैं गुरु गोरखनाथ ने इसी जलाशय के तट पर विशेष साधना सम्पन्न की थी । अघोरी इस समय जिस स्थान पर बैठा है, उसी स्थान पर बैठकर कई वर्षों पूर्व गुरु गोरखनाथ ने पूर्ण सिद्धि प्राप्त की थी !

मैं साबर मंत्रों की सिद्धि से पूर्व वेदोक्त मंत्रों का परीक्षण कर लेना चाहता था, इसी वजह से जलाशय के इस तट पर बैठा हूं । इसके बाद उस अघोरी के साथ बैठकर कुछ साबर मंत्रों का भी परीक्षण करेंगे ।

उन्होंने बताया कि साबर मंत्र और वेदोक्त मंत्रों का अलग-अलग विधान है, इसलिए दोनों को एक ही स्थान पर सिद्ध नहीं किया जाना चाहिए । साबर मंत्र अपने आप में तलवार की तरह होते हैं यदि उसमें थोड़ी भी त्रुटि रह जाती है तो वे मंत्र साधक का ही सत्यानाश कर डालते हैं, अत: इस प्रकार के मंत्रों का प्रयोग और परीक्षण अत्यन्त सावधानी के साथ करना चाहिए और जब तक आप अपने मन में निश्चिन्त नहीं हों, तब तक इस प्रकार के परीक्षण नहीं करने चाहिए ।

हमारे समाज में इस प्रकार के मंत्र हेय दृष्टि से देखे जाने लगे हैं, परन्तु वास्तव में देखा जाय तो इन मंत्रों का भी सामाजिक जीवन में महत्त्व है । आवश्यकता

इस बात की है कि प्रयोगकर्ता इन मंत्रों का प्रयोग किस प्रकार से और किस उद्देश्य के लिए करता है ? यदि इस प्रकार के मंत्रो का प्रयोग अपने स्वार्थ सिद्धि के लिए या गलत कार्यों के लिए करता है तो इस प्रकार का कार्य उचित नहीं कहा जा सकता। यही नहीं अपितु साबर मंत्रों में यह विधान है कि यदि उन मंत्रों का प्रयोग केवल मात्र स्वार्थ के लिए ही किया जाता रहेगा तो निश्चय ही प्रयोगकर्ता का अहित होगा।

एक डॉक्टर को विष प्रयोग और सर्जरी के ज्ञान के साथ-साथ चिकित्सा विज्ञान में भी महारत हासिल है तो वह इस प्रकार के प्रयोग करते समय सावधानी बरतेगा। यह आवश्यक नहीं है कि उसे विष-प्रयोग का ज्ञान है तो वह प्रत्येक को विष देता रहेगा। कई बार हलका-सा विष स्वास्थ्य लाभ के लिए भी आवश्यक माना गया है। कई रोगों में सर्प विष की थोड़ी-सी मात्रा दी जाती है जिससे कि वह रोग समाप्त हो सके। यह सब कुछ प्रयोगकर्त्ता के दिमाग पर निर्भर है, और वही इसका निर्णय करता है कि कब किस प्रकार की औषधि का प्रयोग करना है।

ठीक यही स्थिति मंत्र के बारे में है। एक साधक को सौम्य मंत्रों का ज्ञान है साथ-ही-साथ उसे वाममार्गी साधना का और साबर मंत्रों का भी ज्ञान है तो यह आवश्यक नहीं है कि वह इस प्रकार के मंत्रों का प्रयोग समाज के अहित के लिए करेगा। यह तो उसके लिए गौरव की बात है, कि उसे सभी प्रकार के मंत्रों का पूर्ण ज्ञान है, और वह काल तथा प्रकृति के अनुसार मंत्रों का चयन करता है तथा उसके अनुसार कार्य सिद्धि में सफलता प्राप्त करता है।

इसके लिए प्रयोगकर्त्ता में जरूरत से ज्यादा धैर्य की आवश्यकता होती है, क्योंकि उतावली उसके लिए कठिनाइयां पैदा कर सकती है, अतः साधक को चाहिए कि वह किसी अन्य व्यक्ति के उकसाने में न आवे और वह चाहे कितना ही प्रिय और निकट का व्यक्ति हो फिर भी प्रयोग करते समय तटस्थ होकर निर्णय लें कि क्या इस प्रकार का कार्य मेरे लिए उचित है और इस प्रकार के कार्य से सामने वाले व्यक्ति को व्यर्थ में नुकसान तो नहीं हो जायगा।

साबर मंत्रों का विधान अपने आप में पूर्णतः अलग है उसमें वाममार्गी साधना का विशेष महत्त्व है। परन्तु इस साधना में भी मद्य, मांस आदि वर्जित हैं। यह तो साधकों ने अपने स्वार्थ के लिए इस प्रकार के पदार्थों का उपयोग उचित माना है जब कि पूरी साधना में ऐसा कहीं पर भी उल्लेख नहीं है कि इस प्रकार के पदार्थों का प्रयोग आवश्यक हो।

साबर मंत्र जब सिद्ध किये जायं तब वेदोक्त मंत्रों का प्रयोग नहीं किया जाना चाहिए। कई बार तो साबर मंत्रों की सिद्धि काल में पूजन या गायत्री जप भी निषिद्ध माना गया है, यदि इस समय गायत्री जप किया जाता है तो साबर मंत्र सिद्ध होते ही नहीं, और कई बार विपरीत परिणाम भी भुगतने पड़ जाते हैं।

एक व्यक्ति पानी में नींबू डाल कर सिकंजी बनाकर पीता है और शाम को

वह दूध का गिलास भी पीता है ये दोनों ही पदार्थ उसके स्वास्थ्य के लिए अनुकूल हैं, परन्तु इन दोनों पदार्थों को मिलाकर पीना स्वास्थ्य के लिए किसी भी दृष्टि से अनुकूल नहीं कहा जा सकता, क्योंकि नींबू का रस मिलते ही दूध फट जायेगा, फलस्वरूप दूध का जो लाभ मानव को मिलना चाहिए वह नहीं मिल पायेगा, इसी प्रकार साबर मंत्र और वेदोक्त मंत्र दोनों अलग-अलग हैं और दोनों ही अलग-अलग प्रकार से सिद्ध किये जाते हैं पर दोनों कार्य एक ही स्थान पर मिलकर सम्पन्न नहीं किए जा सकते।

इस तट पर लगभग आठ दिन बीत चुके थे और इन आठ दिनों में मंत्रों का जो व्यावहारिक अनुभव प्राप्त किया था वह पिछले तीन वर्षों में भी प्राप्त नहीं हो सका था। गुरु स्वामी प्रवृज्यानन्द जी के आश्रम में रहकर मैंने मंत्र सीखे थे और उनकी विधि भी समझी थी परन्तु इन आठ दिनों में मैंने यह अनुभव किया कि वह सीखना अपने आप में बहुत अधिक महत्त्व नहीं रखता क्योंकि जब प्रयोग करते हैं तो कई प्रकार की नई बाधाएं उपस्थित होती हैं, और उन बाधाओं का निराकरण सीखे हुए तरीके से संभव नहीं होता, इसके लिए तो गुरु की उपस्थिति अनिवार्य ही कही जा सकती है, क्योंकि उस समय वही मार्गदर्शन कर सकता है।

इस तट पर मैंने भी कई मंत्रों के प्रयोग सिद्ध किये और प्रत्येक प्रयोग में नवीन बाधाएं अनुभव कीं जो कि पहले प्रकार की बाधा से सर्वथा विपरीत थीं, परन्तु इसमें कोई दो राय नहीं कि आज के युग में भी मंत्रों की महत्ता सर्वोपरि है और मंत्रों के माध्यम से ही आज के जीवन को ज्यादा सरल और सुखमय बनाया जा सकता है।

वेदोक्त मंत्रों के प्रयोग परीक्षण की समाप्ति के बाद हम दोनों एक बार धुन्धुआ गांव में भी हो आए, और वहां से उस तट की ओर चल दिए जहां अघोरी वाममार्गी साधना या साबर मंत्रों की सिद्धि सम्पन्न कर रहा था।

मार्ग में श्रीमाली जी ने बताया कि साबर मत्रां की सिद्धि अपने आप में अलग तरीके से होती है। अब तक तुमने साबर मंत्रों का ज्ञान अवश्य प्राप्त किया है। परन्तु इनकी सिद्धि के लिए विशेष साहस की आवश्यकता होती है, साथ-ही-साथ यह परीक्षण सर्वथा नवीन प्रकार से सम्पन्न होते हैं।

सायंकाल के लगभग हम जलाशय के उस तट पर पहुंच गए, जहां पर कहा जाता है कि गुरु गोरखनाथ ने बैठकर बारह वर्ष तक विशेष मंत्रों की साधना सम्पन्न की थी और उनमें विशेष सफलता प्राप्त की थी।

शाम के लगभग चार वजे थे, किनारे से लगभग बीस फीट दूर एक पत्थर पर वह अघोरी सर्वथा नग्न बैठा हुआ था। उसके सामने कुछ पदार्थ रक्खे हुए थे, उन पदार्थों को मैं नहीं पहिचान सका, परन्तु वे पदार्थ संभवतः पास के गांव से ही प्राप्त किए होंगे। उस समय अघोरी सूर्य की तरफ मुंह करके कुछ विशेष मंत्रों का उच्चारण कर रहा था। उच्चारण से ऐसा लग रहा था कि जैसे कोई बादल धीरे-धीरे गड़गड़ा रहा हो।

कुछ समय बाद ही उसने मुंह नीचे किया और आंखें खोलीं तब तक हम उसके पास खड़े रहे, संभवतः हमें खड़े हुए तीन-चार मिनट ही बीते थे। उसने ज्यों ही हमको देखा तो उछल कर खड़ा हो गया और अपनी दोनों बाहों में श्रीमाली जी को भर लिया, अपने हाथों से उठाकर उसने उस पत्थर की शिला पर उन्हें बिठा दिया और स्वयं भी उसी स्थान पर पास में बैठ गया।

पिछले सप्ताह में उसने किस प्रकार से साबर मंत्रों की साधना की थी, और किस प्रकार से उसे सफलता मिली थी, उसका विवरण वह दे रहा था। बात करते समय उसके चेहरे पर रह-रहकर एक विशेष चमक उठती, उससे लगता कि वह अपने उद्देश्य में सफलता पा सका है।

मुश्किल से आधा घंटा बीता होगा कि सामने घने जंगल से एक स्त्री आती हुई दिखाई दी, जो कि सर्वथा नग्न थी और उसके घने लम्बे बाल पूरे शरीर पर, विशेष कर पीठ पर फैले हुए थे, उसके सिन्दूर के विशेष चिह्न बने हुए थे।

नग्न होते हुए भी उसकी आंखों में किसी प्रकार की लज्जा या संकोच नहीं था। वह उसी उन्मुक्त भाव से आकर अघोरी के पास बैठ गयी और आश्चर्य से हम दोनों की ओर देखती रही।

लगभग तीन या चार मिनट वह हमें ताकती रही पर ये चार मिनट भी अपने आप में भयानक थे, क्योंकि उसकी आंखों में कुछ ऐसा तेज था जो कि कटार की तरह सीधे कलेजे में चुभ रहा था। मैं दो मिनट से ज्याद अपनी आंखें उसकी आंखों से न मिला सका और मजबूर होकर अपनी आखों को नीचे कर लेना पड़ा।

साबर साधना में कहा जाता है कि आंखों के माध्यम से ही सामने वाले व्यक्ति को सम्मोहित किया जाता है। इसमें वही सफल हो सकता है जो ज्यादा समय तक अपनी आंखों को स्थिर रख सके और सामने वाले की आंखों में आंखें डालकर ताक सके। पहले जो अपनी आंखें नीची कर लेता है वह कमजोर माना जाता है और उस पर नियंत्रण करना संभव हो सकता है।

मैं इस तथ्य को अच्छी तरह से जानता था। इसीलिए उसकी आंखों में आंखें डालकर ताकता रहा था, परन्तु इसमें कोई दो राय नहीं कि उसकी आंखों में एक विशेष चमक थी जो जहर से ओत प्रोत सी लग रही थी जो कि मेरी आंखों से हृदय में जाकर पूरे शरीर को शून्य कर रही थी। मैं दो मिनट से ज्यादा उसकी आंखों में ताकता न रह सका और एक प्रकार से अपनी पराजय स्वीकार करता हुआ अपनी आंखें नीचे कर लीं।

मैंने पहली बार अपने आपको पहिचाना। मैंने अनुभव किया कि अभी मैं अनाड़ी और कमजोर हूं। इस प्रकार के कार्यों में और मंत्र साधना में विशेष दम-खम की आवश्यकता होती है, और वह दम-खम अभी तक मुझमें नहीं आ सका है।

किसी आश्रम में रहकर कुछ सीख लेना अलग बात है, और प्रयोग के रूप में उसका परीक्षण करना सर्वथा विपरीत कार्य है। मुझे अपने आपको तैयार करना है

और जब मैं पूरे शरीर को तथा तन मन को इस प्रकार की साधना के लिए तैयार कर सकूंगा, तभी इस साधना में सफलता प्राप्त कर सकूंगा।

मुझे आंखें नीचे करती देख वह स्त्री हंस दी, मानो कह रही हो कि क्या इसी दम-खम से मेरी आंखों में ताक रहे थे ?

वह अघोरी श्रीमाली जी से बातचीत में तल्लीन था। उसने बताया कि उसने किस प्रकार से साबर मंत्रों की सिद्धि की है और किन-किन मंत्रों की सिद्धि में क्या क्या बाधायें आई हैं ? दो तीन मंत्रों की सिद्धि में वह असफल भी रहा था। उनका उल्लेख भी वह विशेष रूप से कर रहा था।

बातचीत की समाप्ति के बाद वह उस स्त्री की तरफ मुखातिब हुआ और उसे कुछ आज्ञा दी जिसे पूरा करने के लिए वह झूमती हुई घने जंगल की ओर निकल गयी।

अघोरी ने उस भैरवी के बारे में बताया कि पिछले दो वर्षों से वह उस भैरवी से परिचित है और सर्वप्रथम इसका परिचय नेपाल में दक्षिण काली मन्दिर के पास हुआ था। यह स्वयं वाममार्गी साधना में निष्णात है और विशेष साधनाओं में सफलतायें भी प्राप्त की हैं।

उस भैरवी का जीवन भी अपने आपमें एक अलग राम कहानी है। बचपन में ही उसकी शादी हो गयी थी। शादी के समय उसकी आयु मात्र नौ वर्ष की थी। शादी के तीन महीने बाद ही उसके पति की मृत्यु हो गई तो घर के लोगों ने कहना शुरू कर दिया कि वह डायन है और इसने आते ही अपने पति को खा लिया।

फिर भी वह इस गम को झेलती रही, और परिवार वालों के व्यंग्य बाण सहन करती रही। दिन भर उससे पशु की तरह काम लिया जाता और रात्रि को रूखा सूखा उसके सामने डाल दिया जाता, फिर भी वह अपने भाग्य पर टिकी हुई थी। उसने सोचा था कि यदि मेरे भाग्य में इस प्रकार के दुख ही लिखे हुए हैं तो मुझे इन दुखों को झेलना ही है।

कई बार उसे लकड़ियों से पीटा गया। एक बार तो देवर ने जलती हुई लकड़ी से पूरी पीठ पर जगह-जगह दाग दिया। इसी प्रकार सीने पर भी जलती हुई लकड़ी के निशान बना दिये। यह चिल्लाती रही तथा वे पशु इसे दागते रहे।

उस कोठरी में यह सारी रात तड़फती रही, परन्तु इसकी तरफ किसी ने ध्यान नहीं दिया। दूसरे दिन पूरे गांव में यह चर्चा थी कि बहू ने खुद अपने हाथों से अपने शरीर को दाग दिया है, और कुछ तांत्रिक प्रयोग कर रही है, जिससे पूरा गांव समाप्त हो जाएगा।

दोपहर को गांव वालों ने मिलकर इस स्त्री को अपने गांव से बाहर खदेड़ दिया। शाम को लोक लज्जा के भय से यह स्त्री पुनः गांव में आई और घर के बाहर चबूतरे पर लेटी रही। पूरा शरीर जलने से दर्द हो रहा था परन्तु फिर भी यह अपनी कुल मर्यादा को छोड़ने के लिए तैयार नहीं थी। पीहर में इसके कोई था नहीं।

एक सौतेली मां थी जिसने विवाह के अवसर पर ही स्पष्ट रूप से कह दिया था कि अब भविष्य में इस तरफ तूने पांव रखे तो तेरे पांव काट कर फेंक दिए जायेंगे ।

दूसरे दिन प्रातःकाल जब ससुराल वालों ने बाहर चबूतरे पर उसे कराहते हुए देखा तो आग बबूला हो गए और दो भाइयों ने मिलकर उसे घसीटकर बेहोशी की हालत में गांव के बाहर जंगल में फेंक दिया । यह स्थान दक्षिण काली के मन्दिर के पास ही था ।

यह मन्दिर पूरे विश्व में तांत्रिक कार्यों के लिए प्रसिद्ध रहा है और इसे सिद्ध पीठ कहा जाता है । संसार के उच्चकोटि के तांत्रिकों की यह अभिलाषा रहती है कि वह एक बार इस मूर्ति के दर्शन करें और इसके प्रांगण में बैठकर कुछ साधना करें ।

संयोगवश एक तांत्रिक उस मार्ग से निकला तो उसकी दृष्टि मार्ग के किनारे पड़ी इस स्त्री पर पड़ी जो कि बेहोशी की हालत में रह-रहकर कराह रही थी। वह रुक गया, पानी लाकर इसके मुंह पर छिड़का, तो इसे होश आया, परन्तु उस समय भी वह इतनी अधिक भयभीत थी कि मुंह से बोल नहीं निकल रहे थे ।

तांत्रिक ने इस युवती को ले जाकर दक्षिण काली के प्रांगण में बिठा दिया और स्वयं काली का ध्यान करने लगा, । ध्यान में उसे आदेश हुआ कि यह युवती सामान्य युवती नहीं है । इसका जन्म एक विशेष उद्देश्य के लिए हुआ है, आगे चलकर तांत्रिक क्षेत्र में यह विशेष भैरवी बन सकेगी और तंत्र के उच्च स्तर की साधनाओं में सफलता प्राप्त कर सकेगी ।

ध्यान में उसे यह भी आदेश हुआ कि भविष्य में इस युवती को तुम्हें अपने साथ रखना है, इससे तुम्हारी साधना में भी सफलता मिलेगी और आने वाले समय में तुम विशेष ऊंचाई तक पहुंच सकोगे ।

वह साधु यही अघोरी था और वह युवती यही भैरवी थी ।

दक्षिण काली से अघोरी उस युवती को लेकर गोरखनाथ मन्दिर आया और वहां के जंगलों में कुछ साधनायें सम्पन्न कीं । वहां से कामाक्षा के दर्शनों के लिए गया । वहां पर अघोरी को अवधूत अघोरी खरपरानन्द मिले जो कि वाममार्गी साधना में अत्यन्त उच्चकोटि के माने जाते हैं । उनके साथ लगभग तीन वर्षों तक ये दोनों रहे और वहां पर इस युवती का संस्कार हुआ और इसे भैरवी बनाया गया ।

साधक के लिए भैरवी का स्वरूप 'मां' के सदृश होता है । इस प्रकार के संबंधों में किसी भी प्रकार का विकार बीच में नहीं आता । साधना में और साधना के बाद भी यदि परस्पर विकार आ जाता है तो दोनों की साधनाएं खण्डित हो जाती हैं और वे स्वयं ही समाप्त हो जाते हैं ।

यद्यपि इस प्रकार की साधनाओं के बाद वस्त्र का विशेष महत्त्व नहीं होता, यह अलग बात है कि समाज में जाते समय वस्त्रों का प्रयोग मर्यादा अनुकूल है, परन्तु वस्त्रों का प्रयोग साधना काल में निषेध माना जाता है, क्योंकि तंत्र की उच्च क्रियाओं में शरीर और वासना का महत्त्व समाप्त हो जाता है । शरीर ही एक प्रकार से साधना

स्थल बन जाता है, अतः शरीर को साधना स्थल के रूप में देखना तो संभव होता है, परन्तु वासना की दृष्टि से नहीं देखा जाता, या यों कहा जाय कि उसकी वासनात्मक दृष्टि ही समाप्त हो जाती है।

श्रीमाली जी का इस अघोरी से परिचय अवधूत खरपरानन्द के आश्रम में ही हुआ था। उस समय तक इस अघोरी को वहां आये एक वर्ष हो चुका था और तभी अकस्मात् उस आश्रम में इन दोनों की भेंट हुई। इससे पूर्व भी अवधूत खरपरानन्द जी के साथ श्रीमाली जी तीन चार महीने रहे थे, और कुछ विशेष साधनाएं भी सम्पन्न की थीं।

धीरे-धीरे इन दोनों ने अवधूत स्वामी जी से कुछ तांत्रिक साधनाएं सीखीं और कुछ विशेष साधनाओं में सफलता भी प्राप्त की।

अभी पीछे कुछ समय पूर्व जब इन दोनों का मिलन हुआ तो निश्चय किया गया कि गुरु गोरखनाथ की सिद्ध स्थली पर बैठकर कुछ साधनाओं का परीक्षण किया जाना उचित रहेगा, और इस प्रकार वह अघोरी इस जलाशय के तट पर आया था।

अभी बातचीत चल रही थी कि वह भैरवी पुनः झूमती हुई आती दिखाई दी। ऐसा लग रहा था जैसे साधना से उसका सारा शरीर सुगठित हो गया हो, पूरे शरीर से एक विशेष प्रकार की क्रान्ति निसृत हो रही थी, पूरा शरीर एक विशेष आभा से दमक रहा था, चेहरे से यौवन का उन्माद स्पष्ट दिखाई दे रहा था, काले और लम्बे बाल उसकी पूरी पीठ को ढके हुए थे, पर इसके अलावा उसके पूरे शरीर पर किसी प्रकार का कोई वस्त्र नहीं था, और न उसके मन में किसी प्रकार का कोई संकोच या हिचक दिखाई दे रही थी।

उसके हाथों में एक छोटी-सी पोटली थी। पता नहीं उसमें क्या था, परन्तु उसने पोटली लाकर अघोरी के हाथों में दे दी, और दूसरे ही क्षण झुककर श्रीमाली जी के पांवों को पकड़ लिया।

बातचीत के दौरान कई प्रकार की बातें होती रहीं। यह निश्चय हुआ कि शेष साधनाएं कल प्रातःकाल से प्रारम्भ की जाएंगी। अब तक सांझ ढल गयी थी, सूर्य पश्चिम में अस्त हो रहा था, जिसकी लालिमा पूरे आकाश में फैल गयी थी। चारों तरफ एक विशेष प्रकार का वातावरण बन गया था। वह दृश्य, वह वातावरण वही अनुभव कर सकता है जिसने उस दृश्य को अपनी आंखों से देखा हा।

रात्रि को वहीं पत्थरों पर सोने का उपक्रम किया गया। इससे पूर्व अघोरी ने उसी विधि से भोजन मंगवाया जिसे तीनों ने छक कर खाया।

रात्रि को मुझे रात भर नींद नहीं आई, जबकि वे तीनों गहरी नींद में सोये हुए थे। मैं अपने आपको कमजोर अनुभव कर रहा था और महसूस कर रहा था कि ज्ञान का क्षेत्र अपने आप में असीम और अनंत है, जिसकी थाह पाना संभव नहीं है, मैं अभी तक इस ज्ञान के समुद्र में से एक बूंद से ज्यादा प्राप्त नहीं कर सका हूं, पर

इस एक बूंद के बल पर ही मैं अपने आपको बहुत ऊंचे स्तर का समझने लग गया था।

जिस समय स्वामी प्रवृज्यानन्द जी के आश्रम में श्रीमाली जी आए थे, तो एक सामान्य व्यक्ति की तरह दिखाई दे रहे थे। ऐसा ज्ञात ही नहीं हो रहा था कि इससे पूर्व इन्होंने तंत्र मंत्र के क्षेत्र में विशेष सफलता प्राप्त कर ली है और साधना के उस स्तर पर हैं, जिसे सामान्य रूप से स्पर्श करना ही अपने आप में कठिन माना जाता है।

मैं उस समय भी अपने आपको श्रेष्ठ मान रहा था और मुझमें गर्व की मात्रा कुछ विशेष रूप से ही थी, पर मैंने अनुभव किया कि श्रीमालीजी के मन में न तो ज्ञान का अहं है और न ही प्रदर्शन की प्रवृति। वे अपने आपको सामान्य मानव ही माने हुए हैं, और किसी भी प्रकार से अपनी श्रेष्ठता सिद्ध करने का प्रयत्न नहीं करते।

उन्होंने जिस प्रकार से इन तीन चार महीनों में स्वामी जी की सेवा की थी, वैसी सेवा मैं तीन वर्षों में भी नहीं कर सका था। यही नहीं अपितु उनकी सेवा के बाद मेरे कार्य भी वे निपटा लेते थे और मेरी प्रशंसा करते रहते थे। एक दो बार तो हास्य के क्षणों में उन्होंने कहा भी था कि तुम मुझसे श्रेष्ठ हो, क्योंकि इतने बड़े स्वामी जी के आश्रम में तुम मुझसे पहले आए हो, इसलिए तुम बड़े गुरु भाई के अधिकारी हो, मुझे तो तुमसे भी बहुत कुछ सीखना है !

और मैं उस दिन भी अपने अहं के नशे में चूर रहा था। उस समय भी मैं इस व्यक्ति की श्रेष्ठता को नहीं समझ सका था कि इसमें ज्ञान का अथाह सागर है, यद्यपि मेरे पास छोटी सी बूंद है और वह बूंद बार-बार उछल रही है जबकि यह सागर पूर्णतः गम्भीर और शान्त है। स्वामी जी ने पहले ही दिन अपनी अनुभवी आंखों से यह भांप लिया था कि यह व्यक्तित्व अपने आपमें अन्यतम है, इसीलिए तो उन्होंने रवाना होते समय कहा था कि यह व्यक्तित्व अपने आपमें अन्यतम है। आज के युग में मंत्र तंत्र या भारत की प्राचीन विद्याओं में जो अश्रद्धा उत्पन्न हुई है अथवा इस प्रकार की विद्याओं में जो न्यूनता आई है उसे यही व्यक्तित्व दूर कर सकेगा और एक बार पुनः इन लुप्त विद्याओं को पुनर्जीवित कर समाज में स्थापित कर सकेगा।

मैं दीक्षा पाने की इच्छा मन में संजोये हुए था, परन्तु मैंने स्वयं यह अनुभव किया कि वास्तव में ही मैं उसके काबिल नहीं था। यद्यपि मुझे एक क्षण के लिए दुख अवश्य हुआ था और यह विचार करने के लिए बाध्य भी हुआ था कि इन तीन वर्षों का फल क्या मुझे इसी रूप में मिला है ? कि मात्र तीन चार महीनों में ही एक व्यक्ति साथ रहकर दीक्षा प्राप्त कर ले।

परन्तु आज जब मैं तटस्थ होकर सोचता हूं तो मुझे उनके विवेक पर श्रद्धा आ रही है। वास्तव में ही स्वामी जी ने योग्य पात्र का चुनाव किया था, वेदोक्त मंत्रों में भी यह व्यक्तित्व मुझसे बहुत कुछ आगे बढ़ा हुआ है। इस आश्रम में आने से पूर्व

भी इस व्यक्तित्व ने मंत्रों का गहन अध्ययन किया था और परीक्षण की कसौटी पर कसकर उसे पूर्णता दी थी ।

अघोरी के कार्यों से मैं चमत्कृत था । मैं देख रहा था कि उसका पूरा जीवन तांत्रिक कार्यों में ही व्यतीत हुआ है, विशेष करके साबर मंत्रों में वह सिद्धहस्त है, परन्तु बातचीत के दौरान उसने भी स्वीकार किया कि इस व्यक्तित्व के सामने मैं कुछ भी नहीं हूं । यदि तुलना की जाय तो मैं इसके सामने कहीं पर भी किसी भी प्रकार से टिकता नहीं हूं, यह अलग बात है कि मैं पूर्ण रूप से तांत्रिक लगता हूं परन्तु ज्ञान के क्षेत्र में मैं आज भी इस व्यक्तित्व को गुरु मानने के लिए बाध्य हूं और यह मेरे लिए सौभाग्य की बात है ।

भैरवी ने भी इस व्यक्तित्व के चरण छूकर इस मान्यता को स्पष्ट कर दिया था कि यह व्यक्तित्व इस क्षेत्र में भी महान है । यह अलग बात है कि इसमें प्रदर्शन की भावना नहीं है और यह पूर्णतः शान्त बना रहता है ।

भैरवी की पूर्ण श्रद्धा और सम्मान अघोरी से भी ज्यादा इस व्यक्तित्व के चरणों में थी, ऐसा मुझे अनुभव हुआ ।

दूसरे दिन प्रातः से ही भैरवी अपनी साधना में रत थी । जब मैं उठा उस समय अघोरी तालाब में मुर्दे की तरह तैर रहा था और दूर एक वृक्ष के तले श्रीमाली जी अपनी साधना में रत थे । मैं भैरवी के बारे में विशेषकर उसकी साधना के बारे में जानना चाहता था, क्योंकि मुझे यह भैरवी रहस्यमयी लगती थी । और मुझे ऐसा लग रहा था कि यह वाम मार्गी साधना में कुछ विशेष साधनाओं से सम्पन्न है ।

दोपहर को भैरवी से बातचीत करने का मौका मिला । तब ज्ञात हुआ कि भैरवी ने कई प्रकार की साधनाएं सम्पन्न की हैं और वह जल गमन तथा वायु गमन प्रक्रिया में भी सिद्धहस्त है । ये दोनों तांत्रिक क्षेत्र में उच्च कोटि की क्रियाएं कही जाती हैं, कामाक्षा भूमि में ही इन साधनाओं को उसने सीखा था, । उसने बातचीत में बताया था कि उच्चकोटि की साधनाओं को सीखने में श्रीमाली जी का विशेष सहयोग रहा है ।

उसने बताया कि वाममार्गी साधना हेय या निम्न स्तर की नहीं है । यह अलग बात है कि इसका प्रयोग निम्न कार्यों के लिए किया जाय । उसकी एक ही आकांक्षा थी कि वह प्राणकल्प क्रिया सीखना चाहती थी । इसके लिए वह पूरे भारतवर्ष में भटक चुकी थी । परन्तु ऐसा कोई सिद्ध पुरुष नहीं मिला था जो कि उसे यह विद्या सिखा दे ।

इस विद्या में प्राणों को एक देह से दूसरे देह में स्थानान्तरित किया जा सकता है । प्राचीन काल में इस प्रकार की विद्या जानने वाले सैकड़ों सिद्ध थे, परन्तु धीरे-धीरे यह विद्या लोप होती गई । कहा जाता है कि स्वामी शंकराचार्य ने गृहस्थ धर्म का ज्ञान राजा की देह में प्रवेश करके ही किया था । दूसरे शब्दों में इसे 'पर काया प्रवेश' कहा जाता है ।

उसने बातचीत को रहस्यमयी बनाते हुए बताया कि मेरे जीवन का अन्तिम

लक्ष्य यह 'परकाया प्रवेश' ज्ञान प्राप्त करना है । जहां तक मुझे ज्ञान है नेपाल और पूरे भारत में मात्र दो या तीन व्यक्ति हैं जिन्हें यह परकाया प्रवेश का ज्ञान पूर्ण रूप से है ।

इस क्रिया को सिखाने वाले बहुत ही कम हैं और उसने अत्यन्त ही धीमे फुस-फुसाहट के स्वर में बताया कि श्रीमाली जी भी इस क्रिया को भली प्रकार से जानते हैं । यह पता उसे कामाक्षा में चला था । कामाक्षा मन्दिर के मुख्य पुजारी से उसने अपनी याचना बताई थी, तब उसने धीमे स्वर में बताया था कि इस विद्या को जानने वाले भारतवर्ष में तीन व्यक्तित्व हैं जिसमें एक त्रिजटा अघोरी है, दूसरे वाराणसी के एक धार्मिक सन्त हैं और तीसरे श्रीमाली जी हैं ।

उसने बातचीत को आगे बढ़ाते हुए कहा कि मैंने दो तीन बार संकेत से श्रीमाली जी से निवेदन किया कि वे इस ज्ञान को मुझे दें, परन्तु अभी तक उनकी तरफ से किसी प्रकार की स्वीकृति या संकेत नहीं मिल सका । यदि यह विद्या मुझे अपने जीवन में नहीं मिली तो मैं अपने जीवन को व्यर्थ समझूंगी । इस विद्या को प्राप्त करने के लिए मैं ऊंचा बलिदान करने के लिए भी तैयार हूं ।

स्वामी प्रवृज्यानन्द जी के आश्रम में मैंने इस विद्या के बारे में सुना था । उन्होंने ही यह बताया था कि इसमें साधक अपने प्राणों को किसी मृत शरीर में डालकर उस मृतक से मनचाहा कार्य लिया जा सकता है, साथ-ही-साथ यदि साधक का शरीर जर्जर हो जाय तब भी वह दूसरे किसी मृतक शरीर का सहारा लेकर लम्बी उम्र प्राप्त कर सकता है ।

स्वामी जी ने इस रहस्य को बताते हुए कहा कि यह साधना सर्वोच्च साधना कही जाती है और सौभाग्य से ही इस प्रकार का ज्ञान देने वाले गुरु मिल सकते हैं, इसमें साधक अपने शरीर को सुरक्षित स्थान में रखकर अपने प्राणों को निकाल दूसरे शरीर में प्रवेश ले लेता है और उस शरीर से मन चाहा कार्य सम्पन्न कर पुनः अपने पूर्व शरीर में प्रवेश करने में समर्थ हो सकता है ।

उन्होंने भी बताया था कि यद्यपि मैं मंत्र के क्षेत्र में सिद्धहस्त साधक माना जाता हूं परन्तु प्रयत्न करने पर भी इस विद्या को प्राप्त नहीं कर सका हूं ।

आज जब भैरवी के मुंह से परकाया प्रवेश की चर्चा सुनी तो स्वामी जी के मुंह से निकले हुए शब्द याद हो आये । मैं आश्चर्यचकित था कि पिछले समय से जो कुछ रहस्य मेरी आंखों के सामने घटित हो रहे थे, वे वास्तव में ही आश्चर्यजनक थे ।

मैंने भैरवी से प्रश्न किया, क्या तुम्हें विश्वास है कि तुम इस श्रेष्ठतम ज्ञान को प्राप्त कर सकोगी ? उसने विश्वासपूर्वक उत्तर दिया कि यह मेरे जीवन का लक्ष्य है, मैं एक वर्ष तक और प्रतीक्षा करूंगी । यदि इस एक वर्ष में इस ज्ञान को प्राप्त न कर सकी तो मैं अपने प्राणों को विसर्जित कर दूंगी । यह कहते-कहते उसकी आंखों में एक विशेष लपक और दृढ़ निश्चय झलक गया ।

मैंने मन में सोचा कि इस प्रकार के दृढ़ निश्चय वाले व्यक्ति ही कुछ करके

दिखा सकते हैं, इनके सहारे ही इस प्रकार की उच्च विद्याएं टिकी हुई हैं और यदि इस प्रकार के जोखिमपूर्ण कार्यों में ये साधक नहीं लगते तो उस प्रकार की विद्याएं भारतवर्ष से कभी की समाप्त हो जातीं।

दूसरे या तीसरे दिन भैरवी ने कोई साधना नहीं की और वह तालाब में शवासन में तैरती रही। लगभग दोपहर के एक बज गये तब भी उसके शरीर में किसी प्रकार की कोई हलचल नहीं थी। मध्याह्न सन्ध्या से जब श्रीमाली जी उठे और उन्होंने उसे जलाशय में देखा तो अघोरी से पूछा कि क्या बात है ? यह भैरवी तालाब में अब तक क्या कर रही है ?

संकोच के मारे अघोरी ने कुछ नहीं कहा, परन्तु पूर्व योजनानुसार मैंने श्रीमाली जी से निवेदन किया कि भैरवी ने यह निश्चय कर लिया है कि या तो आप उसे परकाया प्रवेश का रहस्य समझायेंगे अन्यथा वह इसी प्रकार शवासन से अपने प्राणों को समाप्त कर देगी।

तालाब में उतरने से पूर्व भैरवी ने मुझे भाई शब्द से सम्बोधित किया था और कहा था कि जब मेरे बारे में श्रीमाली जी पूछें तो मेरे निश्चय को उनके सामने दोहरा देना, और मैंने उसी योजना के अनुसार भैरवी की बात को श्रीमाली जी के कानों तक पहुंचा दिया था।

श्रीमाली जी चुप रहे, अपनी किसी भी प्रकार की प्रतिक्रिया व्यक्त न होने दी और मध्याह्न सन्ध्या के बाद वे पुनः अपनी साधना में जुट गये। सन्ध्या हो गई, धीरे-धीरे रात गहरी होने लगी, आकाश में चन्द्रमा उग आया और सारा आकाश तारों से भर गया, परन्तु भैरवी अभी तक उसी प्रकार पानी पर लेटी हुई थी।

लगभग दस बजे साधना से निवृत्त होकर भोजन किया। भोजन के अवसर पर भी इस पर कोई चर्चा नहीं हुई। अघोरी ने इस सम्बन्ध में बात छेड़नी चाही पर श्रीमाली जा ने बात टाल दी।

मुझे सारी रात नींद नहीं आई। दूसरे दिन प्रातःकाल मैंने देखा कि भैरवी उसी प्रकार पानी पर तैर रही थी। वह दिन भी इसी प्रकार बीत गया। शाम को मैंने पुनः निवेदन किया कि भैरवी मेरी बहिन है, क्योंकि उसने मुझे भाई शब्द से सम्बोधित किया है अतः यदि वह खाना नहीं खाती तो मैं भी आज खाना नहीं खाऊंगा।

श्रीमाली जी सम्भवतः क्रोध में थे। उन्होंने कहा कि यह कोई तरीका ज्ञान सीखने का नहीं है। इसकी अपेक्षा विनम्रता ज्यादा प्रभावपूर्ण होती है। ज्ञान के क्षेत्र में हठ, दंभ और हड़ताल का कोई विशेष महत्त्व नहीं होता। यदि इस प्रकार से भैरवी इस ज्ञान को सीखना चाहती है तो अपने पूरे जीवन में भी नहीं सीख पायेगी। मैं इस प्रकार से न तो अपने जीवन में झुका हूं और न भविष्य में झुक सकूंगा।

सम्भवतः हमारी बातचीत को भैरवी सुन रही थी। वह तुरन्त पानी से बाहर निकल आई और क्षमा मांगने के स्वर में बोली कि मैं पत्थर को या पहाड़ को तो झुका सकती हूं परन्तु इस व्यक्ति को झुकाना मेरे बस की बात नहीं है।

वह प्रणिपात ढंग से लेटी हुई थी। उसने निवेदन किया कि यदि मैं इस विद्या को सीखने योग्य हूं तो आप कृपया इसका ज्ञान मुझे दें, यह मेरे जीवन की सर्वोच्च अभिलाषा है और आपने एक वर्ष पूर्व कामाक्षा मन्दिर में वायदा किया था कि यदि मैं जलगमन और वायुगमन प्रक्रिया सिद्ध कर लूंगी तो आप मुझे यह विद्या सिखा देंगे।

इस एक वर्ष में मैंने साधना क्षेत्र में कितनी कठिनाइयां झेली हैं, यह मैं ही जानती हूं, परन्तु यह मेरा दृढ़ निश्चय था कि दोनों साधनाएं इसी एक वर्ष में सिद्ध करनी है और आज मैं आपके सामने हूं। आप स्वयं मेरी परीक्षा ले सकते हैं कि मैंने इन दोनों साधनाओं को पूर्णता के साथ सिद्ध किया है या नहीं ?

श्रीमाली जी ने बताया कि इस प्रकार का दंभ साधक के लिए उचित नहीं है। यद्यपि तुमने जो रास्ता चुना था उसके द्वारा तो यह साधना नहीं सीख सकती थी पर (मेरी तरफ इशारा करके उन्होंने कहा कि) इसने तेरी सिफारिश की है अत: मैं तुझे इस विद्या को सिखा दूंगा।

दूसरे दिन प्रातःकाल जब मेरी आंख खुली तो पत्थर की शिला पर मेरे लिए सन्देश था कि मैं इसी स्थान पर तीन दिन रहूं या धुंधूआ ग्राम में जाकर विश्राम करूं, तीन दिन बाद मिलना सम्भव हो सकेगा।

सन्देश के अलावा वहां पर कोई नहीं था। श्रीमाली जी, अघोरी और भैरवी वहां से रात्रि को ही जा चुके थे। मैंने अनुमान लगाया कि निश्चय ही भैरवी को परकाया प्रवेश ज्ञान देने के लिए प्रस्थान किया गया है। अभी तक मैं इस क्रिया के लिए उपयुक्त पात्र नहीं हूं इसलिए मुझे अलग रखा गया है।

मैंने तीन दिन वहीं पर रहने का निश्चय किया। यद्यपि सर्वथा अकेले रहते हुए मन में भय का संचार हो रहा था। परन्तु फिर भी यह मेरी परीक्षा थी और मुझे इस परीक्षा में सही रूप से उतरना था। मैंने इन तीन दिनों में अधूरी साधना को पूरा करने का निश्चय किया।

ये तीन दिन मेरे लिए तीन वर्ष के बराबर थे। प्रत्येक क्षण मेरा ध्यान टूट जाता और मैं चाहते हुए भी ध्यान एकाग्र नहीं कर पाता। रात्रि को मैं सर्वथा अकेला भयभीत-सा पड़ा रहता। कई प्रकार के स्वप्न मुझे चारों तरफ से घेरे रहते, परन्तु मैं उसी स्थान पर डटा रहा और जिस साधना को पूरा कर रहा था उसमें पूर्णता प्राप्त की।

चौथे रोज मध्याह्न के लगभग ये तीनों पुन: आते दिखाई दिए। भैरवी के चेहरे पर एक विशेष प्रकार की आभा लपक रही थी। मैंने अनुमान लगाया कि भैरवी अपने उद्देश्य में सफलता पा चुकी है। मैंने एकान्त होने पर भैरवी को बधाई दी तो उसने कहा कि यह तुम्हारी वजह से सम्भव हो सका है। श्रीमाली जी के मन में तुम्हारे प्रति स्नेह, आदर और ममत्व है और इसीलिए उन्होंने मुझे इस ज्ञान को दिया है।

मुझे ज्ञात हुआ कि अघोरी अभी तक उस लक्ष्य तक नहीं पहुंच सका है, जिस

तक भैरवी पहुंचने में समर्थ हो सकी है। इतना होने पर भी अघोरी के हृदय में किसी प्रकार की पराजय या हताशा की भावना नहीं थी।

श्रीमाली जी ने मुझे साधना में सफलता प्राप्त करने के लिए बधाई दी और कहा कि अब हमें इस स्थान को छोड़ देना है। जो कुछ साधना सम्पन्न करनी थी वह की जा चुकी है, अब ज्यादा समय यहां पर व्यतीत नहीं किया जा सकता।

उसी दिन लगभग तीन बजे हमने वह स्थान छोड़ दिया। भैरवी और अघोरी उसी स्थान पर टिके रहे। सम्भवतः वे कुछ दिन और वहां रहकर विशेष साधना सम्पन्न करना चाहते थे।

विदाई के क्षण भी कितने कारुणिक होते हैं। अघोरी की आंखों से आंसू छलछला रहे थे। ऐसा लग रहा था जैसे पहाड़ के बीच में से कोई छोटा-सा सोता फूटकर निकला हो। भैरवी साष्टांग श्रीमाली जी के पांवों में पड़ी हुई थी और अपने आंसुओं से उनके पांवों को भिगोती जा रही थी तथा साथ ही अपने बालों से उनके पांवों को पोंछती भी जा रही थी। मैंने पहली बार श्रीमाली जी की आंखें डबडबाई हुई देखीं, सम्भवतः वे प्रयत्न करके अपनी आंखों से निकलते आंसुओं को रोक रहे थे।

मैं सुबकियां ले रहा था। मुझे पता नहीं था कि इस थोड़े समय में परस्पर इतनी अधिक अन्तरंगता और स्नेह हो जाएगा। वास्तव में वे क्षण मेरे लिए अत्यन्त ही बोझिल हो गए थे।

भैरवी ने सुबकियां लेते हुए कहा कि मैंने अपने जीवन को समाप्त कर देने का निश्चय कर लिया था, आपने मेरे जीवन को बचा लिया है। यह सर्वोच्च ज्ञान देकर मेरे ऊपर आपने जो उपकार किया है उसके बदले में देने के लिए मेरे पास कुछ भी नहीं है, भविष्य में जब तक मेरी सांसें गतिशील हैं तब तक यह शरीर, मन और प्राण आपके चरणों में अर्पित है।

श्रीमाली जी और मैं वहां से बिदा हो गए। कुछ दूर चलते और जब मुड़कर देखते तो वे दोनों उसी प्रकार रोते हुए दिखाई देते।

वहां से मैं श्रीमाली जी के साथ केदारनाथ आया। भगवान शिव का यह ज्योतिर्लिंग अत्यन्त प्रसिद्ध है और प्रति वर्ष हजारों लाखों भक्त इस भव्य विग्रह के दर्शन करने के लिए आते हैं। यहां पर लगभग दो दिन हम रहे और जी भरकर भगवान शिव के दर्शन किए। पहली बार यहां पर रुद्राष्टाध्याय के मंत्रों को संजीवन किया और उन्हें सिद्ध किया। वास्तव में रुद्राष्टाध्यायी अपने आप में महत्त्वपूर्ण मंत्र संग्रह है और यदि इन मंत्रों को चैतन्य किया जाए तो निश्चय ही ओढ़रदानी शिव प्रसन्न होकर मनोवांछित वरदान देने में समर्थ होते हैं।

यहां से पैदल ही ऋषिकेश होते हुए हरिद्वार पहुंचे। यहां पर लगभग एक सप्ताह रुके। इस यात्रा में श्रीमाली जी से जो कुछ ज्ञान प्राप्त हुआ वह वास्तव में ही मेरे जीवन की निधि है, और आज साधक-समाज में मेरा जो स्थान है उसका आधार ये ही दिन हैं जबकि मैं कुछ विशेष ज्ञान प्राप्त करने में समर्थ हो सका था।

कहते हैं कि बहते हुए पानी और रमते हुए जोगी का कोई ठौर ठिकाना नहीं होता, कि कब वह किस तरफ मुड़ जाएगा। मुझे यह आभास हो गया था कि यहां पर मुझे श्रीमाली जी से बिछुड़ना पड़ेगा और वास्तव में ऐसा हुआ भी।

एक दिन उन्होंने मुझसे कहा कि अब मैं किसी गोपनीय स्थान पर जा रहा हूं जहां कि मुझे विशेष साधना सम्पन्न करनी है और वहां पर तुम्हारा साथ उचित नहीं रहेगा, फिर भी पिछले कुछ महीने हम साथ रहे हैं और इस अवधि में तुमसे जो स्नेह और सहयोग प्राप्त हुआ है, वह वास्तव में ही मुझे लम्बे समय तक स्मरण रहेगा।

मैं कुछ भी कहने की स्थिति में नहीं था। मेरी इच्छा तो यह थी कि जीवन का शेष भाग इनके चरणों में ही व्यतीत कर दूं और जो कुछ भी प्राप्त हो सके प्राप्त करूं, परन्तु उनकी आज्ञा मेरे लिए शिरोधार्य थी अतः बेमन से मुझे उनकी आज्ञा को स्वीकार करना पड़ा।

मैंने एक दिन दबो जबान से प्रार्थना भी की कि मैं कुछ समय और आपके साथ रहना चाहता हूं। मैं एक प्रकार से आपका गुरु भाई हूं, अतः इतना अधिकार तो मेरा है ही, कि मैं अपने मन की बात आपको कह सकूं।

उन्होंने बताया कि मैं अब मात्र दो वर्ष ही इस साधु जीवन में रहूंगा, उसके बाद पुनः गृहस्थ जीवन में लौट जाऊंगा, तब यदि तुम्हारे लिए सम्भव हो तो वहीं पर मुझे मिलना और मुझे अपने घर का पता दे दिया।

एक दिन प्रातः काल उन्होंने मुझसे विदा ली, । मैं धड़कते हृदय तथा डबडबाई आंखों से उन्हें जाते हुए देखता रहा।

श्रीमाली जी से बिछुड़ने के बाद कुछ दिनों तक तो मैं किंकर्त्तव्यविमूढ़ रहा। मुझे चारों तरफ सूना-सूना लग रहा था, पर कुछ दिनों बाद मैंने अपने आपको संयत किया और अपने जीवन की मूल धारणा को समझने का प्रयत्न किया।

मेरे जीवन का मूल आधार मंत्र साधना ही थी और मेरा उद्देश्य इस क्षेत्र में पूर्णता प्राप्त करना था। संयोग से लगभग पन्द्रह दिन बाद ही मुझे मंत्र के क्षेत्र में सर्वोत्कृष्ट साधक स्वामी विबुधानन्द जी मिल गए और उनके साथ मैं हरिद्वार से आगे बढ़ गया।

स्वामी विबुधानन्द जी मंत्र के क्षेत्र में पूरे विद्वत् समाज में सम्माननीय व्यक्तित्व हैं। यह मेरा सौभाग्य था कि मैं हरिद्वार में अचानक ही उनके सम्पर्क में आ गया, या यों कहा जाय कि उन्होंने ही मुझे अपनी तरफ खींचा तो अत्युक्ति नहीं होगी।

आगे का पूरा एक वर्ष मैंने उनके चरणों में बैठकर मंत्रों का विशेष ज्ञान प्राप्त किया और उच्च कोटि की साधनाएं सम्पन्न कीं। हिमालय में स्थित उनका कैलाश आश्रम साधुओं, संन्यासियों और योगियों के लिए आदर्श स्थल कहा जाता है।

मैं समझता हूं जो कुछ होता है नियति की इच्छा के अनुरूप ही होता है। मैंने

उस एक वर्ष में जो कुछ प्राप्त किया वह अन्यतम था। स्वामी जी ने ज्ञान देने में किसी प्रकार की कृपणता नहीं दिखाई। श्रीमाली जी के सम्पर्क में आने से मैं श्रम की महत्ता को पहचान चुका था, अतः मैं भूख, प्यास, नींद आदि सब कुछ भुलाकर पूरी तरह से साधना कार्यों में संलग्न हो गया।

यह मेरा सौभाग्य था कि योगी समाज विशेषकर मंत्र विद्वत्परिषद ने मुझे अध्यक्ष बनाया और मेरे कार्यों को सम्मान दिया। ये पंक्तियां मैं दंभ या अहं के वशीभूत होकर नहीं लिख रहा हूं, अपितु मेरे जीवन निर्माण में जिन लोगों का योगदान रहा है, उन्हें श्रद्धा से स्मरण कर रहा हूं।

स्वामी जी ने अपना अन्त समय निकट समझकर मुझे अपना उत्तराधिकारी बनाया और विद्वत्परिषद से इसकी पुष्टि कराकर अपने शरीर को शान्त कर लिया, उनका शरीर शान्त होने से मैं एक बार पुनः अनाथ हो गया। मुझे फिर ऐसा लगा जैसे चारों ओर सूना-सूना-सा हो, परन्तु अब मेरे ऊपर कैलाश आश्रम का भार था और मुझे उसी क्षमता के साथ उसे संचालित रखना था।

लगभग तीन या चार वर्ष बाद मुझे साधना के द्वारा ज्ञात हुआ कि मुझे श्रीमाली जी बुला रहे हैं। मैं विना कुछ भी विलम्ब किए उनके निवास स्थान जोधपुर पहुंच गया। अब तक वे साधु जीवन छोड़ चुके थे और पुनः गृहस्थ जीवन प्राप्त कर लिया था। साधु जीवन में आने से पूर्व वे गृहस्थ थे और इस अन्तराल के बाद एक बार वे गृहस्थ बन गये थे।

मैं लगभग पन्द्रह दिन तक उनके साथ रहा, परन्तु मुझे ऐसा लगा कि वे गृहस्थ होते हुए भी पूर्णतः वीतरागी हैं। बातचीत से मुझे ज्ञात हुआ कि उनके गुरु परमहंस स्वामी सच्चिदानन्द जी ने आज्ञा दी थी कि पुनः गृहस्थ जीवन भोगा जाए और इस जीवन में रहकर जो कुछ भी ज्ञान प्राप्त किया है उसे समाज को बांटा जाय।

स्वामी जी की यह मान्यता है कि जब तक यह ज्ञान समाज को समर्पित नहीं होगा तब तक ऐसा ज्ञान योगियों या साधुओं के पास ही रहेगा। आवश्यकता इस बात की है कि इस ज्ञान को पुनः समाज में वितरित किया जाए और ऐसे युवकों का चयन किया जाए जो वास्तव में ही इस क्षेत्र में रुचि लेने वाले हों।

मुझे यह भी ज्ञात हुआ कि उन्हें एक निश्चित अवधि दी गई और बताया गया है कि तुम्हें इतने वर्ष ही गृहस्थ जीवन भोगना है। इसके बाद पुनः हमेशा-हमेशा के लिए साधु जीवन स्वीकार कर लेना है और आगे का पूरा जीवन हिमालय के सुदूर अचलों में ही व्यतीत करना है।

स्वामी जी की आज्ञा थी कि पुस्तकों के माध्यम से ही इस ज्ञान को समाज में वितरित किया जा सकता है। समाज अभी उस स्तर पर नहीं है कि वह साधना के उच्च ज्ञान को समझ सके। उन्हें सामान्य ज्ञान देने की जरूरत है, जिससे उनकी इसके प्रति रुचि जागृत हो और वह इस क्षेत्र को समझें, साथ-ही-साथ ज्योतिष,

कर्मकाण्ड, तंत्र, मंत्र, आयुर्वेद आदि ज्ञान से सम्बन्धित अल्पमोली पुस्तकें लिखी जायं जिनके माध्यम से समाज इस प्रकार के ज्ञान से परिचित हो सकें।

बातचीत के दौरान श्रीमाली जी ने कहा कि मेरी इच्छा है कि मैं इस प्रकार के ज्ञान से सम्बन्धित ग्रन्थ लिखूं, परन्तु मेरे जीवन की सार्थकता तो तभी मानी जाएगी जबकि मैं कुछ सजीव ग्रन्थों की रचना कर सकूं। सजीव ग्रन्थों से उनका तात्पर्य कुछ ऐसे शिष्य तैयार करना है जो कि इस क्षेत्र में रुचि लेने वाले हों।

श्रीमाली जी चाहते हैं कि, पूरी तरह से वे अपने ज्ञान को अपने शिष्यों में वितरित कर दें। यदि वे अपने जीवन में दस-पन्द्रह पूर्ण शिष्य तैयार कर सके तो यह देश और समाज के लिए बहुत बड़ा योगदान होगा।

उन्हीं दिनों मैंने श्रीमाली जी से निवेदन किया था कि वे मंत्र शास्त्र से सम्बन्धित कोई ऐसा ग्रन्थ लिखें जिसमें सैद्धान्तिक पक्ष का पूर्ण रूप से विवेचन हो, क्योंकि इस प्रकार के ग्रन्थ का सर्वथा अभाव है और इस सम्बन्ध में जो कुछ भी थोड़े बहुत ग्रन्थ दिखाई देते हैं, वे प्रामाणिक नहीं हैं। उन्होने मेरे कथन को स्वीकृति दी, परन्तु मैं समझ रहा था कि उनका जीवन जरूरत से ज्यादा व्यस्त है, अतः वे मेरे अनुरोध की कितनी रक्षा कर सकेंगे ?

मैं लगभग पन्द्रह दिन रहा और इन पन्द्रह दिनों में उनके द्वारा जो स्नेह मिला वह वास्तव में ही मेरे लिए अन्यतम है।

इसके बाद पुनः दूसरी बार जोधपुर जाने का अवसर मुझे छः वर्ष बाद मिला। इन छः वर्षों में बहुत कुछ परिवर्तन हो चुका था। श्रीमाली जी एक पूर्ण गृहस्थ के रूप में दिखाई दे रहे थे। यद्यपि इससे पूर्व वे पति-पत्नी दोनों कैलाश आश्रम आ चुके थे और वहां एक सप्ताह तक मेरा आतिथ्य स्वीकार कर चुके थे, अतः धीरे-धीरे अन्तरंगता बढ़ती जा रही थी।

परन्तु इस बार जब मैं छः वर्षों के बाद वहां आया तो मैंने यहां पर एक बिल्कुल नवीन रूप देखा। उनके जीवन का आधार मंत्र साधना ही थी और आगे का पूरा जीवन इसी क्षेत्र में व्यतीत करने का निश्चय किया हुआ था।

मैंने यहां देखा कि वे मंत्रों के वास्तविक स्वरूप को स्पष्ट रखने के लिए पूर्ण प्रयत्नशील हैं। वेदोक्त मंत्रों का मूल आधार ध्वनि है, और साथ-ही-साथ कर्मकाण्ड में इनका गहरा सम्बन्ध होता है।

इन दिनों उन्होंने यज्ञ पर विशेष शोध की थी और उन्होंने इस मान्यता की पुष्टि की है कि यज्ञ हमारे सामाजिक जीवन का मुख्य आधार होना चाहिए।

उन्होंने स्पष्ट किया कि मंत्रों का विशेष लाभ यज्ञों के माध्यम से ही लिया जा सकता है। यह बात अलग है कि यह पद्धति जितनी आसान और सुगम दिखाई देती है, उतनी आसान नहीं है, परन्तु फिर भी इस पद्धति का जिस प्रकार से और जितना विकास होना चाहिए भारतवर्ष में उतना विकास नहीं हो पाया है, और वे इस कार्य के लिए बराबर प्रयत्नशील थे।

कर्मकाण्ड या यज्ञ पद्धति एक स्वतन्त्र और पूर्ण विज्ञान है। भारतवर्ष में यह विज्ञान बहुत ऊंचे स्तर पर विकसित हो चुका है, परन्तु अब धीरे-धीरे इसमें ह्रास आने लग गया है, क्योंकि नयी पीढ़ी इस प्रकार के कार्यों को ढोंग, ढकोसला, अन्धविश्वास और पाखण्ड समझने लगी है, जबकि ये सारे वक्तव्य उनकी हीन मनोवृत्ति और क्षीण बुद्धि के परिचायक हैं।

जैसा कि मैंने बताया कर्मकाण्ड एक स्वतन्त्र विद्या है, जिसका सीधा सम्बन्ध वेदोक्त मंत्रों से है, परन्तु इसमें जरूरत से ज्यादा जटिलता है और जब तक उन जटिलताओं को और रहस्यों को नहीं समझा जाएगा तब तक इस प्रकार के कार्यों में पूर्णता आना संभव नहीं है।

इसमें छोटी-से-छोटी बात का निश्चित प्रमाण है, प्रत्येक बात का पूरा-पूरा ध्यान रखा जाता है, यज्ञ की जो वेदी बनती है, उसके कितने खण्ड होने चाहिए? प्रत्येक खण्ड कितना चौड़ा होना चाहिए, उस वेदी के लिए किस प्रकार की मिट्टी का उपयोग किया जाना चाहिए, वेदी के सबसे ऊपर का आधार कितना लम्बा-चौड़ा होना चाहिए, तथा वह आधार कूर्मपृष्ठीय हो या समतल हो, यज्ञ की वेदी का मुंह किस तरफ होना चाहिए, उस पर जो अग्नि प्रज्ज्वलित की जाय उसका क्या नाम है, किस प्रकार से उसका आह्वान किया जाना चाहिए, इसके लिए किस प्रकार के मंत्रों का विधान है, यज्ञ में कौन-कौन-सी सामग्री का उपयोग होना चाहिए, किस कार्य के लिए किस प्रकार का यज्ञ हो। प्रत्येक कार्य के लिए अलग-अलग हवन सामग्री का परिमाण शास्त्रों में निर्देशित हैं, कितने तिल, जौ, आदि का योग होना चाहिए इस प्रकार की सैकड़ों जटिलताएं हैं और जब तक इन सारी जटिलताओं का ज्ञान नहीं होना तब तक यज्ञ में पूर्णता और सफलता प्राप्त नहीं हो पाती।

मुझे आश्चर्य है कि कर्मकाण्ड के क्षेत्र में भी श्रीमाली जी सिद्धहस्त हैं और इस क्षेत्र में उनके कार्य या उनकी मान्यता को पण्डित समाज प्रामाणिकता देता है। जब भी इस प्रकार की कोई गुत्थी उलझ जाती है, तब श्रीमाली जी से ही सम्पर्क स्थापित किया जाता है और वे जो आधार या मान्यता प्रदान करते हैं, वह विद्वत् समाज में प्रामाणिक माना जाता है।

इस बार मुझे लगभग एक महीने तक उनके साथ रहने का अवसर मिला और मैंने देखा कि उन्होंने इस क्षेत्र में जितना और जो कुछ कार्य किया है वह अपने आप में आश्चर्यजनक है।

इस एक महीने में संयोगवश मुझे दो-तीन विशेष यज्ञों में भाग लेना पड़ा जो कि श्रीमाली जी द्वारा संचालित थे। मैंने देखा कि वे यज्ञों के प्रति पूर्ण समर्पित भाव से कार्य कर रहे हैं। यज्ञ प्रारम्भ करने से पूर्व छोटी-से-छोटी बात का भी वे ध्यान रखते हैं और प्रत्येक कार्य के पीछे शास्त्रोक्त आधार होता है।

मुझे विजय यज्ञ में भाग लेने का अवसर मिला, जिसमें मुझे कुछ नवीन अनुभूतियां हुई। यह यज्ञ एक विशेष कार्य के लिए सम्पन्न किया जा रहा था। एक सज्जन

चुनाव में पूर्ण सफलता प्राप्त करना चाहते थे और इसके लिए वे मन में सशंकित थे कि यदि चुनाव में पूर्ण सफलता प्राप्त न कर सका तो प्रतिष्ठा में बहुत बड़ा आघात लगेगा । फलस्वरूप उन्होंने पण्डितजी के निर्देशन में विजय यज्ञ सम्पन्न करवा करके ही चुनाव में भाग लेने का निश्चय किया ।

इस यज्ञ में सौ पण्डितों की आवश्यकता थी । श्रीमाली जी चाहते थे कि पूर्ण शुद्ध उच्चारण वाले पण्डितों को ही इस यज्ञ में भाग लेने दिया जाय, अतः उन्होंने यज्ञ से पूर्व उन पण्डितों की परीक्षा लेने का निश्चय किया । इसका तात्पर्य केवल मात्र यही था कि शुद्ध उच्चारण वाले पण्डित ही भाग लें, जिससे कि कार्य में निश्चित सफलता प्राप्त हो सके ।

इसके लिए केवल मात्र उतना ही विधान रखा गया, कि प्रत्येक पण्डित से एक या दो मंत्रों का उच्चारण करने के लिए कहा जाता और इसी से यह निर्णय हो जाता कि उनका उच्चारण कितना प्रामाणिक है ?

इसमें मुझे भी भाग लेने का अवसर मिला । इस प्रतियोगिता में लगभग तीन हजार पण्डितों ने भाग लिया, क्योंकि श्रीमाली जी ने यह घोषणा कर दी थी कि इस यज्ञ में जो पण्डित भाग ले सकेंगे उन्हें सामान्य नियम से पांच गुनी ज्यादा दक्षिणा दी जायगी और उन्हें अन्य कई सुविधाएं भी प्राप्त हो सकेंगी ।

इस स्वार्थ से प्रेरित होकर के भी कई पण्डितों ने भाग लिया । ये सभी पण्डित अपने क्षेत्र में विद्वान् माने जाते हैं, परन्तु मुझे दुख इस बात का हुआ कि इस पूरी प्रतियोगिता में मात्र बयालीस पण्डित ही सफल हो सके, जिनका उच्चारण शुद्ध था या श्रीमाली जी के शब्दों में जो यज्ञ में भाग लेने के अधिकारी थे ।

तीन हजार पण्डितों में मात्र बयालीस पण्डितों का ही चयन होना हमारी वर्तमान व्यवस्था पर कितना बड़ा आघात है । इस पर भी जो पण्डित चुने गए थे, उनसे मात्र उच्चारण ज्ञान ही प्रामाणिक माना गया था । यह अलग बात है कि यज्ञ के मूल सिद्धान्तों को वे कितने समझते थे । जहां तक मैं समझता हूं कि यदि यज्ञ की बारीकियों को लेकर चुनाव किया जाय तो दो या तीन पण्डित ही सफल हो पाते ।

शेष पण्डित भी अपनी जीविकोपार्जन तो करते ही हैं, सभी पण्डित समर्थ हैं, अपने-अपने क्षेत्र में मान्यता प्राप्त हैं, यजमान उनसे कार्य करवाकर सन्तुष्टि अनुभव करते हैं, और पण्डित कार्य करके अपने कार्य की इतिश्री मान लेते हैं, परन्तु इसमें सफलता कितनी मिलती होगी यह विचारणीय बात है, क्योंकि यज्ञ और मंत्र का मूल आधार ही ध्वनि है, स्पष्ट और शुद्ध उच्चारण है और यदि उनका उच्चारण ही दोषयुक्त है तो फिर कार्य में सफलता किस प्रकार से संभव है ।

बातचीत करने पर श्रीमाली जी बहुत ही निराश नजर आ रहे थे । उनको दुःख इस बात का था कि यदि वर्तमान समय में भी पण्डितों का इस प्रकार से अकाल अनुभव किया जा रहा है तो आने वाले समय में क्या स्थिति होगी, यह कल्पना की जा सकती है, क्योंकि नयी पीढ़ी इस प्रकार के कार्यों में रुचि नहीं ले रही है, और इस

प्रकार के कार्यों को अनुकूल नहीं समझ रही है।

समाज ने यह कार्य ब्राह्मण वर्ग को सौंपा था, पर आने वाली पीढ़ी या ब्राह्मणों के पुत्र नौकरी करने में ज्यादा गौरव अनुभव करने लगे हैं, तथा अपने पूर्वजों की थाती को सम्भालने में अक्षमता अनुभव करने लगे हैं। उनकी रुचि ही इस प्रकार के कार्यों में नहीं रही है, फिर यह विज्ञान किस प्रकार से जीवित रह सकेगा और आने वाली पीढ़ियों को हम यह ज्ञान किस प्रकार से दे सकेंगे।

संभवतः उसी समय श्रीमाली जी ने निर्णय ले लिया कि एक ऐसा प्रतिष्ठान प्रारम्भ करना चाहिए जहां पर इस प्रकार के ज्ञान को प्रामाणिकता के साथ दिया जा सके। यह आवश्यकं नहीं है कि यह ज्ञान केवल ब्राह्मण पुत्र ही सीखे, कोई भी योग्य युवक या व्यक्ति इस ज्ञान की शिक्षा प्राप्त कर सकता है। आवश्यकता इस बात की है कि उसमें प्रतिभा हो, और उसमें इस प्रकार के ज्ञान को सीखने की इच्छा बलवती हो।

इसके बाद उन्होंने केन्द्र के अन्तर्गत इस प्रकार की व्यवस्था प्रारम्भ की। उनके निर्देशन में कुछ योग्य युवक तैयार हो रहे हैं जो कि आने वाले समय में इस ज्ञान को जीवित रख सकेंगे और समाज में फैला सकेंगे।

यह हमारी अज्ञानता है कि यज्ञ के माध्यम से खाद्य पदार्थों का नाश होता है या इन पदार्थों की बर्बादी होती है। वैज्ञानिक दृष्टि से देखा जाए तो यज्ञ का निश्चय प्रभाव है क्योंकि यज्ञ में जो सामग्री अग्नि को भेंट चढ़ाई जाती है, उसका एक निश्चित अनुपात होता है, और उस अनुपात से विशेष प्रकार का धुंआ वायु मण्डल में वितरित होता है जिसका प्रभाव जन-मानस पर अनुकूल रूप से पड़ता है।

इसके साथ-ही-साथ मंत्रों का विशेष प्रभाव निश्चित है। मंत्रों के माध्यम से वे कार्य भली प्रकार से सम्पन्न किए जा सकते हैं जो कि सामान्य रूप से असंभव माने जाते हैं।

उस विजय यज्ञ में एक पण्डित के रूप में मैंने भी भाग लिया था और मैंने देखा कि वास्तव में ही यज्ञ विधान एक जटिल क्रिया है, जिसमें प्रत्येक कार्य के लिए निश्चित विधान बने हुए हैं। कोई भी कार्य इच्छा से सम्बन्धित नहीं है, श्रीमाली जी के निर्देशन में सही रूप में तथा व्यवस्थित रूप में कार्य सम्पन्न होता है। उनकी धारणा अर्थोपार्जन नहीं है अपितु उनकी इच्छा और भावना यह है कि यह विज्ञान पुनः समाज में मान्यता प्राप्त कर सके, लोगों की आस्था इस विज्ञान के प्रति हो, वे इसके महत्त्व को समझें और अपने जीवन को सुखमय बनाने के लिए पूर्वजों द्वारा निर्दिष्ट इस प्रकार के कार्यों का या उपायों का उपयोग करें।

यह यज्ञ लगभग इक्कीस दिन तक चला। प्रत्येक दिन एक निश्चित तरीके से कार्य सम्पन्न किया जाता था, प्रत्येक दिन का कार्य पहले दिन के कार्य की अपेक्षा भिन्न था, जो लोग यह मान बैठे हैं कि यज्ञ मात्र अग्नि में पदार्थों को जलाना ही है, वे भयंकर भूल में हैं। वास्तविक्ता तो यह है कि यह कार्य अत्यन्त जटिल

है । यदि इसका सही प्रकार से उपयोग किया जाए तो निश्चय ही हमारा जीवन ज्यादा सुखमय बन सकता है ।

उनकी प्रेरणा से मैंने कैलाश आश्रम में भी इस प्रकार के विद्यार्थियों का चयन किया है जो कि कर्मकाण्ड और यज्ञ पद्धति को सीखने में रुचि लेते हों, और इस लुप्त विद्या को समाज में पुनः प्रतिस्थापित करने में योगदान देने में उत्सुक हां ।

विजय यज्ञ के अलावा शास्त्रों में कई प्रकार के यज्ञों का विधान है और प्रत्येक यज्ञ पहले यज्ञ से भिन्न हैं । मेरे कहने का तात्पर्य यह है कि प्रत्येक यज्ञ की परि-पाटी, उसका विधान, उसकी शैली आदि सब कुछ भिन्न हैं ।

निश्चित रूप से सन्तान प्राप्ति के लिए पुत्रेष्टि यज्ञ, शत्रुओं पर विजय प्राप्त करने के लिए विजय यज्ञ, घर में सुख-शान्ति और प्रसन्नता का वातावरण बनाये रखने के लिए शान्ति यज्ञ, इस प्रकार के सैकड़ों प्रकार के यज्ञों का विधान है और यदि इन यज्ञों को सुयोग्य पण्डितों के निर्देशन में सम्पन्न किया जाय तो निश्चय ही सफलता प्राप्त होती है ।

उन्होंने बातचीत के दौरान बताया कि वेदोक्त मंत्रों का मुख्य उपयोग जहां आत्मकल्याण है वहीं समाज को सुखमय बनाने के लिए भी इनका बहुत बड़ा योगदान है । उनकी इच्छा है कि इन समस्त मंत्रों का संग्रह भली प्रकार से किया जाय और आज के युग के परिवेश के अनुसार उनका चयन करके समाज के सामने सरल विधि से रखा जाय तो समाज इसका ज्यादा लाभ उठा सकता है ।

उन्होंने बताया कि कर्मकाण्ड से सम्बन्धित जितने भी ग्रन्थ हैं वे सब संस्कृत में हैं फलस्वरूप सामान्य जनमानस उनसे लाभ नहीं उठा पा रहा है । आवश्यकता इस बात की है कि इन सारी जटिलताओं को सुबोध और सरल शैली में लिखा जाय तो समाज के लिए ज्यादा उपयोगी हो सकता है ।

जैसा कि मैंने अनुभव किया है श्रीमाली जी मूलतः साधु हैं और संभवतः साधु जीवन ही उन्हें ज्यादा रुचिकर है । यह अलग बात है कि उनका विवाह अत्यन्त छोटी अवस्था में हो गया था, फलस्वरूप चाहते न चाहते हुए भी उन्हें गृहस्थ जीवन में बंधना पड़ा । भविष्य में उन्होंने पुनः गृहस्थ में जाने की इच्छा नहीं रखी थी, परन्तु जब उनके गुरु ने आदेश दिया कि समाज का कल्याण समाज में रहकर ही संभव है, समाज विश्रृंखलित इसलिए हो गया है कि समाज को उपदेश देने वाले साधु तो हैं । पर वे साधु अपने आपको समाज से एकाकार नहीं कर पाये । उन्होंने अपने आपको अलग-थलग समझा, फलस्वरूप उनमें और समाज में एक खाई-सी बराबर बनी रही ।

मैंने श्रीमाली जी के ही एक गुरु भाई से सुना था कि जब गुरु ने उनकी अन्तिम इच्छा पूछी थी तो उन्होंने कहा था कि मैं पुनः गृहस्थ में नहीं जाना चाहता । मैं लगभग बीस वर्ष इस साधु जीवन में बिता चुका हूं और मुझे यह जीवन ज्यादा अनुकूल तथा सुखमय लग रहा है, मैं अपना शेष जीवन इसी प्रकार व्यतीत करना चाहता हूं ।

इस पर गुरु दो क्षण मौन रहे और फिर कहा कि तुम्हें एकबार पुनः गृहस्थ

जीवन में जाना ही है, क्योंकि तुमने जो कुछ ज्ञान प्राप्त किया है, वह तुम्हारे स्वयं के लिए नहीं है, अपितु उसे समाज में वितरित करना और इस प्रकार के ज्ञान से परिचित कराना है, इसके लिए समाज में घुल मिलकर कार्य करने से ही कार्य सम्पन्न हो सकेगा।

तुम्हारा जन्म एक विशेष उद्देश्य के लिए हुआ है। अपने लिए तो प्रत्येक व्यक्ति जीवित रहता ही है, जो समाज के लिए जीवित रहे और समाज के लिए अपनी इच्छाओं का बलिदान करे। वही जीवन सार्थक कहा जाता है। यद्यपि तुमने अपनी इच्छा साधु जीवन में रहने की प्रकट की है, परन्तु फिर भी तुम्हें एक निश्चित अवधि तक गृहस्थ में ही रहना है, और गृहस्थ में रहकर इस प्रकार के ज्ञान को समाज में फैलाना है, इसके बाद ही तुम्हें पुनः संन्यास जीवन में आना है।

मैंने उन्हें साधु जीवन में भी देखा है और गृहस्थ जीवन में भी देख रहा हूँ, मुझे इन दोनों जीवन में कोई विशेष अन्तर दिखाई नहीं देता। साधु जीवन में मैं उनके साथ लगभग छः सात महीने रहा हूं और इस अवधि में मैंने देखा है कि उनका ध्येय एकमात्र इस प्रकार के ज्ञान को प्राप्त करना है, जो कि भारतवर्ष से लुप्त होता जा रहा है।

परिश्रम करने की उनमें अद्भुत क्षमता है। पता नहीं उन्हें, भूख, प्यास आदि लगती भी है या नहीं, मैं नहीं कह सकता। साधु जीवन में भी उन्हें अपने शरीर की चिन्ता कम थी, इसकी अपेक्षा उन्हें गुरु सेवा करने में प्रसन्नता विशेष होती थी। जिस दिन वे गुरु सेवा नहीं कर पाते, या अवसर नहीं मिलता तो वे उदास और खिन्न से प्रतीत होते। गुरु के चरणों को दबाना, उनके शरीर की मालिश करना, उनके कपड़ों को धोना और उनकी छोटी-से-छोटी सुख-सुविधा का ध्यान रखना उनका परम उद्देश्य रहता था। वे इसके लिए बराबर सचेत रहते थे कि उनकी वजह से गुरु को कोई असुविधा न हो जाय।

उस अवधि में भी मैंने उन्हें बिना किसी बिछौने के जमीन पर या पत्थर की शिला पर निश्चित सोते हुए देखा है। सोते समय किसी प्रकार की असुविधा उन्होंने अनुभव नहीं की। उन्होंने हमेशा एक ही बात कही कि साधु के लिए सबसे अच्छा बिछौना पृथ्वी और ओढ़ने के लिए तारों भरी चादर सबसे अधिक उपयोगी होती है।

आज जब मैं उन्हें गृहस्थ जीवन में देखता हूं तब भी उनका स्वभाव उतना ही निर्मल और निष्कपट है। गृहस्थ जीवन में भी वे अपनी सुख-सुविधा का कम ध्यान रखते हैं, अपितु इस बात के लिए ज्यादा सचेत रहते हैं कि उनकी वजह से किसी को कष्ट न हो या कोई असुविधा अनुभव न करे।

आज वे पूर्ण और सक्षम गृहस्थ हैं, उनके पास सभी प्रकार की भौतिक सुविधाएं हैं, परन्तु फिर भी वे इन भौतिक सुविधाओं के बीच भी अपने आपको निर्लिप्त बनाए रखते हैं। मखमल के बिछौने पर भी उन्हें वैसी ही नींद आती है जैसी कि साधु जीवन में पत्थर की शिला पर आती थी। पिछली बार जब वे कैलाश आश्रम में आये

तो मैंने उनके सोने के लिए कोमल शैया की व्यवस्था की, तो उन्होंने कहा कि इस प्रकार तो काफी सो चुका हूं, अब मैं पुनः पृथ्वी और पत्थर पर ही सोना चाहता हूं, अतः मेरे बहुत आग्रह के बावजूद भी उतनी ही निश्चिन्तता के साथ एक पत्थर की शिला पर सो गए थे।

उनके जीवन का एकमात्र उद्देश्य यही है कि भारतवर्ष की इन प्राचीन विद्याओं को सही ढंग से समाज में स्थापित किया जाय ओर इस प्रकार के युवकों की खोज की जाय जो कि ये विद्याएं सीख सकें और आगे के जीवन में उन्हें गतिशील बनाए रख सकें।

इसके लिए उन्होंने 'भारतीय ज्योतिष अध्ययन अनुसंधान केन्द्र' की भी स्थापना की है, जिसके माध्यम से उन्होंने इस प्रकार के ज्ञान को समाज में और देश में वितरित करने का निश्चय किया है। इसके माध्यम से कई प्रकार के कार्य सम्पन्न होते हैं। इस संस्था का ध्येय यही है कि समाज इस प्रकार के ज्ञान से परिचित हो सके और उन्हें विश्वास आ सके कि ये समस्त विद्याएं और विज्ञान अपने आप में पूर्णतः प्रामाणिक तथा सही हैं।

मुख्य रूप से निम्न विभाग इसके द्वारा संचालित हैं—

१. ज्योतिष विभाग

इसमें पूर्ण वैज्ञानिक पद्धति से जन्मपत्री की रचना और भविष्यफल स्पष्ट किया जाता है। जन्मपत्री या हाथ की रेखाओं के माध्यम से पूरे जीवन का भविष्यफल स्पष्ट करके भेजने की व्यवस्था की गयी है। ये हाथ के चित्र स्याही से या फोटोग्राफ से तैयार कर भेजे जा सकते हैं।

२. प्रकाशन विभाग

यह एक महत्त्वपूर्ण विभाग है। इसके माध्यम से पुस्तकों का प्रकाशन मुख्य रूप से होता है। आवश्यकता इस बात की है कि इस प्रकार के ज्ञान की सही पुस्तकों का लेखन हो और उन्हें विधिवत् रूप से प्रकाशित किया जाय। अभी तक श्रीमाली जी ने छोटी पुस्तकों का लेखन इसलिए किया है जिससे कि सामान्य व्यक्ति इस प्रकार की पुस्तकों को खरीद कर लाभ उठा सके। अधिकतर पुस्तकें दूसरे प्रकाशनों से प्रकाशित हुई हैं, उनका विचार केन्द्र के निर्देशन में भी बड़े ग्रन्थ प्रकाशित करना है।

३. अध्ययन विभाग

इसके माध्यम से ऐसे युवकों को तैयार करना है जो कि भारतवर्ष की इन प्राचीन विद्याओं में रुचि लेने वाले हों और वे व्यावहारिक रूप में उन विद्याओं को सीख सकें, उन्होंने प्रयत्न इस बात का किया है कि इस प्रकार के विद्यार्थियों से किसी प्रकार का कोई शुल्क नहीं लिया जाय, अपितु यथासंभव उन्हें सहायता दी जाय, जिससे कि वे इस क्षेत्र में सफलता प्राप्त कर सकें।

प्रसन्नता की बात यह है कि कुछ युवक इस क्षेत्र में रुचि लेने लगे हैं और श्रीमाली जी के निर्देशन में उन्होंने विशेष सफलताएं भी प्राप्त की हैं। साधना क्षेत्र में उन्होंने जो कुछ प्राप्त किया है, उससे ऐसी आशा होने लगी है कि निकट भविष्य में यह विज्ञान पुनः समाज में प्रचलित हो सकेगा और समाज इस की उपयोगिता को समझ सकेगा।

परन्तु इसके चयन में बहुत अधिक सावधानी बरतनी आवश्यक है, क्योंकि प्रत्येक युवक इस प्रकार की साधना सीखने के लिए उत्सुक है। वे इस उद्देश्य से आते भी हैं परन्तु उनमें धैर्य का अभाव होता है। कुछ क्षणों की बातचीत से ही यह स्पष्ट हो जाता है कि यह किस क्षेत्र में सफलता प्राप्त कर सकता है?

साधना का क्षेत्र अपने आप में अत्यन्त कठिन है। इसके लिए बहुत अधिक धैर्य तथा परिश्रम की आवश्यकता है। इस संबंध में उनकी धारणा पूर्णतः स्पष्ट है।

मैंने कैलाश आश्रम में समय मिलने पर उनसे इस विषय पर चर्चा की थी। वहां पर जो छात्र तथा युवक साधना क्षेत्र में रुचि ले रहे थे, उनके सामने अपनी बात को स्पष्ट करते हुए श्रीमाली जी ने जो कुछ कहा था वह वास्तव में ही इस प्रकार के युवकों के लिए एक मार्गदर्शन है।

उन्होंने बताया था कि साधना कार्य इतना आसान नहीं है जितना कि आसान समझ लिया गया है। केवल मात्र दो चार आसन या नाक बन्द कर ध्यान लगा लेने से ही साधना सम्पन्न नहीं हो जाती, इसके लिए बहुत अधिक कठिन परिश्रम की आवश्यकता होती है।

यह ज्ञान पुस्तकों के माध्यम से प्राप्त नहीं होता। इसके लिए योग्य गुरु के निर्देशन की परम आवश्यकता है। वह गुरु ही इस क्षेत्र में सफलता दे सकता है और आगे बढ़ने के लिए रास्ता प्रशस्त कर सकता है।

गुरु और शिष्य का सम्बन्ध संसार का सबसे पवित्र और मधुर सम्बन्ध है। इसरु दोनों ही एक दूसरे के प्रति त्याग की भावना रखते हैं। जब तक मन में स्वार्थ होता है तब तक न तो गुरु अपने शिष्य को कुछ दे सकता है और न शिष्य ही गुरु से कुछ प्राप्त कर सकता है, क्योंकि जब तक मन में स्वार्थ की भावना होगी तब तक एक दूसरे के हृदय परस्पर जुड़ नहीं पाएंगे, और जब तक ऐसा नहीं होता ज्ञान की प्राप्ति संभव ही नहीं है।

गुरु ज्ञान देकर शिष्य की सेवा करता है, उसके बदले में वह पूर्ण आस्था और विश्वास चाहता है। बिना आस्था और विश्वास के साधना क्षेत्र में सफलता मिलना संभव नहीं होता, क्योंकि इसके मूल में यह विश्वास काम करता है कि मैं जो कुछ दे रहा हूं इसके प्रति उसकी आस्था है और इस आस्था को यह आगे के जीवन में बराबर बनाए रख सकेगा।

इसके लिए योग्य पात्र का चुनाव अत्यन्त आवश्यक है, क्योंकि कमजोर या

दुर्बल चित्त वाला शिष्य जहां स्वयं का अहित करता है, वहीं दूसरी ओर गुरु की प्रतिष्ठा को भी ठेस पहुंचाता है।

इसके लिए यह आवश्यक है कि गुरु किसी युवक का चुनाव करते समय अपने तरीके से उसकी परीक्षा ले, शास्त्रों में इसके लिए कई प्रकार की परीक्षाओं का विधान है।

१. जो युवक शिष्य बनना चाहे वह सेवाभावी हो, उसके मन में मानवीय मूल्य पूर्णरूप से विद्यमान हों, शिष्य सेवा करता रहे, परन्तु काफी समय बीतने पर भी साधना के बारे में गुरु एक भी शब्द न कहे और इस प्रकार की चर्चा चलने पर उसे टरकाता रहे, इतना होने पर भी उसकी सेवा में या भावना में किसी प्रकार की कोई न्यूनता न आवे तो यह समझ लेना चाहिए कि धैर्य का अभाव नहीं है।

२. कई बार शिष्य को ऐसा कार्य सोंप दिया जाता है जो कि सामन्यतः उसके बस की बात नहीं होती, फिर भी वह उस कार्य को भली प्रकार से सम्पादित कर लेता है, तो यह समझ लेना चाहिए कि गुरु के प्रति उसकी आस्था है और यह आस्था आगे के जीवन में बनी रह सकती है।

३. परिश्रम की भावना शिष्य का मूल गुण है। यदि वह काम चोर है या परिश्रम से मुंह चुराता है' तो निश्चय ही वह आगे के जीवन में सफलता प्राप्त नहीं कर पाएगा। इस बात का ध्यान रखा जाय कि वह केवल प्रदर्शन तो नहीं कर रहा है, कई बार शिष्य गुरु के सामने तो परिश्रमी बनने का ढोंग करता है, परन्तु आंख की ओट होने पर परिश्रम नहीं करता, ऐसा युवक स्वार्थी और प्रदर्शन प्रिय कहा जायेगा। साधना के क्षेत्र में वह विशेष सफलता प्राप्त नहीं कर पाएगा।

४. कई बार शिष्य जो इच्छा प्रगट करे, उस कार्य को जान बूझकर नहीं करे, उदाहरण के लिए यदि शिष्य इच्छा प्रगट करे कि अमुक कार्य मेरा हो जाय तो अत्यन्त अनुकूल रहेगा, पर इसकी परीक्षा के लिए उस कार्य को सम्पन्नता में विलम्ब करे और विलम्ब के बाद भी शिष्य के मन में किसी प्रकार का विपरीत विचार न आवे तो योग्य शिष्य समझना चाहिए।

जहां तक शिष्य का प्रश्न है, उसमें पुरुष या स्त्री में कोई भेद नहीं होता। यह अलग बात है कि समाज को ध्यान में रखकर कार्य सम्पन्न किया जाना चाहिए, शास्त्रों में कहा गया है कि अत्यन्त गोपनीयता संदेह को जन्म देती है, अतः ऐसा कोई कार्य नहीं किया जाना चाहिए जो कि समाज के सन्देह का कारण बन सके।

गुरु के लिए सभी शिष्य समान होते हैं। उसके मन में किसी प्रकार का कोई भेद भाव नहीं होता। यह अलग बात है कि शिष्य कितनी सार्थकता दे सकता है। इस प्रकार के कार्य में शिष्य को ही आगे बढ़कर कार्य सम्पन्न करना चाहिए और गुरु को यह विश्वास दिलाना चाहिए कि मैं इस कार्य के लिए सर्वथा योग्य हूं और आगे के जीवन में भी एक सच्चा तथा योग्य शिष्य सिद्ध हो सकूंगा।

गुरु तो अपना ज्ञान प्रत्येक शिष्य को देने के लिए आतुर होता ही है, परन्तु

वह यह भी तो देखता है कि सामने वाला शिष्य इस ज्ञान को प्राप्त करने में सक्षम भी है या नहीं । जिस झोली में ज्ञान डाला जा रहा है, वह झोली अपने आप में मजबूत है, उसमें कहीं पर कोई छिद्र तो नहीं है ।

शिष्य की सबसे बड़ी विशेषता यही होती है कि गुरु के प्रति उसकी आस्था अपने आप में पूर्णतः बलवान और प्रबल हो । जीवन में एक बार ही गुरु का चयन होता है जो शिष्य बार-बार गुरु बदलता है, वह निकृष्ट है और अयोग्य ही कहा जा सकता है, क्योंकि जिसे स्वयं अपने आप पर आस्था नहीं होती वह आगे के जीवन में भी क्या कर पाएगा ?

इसलिए शिष्य में धैर्य और विश्वास का सबसे बड़ा महत्त्व होता है । समय अपने आप में कोई किशेषता नहीं रखता । यह आवश्यक नहीं कि पांच वर्ष तक सेवा करने वाला शिष्य ज्यादा योग्य है, और जिसने एक वर्ष सेवा की है, वह उसकी अपेक्षा न्यून है ? आवश्यकता यह देखने की है कि उस सेवा के पीछे उसकी कैसी भावना रही है, और उसकी आस्था अपने आप में कितनी बलवान बनी रही है ?

उन्होंने उदाहरण देते हुए बताया कि मेरे शिष्यों में अधिकांश शिष्य गृहस्थ हैं । गृहस्थ धर्म को भली भांति संचालित करते हैं । मेरा तो कहना ही यह है कि गृहस्थ के कार्यों में भाग लेने के बाद यदि समय बचे तभी उसको साधना कार्य में समय देना चाहिए क्योंकि उसके जीवन का आधार गृहस्थ है और गृहस्थ में पूर्णता देना उसका पहला कर्त्तव्य है ।

एक उदाहरण देते हुए उन्होंने बताया कि एक शिष्य की वे परीक्षा ले रहे थे या यों कहा जाय कि वह परीक्षा काल में था । एक बार वह मिलने के लिये आया और कुछ दिनों बाद वापिस जाने की जिद्द की । गुरुजी ने उसे बताया कि आज जाना उचित नहीं है, यदि तुम कल चले जाओ तो ज्यादा उचित रहेगा ।

दूसरे दिन भी रुकने के लिए कहा, परन्तु नहीं माना और वह रवाना हो गया ।

बस से रवाना होने के बाद आगे उसकी बस का एक्सीडेन्ट हो गया । बस में बैठे हुए बाइस यात्रियों में से लगभग दस यात्री उसी स्थान पर समाप्त हो गए । वह बच गया, परन्तु उसके सिर पर काफी चोट और नाक से भी खून बहने लगा । इतना होने पर भी उसके मन में गुरु के प्रति किसी प्रकार का आक्रोश नहीं था । उसकी धारणा उस समय भी यही बनी रही कि यह मेरी गलती थी जिससे कि मना करने के बावजूद मैं रवाना हो गया ।

घर जाने के बाद लगभग दो महीने तक उन्हें अस्पताल में रहना पड़ा, परन्तु फिर भी गुरु के प्रति उसकी आस्था में किसी प्रकार की कोई न्यूनता नहीं आई, अपितु उनके प्रति उसकी धारणा पहले से ज्यादा दृढ़ और बलवान ही बनी रही ।

अस्पताल में भी गुरु उन्हें देखने के लिए एक बार भी नहीं गए । वे केवल यह

देखना चाहते थे कि इतना सब कुछ होने के बावजूद भी क्या इसकी आस्था पूर्ववत बनी रहती है या उसमें कुछ न्यूनता आती है ?

सामान्य मानव ऐसी स्थिति में यही सोचता है कि यह गुरु कैसा है, जिसे यह भी ज्ञात नहीं हो सका कि बस में यात्रा करने पर दुर्घटना हो जाएगी और मुझे इतनी ज्यादा चोट लगेगी, या ऐसी भयंकर दुर्घटना होने पर भी गुरु एक बार भी मुझे देखने या सम्भालने के लिए नहीं आए हैं, उन्हें मेरी परवाह ही कहां है, वे तो अपने स्वार्थ में रत हैं, और अपने स्वार्थ साधन के लिए ही गुरु बने हुए हैं।

परन्तु उस व्यक्ति के मन में इस प्रकार की कोई भावना पैदा नहीं हुई। वह यही सोचता रहा कि यह मेरी ही गलती है कि उनके आदेश के बिना मैं यात्रा के लिए रवाना हो गया या मैंने हठ करके यात्रा प्रारम्भ की।

इसके अलावा सम्भवतः इसमें भी मेरा कोई हित ही होगा। उनकी माया को वे ही जानें। यदि हम ही उन रहस्यों को समझने लग जायें तो फिर हम शिष्य ही क्यों रहते, गुरु ही क्यों न बन जाते।

आज वही शिष्य स्वामी जी का अत्यन्त प्रिय शिष्य है, और साधना क्षेत्र में बहुत ऊंचे स्तर पर है, जबकि अन्य शिष्य उससे पहले से गुरु के पास ज्ञान प्राप्त कर रहे हैं, पर अभी उस ऊंचाई पर नहीं पहुंच पाए हैं, जिस ऊंचाई पर वह व्यक्ति पहुंच सका है।

इसका मूल कारण आस्था का बलवान होना है, जिसकी आस्था जितनी ही ज्यादा बलवती होगी वह उतना ही ज्यादा सफल हो सकेगा। कुछ पाठकों को इसमें ढोंग और पाखण्ड की गंध आ सकती है, परन्तु वास्तविकता यही है कि वह गुरु अपने शिष्य को प्रत्येक प्रकार से ठोक बजाकर देख लें कि इसमें कहीं पर कच्चापन तो नहीं है। जब गुरु अपने मन में पूरी तरह से आश्वस्त हो जाय तभी उसे साधना पथ पर अग्रसर करे।

क्योंकि ऐसा ही शिष्य ऊंचे स्तर पर पहुंच सकता है जिसके मन में साहस होता है, गुरु के प्रति पूर्ण आस्था होती है, और उस आस्था को बनाए रखने के लिए समाज से संघर्ष करने की क्षमता होती है, जिसमें यह क्षमता नहीं होगी वह आगे चलकर कमजोर ही रहेगा।

हमारा समाज सड़ा गला स्वार्थी और दकियानूसी है। उसका ध्येय मात्र स्वार्थ साधन ही है। जब वह किसी को किसी विशेष क्षेत्र में आगे बढ़ते देखता है तो उसे पग-पग पर परेशान करने लगता है, उसके जीवन में बाधायें पैदा करता है, और उसके परिवार में असन्तोष पैदा करने की कोशिश करता है। इतने विरोध और संघर्ष को सहन करने के बाद भी जो गुरु के प्रति आस्था बनाए रखता है, वास्तव में वही व्यक्ति अपने जीवन में सफलता प्राप्त कर सकता है।

श्रीमाली जी में भी मैंने इसी प्रकार की आस्था के दर्शन किये हैं। गृहस्थ के कार्यों में इतने अधिक व्यस्त रहते हुए भी हर क्षण उन्हें गुरु के चरणों का ध्यान

बराबर बना रहता है। एक बार बातचीत में उन्होंने कहा भी था कि यदि गुरु मुझे एक क्षण के लिए भी यह संकेत दे दें कि मैं यह सब कुछ छोड़-छाड़कर उनके चरणों में पहुंच जाऊं तो मैं एक क्षण का भी विलम्ब नहीं करूंगा, चाहे पूरा समाज मेरा विरोधी बन जाय या मेरा परिवार कितनी ही परेशानियां पैदा कर दे। मैं एक क्षण भी विलम्ब सहन नहीं कर पाऊंगा।

मैंने उनके जीवन को जरूरत से ज्यादा व व्यस्त देखा है। उनके दिन का अधिकांश समय साधना में या लोगों से बातचीत में व्यतीत होता है। प्रातः तीन बजे उठकर अपनी दैनिक क्रिया से निवृत्त हो वे साधना में बैठ जाते हैं और प्रातः आठ बजे तक वे पूजा-पाठ साधना आदि में संलग्न रहते हैं।

रहस्य की बात यह है कि प्रातः पांच बजे से सात बजे तक वे साधना में संलग्न होकर प्रत्येक शिष्य से अप्रत्यक्ष रूप से सम्पर्क स्थापित करते हैं,। वे साधना में बैठे-बैठे प्रत्येक शिष्य को देख लेते हैं कि वह क्या कर रहा है या उसकी जीवन-चर्या किस प्रकार चल रही है या उसके परिवार में क्या कठिनाइयां हैं? उसके बाद यथासम्भव वे उन कठिनाइयों को बिना उसे सूचित किए दूर करने का प्रयत्न करते रहते हैं।

इस अवधि में यदि कोई शिष्य अपनी बात कहता है तो पण्डितजी पूरी तरह से उस बात को सुनते हैं, क्योंकि उस समय पण्डितजी सीधे जुड़े हुए रहते हैं। शिष्य की जो भी भावना या इच्छा हो, वह इस समय पण्डितजी को स्मरण कर व्यक्त कर देनी चाहिए जिससे कि उस तथ्य को या उस भावना को सुन सकें और उसका समाधान दे सकें।

अच्छे स्तर पर पहुंचे हुए शिष्य तो श्रीमाली जी से टेलीपेथी के माध्यम से भी सम्पर्क स्थापित कर लेते हैं और साधना के लिए निर्देश प्राप्त कर लेते हैं, परन्तु जो इस स्तर पर नहीं पहुंचे हुए होते हैं उनको भी यह ज्ञान होता है कि पांच से सात बजे के बीच श्रीमाली जी पूरी तरह से हमारे सम्पर्क में होते हैं, अतः इस समय हम जो कुछ भी कहेंगे, उसे वे भली प्रकार से सुन सकेंगे और हमारी समस्याओं का समाधान कर सकेंगे।

आठ बजे के बाद वे अपने कार्यालय में बैठ जाते हैं, इस समय तक बाहर से काफी लोग मिलने के लिये आ जाते हैं, जिनमें से कई लोग अपनी समस्याओं को लेकर उनके सामने आते हैं। कुछ लोग अपने भविष्य को जानने के लिए प्रस्तुत होते हैं, इसमें प्रत्येक वर्ग के और प्रत्येक श्रेणी के लोग होते हैं। श्रीमाली जी के मन में इनके प्रति किसी प्रकार का कोई भेद भाव नहीं होता,। सभी से वे प्रसन्नतापूर्वक मिलते हैं और यथासम्भव उनकी समस्याओं का समाधान करते हैं।

लगभग बारह बजे वे भोजन करते हैं। इस समय घर के सदस्य उपस्थित होते हैं और वे व्यक्ति भी उसमें उपस्थित होते हैं जो कि श्रीमाली जी के घर पर ही ठहरे हुए होते हैं। इनमें उनके शिष्य और प्रिय व्यक्ति होते हैं। इस समय इतना

समय मिल जाता है कि परस्पर बातचीत कर सकें और उनसे मार्ग-निर्देशन प्राप्त कर सकें।

इसके बाद लगभग एक घंटा विश्राम करते हैं और बाद में दो घंटे तक पुस्तक-लेखन कार्य होता है। शाम को पुनः उतनी ही भीड़ इकट्ठी हो जाती है कि जो अपनी समस्याएं लेकर उपस्थित होते हैं। श्रीमाली जी को आयुर्वेद का ज्ञान होने के कारण इस प्रकार के लोगों का भी जमघट लगा रहता है जो विभिन्न रोगों से पीड़ित होते हैं और जिनके रोगों का समाधान अन्य कहीं पर भी सम्भव नहीं होता।

इस प्रकार के कार्यों में रात्रि के लगभग दस बज जाते हैं तब जाकर उन्हें कहीं विश्राम करने का अवसर मिलता है और लगभग साढ़े दस बजे घर के सभी प्राणियों के साथ उनका भोजन होता है। ये क्षण वास्तव में ही आनन्ददायक होते हैं, जबकि मनोरंजन के साथ-साथ प्रत्येक व्यक्ति की समस्या का समाधान होता है और प्रत्येक को मार्गदर्शन प्राप्त हो सकता है।

इसके बाद वे शयनकक्ष में चले जाते हैं। कुछ घंटे नींद लेने के बाद वे पुनः रात्रिकालीन साधना में बैठ जाते हैं। इसके बाद पुनः उन्हें तीन बजे स्नान आदि कार्यों में लिप्त होते हुए ही देखा जाता है।

यह ईश्वर ही जाने कि वे कब सोते हैं और कब उठ जाते हैं ?

मैंने उन्हें मन्त्र और मन्त्र संस्कार के लिए प्रामाणिक पुस्तक लिखने का आग्रह किया था। उन्होंने मुझे आश्वासन दिया था कि मैं इस प्रकार की वृहद रचना अवश्य करूंगा।

इस ग्रन्थ का लेखन बहुत पहले से प्रारम्भ हो गया था, परन्तु धीरे-धीरे इसमें व्यवधान आता गया। इसका मूल कारण श्रीमाली जी के पास समय की कमी थी, अतः धीरे-धीरे इस पुस्तक का लेखन होता गया। बाद में यह निश्चय किया गया कि मन्त्र रहस्य ग्रन्थ चार भागों में लिखा जाय। पहले भाग में मन्त्रों का सैद्धान्तिक पक्ष हो क्योंकि मन्त्रों के बारे में तो फिर भी थोड़ा-बहुत ज्ञान लोगों को है, परन्तु उसके सैद्धान्तिक पक्ष के बारे में लोग सर्वथा अनभिज्ञ हैं, अतः इस बात की आवश्यकता है कि मन्त्र के बारे में सूक्ष्म ज्ञान दिया जाय जिससे कि साधक मन्त्र साधना में सफलता प्राप्त कर सके।

शेष तीन भागों में उन अज्ञात और लुप्त मन्त्रों का प्रकाशन किया जाय जो कि अभी तक कहीं पर प्राप्त नहीं हैं, और जो गुरु के पास ही मौलिक रूप से बने रहे या जो मन्त्र हस्तलिखित पुस्तकों में ही प्राप्य हैं।

पहला भाग शीघ्र ही प्रकाशित हो रहा है, और शेष तीनों भाग भी एक साथ प्रकाशित करने की योजना है जिसमें मन्त्र और उसके सूक्ष्म तथ्यों का विवेचन होगा, ये तीनों ग्रन्थ भी अत्यन्त ही महत्त्वपूर्ण कहे जा सकते हैं।

जैसा कि पूर्व में उल्लेख किया जा चुका है, मन्त्रों का मूल आधार उसकी ध्वनि है, क्योंकि मन्त्र मूल रूप से ध्वन्यात्मक ही है। अतः जो कुछ भी प्रभाव होता

है वह शब्दों का न होकर उसकी ध्वनि का होता है ।

इसके लिये श्रीमाली जी ने कुछविशेष मन्त्रों की टेप तैयार की है । ये मन्त्र मूल ध्वनि के साथ उच्चरित हैं, जिसकी वजह से ध्वनि का ज्ञान साधक भली प्रकार कर सकता है ।

इससे सबसे बड़ा लाभ यह हो गया है कि वे मन्त्र और उसकी मूल ध्वनि पूर्ण रूप से सुरक्षित हो सकी है । अब साधक गृहस्थ के कार्यों में लिप्त होते हुए भी अपने उच्चारण दोष को उन टैपों के माध्यम से ठीक कर सकता है ।

वास्तव में ही मन्त्र की शक्ति अपने आप में अत्यन्त महत्वपूर्ण है । आवश्यकता इस बात की है कि इन मन्त्रों का वैज्ञानिक अध्ययन होना चाहिए और इस बात का पता लगाना चाहिए कि हमारे महर्षियों ने जिस प्रकार से मन्त्रों की रचना की है उसके पीछे क्या वैज्ञानिक आधार है, और किस प्रकार से हम उन मन्त्रों का उपयोग कर सकते हैं ?

साथ-ही-साथ उन ध्वनियों को भी सुरक्षित रखने की है जो कि मन्त्रों की विशिष्ट ध्वनियां हैं । टेप या अन्य वैज्ञानिक उपकरणों के माध्यम से इन ध्वनियों को सुरक्षित रखा जाना चाहिए, जिससे कि आने वाली पीढ़ियां इसका लाभ उठा सकें ।

हमारे जीवन की पूर्णता में मन्त्रों का सबसे अधिक महत्त्व है । जीवन में जो भी अभाव है वे मन्त्र साधना से पूरे किए जा सकते हैं । उन मन्त्रों का वैज्ञानिक वर्गीकरण और वैज्ञानिक अध्ययन आवश्यक है ।

इस क्षेत्र में भारतीय ज्योतिष अध्ययन अनुसन्धान केन्द्र में एक महत्त्वपूर्ण कार्य प्रारम्भ किया है और इनका सारा प्रयत्न इस बात पर है कि समस्त मन्त्रों का वैज्ञानिक ढंग से विवेचन और सरल भाषा में स्पष्ट हो कि किस प्रकार से उन मन्त्रों का उपयोग किया जा सकता है और किस प्रकार से हम इन मन्त्रों से लाभ उठा सकते हैं ?

हमारे शास्त्र पुराण आदि इस बात के साक्षी हैं कि विशेष यज्ञों द्वारा वे अपने कार्यों को सिद्ध करने में समर्थ होते थे । राजा दशरथ ने पुत्रेष्टि यज्ञ के माध्यम से राम, लक्ष्मण, भरत, शत्रुघ्न जैसे वीर पुत्र प्राप्त किये । इसी प्रकार सम्पूर्ण पृथ्वी पर विजय प्राप्त करने के लिए अश्वमेघ यज्ञों का प्रचलन था, जिसके माध्यम से वे पूर्ण विजय प्राप्त करने में समर्थ हो पाते थे ।

ऋषियों ने सैकड़ों प्रकार के यज्ञों का विधान निश्चित किया है और यदि उस विज्ञान को सही ढंग से समझ कर यज्ञ किए जाएं तो निश्चय ही उनसे आज का समाज लाभ उठा सकता है ।

डा० श्रीमाली शीघ्र ही 'यज्ञोलोजी' पुस्तक लिखने का विचार कर रहे हैं । यज्ञ के मूल स्वरूप को और उसके विधान को प्रामाणिक रूप से स्पष्ट करने का विचार है । हमारा भारतीय समाज यज्ञों पर अवलम्बित रहा है । यज्ञों के द्वारा

उन्होंने अपने चरित्र का निर्माण किया है और समाज को सत्य मार्ग पर बढ़ने के लिए प्रेरित किया है। हजारों वर्षों से यज्ञों की महत्ता निर्विवाद रूप से प्रामाणिक मानी जाती रही है।

आज के वैज्ञानिक युग में भी यह सिद्ध हो चुका है कि जिस घर में नित्य हवन होता है उसके घर में बीमारी नहीं के बराबर आती है। कई व्यक्ति अपने घर में नित्य हवन करते हैं। इसके लिए छोटा-सा ताम्र पात्र बनाया जाता है और उसमें तिल, जौ, घी आदि का सम्मिश्रण कर विशेष हवन सम्पन्न किया जाता है और उन मंत्रों का उच्चारण होता है जो कि घर की सुख शान्ति और आर्थिक समृद्धि के लिए कामनायुक्त हों।

पश्चिम के वैज्ञानिकों ने भी यज्ञों की महत्ता को समझा है और उन्होंने इस बात को माना है कि यज्ञों के द्वारा घर के वातावरण को कीटाणुमुक्त बनाये रखने में बहुत अधिक सहायता मिलती है।

यज्ञों का मंत्रों से गहरा सम्बन्ध है। प्रत्येक यज्ञ के लिए अलग-अलग मंत्रों का प्रावधान है। प्रत्येक यज्ञ के लिए अलग प्रकार की आहुति-सामग्री आदि का विवेचन कर्मकाण्ड के अन्तर्गत निर्दिष्ट है।

मंत्रों के शब्द परस्पर इस प्रकार से संगुंफित होते हैं कि उनके उच्चारण से एक विशेष प्रकार की ध्वनि का निर्माण होता है, वह ध्वनि विशेष प्रकार से वातावरण को प्रभावित करती है। विज्ञान इस बात का साक्षी है कि जेट विमान से उड़ने से जो ध्वनि बनती है उससे वातावरण में एक विशेष प्रकार का कम्पन होता है, जो कि बड़े से बड़े मकान को तोड़ने में सहायक हो जाता है, इसीलिए एयरोड्राम के आसपास ऊंचे मकान नहीं बनाये जाते।

पिछले तीस वर्षों से मैं बराबर मंत्रों पर शोध करता आ रहा हूं। मैंने यह अनुभव किया है कि मंत्रों का महत्त्व और उसका उपयोग अत्यन्त महत्त्वपूर्ण है, यदि सही प्रकार से मंत्र साधना की जाय तो उससे असंभव कार्यों को भी संभव किया जा सकता है। मैंने इसके लिए वैज्ञानिक प्रयोग किए हैं और उन सभी प्रयोगों में मुझे सफलता प्राप्त हुई है।

कैलाश आश्रम में मैंने मंत्रों पर विशेष कार्य किया है, परन्तु मैं आज भी ईमानदारी के साथ इस बात को स्वीकार करता हूं कि मेरा यह तीस वर्षों का कार्य श्रीमाली जी के एक वर्ष के कार्य से लघु ही माना जा सकता है।

यद्यपि मैं साधु समाज के विद्वत्परिषद के अन्तर्गत मंत्र विज्ञान संस्थान का अध्यक्ष हूं, परन्तु सही रूप में देखा जाय तो इसके सही अधिकारी डा० श्रीमाली हैं, यह उनकी महानता है कि उन्होंने इस पद पर पहुंचाने में मेरा नाम प्रस्तावित किया।

यद्यपि मैं एक प्रकार से उनका गुरु भाई हूं। हम दोनों ने ही गुरु के चरणों में बैठकर मंत्रों का अध्ययन किया है, परन्तु मैं जानता हूं कि उनका ज्ञान जहां समुद्र के समान है वहां मैं और मेरा ज्ञान मात्र बिन्दुवत् है। अतः किसी भी प्रकार से मैं

गुरु भाई कहलाने का अधिकारी नहीं हूं। सही रूप में देखा जाय तो उनके शिष्य भी मुझसे मंत्र के क्षेत्र में ज्यादा जानते होंगे।

यह अलग बात है कि डा० श्रीमाली प्रदर्शन भीरु हैं। वे अपने आपको लुप्त रखकर ही कार्य करने में विश्वास करते हैं। वे अपने कार्यों को न तो बढ़ा चढ़ाकर बताते हैं और न अपने कार्यों का प्रचार ही करते हैं। उनके जीवन का एकमात्र ध्येय ही यह रह गया है कि चुपचाप ठोस कार्य करते रहना चाहिए। जीवन में कार्य की ही महत्ता है।

यदि उनके ज्ञान का शतांश भी किसी के पास होता तो वह अपने आपको भारत का ही नहीं विश्व का सर्वश्रेष्ठ साधक मानता और प्रचार के माध्यम से दस पन्द्रह हजार शिष्यों की भीड़ इकट्ठी कर लेता, परन्तु डा० श्रीमाली इसके सर्वथा अपवाद हैं। उनका एक ही ध्येय है कि जितना ही ज्यादा प्रचार होगा उतना ही ज्यादा लोगों में घुलना मिलना पड़ेगा, फलस्वरूप ठोस कार्य करने के लिए बहुत ही कम समय मिल पायेगा, इसलिए यथासंभव अपने आपको बचाये रखें तो ज्यादा उचित रहेगा।

वेशभूषा और बातचीत में भी हमेशा सामान्य बने रहते हैं। पहली बार मिलने पर ऐसा प्रतीत ही नहीं होता कि यह व्यक्ति अपने आप में एक पूरी संस्था है और साधना क्षेत्र में इतने ऊंचे स्तर पर है, कि जिसकी सामान्य रूप से कल्पना ही नहीं की जा सकती। बातचीत में भी वे अपने आपको हमेशा बचाये रखते हैं।

इस पुस्तक की भूमिका लिखने का मैं अधिकारी नहीं हूं। यह मेरा सौभाग्य है कि उन्होंने मुझे कुछ पंक्तियां लिखने की स्वीकृति दी। यद्यपि मेरे पास उनके जीवन के सैकड़ों संस्मरण हैं। जो कुछ समय साथ रहने का मुझे मिला है, उसके आधार पर मैं कह सकता हूं कि सही रूप में हम अभी तक उनका मूल्यांकन नहीं कर सके हैं, आने वाला समय ही इस बात का साक्षी होगा कि उन्होंने इस थोड़े से समय में हमारी पीढ़ी को जो कुछ दिया है, वह अपने आप में अवर्णनीय है।

भारत की इन शाश्वत गोपनीय और प्राचीन विद्याओं को जिस कठिनाई के साथ उन्होंने प्राप्त किया है, वह अपने आप में कल्पनीय है। जीवन का बहुमूल्य समय उन्होंने अभावों, कष्टों और बाधाओं के साथ व्यतीत किया है, जिस जीवन में आराम लेना चाहिए वह जीवन उन्होंने जंगलों में व्यतीत किया है। साधु संन्यासियों के साथ बिताया है, और उनसे बूंद-बूंद करके जो ज्ञान प्राप्त किया है उसे समुद्र के समान संजोकर हमारे सामने प्रस्तुत किया है।

आज भी उनका प्रत्येक क्षण समाज के कल्याण के लिए व्यतीत हो रहा है, हकीकत में देखा जाय तो उनका व्यक्तिगत समय या व्यक्तिगत क्षण रहे ही नहीं हैं। उनका तो पूरा जीवन और जीवन के प्रत्येक सांस समाज के लिए समर्पित है।

उन्होंने अपने जीवन का मूल ध्येय ही समाज में इन विद्याओं को स्थापित करने में लगा दिया है।

आज तो वे हमारे बीच हैं, परन्तु पूर्व योजनानुसार जब वे संन्यास ग्रहण कर लेंगे, तब उनसे मिलना ही हमारे लिए दुर्लभ हो जायगा। उस समय हम उनकी महत्ता को समझ सकेंगे, तभी उनके कार्यों का आंकलन हो सकेगा और तभी हम अनुभव कर सकेंगे कि इस व्यक्तित्व की उपस्थिति हमारे लिए कितनी अधिक उपयोगी है, किस प्रकार से हम इस व्यक्तित्व के सम्पर्क में आकर अपने जीवन को ऊंचा उठा सकते हैं।

मैं इस विराट व्यक्तित्व के सामने नतमस्तक हूं। इन पंक्तियों के माध्यम से मैंने जो कुछ भावनाएं व्यक्त की हैं वे उन भावनाओं की शतांश भी नहीं हैं जो कि मेरे मन में हैं।

आने वाला समय और भावी युग इस व्यक्तित्व का सही मूल्यांकन कर सकेगा, तभी हमारी पीढ़ी यह गौरव अनुभव कर सकेगी कि हमारे बीच एक ऐसा व्यक्तित्व भी बना रहा है जिसने भारत की प्राचीन विद्याओं को नवीन परिवेश में सबके सामने रखकर विश्व में भारत का मस्तक ऊंचा कर हमारी पीढ़ी को गौरवान्वित किया है।

—बेताल भट्ट

मन्त्र

जीवन की मूलाधार साधना है और साधना का मूलाधार है 'शब्द', क्योंकि बिना शब्द के अर्थ की उत्पत्ति संभव नहीं। इसलिए 'वाक्' और 'अर्थ' का सम्वन्ध ठीक वैसा ही है, जैसा कि 'शिव' और 'शक्ति' का।

वागर्था विव सम्पृवक्तौ वागर्थ प्रतिपत्तये।
जगतः पितरौ वन्दे पार्वती परमेश्वरौ॥

मां की गोद में बैठा हुआ शिशु जिस प्रकार से निर्द्वन्द्व रहता है उसी प्रकार शब्द की क्रोड में साधक निश्चिन्त रहता है, बिना शब्द ज्ञान के शब्द अर्थ और ध्वनि-महता के साधक का सारा प्रयोजन निष्फल रहता है। ज्ञान से ही इच्छा और इच्छा से ही क्रिया का प्रादुर्भाव होता है, अप्पय दीक्षित ने 'आनन्द लहरी' में स्पष्ट कहा है—

शंभोर्ज्ञान क्रियेच्छा बलकरण मनः शान्ति तेजश्शरीर
स्वर्लोकागार दिव्यासन पर महिषी भोग्य वर्गादि रूपा
सर्वै रे तै रूपेता स्वयमपि च पर ब्रह्मणस्तस्य शक्ति :
सर्वाश्चर्ये क भूमिर्मुनिभिरभिनुता वेद तंत्राभि युक्तै॥

स्पष्टतः शक्ति के मूल में शब्द ही विचरण करता है, जिसे तंत्र क्षेत्र में मात्र-काशक्ति और तांत्रोक्त निरूपण में 'महामंत्र' कहा जाता है, यह शब्द प्रस्फुट और गोपन दोनों हो प्रकार से उपयोगी है, 'गुह्याति गुह्य गोप्तृत्वं' के अनुसार मन-ही-मन गोपनीय ढंग से विना उच्चारण किए मंत्र जाप से ध्यान होता है और तव परमात्मा की प्राप्ति होती है।

स्वाध्यायाद्योग मासीत योगात् स्वाध्याय मामनेत्।
स्वाध्याय योग सम्पत्या परमात्मा प्रकाशते॥

'शिवसूत्र विमर्शिनी' में तो स्पष्ट कहा गया है कि उच्चारण किए जाने वाले मंत्र 'मंत्र' ही नहीं हैं—

'उच्चार्यमाणा ये मंत्रा न मंत्राश्चापि तद्विदु।'

स्पष्टतः जव तक मंत्र में 'जीवभूत अव्यय शक्ति' का योग नहीं होता, तब तक मंत्र निष्फल होता है—

मंत्राणा जीवभूता तु या स्मृता शक्ति रव्यया।
तया हीना वरारोहे निष्फला शरदभ्रवत्॥

यह जीवभूत अव्ययशक्ति प्रत्येक प्राणी में न्यूनाधिक रूप से विद्यमान है। इस अव्यय शक्ति के द्वारा ही मानव जीवन्तता और चेतनता प्राप्त करता है, इसी शक्ति के द्वारा वह गुणावगुण का बोध और अपनी स्थिति से ऊपर उठने की प्रक्रिया में रत रहता है, और इसी प्रक्रिया से वह जप, जप से ध्यान और ध्यान से परमात्मालीन होने में सफल होता है।

मंत्रोऽपि अन्तर्गुप्त भाषणात्मक परपरामर्श सतत्वेन
मनन त्राण धर्मा परतत्व प्राप्त्युपायः परमेशात्मैव॥

स्वच्छन्दोद्योत, ११ पटल।

परन्तु सकाम्य प्रयोग मंत्रों का मूलाधार प्रस्फुटात्मक है, इस प्रकार से स्थूलतः मंत्रों को दो रूपों में देखा जा सकता है। परमात्मलीन अथवा वर्चस्व तेजोद्‌भूत के लिए मंत्र जप मन-ही-मन बिना प्रस्फुटन के होना चाहिए, जबकि 'काम्य प्रयोगार्थ' मंत्रों का उच्चाटन या प्रस्फुटन आवश्यक होता है।

सामान्यतः वर्णों का विशेष संयोजन ही 'मंत्र' है—

मनन त्राण धर्माणां सर्वेषामेव वाच्यवाचकादि
रूप वर्ण भट्टारकात्मनां मन्त्राणाम्

—परात्रींशिका।

'वर्ण' अपने आपमें शक्ति रूप है, शक्तियों के 'पूंजीभूत' वर्णों से निर्मित होने के कारण मंत्र स्वतः ही शक्तिमान और अचिन्त्य बन जाते हैं, इस प्रकार कई शक्तियों के परस्पर गुंफन से निर्मित मंत्र 'अजेय' कहलाने में समर्थ होता है।

वर्ण

मंत्र और मंत्र के स्वरूप को समझाने से पूर्व उसके आधार 'वर्ण' और उसके स्वरूप तथा उसमें निहित शक्ति स्वरूप को समझना आवश्यक है। शारदा तिलक के अनुसार—

अ—अष्टभुजा, स्वर्ण वर्ण, चतुर्मुख, कूर्मवाहन
आ—श्वेतवर्ण, कमलासन, पाशहस्त, हस्तिवाहन
इ—पीतवर्ण, परशुधारिणी, कच्छप वाहन
ई—श्वेतवर्ण, मौक्तिक युक्ता, हंसवाहन
उ-ऊ—कृष्णवर्ण, गदाधारी, काकवासन
ऋ-ॠ—रक्त वर्ण, पाश धारा, उष्ट्रवाहन
ऌ-ॡ—पुष्पवर्ण, वज्रधारी, कमलाहन
ए—श्यामवर्ण, हारभूषण, चक्रवाकवाहन
ऐ—नवपुष्प वर्ण, शूलवज्रधारिणो, द्विपवाहन

ओ—पीतवर्ण, सर्वगत, वृषभवाहन
औ—तप्तकांचन वर्ण, पाशधारी, व्याघ्रवाहन
अं—कुंकुंभ वर्ण, रक्तभूषण, रिपुनाशक
अः—द्विभुज, खरवाहन
क—नवकुंकुमवर्ण, शूलवज्रधारी, गजवाहन
ख—कृष्णवर्ण, पाशतोमरहस्त-मेषवाहन
ग—अरुण वर्ण, पाशअंकुश धारिणी, सर्पवाहन
घ—कृष्ण वर्ण, गदाधारिणी, उष्ट्रवाहन
ङ—कृष्ण वर्ण, काकवाहन
च—श्वेतवर्ण, कर्पादिका भूषणादि मंडित
छ—श्वेतवर्ण, चतुर्भुज
ज-झ—श्वेतवर्ण, चतुर्बाहु
ञ—कृष्ण वर्ण, द्विभुज, काकवाहन
ट—द्विभुज, क्रौंचवाहन
ठ—उज्ज्वल वर्ण, द्विर्भुज, गजेन्द्रवाहन
ड—अष्टबाहु, श्वेत कमलासन
ढ—ज्वलत् कान्तिवर्ण, दशबाहु, अजवाहन
ण—व्याघ्र वाहन, विस्तृत देह
त—कुंकुंम वर्ण, चतुर्बाहु, स्वलंकृत
थ—पीतवर्ण, चतुर्बाहु, वृषारुढ़
द—षडभुज, महिषवाहन
ध—चतुर्बाहु, सिंहवाहन
न—द्विभुज, काकवाहन
प—विंशभुज, वकवाहन
फ—द्वयभुज, श्वेतवर्ण, सिंहवाहन
ब—अरुणवर्ण, द्विभुज, हंसवाहन
भ—त्रिहस्त, त्रिमुख, व्याघ्रवाहन
म—चतुर्भुज, विषयुक्तसर्वत ।
य—धूम्रवर्ण, चतुर्मुख, मृगवाहन
र—चतुर्भुज, मेषवाहन
ल—केशरवर्ण, चतुर्भुज, गजवाहन
व—श्वेतवाहन, द्विवाहन, नक्रवाहन
श—हेमवर्ण, कमलासन, द्विवर्ण
स—स्वेतवर्ण, द्विभुज, हंसवाहन
ष—कृष्णवर्ण, द्विभुज

ह—श्वेतवर्ण, त्रिबाहु
क्ष—दशबाहु, मणिप्रभावसदृश ।

मंत्र साधना में वर्ण का महत्व सर्वोपरि है और वर्ण साधना हेतु उसमें स्थित शक्ति के स्वरूप, महिमा एवं मण्डल का ध्यान आवश्यक है ।

वर्ण प्रभाव

प्रत्येक वर्ण अपने आप में एक निश्चित प्रभाव एवं सामर्थ्य लिए हुए है, जो कि इस प्रकार है—

अ—मृत्युबीज
आ—आकर्षण बीज
इ—पुष्टि बीज
ई—आकर्षण बीज
उ—बलदायक
ऊ—उच्चाटन युक्त
ऋ—स्तम्भन बीज युक्त
ॠ—मोहन बीज युक्त
ऌ—विद्वेषण बीज युक्त
ॡ—उच्चाटन बीज
ए—वशीकरण युक्त
ऐ—पुरुष वशीकरण युक्त
ओ—लोकवशीकरण बीज
औ—राजवशीकरण बीज
अं—पशु वश्य बीज
अः—मृत्युनाशक
क—विषबीज
ख—स्तम्भन बीज
ग—गणपति बीज
घ—स्तम्भन, मारण बीज
ङ—आसुरी बीज
च—चन्द्र बीज
छ—मृत्युनाशक
ज—ब्रह्म बीज
झ—चन्द्र बीज
ञ—मोहन बीज

ट—क्षोभण बीज

ठ—चन्द्र बीज, घात बीज

ड—गरुड़ बीज

ढ़—कुबेर बीज

ण—असुर बीज

त—अष्ट बीज

१. गुरु बीज	५. योग बीज
२. शक्ति बीज	६. तेजो बीज
३. रमा बीज	७. शांति बीज
४. काम बीज	८. रक्षा बीज

थ—यम बीज

द—दुर्गा बीज

ध—सूर्य बीज

न—ज्वर नाशक बीज

प—वरुण बीज

फ—विष्णु बीज

ब—ब्रह्म बीज

भ—भद्रकाली बीज

म—रुद्र बीज

य—वायु बीज

र—अग्नि बीज

ल—इन्द्र बीज

व—वरुण बीज

श—लक्ष्मी बीज

ष—सूर्य बीज

स—वाणी बीज

ह—आकाश बीज

क्ष—पृथ्वी बीज

ऊपर मैंने वर्णमाला के प्रत्येक अक्षर में निहित बीज रूप को स्पष्ट किया, तांत्रिक ग्रन्थों के अनुसार, किसी भी बीज का जप करना हो तो उस वर्ण पर आनुनासिक चन्द्र बिन्दु लगाकर जप करने से ही सफलता एवं सिद्धि मिलती है—जैसे 'ग' गणपति का बीज है, अतः गणपति सिद्ध करने के लिए 'ग' बीज का जप करना ही श्रेयष्कर रहता है ।

तंत्र ग्रन्थों में प्रत्येक वर्ण के बारे में विस्तार से जानकारी प्राप्त है, प्रत्येक वर्ण का ध्यान, पूजार्चना आदि विधान स्पष्ट रूप से दिये हुए हैं। स्थानाभाव के कारण प्रत्येक वर्ण का ध्यानादि देना संभव नहीं, फिर भी उदाहरणार्थ 'अ' वर्ण का ध्यान नीचे दे रहा हूं जिज्ञासु पाठक विस्तार से जानने के लिए तंत्र ग्रन्थों का अवलोकन करें—

'अ' वर्ण का ध्यान

अ—कारं, वृत्तासनं, गजवाहनहेम, वमवर्ण, चन्दनगन्धार्चितं लवण, स्वादुं जम्बू द्वीप—विस्तीर्ण-चतुर्मुखं, अष्टबाहु, कृष्ण लोचनं, जटाजूट धारिणं, सित वर्ण, मौक्ति काभरणमतीव बलिनं, गंभीरं, पुंल्लिग ध्यायामि।

विनियोग

ओम अस्य श्री अं-कार मंत्रस्य, श्री महादेव देवता मार्कण्डेय ऋषि, अं बीजं, महाकाली शक्ति, चामुण्डा भुवनेशी महाविद्या, तामस गुणः मध्यमं स्वर, भू तत्वं 'ब्रू' उत्कीलनं प्रवाहिनी मुद्रा, मम क्षेत्र आरोग्यामि वृद्धयर्थं श्री महादेव प्रसाद सिद्ध यर्थ च नमोयुत प्रणव वाग्बीज-स्व बीज लोम विलोम 'अ-अं-अं' पुटितोक्त मंत्र जपे विनियोग।'

ऋषयादिन्यास

श्री मार्कण्डेय ऋषये नमः सहस्रारे-शिरसी, भगवान श्री सदाशिव देवाय नमः द्वादशारे—हृदि 'अ' बीजाय नमः षडारे लिंगे, महाकाली शक्त्यै नमः दशारे नाभौ, चामुण्डा भुवनेशी महाविद्यायै नमः षोडशारे-कंठे, तामस गुणाय नमः अन्तरारे-मनीस मृत्यु गुणाय रसाय नमः चेतसि वाक् कर्मेन्द्रियाय नमः कर्मेन्द्रिये, मध्यम स्वराय नम कण्ठ मूले, भू तत्वाय नमः चतुरारे-गुदे, मारणकलायै नमः करतले, 'ब्रू' उत्कीलनाय पादयो प्रवाहिनी मुद्रायै नमः सर्वांगे

	करन्यास	षडंगन्यास
ओम नमो	अंगुष्ठाभ्यां नमः	हृदयाय नमः
ऐं नमो	तर्जनीभ्यां नमः	शिरसे स्वाहा
श्री नमो	मध्यमाभ्यां नमः	शिखायै वषट्
नमो नमः	अनामिकाभ्यां हुं	कवचाय हुं
अं	कनिष्ठिकाभ्यां वौषट	नेत्रत्रयाय वौषट
'ओम'	करतल कर पृष्ठाभ्यां फट्	अस्त्राय फट्

ध्यानं

ध्यायेन्नित्यं महेशं रजत-गिरि-निभं चारुचन्द्रावतंसं
रत्नाकल्पोज्वलांग परशु मृगवरा भीतिं हस्तं प्रसन्नं

पद्मासीनं समन्तात् स्तुतममर-गणै र्व्याघ्र-कृति वसानं
विश्वाद्यं विश्व वन्द्यं निखिल-भय हरं पंच वक्त्रं त्रिनेत्रं

मंत्र 'अँ'

१००० जपात्सिद्धिः गुड़ तिल घृतेन दशांश होम।

इसी प्रकार प्रत्येक वर्ण का विनियोग, श्रेष्यादिन्यास करन्यास, षडंगन्यास ध्यानादि है, स्थानाभाव के कारण सब वर्णों को देना संभव नहीं है। पाठकों की जानकारी के लिए एक 'अ' वर्ण का विनियोग स्पष्ट कर दिया है।

प्रपंचसार में प्रत्येक वर्ण उसके रुद्र, शक्ति रूप, विष्णु एवं शक्ति का स्पष्ट उल्लेख है—

वर्णों के देवता, शक्ति रूप एवं शक्ति

वर्ण	रुद्र	शक्तिरूप	विष्णु	शक्ति
अ	श्रीकंठ	पूर्णोदरी	केशव	कीर्ति
आ	अनन्त	विरजा	नारायण	कांति
इ	सूक्ष्म	शातमली	माधव	तुष्टि
ई	त्रिमूर्ति	लोलाक्षी	गोविन्द	पुष्टि
उ	अमरेश्वर	वर्तुलाक्षी	विष्णु	धृति
ऊ	अर्धीश	दीर्घघोणा	मधुसूदन	क्षान्ति
ऋ	भावमूर्ति	सुदीर्घमुखी	त्रिविक्रम	क्रिया
ॠ	तिथि	गोमुखी	वामन	दया
ऌ	स्थाणु	दीर्घ जिह्वा	श्रीधर	मेधा
ॡ	हर	कुण्डोदरी	हृषिकेश	हर्षा
ए	झिन्टीश	ऊर्ध्वकेशी	पद्नाभ	श्रद्धा
ऐ	भौतिक	विकृतमुखी	दामोदर	लज्जा
ओ	सद्योजात	ज्वालामुखी	वासुदेव	लक्ष्मी
औ	अनुग्रहेश्वर	उल्कामुखी	संकर्षण	सरस्वती
अं	अक्रूर	श्रीमुखी	प्रद्युम्न	प्रीति
अः	महासेन	विद्यामुखी	अनिरुद्ध	रति
क	क्रोधीश	महाकाली	चक्री	जया
ख	चण्डेश	सरस्वती	गदी	दुर्गा
ग	पंचान्तक	गौरी	शार्ङ्गी	प्रभा
घ	शिवोत्तम	त्रैलोक्यविद्या	खड्गी	सत्या
ङ	एकरूद्र	मंत्र शक्ति	शंखी	चण्डा

च	कूर्य	आत्मशक्ति	हली	वाणी
छ	एक नेत्र	भूत माता	मुषली	विलासिनी
ज	चतुरानन	लम्बोदरी	शूली	विरजा
झ	अजेश	द्राविणी	पाशी	विजया
ञ	शर्व	नागरी	अंकुशी	विश्वा
ट	सोमेश्वर	बैखरी	मुकुन्द	वित्तदा
ठ	लांगली	मंजरी	नंदज	सुतदा
ड	दारुक	रूपिणी	नंदी	स्मृति
ढ	अर्धनारीश्वर	वीरिणी	नर	ऋद्धि
ण	उमाकान्त	कोटरी	नरकजित	समृद्धि
त	आषाढ़ी	पूतना	हरि	शुद्धि
थ	दण्डी	भद्रकाली	कृष्ण	भुक्ति
द	अद्रि	योगिनी	सत्य	मुक्ति
ध	मीन	शंखिनी	सात्वत	मति
न	मेष	गर्जिनी	शौरि	क्षमा
प	लोहित	कालरात्रि	शूर	रमा
फ	शिखी	कुब्जिनी	जनार्दन	उमा
ब	छगलण्ड	कर्पादिनी	भूधर	क्लेदिनी
भ	द्विरण्ड	महावज्र	विश्वमूर्ति	क्लिन्ना
म	महाकाल	जया	वैकुण्ठ	वसुदा
य	कपाली	सुमुखेश्वरी	पुरुषोत्तम	वसुधा
र	भुजगेश	रेवती	बली	परा
ल	पिनाकी	माधवी	बलानुज	परायणा
व	खड्गीश	वारुणी	बाल	सूक्ष्मा
श	वक	वायवी	वृषघ्न	सन्ध्या
स	भृगु	सहजा	सिंह	प्रभा
ष	श्वेत	रक्षोविदारिणी	वृष	प्रज्ञा
ह	नकुली	लक्ष्मी	वराह	निशा
ळ	शिव	व्यापिनी	विमल	अमोघा
क्ष	संवर्तक	माया	नृसिंह	विद्युता

'क्ष' अर्थात् अनन्ता अक्षमाला का सुमेरू माना गया है, इस प्रकार उपरोक्त पचास मातृकाएं ही मंत्र की आधारभूता हैं।

वास्तविक रूप में देखा जाय तो प्रत्येक वर्ण अपने आप में समग्र 'मन्त्र' है, अतः इस वर्ण का सांगोपांग अध्ययन मंत्र अध्येताओं के लिए आवश्यक है। इसीलिए आगे प्रत्येक वर्ण का ऋषि, छन्द, देवतादि स्पष्ट कर रहा हूं।

वर्ण	ऋषि	छन्द
अ, आ	अर्जुन्यायन	मध्या
इ, ई	भार्गव	प्रतिष्ठा
उ ऊ ऋ	अग्निवेश्य	सप्रतिष्ठा
ॠ लृ लॄ ए	गौतम	गायत्री
ऐ ओ	लौहित्यायन	अनुष्टुप
औ अं	वशिष्ठ	वृहति
अ:	माण्डव्य	दण्डक
क	मौद्गायन	पंक्तिम
ख ग घ ङ	अज	त्रिष्टुप
च	योग्यायन	जगती
छ	गोपाल्यायन	अति जगती
ज	नषक	शक्वरी
झ	अज	शक्वरी
ञ	काश्यप	अतिशक्वरी
ट	शुनक	अष्टि
ठ	सौमनस्य	अत्यष्टि
ड	कारण	धृति
ढ ण	माण्डव्य	अतिधृति
त थ द ध	साङ्कृत्यायन	कृति
न प फ	कात्यायन	प्रकृति
ब	दाक्षायण	आकृति
भ	व्याघ्रायण	विकृति
म	शाण्डिल्य	सङ्कृति
य र	काण्डिल्य	अतिकृति
ल	दाण्ड्यायन	उत्कृति
व	जातायन	दण्डक
श	लाट्यायन	दण्डक
स ष ह	जय	दण्डक
ळ, क्ष	माण्डव्य	दण्डक

आश्चर्य होता है कि मंत्र प्रणेता ऋषियों ने मंत्र-मूल वर्णों का विवेचन कितनी सूक्ष्मता से किया है, तांत्रिक ग्रन्थों में वर्णों का ग्रहों-नक्षत्रों से व्यापक सम्बन्ध स्थिर किया है, प्रत्येक वर्ण का एक अधिष्ठाता ग्रह है प्रपंचसार में इसका उल्लेख स्पष्ट है:—

वर्ग	ग्रह
स्वर वर्ग	सूर्य
क वर्ग	मंगल
च वर्ग	शुक्र
ट वर्ग	बुध
त वर्ग	गुरु
प वर्ग	शनि
य वर्ग	चन्द्र

इसी प्रकार राशि वर्णों का उल्लेख भी है—

वर्ग	राशि
अ, आ इ ई	मेष
उ ऊ ऋ	वृष
ॠ लृ लॄ	मिथुन
ए ऐ	कर्क
ओ औ	सिंह
अं अः श, स ष ह, ळ	कन्या
क ख ग घ ङ	तुला
च छ ज झ ञ	वृश्चिक
ट ठ ड ढ ण	धनु
त थ द ध न	मकर
प फ व भ म	कुंभ
य र ल व क्ष	मीन

तंत्र-ग्रन्थों में वर्णों से संबंधित उनके नक्षत्रों को भी स्पष्ट किया है, जो कि निम्न प्रकार से हैं :—

वर्ण	नक्षत्र
अ आ	अश्विनी
इ	भरणी
ई उ ऊ	कृत्तिका
ऋ ॠ लृ लॄ	रोहिणी
ए	मृगशिरा
ऐ	आर्द्रा
ओ औ	पुनर्वसु
क	पुष्य

ख ग	आश्लेषा
घ ङ	मघा
च	पूर्वा फाल्गुणी
छ ज	उत्तराफाल्गुनी
झ	हस्त
ट ठ	चित्रा
ड	स्वाती
ढ ण	विशाखा
त थ द	अनुराधा
ध	ज्येष्ठा
न प फ	मूल
ब	पूर्वाषाढ़ा
भ	उत्तराषाढ़ा
म	श्रवण
य्र र	धनिष्ठा
ल	शतभिषा
व श	पूर्वाभाद्रपद
स ष ह क्ष	उत्तराभाद्रपद
अं अः ञ ळ	रेवती

मंत्र साधकों को वर्णों के भूतात्मक वर्गीकरण को भी ध्यान में रखना चाहिए। जिस प्रकार मानवों में मित्रता-शत्रुता होती है, उसी प्रकार वर्णों में भी होता है। अतः मंत्र ग्रहण, मंत्र दीक्षा, मंत्र जप एवं मंत्र साधना करते समय साधक एवं मंत्र का आदि वर्ण मत्रीभाव युक्त है या शत्रुभाव युक्त।

वर्ण वर्गीकरण इस प्रकार है :

वायु वर्ग—	अ, आ, ए, क, च, ट, त, प, य, ष
अग्निवर्ग—	इ, ई, ऐ, ख, छ, ठ, थ, फ, र, क्ष
भूमि वर्ग—	उ, ऊ, अ, ग, ज, ड, द, ब, ल, ळ
जल वर्ग—	ऋ, ॠ, औ, ध, झ, ढ़, घ, भ, व, ग
व्योम वर्ग—	लृ, लॄ, क्ष, ङ, ञ, ण न, म, श, ह

मैत्री भाव

पृथ्वी वर्ग + जल वर्ग
अग्नि वर्ग + वायु वर्ग
पृथ्वी वर्ग + जल वर्ग

शत्रु भाव

जल वर्ग+अग्नि वर्ग

साधक को चाहिए कि वह उसी मंत्र का चयन करे जो उसके नाम के आद्य वर्ण से मैत्रीवत् वर्ण मंत्र हो।

वस्तुतः वर्ण केवल ध्वनि ही नहीं है अपितु उसके मूल में पूर्ण शक्ति तत्व विद्यमान है, ज्ञान-विज्ञान एवं समस्त विद्याओं की कुंजी एकमात्र वर्ण ही है, यह सारा ब्रह्माण्ड इन वर्णों के अधीन है, अतः वर्ण को आत्मसात् करने से ही मंत्र आत्मसात् सम्भव है।

मन्त्र

महाकवि दण्डी ने मंत्र की महत्ता स्पष्ट करते हुए कहा है—

इदमन्धं तमः कृत्स्नं जायेत भुवन त्रयम्।
यदि शब्दालयं ज्योति रा संसाराह्न दीप्यते ॥

यदि शब्द रूपी ज्योति सृष्टि के आरम्भ से ही न होती, तो ये तीनों लोक आज तक पूर्ण अंधकार में ही डूबे रहते।

वर्णों के समूह से मंत्र का निर्माण होता है, ऊपर जैसा कि देखा जा चुका है कि प्रत्येक वर्ण का अपना एक अलग अस्तित्व है, और अपने आप में असीम शक्ति समेटे हुए है, तो उन वर्णों से पुंजीभूत मंत्र में कितनी अधिक शक्ति एवं क्षमता होगी, इसकी कल्पना की जा सकती है।

मंत्र की दो स्थितियां होती हैं, (१) गोपन एवं (२) स्फुट। कुछ विद्वानों का विचार है कि उच्चारण से मंत्र की शक्ति समाप्त हो जाती है, उनका तर्क है कि मंत्र और साधक की अव्यय शक्ति का योग होना आवश्यक है, अव्यय शक्ति प्रत्येक मानव की वह निधि है, जो उसे जीवन्तता दिये हुए है, अव्यय शक्ति एवं मंत्र के गोपन घोष से ही कार्य सिद्धि होती है, 'शिवसूत्र विमर्षिनी' के अनुसार तो उच्चारण किये जाने वाले मंत्र 'मंत्र' कहलाने के अधिकारी ही नहीं हैं—

उच्चार्यमाणा ये मंत्रा न मंत्राऽश्चापि तद्विदु।

'महार्थ मंजरी' के अनुसार भी मनन योग्य शब्द ध्वनि ही मंत्र है। 'मनन त्राण धर्माणो मंत्रा।' मनन से ही पराशक्ति का अभ्युदय और उसका वैभव प्रकाशवान होता है, और इस पराशक्ति से ओतप्रोत शब्द समूह ही 'मंत्र' पद के अधिकारी हैं—

मननमयी निज विभवे निजसंकोच मये त्राणमयी।
कवलित विश्व विकल्पा अनुभूतिः कापिमंत्र शब्दार्थः॥

महार्थ मंजरी ॥४८॥

'शिवसूत्र विमर्षिनी' में 'चित्तं मंत्र' कह कर चित्त को ही मंत्र कहा है, चित्त जब बाह्य संस्कारों से कटकर अन्तर्मुख हो जाता है, और अभेदावस्था को प्राप्त कर जब मंत्र—सम्पृक्त होता है तभी मंत्र दिव्य बनता है, और तभी उस मंत्र में निहित देवता से साधक के चित्त का पूर्ण तादात्म्य होता है, और इस प्रकार की अवस्था हो जाने पर मंत्र के रहस्य और उसमें निहित शक्ति हस्तामलकवत् होकर पूर्ण सिद्धि प्राप्त होती है।

ऐसे मंत्र न तो काल से बाधित होते हैं, न स्थान से, उनकी गति सर्वत्र होती है, वे पूर्ण सफलता देने में पूर्ण सहायक होते हैं।

सारांशतः गोपन रूप में आत्म तत्व से वेष्टित शब्द समूह 'मन्त्र' ध्वान से ही कार्य सिद्धि होती है।

अब प्रश्न उठता है, कि क्या मंत्रों को ध्वनि रूप में जपना चाहिए, मोटे रूप में कहा जाय, तो क्या मंत्रों को मन-ही-मन बिना होंठ हिलाये जपना चाहिए या उनका उच्चारण करना चाहिए।

'विज्ञान भैरव तंत्र' में मंत्रों की दो अवस्थाएं बताई हैं, चित्त युक्त मंत्र और ध्वनि युक्त मंत्र। पहले प्रकार के मंत्र वे मंत्र हैं, जिनका उच्चारण चित्त संस्कारित कर मन-ही-मन जप कर घोष उत्पन्न करना पड़ता है, सीधे सादे शब्दों में कहा जाय, तो मंत्र मन-ही-मन जपना चाहिए, दूसरे प्रकार के मंत्र शब्दातीत हों, अर्थात् उच्चरित हों, और होठों के बाहर उच्चरित होकर वायुमंडल में ध्वनित हों।

यह विश्व दो रूपों में विभक्त है, जिसमें एक ग्राहक और दूसरा ग्राह्य है, मानव मन से अनुप्राणन ही ग्राहक है और विश्व के ओर छोर ग्राह्य, अतः ग्राहक और ग्राह्य का जब तक पूर्ण सम्पर्क नहीं हो जाता, तब तक मनोरथ सिद्धि भी सम्भव नहीं। ग्राहक और ग्राह्य में सम्पर्क का आधार केवल मात्र ध्वनि ही है, जो होठों से स्फुरित होकर पूरे वायुमंडल में फैल जाती है।

विज्ञान के अनुसार मानव जो भी शब्द उच्चारण करता है, वह पूरे विश्व के वायुमंडल में तैर जाता है, उदाहरणार्थ रेडियो में किसी भी स्टेशन पर जो गीत की पंक्ति या भाषण का अंश बोला जाता है, वह उसी समय पूरे वायुमंडल में फैल जाता है और सात समुद्र पार किसी देश का श्रोता भी यदि चाहे तो अपने रेडियो के माध्यम से उस गीत की पंक्ति या भाषण का अंश सुन सकता है, आवश्यकता केवल इस बात की है, कि रेडियो में सुई उस 'फ्रीक्वेन्सी' पर लगाने की जानकारी हो ठीक इसी प्रकार हम जो भी शब्द या ध्वनि उच्चरित करते हैं, वह समस्त विश्व में फैल जरूर गया है, आवश्यकता है उस ग्राह्यता की, जो उस ध्वनि को सुन सके।

यह भी सच है, कि यह ध्वनि कभी भी मिटती नहीं। आज से हजार साल पहले भी यदि कोई ध्वनि उच्चरित हुई थी, तो वह आज भी वायुमंडल में ज्यों को

त्यों व्याप्त है, आवश्यकता है, उस 'फ्रीक्वेन्सी' की जिसके माध्यम से हम उस ध्वनि को सुन सकें। ऊंचे साधक आज भी महाभारत कालीन ध्वनियों को सुनाने में समर्थ हैं।

वैज्ञानिकों के अनुसार ध्वनि के माध्यम से असम्भव-से-असम्भव कार्यों को भी सम्भव किया जा सकता है, परन्तु यह एक विशिष्ट ध्वनि हो। डा० फ्रिस्टलोव ने ध्वनि कंपनों से शरीरस्थित परमाणुओं में कंपन पैदा कर दिखाया है, और इस कंपन से शारीरिक रोगों को ध्वनि के माध्यम से दूर करने में सफलता मिली है। जेट विमान के तीव्र ध्वनि कम्पन से मकानों में दरारें पड़ जाती हैं, अतः ध्वनि की महत्ता निर्विवाद है।

मंत्र उच्चारण से भी एक विशिष्ट ध्वनि कंपन बनता है, जो तुरन्त ईथर में मिलकर पूरे विश्व के वायुमंडल में व्याप्त हो जाता है, उदाहरणार्थ सूर्य से संबंधित कोई मन्त्र है, तो उसके उच्चारण से एक विशेष ध्वनि कंपन बनता है और वे कंपन ऊपर उठते हुए 'ईथर' के माध्यम से कुछ ही क्षणों में सूर्य तक पहुंच कर लौट आते हैं, लौटते समय उन कंपनों में सूर्य की सूक्ष्म शक्ति, तेजस्विता एवं प्राणवत्ता विद्यमान रहती है, जो पुनः साधक के शरीर से टकरा कर उसमें उन गुणों का प्रभुत्व बढ़ा देती है, इस प्रकार सूर्य मन्त्र के उच्चारण से सूर्य से सम्बन्धित प्राणवत्ता साधक को प्राप्त हो जाती है।

मन्त्रों की आत्मा

मन्त्र को समझने के लिए यह आवश्यक है कि यह जान लिया जाय, कि मन्त्र की आत्मा क्या है, क्या मन्त्र शिव है ? क्या शक्ति है ? या अणु-परमाणु है ?

किसी भी तत्व में शिव, शक्ति और अणु इन तीनों का समावेश जरूरी है, बिना इन तीनों के किसी पदार्थ या तत्व की कल्पना नहीं की जा सकती। यह सम्पूर्ण विश्व इन तीनों तत्वों से प्रतिष्ठित है, अतः 'मन्त्र' में भी इन तीनों तत्वों का उचित सामंजस्यपूर्ण अस्तित्व होता है।

शिव निरापद है, और शक्ति सानन्द। इन दोनों का पार्थक्य सम्भव नहीं, शिव, शक्ति के माध्यम से ही सृष्टि स्थिति संहार आदि कृत्य करते हैं, और इन कृत्यों का आधार आत्मा ही होती है, इस प्रकार शिव, शक्ति और आत्मा ये तीन ही तत्व सर्वोपरि हैं, और इन तीनों तत्वों के उचित प्रमुदित रूप को ही 'मंत्र' कहा जाता है।

मन्त्र अपने आपमें शक्तिशाली तेजयुक्त एवं शिवत्व की अभिव्यक्ति देने में समर्थ है। शिव और शक्ति के उचित सामंजस्य के कारण ही मंत्र भोग और मोक्ष दोनों ही गतियां देने में समर्थ है।

यहां पर मन्त्र स्तोत्र में भी भेद समझ लेना चाहिए, स्तोत्र केवल मात्र किसी

देवता की स्तुति या प्रार्थना होती है जो किसी भी प्रकार के शब्दों में सम्भव है, अर्थात् यदि स्तोत्र में निहित शब्दों को बदल भी दें तो कोई अन्तर नहीं पड़ता, पर मन्त्र में निहित शब्दों को बदलने की तो बात दूर रही, उसके अनुस्वार आदि में भी अन्तर नहीं किया जा सकता, यही नहीं अपितु उसमें समान धर्मा या समान अर्थबोधक शब्द को बदल कर रख देना भी ग्राह्य नहीं।

प्रार्थना स्तुति या स्तोत्र में एक ही भाव भिन्न-भिन्न शब्दों में प्रस्तुत किया जा सकता है, पर मन्त्र में ऐसा सम्भव नहीं, यह मूलभूत अन्तर है।

यहां एक और प्रश्न उभरता है, कि यदि स्तोत्र के शब्दों को नहीं बदलें, तो क्या वह मन्त्र का स्थान ग्रहण कर सकता है ?

मानव स्थूलतः दो मनों में विभक्त है, एक उसका आन्तरिक मन है, और दूसरा बाह्य। कई बार किसी गलत कार्य को करते समय इन दोनों मनों में परस्पर संघर्ष हो जाता है, आन्तरिक मन ऐसे कार्य को गलत कहता है जब कि बाह्य मन ऐसे कार्य को करने की स्वीकृति दे देता है। मानव का आभ्यन्तरिक मन ईश्वर की ही प्रतिकृति है, और विशिष्ट साधु-सन्तों का यह आभ्यन्तरिक मन अत्यधिक प्रबल होता है।

जब ऐसे महर्षि या संत अपने आभ्यन्तरिक मन के संयोग से कोई स्तुति या स्तोत्र का पाठ नियमित करते हैं, तो वह स्तुति भी 'मन्त्र' का रूप धारण कर लेती है, कालान्तर में वह स्तुति भी उतनी ही फलप्रद बन जाती है, जितना कि मन्त्र। हनुमान चालीसा या 'कनकधारा स्तोत्र' इसी प्रकार से मन्त्र के रूप में प्रयुक्त होते हैं, और साधक के कार्य में मन्त्रवत् सफलता भी देते हैं।

मन्त्र-स्वरूप

क्या मन्त्र सशरीर है या निराकार ? मन्त्र का स्वरूप कैसा है ?

वस्तुतः मन्त्र सशरीर नहीं है क्योंकि शरीर वाले प्राणियों में मलिनता की विद्यमानता अवश्यम्भावी है, और मन्त्रों में दूषितता सम्भव नहीं, अतः मन्त्र मूलतः निराकार होते हुए भी सामर्थ्यवान एवं सवेग है, और अपने अतुल वेग के द्वारा ही साधक एवं सम्बन्धित देवता के बीच सफल मध्यस्थता का कार्य करते हैं।

उदाहरणार्थ एक साधक यज्ञ करते समय इन्द्र को आहुति देता है, इन्द्र-मन्त्र के माध्यम से उर्मियां ईथर में मिलकर इन्द्र से स्पर्शित होती हैं। इन उर्मियों के साथ होता है हविष्य, साधक या यज्ञकर्ता की गंध, भावनाएं, इच्छाएं, साथ ही यज्ञ कराने वाले का ज्ञान एवं प्रबल व्यक्तित्व। जब ये उर्मियां इन्द्र से टकराती हैं, तो वे भावनाएं, इच्छाएं एवं हविष्य-गंध उसे समर्पित होती हैं, तथा लौटते समय वे उर्मियां लाती हैं इन्द्र की तेजस्विता, दृढ़ता एवं आशीर्वाद, जो कि पुनः लौट कर यज्ञकर्ता के

स्थूल शरीर से टकराती हैं, और यज्ञकर्ता के शरीर-प्राण में इन्द्र की वह तेजस्विता, दृढ़ता देती है। इस प्रकार अशरीर होते हुए भी सशरीरवत् मन्त्र यज्ञकर्ता एवं सम्बन्धित देवता के बीच सफल मध्यस्थ का कार्य करता है।

मन्त्र-सामर्थ्य

मन्त्रों में सामर्थ्य किससे प्राप्त होती है, क्या साधक से ? क्या सम्बन्धित देवता से ? या क्या वे स्वतः ही शक्तिमान होते हैं ?

जिस समय साधक-आसन पर बैठता है, उस समय वह सामान्य मानव न रहकर उसके कुछ ऊपर उठ जाता है, जैसा कि मैं बता चुका हूं कि मानव के दो मन होते हैं अन्तर्मन और बाह्यमन, या दूसरे शब्दों में कहें तो अन्तश्चेतना और बाह्य चेतना।

बाह्य चेतना स्थूल होती है, जिसके द्वारा हम जीवन के क्रिया कलाप करते हैं। भूख, प्यास क्रोध, मोह आदि इसी बाह्य चेतना के रूप होते हैं, अन्तश्चेतना का इससे कोई सम्बन्ध नहीं होता।

अन्तश्चेतना मानव की मूल शक्ति होती है, जो सर्वथा शुद्ध निष्पाप एवं निर्मुक्त होती है, इस अन्तश्चेतना की शक्ति अद्भुत होती है, और इसके माध्यम से वे सभी कार्य सम्भव हैं, जो प्रत्यक्षतः असम्भव या कठिन लगते हैं।

अन्तश्चेतना किसी में कम और किसी में अधिक जाग्रत रहती है। जो शुद्ध सात्विक हैं, उनकी अन्तश्चेतना अपेक्षाकृत ज्यादा सक्रिय एवं सजग रहती है, जब साधक किसी मन्त्र का जाप करने को उद्यत होता है, तब यह अन्तश्चेतना ही उसके लिए सर्वाधिक सहायक होती है, इस अन्तश्चेतना के साथ साधक का मन्त्र जब आप्लावित होता है, तब मन्त्र सजग एवं प्राणवान बनकर फलप्रद बन जाता है, अतः मन्त्रों में सामर्थ्य कहीं बाहर से नहीं अपितु उसके भीतर से ही आती है।

यहां पर अन्तश्चेतना के बारे में भी थोड़ा-सा प्रकाश डाल दूं। पृथ्वी पर जितने भी प्राणी हैं, उन सब में अन्तश्चेतना विद्यमान है। व्यक्तियों में यह अन्तश्चेतना कुछ ज्यादा सक्रिय होती है, फिर भी सभी मानवों में यह बराबर सक्रिय नहीं होती, अपितु किसी में ज्यादा, किसी में कम और किसी में बहुत ही कम सक्रिय होती है। जिस व्यक्ति में जितनी ही ज्यादा यह अन्तश्चेतना जाग्रत या सक्रिय होती है, मानवता की दृष्टि से वह व्यक्ति उतना ही ज्यादा ऊंचे स्तर का होता है।

व्यक्ति अपनी सामर्थ्य से या प्रयत्नों से अपनी अन्तश्चेतना को ज्यादा-से-ज्यादा सक्रिय एवं सजग कर सकता है। इसके लिए साधक को चाहिए कि वह नित्य कुछ समय के लिए अभ्यास करे, शान्त, कोलाहल से दूर, स्वस्थ वातावरण में साधक को पद्मासन मे बैठकर ध्यान को एकाग्र करने का प्रयत्न करे। ध्यान कितना एकाग्र है, यह इससे जाना जा सकता है कि ध्यानस्थ होने पर उसे बाहरी शोर तो

सुनाई नहीं देता ? यदि पत्ता खड़कने की आवाज या चिड़िया की चहचहाहट कानों में पड़ती है, तो समझना चाहिए कि अभी ध्यान एकाग्र नहीं हुआ ।

अन्तश्चेतना या अन्तर्मन व्यापक है, और यह क्षणांश में ही पूरे विश्व के सौ चक्कर लगा सकने में समर्थ होता है । इस अन्तश्चेतना की व्यापकता से ही सन्त या साधु सैकड़ों मील दूर की घटनाओं को प्रत्यक्षतः देख सकते हैं, यह अन्तश्चेतना कालातीत है, इसीलिये साधक भविष्य को सही-सही पहचान सकने में समर्थ होता है ।

वस्तुतः हमारे साधना क्षेत्र की आधारभूता यह अन्तश्चेतना ही है, जिसके उत्थान से और उपयोग से मन्त्र में चैतन्यता दे सकने में समर्थ हो सकते हैं ।

अन्तश्चेतना

पिछले अध्याय में अन्तश्चेतना के बारे में विवरण आया है, और जैसा कि हम पढ़ चुके हैं, इस अन्तश्चेतना से अनुप्राणित होकर ही मन्त्र फलप्रद, समर्थ एवं सिद्ध होता है, इस प्रकार मन्त्र का आधार यह अन्तश्चेतना ही है, अत: इसके बारे में थोड़ा और विचार कर लेना आवश्यक है।

मानव-शरीर इतना रहस्यमय है, कि सैकड़ों-हजारों वर्षों से वैज्ञानिक, चिकित्सक, योगी-साधक इसके रहस्य को समझने का प्रयत्न कर रहे हैं, पर अभी तक इस रहस्य का शतांश भी ज्ञात नहीं हो सका है, फिर भी मानव का यह प्रयत्न रहा है, कि वह अधिक-से-अधिक इसके बारे में जाने, और अपने ज्ञान का अनुभव अगली पीढ़ी को दे।

सूक्ष्मत: मानव मन दो हिस्सों में विभक्त है, एक है उसका अन्तर्मन और दूसरा बाह्य मन या दूसरे शब्दों में अन्तश्चेतना और बहिर्चेतना। इसमें अन्तश्चेतना सर्वदा सक्रिय शुद्ध एवं निर्मल बनी रहती है। मानव जो भी झूठ छल, फरेब आदि कार्य करता है, उसकी प्रेरणा में बहिर्चेतना हो सकती है, अन्तश्चेतना नहीं, क्योंकि अन्तश्चेतना मानव को विशुद्ध मानव और उसमें देवत्व बनाये रखने में सहायक होती है।

बाह्य चेतना या बहिर्चेतना किसी दूसरे प्रभाव में आ सकती है, उस पर अज्ञान, घमंड, काम, क्रोध मोहादि का मोटा पर्दा भी पड़ सकता है, और यह बहिर्चेतना आदमी को उसके सामाजिक मूल्यों से भी नीचे धकेल सकती है, परन्तु अन्तश्चेतना इन सबसे परे निर्मुक्त रहती है, उस पर न तो किसी भी प्रकार के विकारों का पर्दा पड़ता है और न वह बहकावे में आती है, क्योंकि उसमें पूर्णत: देवत्व बना रहता है। यह अन्तश्चेतना ही मानव को सही अर्थों में मानव बनाये रखती है, और उसे देवत्व-सुधा पिलाने में सहायक होती है।

योगी, ध्यानी, ऋषि, साधु संत आदि अपने लक्ष्य को या ब्रह्मत्व को प्राप्त करने के लिए इसी अन्तश्चेतना का विकास करने में लगे रहते हैं, और इसके विकास से ही वे अपने लक्ष्य को पा सकते हैं।

अन्तश्चेतना को विकसित एवं नियन्त्रित करने के लिए आसन, आधार और प्राणायाम का अभ्यास आवश्यक है, जिनके सतत उपयोग से इस कार्य में सफलता मिल सकती है।

आसन

यों तो यौगिक साधना में चौरासी लाख आसन माने गये हैं। इन सबका वर्णन एवं व्याख्या यहां अभीष्ट नहीं। हमारे लिए इनमें से चार आसन ही उचित हैं, जिनका अभ्यास प्रत्येक साधक को करना चाहिए—

(१) स्वस्तिकासन

जानुनोरन्तरे सम्यक् कृत्वा पादतले उभे।
समकायः सुखासीनः स्वस्तिकं तत् प्रचक्षते॥

स्वस्तिः का अर्थ है 'शुभ' कल्याणयुक्त। इसमें जानु और जंघा के मध्य में दोनों पादतलों को भली प्रकार स्थापित किया जाता है, इस आसन में बांया पैर नीचे, और दाहिना पैर ऊपर रहता है, एड़ी को जानु और जंघा के बीच में रखनी चाहिए, साथ ही गर्दन, सीना और मेरूदण्ड पूरी तरह से सीधा करके बैठना चाहिए।

स्वस्तिकासन

यह आसन सुखदायक, आसान और देर तक सुविधा से बैठने के लिए उचित है। धारणा, ध्यान, समाधि आदि के लिए यह आसन शुभ है, इसमें चित्त एकाग्र होता है, तथा तनाव की स्थिति कम होती है।

(२) समासन

कुछ योगी इसे गुप्तासन या समानासन भी कहते हैं, इसमें बायें पैर का पंजा अंडकोषों के नीचे रखे। यह ध्यान रहे कि टखना भूमि को स्पर्श करता हो, फिर बायें पैर के ऊपर दायें पैर का टखना रख दिया जाए। इसमें और स्वस्तिकासन

समासन

में भेद यह है कि स्वस्तिकासन में एड़ियां बराबरी पर नहीं रखी जातीं, परन्तु इसमें दोनों पैरों की एड़ियां बराबरी में जननेन्द्रिय के ऊपर रखी जाती हैं। हाथ सीधे हों, नेत्र सामने हों।

गुप्त रोगों के निवारण में यह आसन अत्यधिक उपयोगी है।

(३) सिद्धासन

इस आसन को अन्तश्चेतना जागृत करने के लिए सर्वश्रेष्ठ माना गया है। दायें पैर की एड़ी को गुदा के मध्य भाग में दृढ़ता के साथ लगावें, फिर बांये पैर की एड़ी मूत्रेन्द्रिय पर सावधानी के साथ रक्खें, जिससे कि मूत्रेन्द्रिय और वृक्क को बाधा न पहुंचे। दोनों घुटने भूमि को स्पर्श करते रहेंगे। मूत्रेन्द्रिय और अण्डकोष दोनों एड़ियों के बीच में रहेंगे। रीढ़ की हड्डी सीधी हो, तथा तर्जनी को मोड़कर अंगूठे के साथ लगा लें।

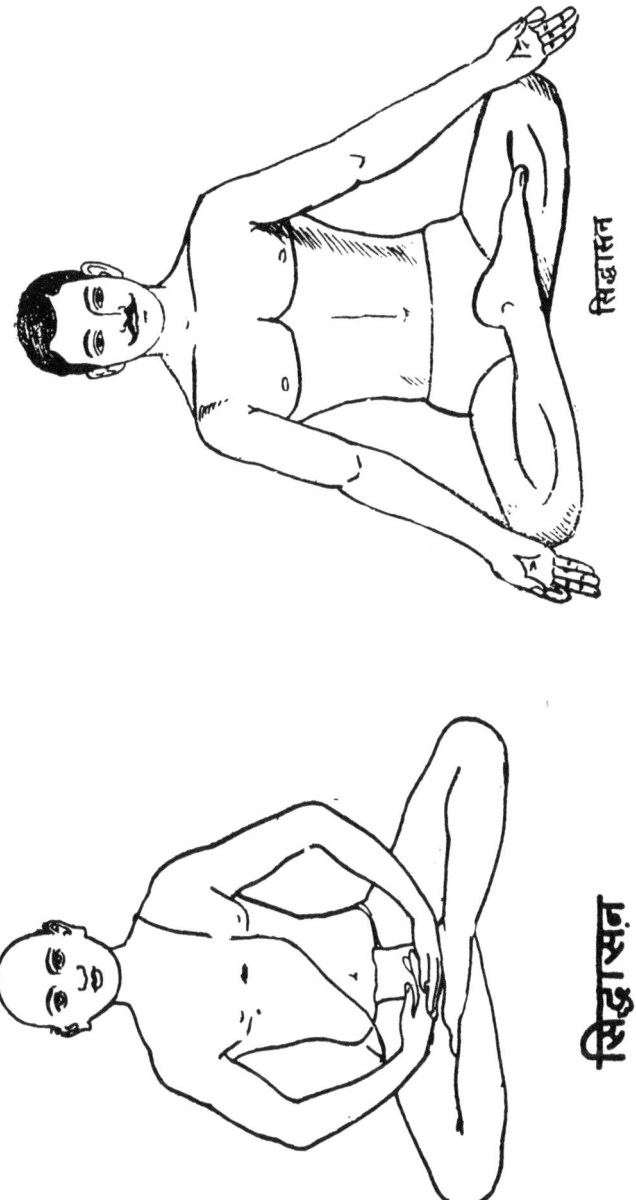

सिद्धासन

सिद्धासन

इस आसन के अभ्यास से मूलबन्ध स्वतः ही खुल जाता है, तथा प्राण ऊर्ध्व-गमन करने लगते हैं, धीरे-धीरे सुषुम्ना का मार्ग खुलने लगता है।

(४) पद्मासन

पद्मासन को योगीजन सर्वश्रेष्ठ आसन मानते हैं, इसे करने से सभी मनोरथ स्वतः ही सिद्ध होते हैं।

पद्मासन

बांये पैर को दाहिनी जांघ पर, तथा दाहिने पैर को वांयी जांघ पर इस प्रकार लगावें, कि नाभि के नीचे दोनों एड़ियां जुड़ जाएं। फिर मेरु, गर्दन, सिर को सीधा रखकर श्वास प्रश्वास की क्रिया शिथिल करें और दृष्टि को नाक के अग्रभाग पर स्थिर कर सीधा बैठ जाए।

यह आसन अनेक व्याधियों को मिटाने में सहायक और श्वसन क्रिया को नियमित करने में समर्थ है।

यह आसन सर्वाधिक अनुकूल, सुखदायक एवं सफलतादायक होता है, अन्तश्चेतना जाग्रत एवं उत्थित करने के लिए इसी आसन का प्रयोग करना चाहिए। अभ्यास के बाद तो साधक बारह-बारह घण्टे इस आसन पर बैठ जाते हैं।

पद्मासन अभ्यास के बाद साधक को आधार की जानकारी एवं अभ्यास भी करना चाहिए—

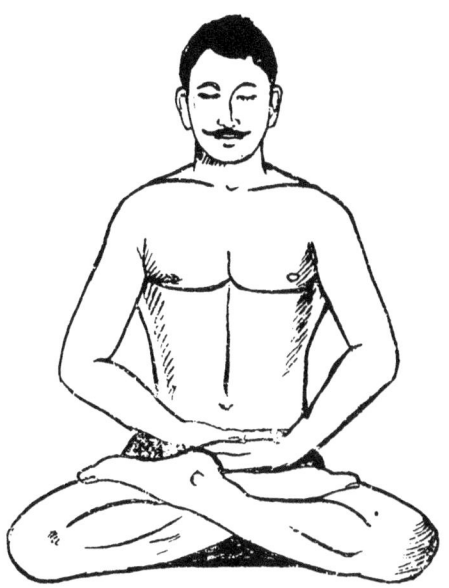

पद्मासन

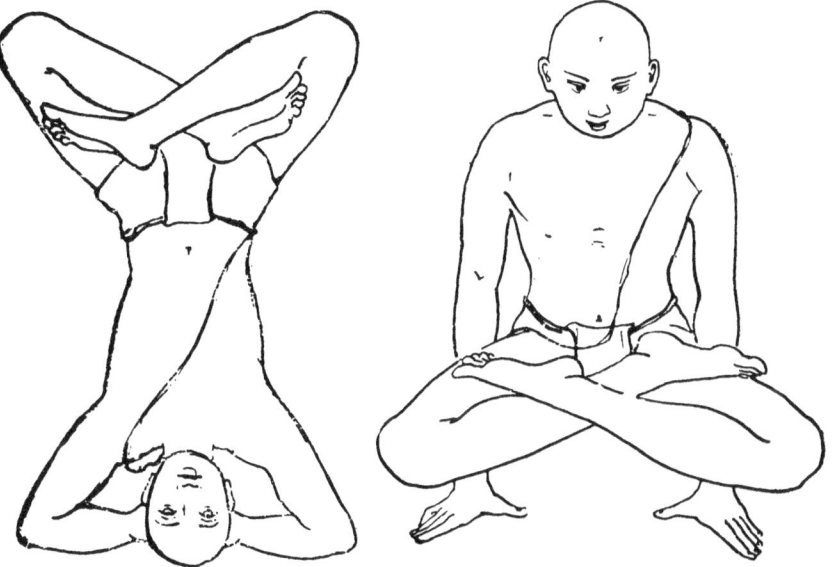

उर्ध्व पद्मासन

उत्थित पद्मासन

बद्ध पद्मासन

चक्रासन

शीर्षासन

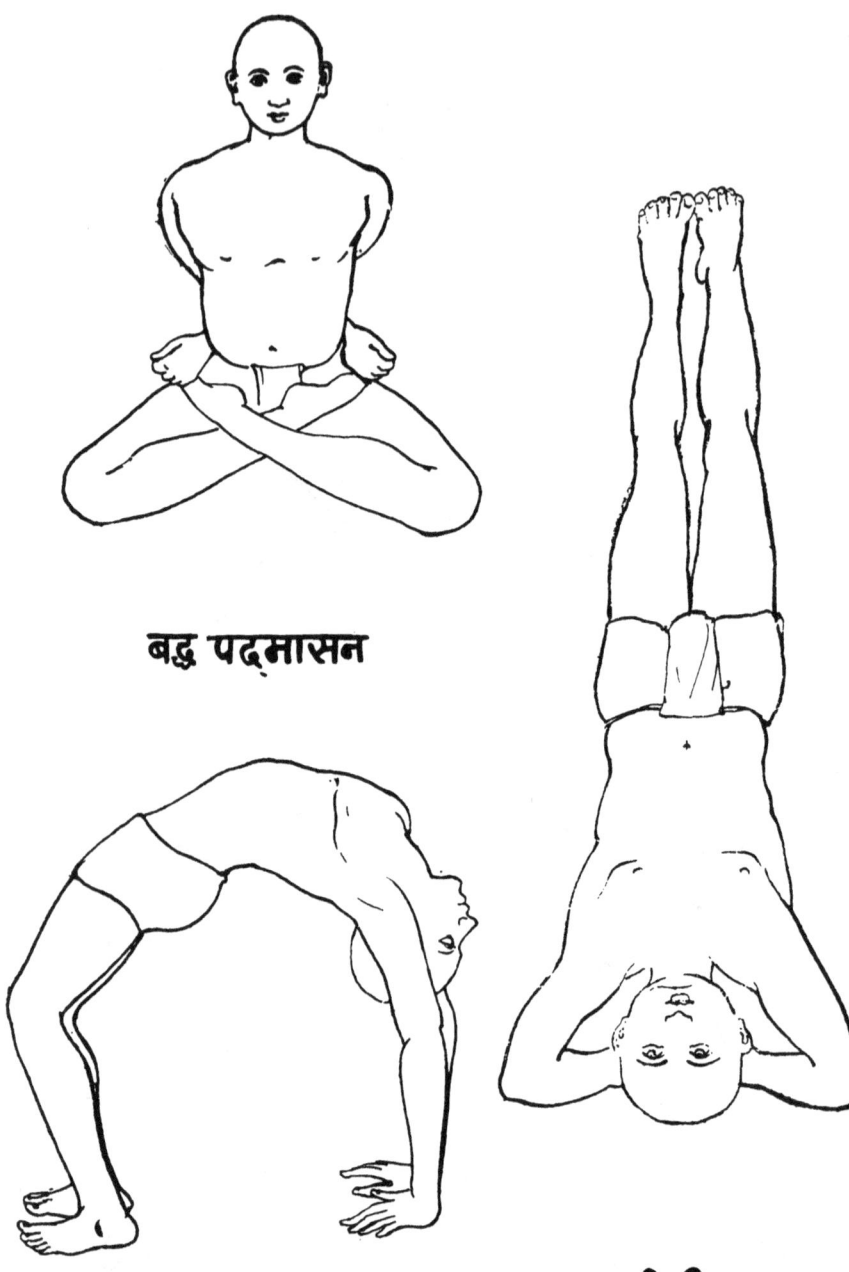

आधार

हमारा शरीर ईश्वर की सर्वोच्च कलाकृति है, जो जटिल है, पर गम्य है। योगीजन ही इस शरीर की मूल भावना एवं मूल रहस्य को समझने में समर्थ हैं, और वे ही देह स्थित चक्रों-एवं रहस्यों को समझ सके हैं।

शून्यचक्र

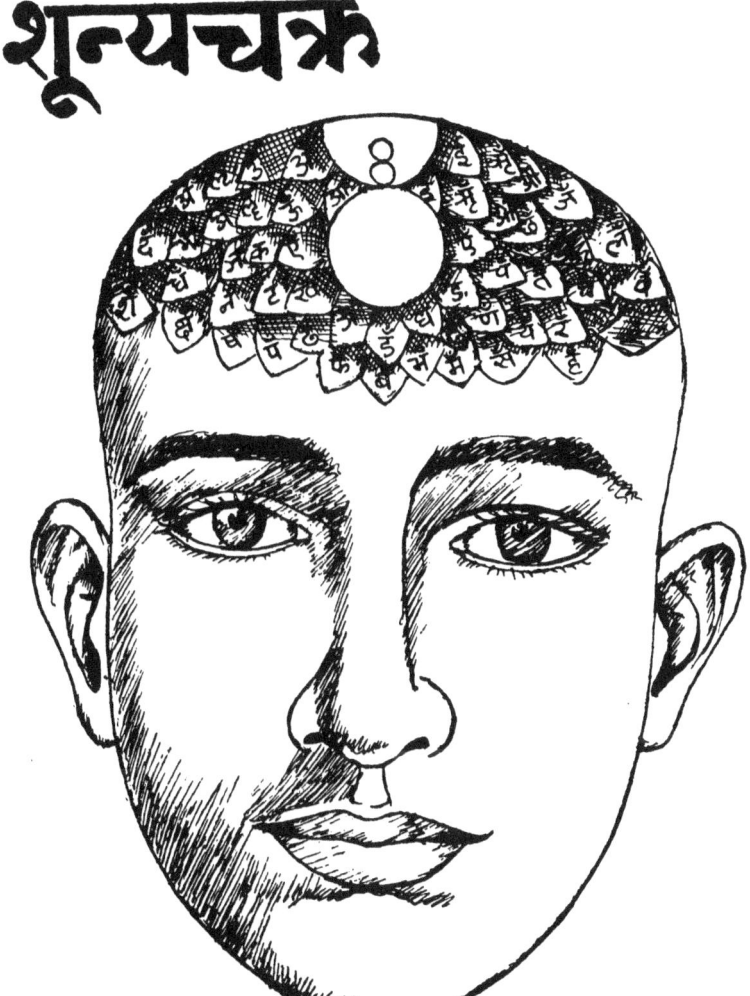

हमारे प्राणमय कोष का मूलाधार सुषुम्ना नाड़ी है, जो सूक्ष्म, ज्ञानवाहक एवं गतिवाहक है। यह मेरुदण्ड के भीतर छिपी होने पर भी पूरे शरीर को आलोकित एवं ज्योत्स्नित करने में समर्थ है। जहां-जहां पर भी यह नाड़ी गुच्छों के रूप में बनती है, वह 'चक्र' के रूप में दिखाई देती है।

आधारचक्र

(१) मूलाधार चक्र

यह पृथ्वी तत्व प्रधान चक्र है, जो शुण्डाकृति के रूप में जामुनी रंग-सा दिखाई देता है। यह गुदा से ऊपर गणेश चक्र तक 'अश्व पुच्छवत्' दिखाई देता है, इसका दर्शन करना ही 'यथार्थ दर्शन' कहलाता है।

(२) स्वाधिष्ठान चक्र

मूलाधार से लगभग चार अंगुल ऊपर मूत्राशय या गर्भाशय के मध्य में अवस्थित होता है, जिसका रंग दूध से भरे स्वर्णिम कटोरे के समान होता है, अभ्यास के

बाद इसमें से जो वाष्प निकलती है, वह मन और प्राणों को पूर्णतः तृप्ति देने में सहायक है। इसके दर्शन से ब्रह्मचर्य स्थिर एवं दृढ़ बनता है।

स्वाधिष्ठानचक्र

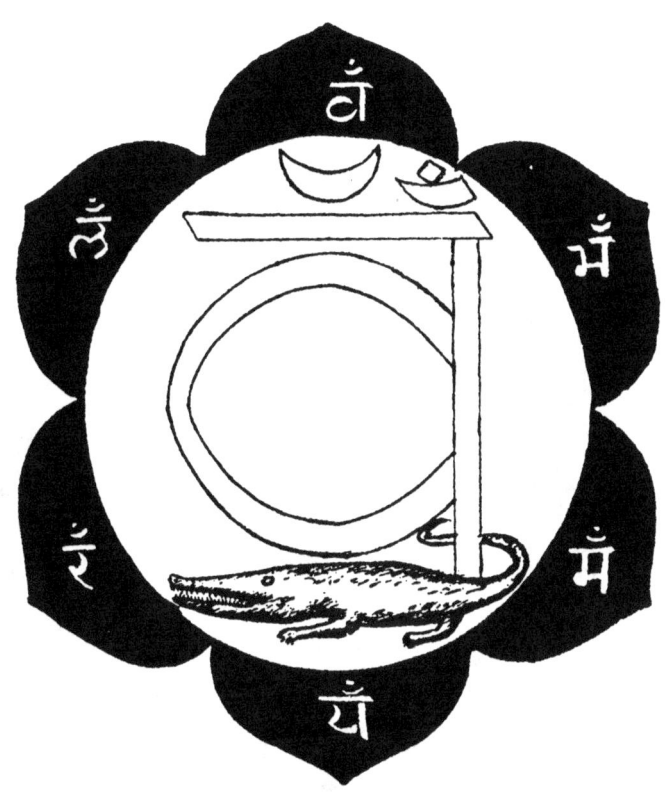

(३) मणिपूर चक्र

कुछ साधक इसे 'नाभि-चक्र' भी कहते हैं, मेरुदण्ड के सामने नाभिप्रदेश में यह अवस्थित होता है। 'नाभि' एक ऐसा केन्द्रीय स्थान है, जहां से हजारों नाड़ियां चतुर्दिक निकलती हैं, और हजारों ही नाड़ियां यहां आकर समाहित होती हैं, जिससे नाड़ियों का एक चक्र-सा बन जाता है, जो कि रश्मियां निकलते हुए सूर्य के समान होता है। इसका स्वरूप अग्निवत् होता है। गर्भस्थ बालक को प्राण-ऊष्मा यहीं से

प्राप्त होती है। यहां पर ध्यान केन्द्रित करने से एक दिव्याभा दिखाई देती है, जिससे शरीर का अन्तरंग पूरी तरह से ज्योतिस्नित हो जाता है। इसके अभ्यास से ही अन्तश्चेतना के उद्बोधन में पूरी-पूरी सहायता मिलती है।

मणिपूरकचक्र

(४) सूर्य चक्र

नाभि से कुछ ऊपर दाहिनी ओर जिगर के पास सूर्य चक्र की अवस्थिति है, जो कि अग्नितत्व प्रधान है, ध्यानस्थ होकर साधक जब इस चक्र से साक्षात्कार करता है तो भविष्यत् उसके सामने चित्रलिखित-सा स्पष्ट हो जाता है।

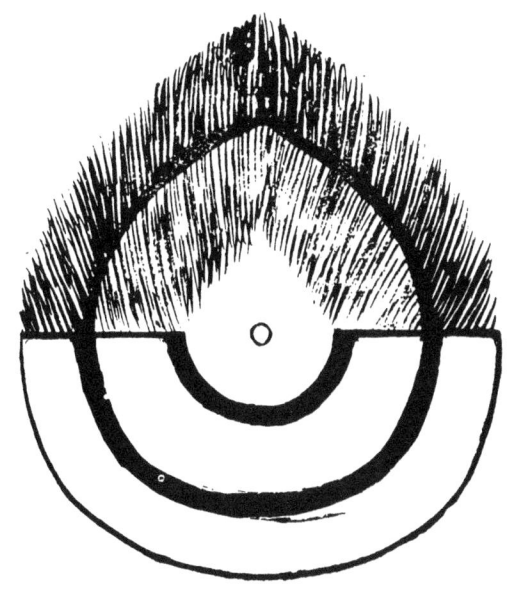

रजोगुण से क्रियाशील चित्त, अहंकार और सूक्ष्म प्राण का परिणाम

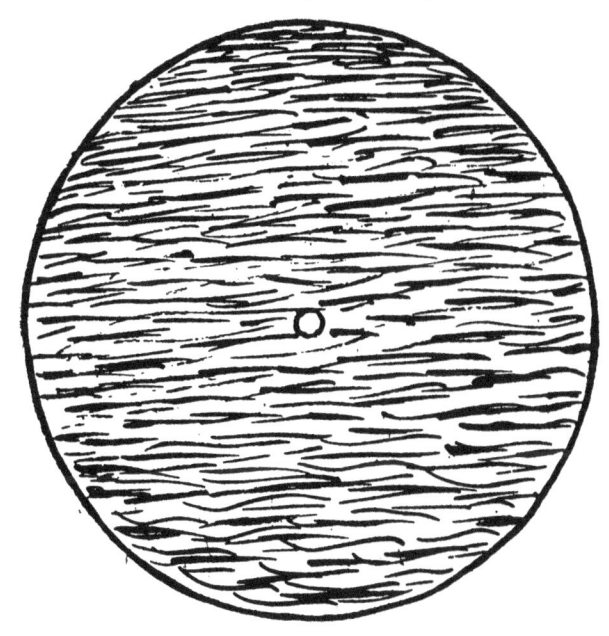

सात्विक अवस्था में चित्त और अहंकार का परिणाम

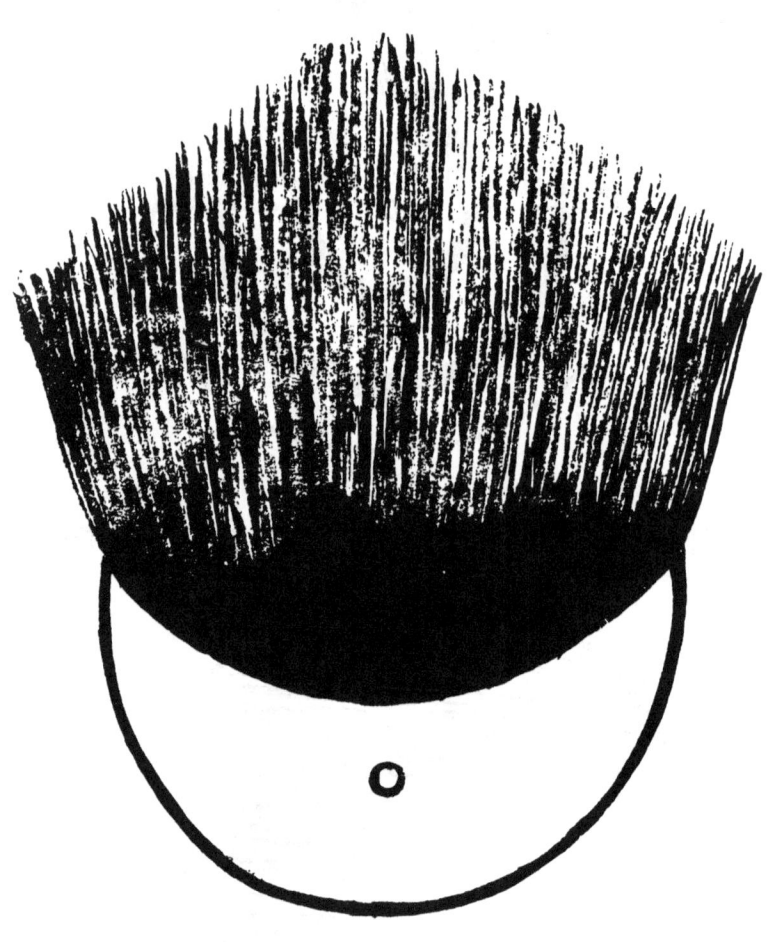

चित्त में रजोगुण से क्षुभित हुए अहंकार का परिणाम

(५) चन्द्र चक्र

यह चक्र नाभि से ऊपर प्लीहा या तिल्ली के पास स्थित है, यह चन्द्र बिंबवत् होता है, जीवन के समस्त भोजन को पाचक और मधुर बनाने में यह सहायक रहता है, इस चक्र के दर्शन योगीजन आत्मसाक्षात्कार के लिए करते हैं ।

(६) अनाहत चक्र

योगीजन इसे 'हृत् चक्र' भी कहते हैं। छाती में दोनों फुस्फुसों के पास इसकी अवस्थिति होती है। यह कनिष्ठिका की अग्र पौर के सदृश्य अंगूरवत् होता है,

अनाहतचक्र

जीवात्मा का निवास इसी चक्र में माना गया है; साधक जब इसमें प्रवेश करता है, तो साक्षात् ब्रह्म के दर्शन हो जाते हैं और वह एक अनिवर्चनीय आनन्द में खो जाता है।

(७) विशुद्ध चक्र

यह चक्र हृदय के ऊपर कंठ प्रदेश में स्थित होता है। इसके कमलवत् सोलह दल होते हैं। जब साधक अपनी साधना के बलपर इस चक्र में प्रवेश करता है तब

विशुदास्यचक्र

वह 'दिव्य श्रुत'-सा बन जाता है, मन स्थिर हो जाता है, भूख-प्यास समाप्त हो जाती है।

(८) आज्ञा चक्र

यह ललाट भाग के भ्रूमध्य में स्थित होता है, तथा सर्वोपरि चक्र माना गया है। जब साधक इस चक्र में प्रवेश करता है, तो 'दीपशिखावत्' ज्योति उसके सामने स्पष्ट होती है, यह 'दिव्य दृष्टि सम्पन्न चक्र' कहलाता है। साधक जब यहां तक पहुंचता है, तब वह दूर देश स्थित पदार्थ, घटनाएं आदि देख सकने में समर्थ होता है, और लौकिक भाषा में उसे 'दिव्य नेत्र' की प्राप्ति होती है, कुछ साधक इसे आज्ञा

चक्र भी कहते हैं, शिव के तीसरे नेत्र की अवस्थिति इसी आज्ञा चक्र के मध्य मानी गई है। साधकों के अनुसार जब आज्ञा चक्र तक साधक की अवस्थिति हो जाती है, तब संसार की समस्त शक्तियां उसके पास स्वतः हो जाती हैं। क्योंकि वह जो कुछ भी सोचता है, या आज्ञा देता है, वह कार्य तुरन्त सम्पन्न हो जाता है। शिव का 'मदन-दहन' इस कथन का ज्वलन्त साक्ष्य है। आज्ञा चक्र में प्रवेश करने के बाद ही साधक 'सहस्रार चक्र' में प्रवेश पा सकता है।

आज्ञा-चक्र

कबीर के 'अष्टचक्रा नवद्वारा' के कथन में ये ही अष्टचक्र हैं, जिन्हें साधन करने पर साधक ब्रह्मत्व प्राप्त करने में समर्थ हो पाता है।

(९) सहस्रार चक्र

साधक लोग इसे 'ब्रह्मरन्ध्र' भी कहते हैं। यह भृकुटि से लगभग तीन इंच ऊपर सिर के मध्य में ज्योतिपिण्ड के समान होता है। यह ज्योतिर्पिण्ड हजारों किरणों से ज्योतित दिखाई देता है, इसीलिए इसे सहस्रार चक्र कहा जाता है।

जो योगी या साधक सहस्रार चक्र भेदन कर लेता है, वह लौकिक कार्यों से ऊपर उठ जाता है। भूख, प्यास, रोग, शोक, जरा-मरण का भय उसे नहीं व्यापता। वह अष्टसिद्धियों नवनिधियों का स्वामी होते हुए 'ब्रह्मवत्' हो जाता है।

तामस् अवस्था में चित्त और अहंकार का परिणाम

योग्य गुरु के सान्निध्य में कोई भी दृढ़ चित्त साधक धीरे-धीरे अभ्यास करता हुआ, सुषुम्ना को जाग्रत कर कुण्डलिनी जागरण में समर्थ हो सकता है, और फिर चक्र भेदन के वाद विशिष्ट योगी या साधक बन सकता है।

परन्तु इस प्रकार की साधना के पूर्व कुछ विशिष्ट नियमों का पालन उसे दृढ़तापूर्वक करना चाहिए, जिससे वह अपने उद्देश्य में सफलता पा सके। यद्यपि ये नियम पढ़ने में अत्यन्त सामान्य से लगते हैं, परन्तु साधक जब इनका पालन करने लगता है, तब कई कठिनाइयां अनुभव होती हैं, अतः साधक को सफलता पाने के लिए अधोलिखित नियमों का दृढ़ता से पालन करना चाहिए—

राजस् अवस्था में चित्त और अहंकार का परिणाम

संहस्त्रदलपद्म
सहस्राचक्र
द्विदलपद्म
आज्ञाचक्र
षोडशदलपद्म
विशुद्धाख्यचक्र
द्वादशदलपद्म
अनाहतचक्र
दशदलपद्म
मणिपूरकचक्र
षट्दलपद्म
स्वाधिष्ठानचक्र
चतुर्दलपद्म
आधारचक्र

अष्टांग योग

अन्तश्चेतना साधन में पालन योग्य नियम

नारद पुराण, जाबाल दर्शनोपनिषद आदि ग्रन्थों में साधक के लिए अष्टांग पालन का आदेश दिया है, और इसे आवश्यक बताया है—

अष्टांग

१. यम	५. प्रत्याहार
२. नियम	६. धारणा
३. आसन	७. ध्यान
४. प्राणायाम	८. समाधि

इसमें से पहली तीन स्थूल क्रियाएं हैं तथा बाकी सूक्ष्म क्रियाएं कहलाती हैं—

१. **यम**

'**पातंजल योग सूत्र**' में बताया है कि अहिंसा सत्यास्तेय ब्रह्मचर्या परिग्रहा यमाः।'

अर्थात् अहिंसा, सत्य, अस्तेय, ब्रह्मचर्य तथा अपरिग्रह इन पांचों को 'यम' कहते हैं।

(क) **अहिंसा**—मन, वचन व कर्म से किसी भी प्राणी को किसी भी प्रकार का दुःख न देना ही अहिंसा है।

(ख) **सत्य**—प्रत्येक प्राणी के हित में झूठ न बोलने की क्रिया को ही सत्य कहते हैं। मुंडकोपनिषद में सत्य की महिमा वर्णन करते हुए कहा है—

'सत्यमेव जयते नानृतं सत्येन पंथा विततो देवयानः सत्येन लभ्यस्तप।

'साह्लेष आत्मा' अर्थात् प्रारम्भ में भले ही कष्ट, बाधा या परेशानियों का सामना करना पड़े, पर अन्त में विजय सत्य की ही होती है।

(ग) **अस्तेय**—मन, वचन, कर्म से दूसरे के द्रव्य की न तो इच्छा करना और न अनधिकृत रूप से प्राप्त करना अस्तेय कहलाता है।

कर्मणा मनसा वाचा परद्रव्येषु निःस्पृह।
अस्तेयमिति सम्प्रोक्तमृषिभिस्तत्वदर्शिभिः॥

—याज्ञवल्क्य संहिता

(घ) ब्रह्मचर्य—व्यास ने कहा—**ब्रह्मचर्य गुप्तेन्द्रिय स्थोपस्थस्य संयमः।"**

अर्थात् गुप्तेन्द्रिय से प्राप्त सभी प्रकार के सुखों को त्यागना ही ब्रह्मचर्य है।

'दक्ष संहिता' में मैथुन आठ प्रकार के बताये हैं—

१. स्मरण—(प्रिया या सुन्दर स्त्री का स्मरण करना)।

२. कीर्तन—(प्रिया की बातों को रसपूर्वक वर्णन करना)।

३. हंसी मजाक—(किसी भी स्त्री से हंसी मजाक करना)।

४. राग दर्शन—(किसी पर स्त्री को मोहयुक्त लोलुप दृष्टि से देखना)।

५. एकान्त में वार्तालाप—(पर स्त्री से एकान्त निर्जन स्थान में बातचीत करना)।

६. संकल्प—(पर स्त्री से रति निवेदन करना)।

७. मैथुन-प्रयत्न—(संभोग के लिए उद्यत होना या प्रयत्न करना)।

८. मैथुन—(पर स्त्री के साथ प्रत्यक्ष मैथुन करना)।

साधक को इन आठों प्रकार के मैथुन से बचना चाहिए। घेरण्ड संहिता के अनुसार अपनी पत्नी से उचित समय में मैथुन करने से ब्रह्मचर्य खंडित नहीं होता।

(ङ) अपरिग्रह—अपने लिए सभी प्रकार के सुख, भोग, धन, संपदा आदि का त्याग अपरिग्रह कहलाता है।

पातंजली योग में भी उपरोक्त 'यम' निर्देश दिये हैं। पर श्रीमद्भागवत में श्री व्यास जी ने यम के बारह प्रकार बताये हैं :

१. अहिंसा	७. आस्तिकता
२. सत्य	८. ब्रह्मचर्य
३. अस्तेय	९. मौन
४. असंग	१०. स्थिरता
५. लज्जा	११. क्षमा
६. अपरिग्रह	१२. अभय

इसका पालन 'यम' नियम पालन करना है।

२. नियम

पातंजल योग दर्शन में पांच नियम बताये हैं।

१. शौच

२. सन्तोष

३. तप

४. स्वाध्याय

५. ईश्वर शरणागति।

१. शौच—शरीर की बाह्य तथा अन्तःकरण की शुद्धि को ही शौच कहते हैं। बाह्य शुद्धि से तात्पर्य स्नान, मल विसर्जन आदि तथा अन्तः शुद्धि का तात्पर्य चित्त-एकाग्रता, इन्द्रिय-दमन आदि है।

२. सन्तोष—हर परिस्थिति में सन्तुष्ट रह, जीवन निर्वाह के अतिरिक्त किसी भी पदार्थ की इच्छा न रखते हुए जीवन व्यतीत करने को ही सन्तोष कहते हैं।

३. तप—वर्ण, देश, काल तथा योग्यतानुसार स्वधर्म का पालन करते हुए व्रत, पूजा आदि के द्वारा भूख-प्यास नियन्त्रण सर्दी, गर्मी आदि द्वन्द्वों को सहन करने की कला ही तप कहलाती है।

४. स्वाध्याय—अपने इष्ट से साक्षात्कार, मंत्र-तंत्र-यंत्र आदि का यथेष्ट ज्ञान एवं विविध धर्मशास्त्रों की जानकारी ही स्वाध्याय कहलाता है।

५. ईश्वर शरणागति—मन, वचन कर्म से ईश्वर के प्रति समर्पित रहकर स्वधर्म पालन को ईश्वर शरणागति कहा गया है।

हठयोग प्रदीपिका में 'नियम' के दस भेद बताये हैं :

१. तप
२. सन्तोष
३. आस्तिकता
४. दान
५. ईश्वराराधन
६. शुभ श्रवण
७. बुद्धि
८. मति
९. जप
१०. यज्ञ

वस्तुतः मंत्र-साधना में पूर्ण सफलता के लिए यम-नियम का दृढ़ता से पालन करना आवश्यक है।

३. आसन

साधक जब अपनी साधना में रत रहता है, तब एक विशेष प्रकार की शक्ति का संचार उसके शरीर में होता है। उस समय यदि वह पृथ्वी पर बैठा होता है तो वह शक्ति पृथ्वी में समा जाती है, अतः साधक को चाहिए कि वह उचित आसन का प्रयोग करे।

आसन ऐसा होना चाहिए जिस पर सुविधापूर्वक निश्चल भाव से बैठा जा सके। आसन कम-से-कम दो या ढाई इंच मोटा होना चाहिए।

घेरण्ड संहिता में ८४ प्रकार के आसनों का उल्लेख है पर उनमें ३२ आसन ज्यादा लाभदायक हैं, जो अलग-अलग साधनाओं में अलग-अलग रूप में उपयोगी हैं।

१. सिद्धासन
२. पद्मासन
३. भद्रासन
४. मुक्तासन
५. स्वास्तिकासन
६. वज्रासन
७. सिंहासन
८. गोमुखासन
९. वीरासन
१०. धनुरासन

११. मृतासन   १२. गुप्तासन
१३. मत्स्यासन   १४. मत्स्येन्द्रासन
१५. गोरक्षासन   १६. उत्तासन
१७. उत्कुटासन   १८. संकटासन
१९. मयूरासन   २०. कुक्कुटासन
२१. कूर्मासन   २२. उत्तुंगासन
२३. मण्डूकसना   २४. वृक्षासन
२५. उत्तान मंडूकासन   २६. गरुड़ासन
२७. वृषासन   २८. शलभासन
२९. मकरासन   ३०. उष्ट्रासन
३१. भुजंगासन   ३२. योगासन

साधना के लिए ऋषियों के मत से चार आसन ही अनुकूल एवं उचित हैं, जो कि निम्न हैं—

१. स्वस्तिकासन
२. समासन
३. सिद्धासन
४. पद्मासन

इन चारों प्रकार के आसनों का विवरण पीछे के पृष्ठों में दिया जा चुका है।

'कुण्डलिनी योग' के अनुसार बैठने के लिए मृगासन, व्याघ्रासन आदि का भी उपयोग किया जा सकता है।

मुद्रा

सर्व सिद्धयै व्याघ्र चर्म, ज्ञान सिद्धयै मृगाजिनम् ।
वस्त्रासनं रोग हरं वेत्र जं श्री विवर्धनम् ॥
मुदं करोति देवानां द्रावय त्यसुरांस्तथा ।
मोदनाद् द्रावणाच्चैव मुद्रेति परिकीर्तिता ॥

अर्थात् देवताओं को हर्ष तथा असुरों का विनाश करने के कारण इसका नाम मुद्रा पड़ा ।

यहां पर साधकों की जानकारी के लिए मुद्राओं की भी संक्षिप्त जानकारी प्रस्तुत कर रहा हूं क्योंकि साधना में सफलता पाने के लिए इनका उपयोग बेजोड़ माना जाता है—

ब्रह्मदार मुखे सुप्तां मुद्राभ्यासं समाचरेत् ॥

—हठयोग प्रदीपिका

शक्ति चालन मुद्रेयं सर्व शक्ति प्रदायिनी

—शिव संहिता

"बिना मुद्राओं के किसी भी प्रकार की साधना सफल नहीं होती"

—घेरण्ड संहिता

उपरोक्त दो तीन उद्धरणों से ही मुद्राओं की विशेषता का बोध हो जाता है ।

हाथ की उंगलियों, मुट्ठियां और करतल आदि के जोड़ने, मोड़ने, खोलने व बन्द करने से ही समस्त प्रकार की मुद्राएं बन जाती हैं ।

नित्य पूजा मुद्राएं

१. प्रार्थना २. अंकुश ३. कुन्त
४. कुंभ ५. तत्व

उपरोक्त पांच मुद्राएं प्रत्येक साधक को दैनिक स्नानादि के समय करनी चाहिए—

सन्ध्या मुद्राएं

सन्ध्याकाल की चौबीस मुद्राएं हैं—

१. सम्मुखी	२. सम्पुटी	३. वितत
४. विस्तृत	५. द्विमुखी	६. त्रिमुखी
७. चतुर्मुखी	८. पंचमुखी	९. षणमुखी
१०. अधोमुखी	११. व्यापक	१२. आंजलिक

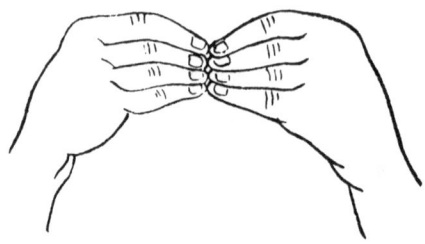

सुमुखम्

सम्पुटम्

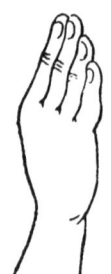

विस्तृतम्

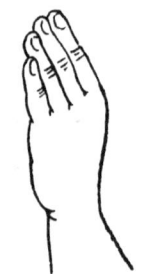

द्विमुखम्

त्रिमुखम्

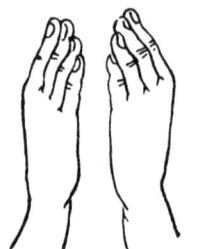

विततम

१३. शकट   १४. यम पाश   १५. ग्रथित
१६. सन्मुखोन्मुखा   १७. प्रलय   १८. मुष्टिक
१९. मत्स्य   २०. कूर्म   २१. वाराह
२२. सिंहाक्रान्त   २३. महाक्रान्त   २४. मुद्गर

चतुर्मुखम्    पञ्चमुखम्

षण्मुखम्    अधोमुखम्

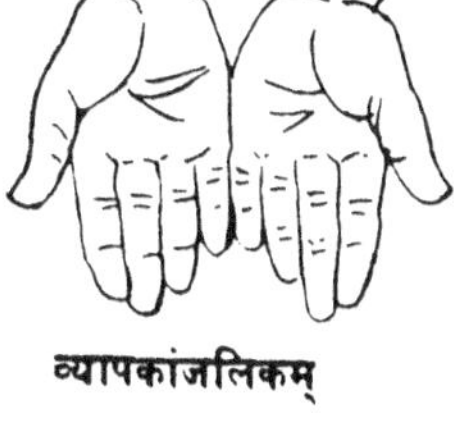

व्यापकांजलिकम् 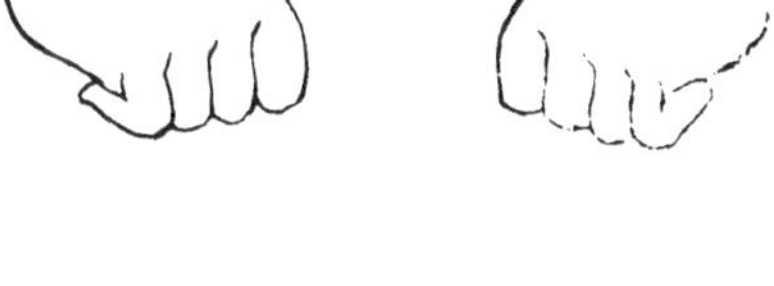   शकटम

अंगन्यास-मुद्राएं

अंगन्यास की छ: मुद्रिकाएं होती है—

१. हृदय २. शिर ३. शिखा
४. कवच ५. नेत्र ६. फट्

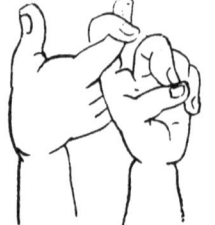

यमपाशम्

ग्रन्थितम्

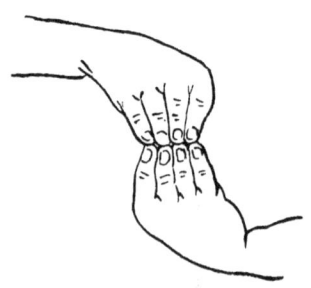

उन्मुखोन्मुखम्

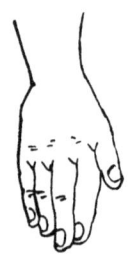

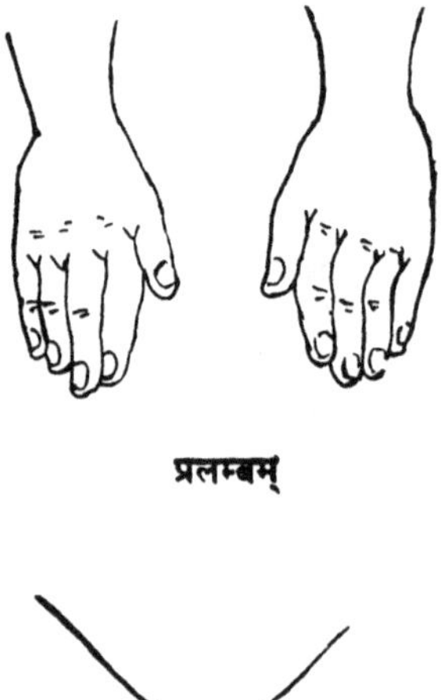

प्रलम्बम्

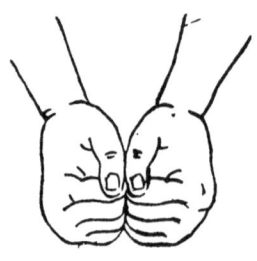

मुष्टिकम्

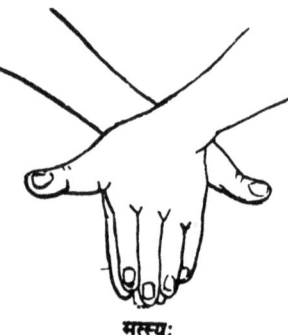

मत्स्य:

करन्यास मुद्राएं

करन्यास की भी छः मुद्राएं होती हैं—

१. तर्जनी २. मध्यमा ३. अनामिका
४. कनिष्ठका ५. अंगुष्ठ ६. फट्

कूर्मः

वराहकम्

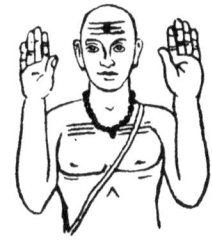

सिंहक्रान्तम्

महाक्रान्तम्

मुद्गरम्

पल्लवम्

जीवन्यास मुद्राएं

१. बीज २. लेलिहा ३. त्रिखण्डा

४. नाद ५. बिन्दु ६. सौभाग्य

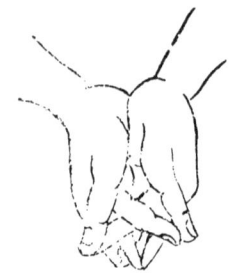

सुरभिः

ज्ञानम्

वैराग्यम्

शंख

योनिः

पंकजम्

देवोपासना की मुद्राएं

१. आवाहन २. स्थापन ३. संनिद्ध
४. अवगुंठन ५. धेनुमुद्रा ६. सरली

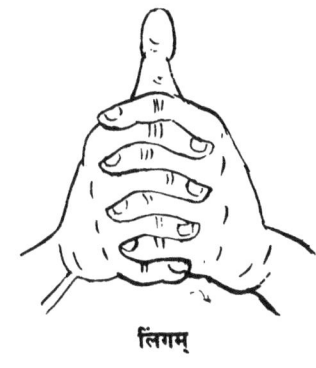

लिंगम्

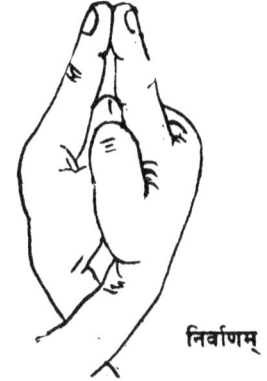

निर्वाणम्

भोजन मुद्रा

१. प्राणाहुति २. अपानाहुति ३. व्यानाहुति
४. उदानाहुति ५. समानाहुति

पंचदेव मुद्राएं

१. शंख	१५. हयग्रीव	२९. खट्वांग
२. घंटा	१६. धनुष	३०. अभय
३. चक्र	१७. बाण	३१. कपाल
४. गदा	१८. परशु	३२. डमरु
५. पद्म	१९. जगत	३३. दन्त
६. वंशी	२०. काम	३४. पाश
७. कौस्तुभ	२१. मत्स्य	३५. अंकुश
८. श्रीवत्स	२२. कूर्म	३६. विघ्न
९. वनमाला	२३. लिंग	३७. परशु
१०. ज्ञान	२४. योनि	३८. मोदक
११. बिल्व	२५. त्रिशूल	३९. बीजपुर
१२. गरुड़	२६. अक्ष	४०. पद्म
१३. नारसिंही	२७. वर	
१४. वाराह	२८. मग	

शक्ति मुद्राएं

१. पाश २. अंकुश ३. वर ४. अभय ५. धनुष
६. बाण ७. खड्ग ८. चर्म ९. मूसल १०. दुर्ग

महाकाली मुद्राएं

१. महायोनि २. मुण्ड ३. भूतिनी

महालक्ष्मी मुद्राएं

१. पंकज २. अक्षमाला ३. वीणा
४. व्याख्यान ५. पुस्तक

तारा मुद्राएं

१. योनि २. भूतनी ३. बीज
४. धूमिनि ५. लेलिहा

त्रिपुरा मुद्राएं

१. सर्व विक्षोभ कारिणी
२. सर्व विद्राविणी
३. सर्वाकर्षणी
४. सर्व वश्यकरी
५. उन्मादिनी
६. महांकुश
७. खेचरी
८. बीज
९. योनि

भुवनेश्वरी मुद्राएं

१ पाश २. अंकुश ३. वर ४. अभय
५. पुस्तक ६. ज्ञान ७. बीज ८. योनि

यहां मैंने केवल मुद्राओं के नाम परिगणन ही किए हैं। योग्य गुरु के सान्निध्य में साधकों को चाहिए कि वे जानकारी प्राप्त करें।

कुंडलिनी जागरण में मात्र तीन मुद्राएं ही ज्यादा उपयोगी हैं—

१. शक्ति चालिनी २. योनि ३. खेचरी

१. शक्ति चालिनी मुद्रा—सर्वप्रथम साधक सिद्धासन से बैठ जाए, तथा दोनों एड़ियों को मूलाधार से लगावे, तथा ठोड़ी को हृदय से लगाकर जोरों से श्वास-प्रवास करे, इससे मणिपुर चक्र पर दबाव पड़ेगा, तथा साथ ही गुदा संकोचन-खोलन करे। फलस्वरूप मलाधार की अपान वायु का दबाव प्राण वायु पर होगा और इससे कुण्डलिनी जागरण होगी। यही शक्ति चालिनी मुद्रा कहलाती है।

२. योनि मुद्रा—सिद्धासन पर बैठकर नौ द्वारों को बंद करें, दोनों अंगूठों से दोनों कानों को, दोनों तर्जनी उंगलियों से दोनों नेत्रों को, दोनों मध्यमाओं से दोनों नासिका छिद्रों को गुदा व लिंग को दोनों एड़ियों से अवरुद्ध करें, फिर कौए की चोंच के समान जीभ कर श्वास अन्दर खींचें तथा दोनों कनिष्ठका उंगलियों से दोनों होठों को बन्द कर दें, फिर कुंभक विरोचन कर षटचक्र में कुण्डलिनी-ध्यान करे और 'हुं' मंत्र का मानसिक जाप करें, इससे सुप्त कुण्डलिनी का निश्चय ही जागरण होता है।

३. खेचरी मुद्रा—जीभ को काफी बाहर निकाल फिर मोड़कर मुंह के भीतर नासिका के नीचे छिद्र को स्पर्श करें, दोनों नेत्रों को भृकुटि के मध्य में स्थापित करें। यह मुद्रा सर्वाधिक कठिन एवं दुष्कर है। इसके अभ्यास से योगी हृदय की गति को नियंत्रित कर अखण्ड समाधिक या इच्छानुसार समाधि में रत हो सकता है।

बंध

मुख्य रूप से चार बंध होते हैं :

१. मूल बंध
२. जालंधर बंध
३. उड्डीयान बंध
४. महा बंध

ऊपर मैंने चार बन्धों का विवरण दिया है, जो इस प्रकार हैं :

१. मूल बन्ध—गुदा व लिंग प्रदेश को दोनों एड़ियों से दबाकर दोनों के मार्ग को अवरुद्ध करे, इससे अपानवायु ऊपर उठती है, और वह प्राण वायु से टकराती है, फलस्वरूप सुषुम्ना जागरण या कुण्डलिनी जागरण में सहायता मिलती है।

२. जालंधर बन्ध—कंठ को सिकोड़कर ठोड़ी को सीने से लगावे। इससे पूरे शरीर की नाड़ियां कस जाती हैं, फलस्वरूप इड़ा पिंगला नाड़ियां स्तंभित होकर प्राणवायु की ओर प्रवाहित होती हैं।

३. उड्डीयान बन्ध—दोनों जंघाओं को मोड़कर दोनों पैरों के तलुए परस्पर मिलाएं तथा पेट को अन्दर खींचकर पीठ से चिपकायें और फिर प्राणायाम साधन करें, इससे नाभि के ऊपर व नीचे दबाव पड़ेगा, फलस्वरूप प्राणवायु सुषुम्ना की ओर बहती है, और सुषुम्ना जाग्रत होती है।

४. महाबन्ध—उड्डीयान बन्ध करते समय यदि कुंभक प्राणायाम किया जाय, तो महाबन्ध होता है।

ऊपर मैंने साधना में पूर्ण सफलता प्राप्त करने के लिए मुद्राओं व बन्धों का संक्षिप्त विवरण दिया है, ये सब किसी योग्य गुरु के सान्निध्य में रहकर ही सीखे जा सकते हैं।

प्राणयाम

याज्ञवल्क्य ने प्राणायाम की महिमा वर्णित करते हुए कहा है :

प्राणायाम परा: सर्वे प्राणायाम परायणा:।
प्राणायामै विशुद्धा ये ते यान्ति परमां गतिम्॥

मानव देह का आधारभूत, नाड़ियां व उसमें बहने वाला शुद्ध रक्त है, इन नाड़ियों का मंजन व रक्त का शोधन प्राणायाम के माध्यम से ही संभव है। प्राणायाम के द्वारा ही श्वास स्पन्दन सुषुम्ना में प्रवेश कराया जाता है, जिससे शरीर के समस्त विकार दूर हो जाते हैं तथा शरीर किसी भी प्रकार की साधना के लिए तैयार हो जाता है।

योग सूत्र में बताया है कि श्वास प्रश्वास-गति को अवरोधन करना ही प्राणायाम है।

प्राणायाम के तीन भाग मुख्य हैं—

१. रेचक—प्रश्वास (अन्दर से बाहर निकलने वाला श्वास) को नासिका छिद्रों से अत्यन्त धीरे-धीरे बाहर निकालने की क्रिया को रेचक कहते हैं।

२. पूरक—शुद्ध वायु को नासिक छिद्रों से धीरे-धीरे अन्दर लेने की क्रिया को पूरक कहते हैं।

३. कुम्भक—श्वास जो कि बाहर से नासिका छिद्रों द्वारा शरीर के अन्दर लिया है इसे भरपूर लेकर अन्दर ही रोके रखने को कुम्भक कहते हैं।

योग ग्रन्थों में कुम्भक के आठ भेद बताये हैं—

१. सूर्य भेदी	२. उज्जयी	३. शीतकरी
४. शीतला	५. भस्त्रिका	६. भ्रामरी
७. मूर्च्छा	८. प्लाविनी	

यहां हमें इन भेदों को स्पष्ट करने की आवश्यकता नहीं है, योग्य गुरु के सान्निध्य में इन भेदों का विधिवत् अभ्यास किया जा सकता है।

प्रत्याहार

'ब्राह्मणोपनिषद' में प्रत्याहार की विवेचना करते हुए बताया है—

'विषयेभ्य इन्द्रियार्थेभ्यो मनो निरोधनं प्रत्याहार'

अपनी समस्त इन्द्रियों को विषय वासना से विरत कर स्वस्थ चित्त होना ही प्रत्याहार कहलाता है ।

धारणा

योग सूत्र में लिखा है—

देश बन्धश्चित्तस्य धारणा

चित्त को एकाग्र कर किसी एक चक्र में पांच घड़ी तक स्थिर रखने की क्रिया को 'धारणा' कहते हैं ।

वास्तव में देखा जाए, तो जब तक षट चक्र वेधन पूर्ण रूप्र से नहीं हो जाता, तब तक चित्त एक चक्र पर स्थिर रह ही नहीं सकता, अतः षट् चक्र वेधन ही प्रकारान्तर से 'धारणा' है । 'लय योग संहिता' ने इसी बात की पुष्टि की है—

ज्योतिषा मन्त्र नादाभ्यां षट् चक्राणांहि, भेदनम-धारणा'

ध्यान

चित्त की एकाग्रता को ध्यान कहते हैं, योग सूत्र में बताया है—

'तत्र प्रत्ययकतानता ध्यानम्'

ध्यान तीन प्रकार का होता है—

१. **स्थूल ध्यान**—अपने इष्टदेव का सगुण ध्यान स्थूल ध्यान कहलाता है ।

२. **ज्योतिर्ध्यान**—परमात्मा स्वरूप कुण्डलिनी का ध्यान ही ज्योतिर्ध्यान कहलाता है ।

३. **सूक्ष्मध्यान**—कुण्डलिनी जाग्रत कर षट् चक्र वेधन करता हुआ सहस्रार चक्र में लीन होने को ही सूक्ष्मध्यान कहते हैं । ऐसा योगी समस्त जाग्रत प्रपंचों से विनिर्मुक्त होकर परमात्मा में लीन हो जाता है, ऐसे साधक को अनायास ही अष्ट-सिद्धियां प्राप्त रहती हैं ।

अष्ट सिद्धियां

अमर कोश में अष्ट सिद्धियां निम्न प्रकार से बताई हैं—

अणिमा महिमा चैव गरिमा लघिमा तथा ।
प्राप्तिः प्राकाम्य मीशित्वं वशित्वश्चाष्ट सिद्धयः ।।

१. अणिमा—अपने शरीर को अणुवत लघु कर देना ।

२. महिमा—शरीर को इच्छानुसार बड़ा करना ।

३. लघिमा—शरीर को वायु से भी हल्का कर देना, जिससे वह उड़ सके, और इच्छित स्थान पर वायु-वेग से पहुंच सके।
४. गरिमा—शरीर को पर्वत के समान बना देना।
५. प्राप्ति—संकल्प मात्र से ही किसी पदार्थ को प्राप्त कर लेना
६. प्राकाम्य—अपने शरीर को इच्छानुसार सुन्दर स्वस्थ व तरुण बनाये रखना।
७. वशित्व—पंचभूतों व विश्व के सभी प्राणियों को वश में कर लेना।
८. ईशित्व—विश्व में पाये जाने वाले पदार्थों को नाना रूपों में बदल देना, या ईश्वर-वत् शक्तिमान बनना।

समाधि

मन और आत्मा का एकरूप हो जाना ही समाधि कहलाता है

हठयोग प्रदीपिका में कहा है—

तत्समं च द्वयोरैक्यं जीवात्म परमात्मनोः।
प्रनष्ट सर्व संकल्पः समाधिः सोऽभिधीयते॥

उपरोक्त 'अष्टांग' पालन प्रत्येक साधक के लिए आवश्यक है, इसमें दक्ष होने से ही साधक अपनी किसी भी प्रकार की साधना में सफल हो पाता है।

प्रारम्भ में मैंने अन्तश्चेतना जाग्रत करने की बात कही थी, यह अन्तश्चेतना जागरण ही प्रत्येक साधना की सफलता की कुंजी है, उपरोक्त 'अष्टांग' इस अन्तश्चेतना जागरण में विशेष सहायक रहता है।

अन्तश्चेतना जागरण

शान्त निर्विकल्प भाव से शुद्ध आसन पर बैठ जाय, आसन दो इंच मोटा और आरामदायक हो।

सर्व सिद्धयै व्याघ्र चर्म ज्ञान सिद्धयै मृगाजिनम्।
वस्त्रासनं रोगहरं वेत्र जं श्री विवर्धनम्॥

प्राणायाम के द्वारा मन को शान्त करने का प्रयास कीजिए, और फिर-धीरे धीरे अपने मन के भीतर झांकने का प्रयास कीजिए। धीरे-धीरे अभ्यास से ऐसी स्थिति बनेगी, कि बाहर का कोलाहल धीमे सुनाई देगा, फिर और धीमा होगा, और एक क्षण ऐसा भी आएगा कि बाहर का कोलाहल सुनाई देना बिल्कुल बन्द हो जाएगा। अगर आपके पास खड़ा कोई व्यक्ति चिल्लाएगा, तब भी आपको सुनाई न दे, तब आप समझें कि अब आप अन्तश्चेतना को स्पर्श करने की स्थिति में आ गए हैं।

इसके बाद आप और भी अन्तर्मुख बनें, और किसी ऐसे मकान को देखने का

प्रयत्न करें, जो पहले कभी देख चुके हों। आपके नेत्रों के सामने (यद्यपि आंखें बन्द होंगी) वह मकान टेलीविजन की तरह स्पष्ट हो जाएगा, फिर आप उस मकान के अन्दर कमरों में देखने का प्रयास करें, धीरे-धीरे एक विचित्र रहस्य आपके सामने उजागर होने लगेगा, आप देखेंगे, कि उस कमरे में हलचल है, कमरे की प्रत्येक वस्तु स्पष्ट दिखाई देने लगेगी, उसमें बैठे सभी प्राणी दिखाई देंगे, यही नहीं अपितु वे सारी घटनाएं भी स्पष्ट दिखाई देंगी, जो उस मकान में उस समय घट रही होंगी।

यह अन्तश्चेतना की गति है, जो क्षणांश में ही सैकड़ों हजारों मील दूर स्थित किसी घटना को प्रत्यक्षतः देख पाती है, इस अन्तश्चेतना से ही हम सब कुछ इसी प्रकार देख पाते हैं जिस प्रकार कि हमारे सामने कोई नाटक चल रहा हो।

परम पूज्य गुरुदेव का यह कथन कितना अक्षरशः सत्य है, कि 'अन्तश्चेतना' काल एवं गति से परे है। इसके माध्यम से हजारों मील दूर स्थित घटना को देख पाते हैं, और हजारों वर्ष पूर्व की ध्वनियां सुन पाते हैं—चाहें तो महाभारत कालीन युद्ध, श्रीकृष्ण का अर्जुन को गीता का उपदेश आदि देख भी सकते हैं, तथा उन्हीं मूल ध्वनियों को सुन भी सकते हैं।

वस्तुतः किसी भी साधक के लिए अन्तश्चेतना जाग्रत करना सफलता का प्रथम और दृढ़ चरण है।

साधना

मंत्र-तंत्रादि में पूर्ण सफलता प्राप्त करने के लिए यह आवश्यक है कि साधक दृढ़ चित्त, स्थिर मति और सहनशील हो, यही नहीं अपितु वह कठोर कार्य करने में उद्यत और संकल्पित हो।

प्रश्न उठता है, कि सैकड़ों प्रकार की साधनाएं हैं सैकड़ों प्रकार की पद्धतियां और दर्शन हैं, ऐसी स्थति में कौन-सी साधना किस व्यक्ति के लिए अनुकूल है, इसका निर्णय साधक नहीं उसका गुरु कर पाता है, यजुर्वेद में स्पष्ट है—

सुषारथिरश्वा निव यन्मनुष्या
न्नेनीयतेऽभीशुभिर्वा जिन इवः।
हृत्प्रतिष्ठं यदजिरं जविष्ठं
तन्मे मनः शिव संकल्पमस्तु ॥

जिस प्रकार रास के द्वारा उच्छृंखल घोड़ों का नियन्त्रण भी सारथी कर लेता है, वैसे ही मेरे मन का नियन्त्रण कल्याणकारी गुरु के द्वारा ही सम्भव है, क्योंकि वही शिव है, शिवत्व-पथ वताने का अधिकारी है।

सफलता का मूल इस बात में निहित है, कि साधनाकाल में किन विन्दुओं

को ध्यान में रखा जाए, इसका सुन्दर सम्यक् उत्तर भगवान श्रीकृष्ण ने श्रीमद्‌भगवद् गीता में दिया है—

निर्भयता, अन्तःकरण की पवित्रता, ज्ञान में दृढ़-चित्तता, इन्द्रियों पर नियंत्रण सम्यक् कर्म, स्वाध्याय, तप, सरलता, अहिंसा, सत्य, अक्रोध, त्यागवृत्ति, शान्त-स्वभाव परनिन्दा त्याग, प्राणियों पर दयाभाव, लोभहीनता, मृदुलता, बुरे कार्यों के प्रति घृणा, चंचलता, का अभाव, तेज, क्षमा, धैर्य, शुद्ध-विचार, द्रोहहीनता और निरभिमानता ही साधना में पूर्ण सफलता प्रदान करने में सहायक है।

—गीता, अध्याय १६।१-३

साधना का अर्थ है, मन को पूर्णरूपेण एक भावना, एक लक्ष्य, एक बिन्दु पर लगा देना, इसके लिए ध्यान आवश्यक है।

मन्त्र-अंग

साधना में सफलता तभी मिल सकती है, जब हम उसके मर्म को, उसके मूल रहस्य को समझें। साधना का सीधा-सादा मर्म यह है, कि परमात्मा से भाव, भाव से नाम तथा नाम से संसार बना है, अतः विपरीत रूप से चलकर ही अर्थात् विश्व, विश्व से भाव तथा भाव से परमात्मा अर्थात् मन्त्र सिद्धि तक पहुंचा जा सकता है।

भारद्वाज ने मन्त्र योग संहिता में मन्त्र योग के सोलह अंग बताये हैं—

भवन्ति मंत्र योगस्य षोडशांगानि निश्चितम्।
यथा सुधांशो र्जायन्ते कला : षोडश शोभनाः॥

भक्ति शुद्धिश्चासनं च पंचागस्यापि सेवनम्।
आचार धारणे द्विव्य देश सेवन मित्यपि॥

प्राणक्रिया तथा मुद्रा तर्पणं हवनं बलिः।
यागो जपस्तथा ध्यानं समाधिश्चेति षोडश॥

(१) भक्ति (२) शुद्धि (३) आसन (४) पंचांग सेवन (५) आचार (६) धारणा (७) दिव्यदेश सेवन (८) प्राणक्रिया (९) मुद्रा (१०) तर्पण (११) हवन (१२) बलि (१३) याग (१४) जप (१५) ध्यान (१६) समाधि।

१. भक्ति—साधक को नवधाभक्ति का पूर्ण ज्ञान और क्रिया विचार, स्पष्ट रूप से होना चाहिए। नवधाभक्ति में निम्न प्रकार से भक्ति की जाती है—

श्रवणं कीर्तनं विष्णो स्मरणं पाद सेवनम्।
अर्चनं वंदनं दास्यं सख्य मात्म निवेदनम्॥

(१) श्रवण (२) कीर्तन (३) स्मरण (४) पाद सेवन (५) अर्चन (६) वन्दना (७) सखाभाव (८) आत्मभावना (९) निवेदन।

२. **शुद्धि**—शुद्धि के अनेक भेद हैं, जिसका साधनाकाल में ज्ञान जरूरी है, यथा—

दिक्शुद्धि (१) किस दिशा में मुख करके साधना करनी चाहिए।
स्थान शुद्धि (२) किस प्रकार के स्थान पर बैठकर साधना करनी चाहिए।
शरीर शुद्धि (३) स्नान कब किस प्रकार से करना चाहिए।
मन शुद्धि (४) प्राणायाम आदि द्वारा।
आसन शुद्धि (५) किस साधना में किस प्रकार के आसन का उपयोग करना चाहिए।

३. **आसन**—अलग-अलग मन्त्र साधनाओं में अलग-अलग आसनों-पद्मासन, सिद्धासन आदि का उपयोग करना चाहिए, तभी पूर्ण लाभ होता है।

४. **पंचांग-सेवन**—इष्ट सेवा, सहस्रनाम, स्तव, कवच और हृदयन्यास—ये पांचों मिलकर पंचांग कहलाता है, कई साधनाओं में इनका प्रयोग और उपयोग किया जाता है।

५. **आचार**—जीवन में साधना हेतु उचित नियमों का तत्परता व दक्षता से पालन ही आचार कहलाता है।

६. **धारणा**—मन को किसी विशेष बिन्दु पर लगाने एवं लीन करने को धारणा कहते हैं।

७. **दिव्यदेश साधन**—शरीर में सोलह दिव्यदेश हैं, जो कि मूर्धास्थान हृदय, कंठ, नाभि आदि हैं, इन स्थानों पर प्राणों को संचरित कर साधना की जाती है।

८. **प्राणक्रिया**—मन्त्र शास्त्र में एवं साधना ग्रन्थों में प्राणायाम के अलावा शरीर स्थित अन्य स्थानों पर प्राण एकत्र कर साधना करना प्राण क्रिया कहलाता है।

९. **मुद्रा**—अपने इष्ट को प्रसन्न करने के लिए दोनों हाथों से जो मुद्राएं बनाई जाती हैं, उनका साधना में विशेष महत्व है।

१०. **तर्पण**—विशेष पदार्थ द्वारा इष्टदेव को समर्पण—तर्पण कहलाता है।

११. **हवन**—अग्नि में हविष्यान्न आहुति को हवन कहा जाता है।

१२. **बलि**—बलि तीन प्रकार की होती है—
   १. *आत्म बलि*—अहंकार आदि का त्याग
   २. *अन्तर्बलि*—काम, क्रोधादि तथा इन्द्रियनिग्रह
   ३. *बाह्य बलि*—फलादि की बलि।

१३. **योग**—योग के दो भेद हैं (१) अन्तर्योग (२) बहिर्योग

१४. **जप**—इष्ट के नामस्मरण को तथा सतत उच्चरित समान ध्वनि को जप कहा जाता है।

जप तीन प्रकार का होता है।

१. वाचनिक

२. उपांशु

३. मानसिक

१५. ध्यान—मन के द्वारा इष्ट के रूप को आंखें बन्दकर देखने की क्रिया को ध्यान कहा जाता है।

१६. समाधि—इष्ट के रूप का ध्यान करते-करते अपने आपको भूल जाने की स्थिति ही समाधि कहलाती है।

साधक को चाहिए, कि किसी भी प्रकार की साधना में उद्यत होने से पूर्व इन सोलह अंगों का सम्यक् पालन करना चाहिए।

साधना

साधना क्या है ?

साधना का अर्थ है प्रयत्न करना, सतत चेष्टारत रहना, अपने उद्देश्य की ओर बढ़ते रहना, और लक्ष्य या सफलता को प्राप्त कर लेना ही 'सिद्धि' कहलाती है।

साधना प्रारम्भ करने से पूर्व अपना उद्देश्य स्थिर कर लेना चाहिए अतः

१. साधना के लिए—उत्तम अधिष्ठान निश्चित करना चाहिए।

२. साधना के लिए—सावधानी रखनी चाहिए।

३. साधना के लिए—उपयुक्त उपकरण होने चाहिए

४. साधना के लिए—उत्तम पथप्रदर्शक होना चाहिए।

क्योंकि साधना-पथ छुरे की धार की तरह तीक्ष्ण है, उस पर प्रत्येक पग सावधानीपूर्वक रखना चाहिए–

क्षुरस्य धारा निशिता दुरत्यया दुर्ग पथस्तत्कवयो वदन्ति

साधना के केन्द्र

साधक को चाहिए कि वह सर्वप्रथम अपने स्वरूप, अपनी आत्मा और अपनी देह को पहचाने। मनुष्य को जो बाह्यरूप दिखाई देता है, वह तो मात्र अन्नमय कोष है, स्थूल है, विकारों से युक्त है, इनको पार कर जब अन्दर प्रवेश करते हैं, वहीं से साधना के केन्द्र दृष्टिगोचर होते हैं—अन्नमय कोष से नीचे स्नायु जाल है, या दूसरे शब्दों में मानव कोष है, जिससे यह स्थूल शरीर संचालित होता है। इस स्नायु जाल से ही जीवन की धाराएं प्रवाहित होती है, इससे परे प्राणमय कोष है, जिसे आनन्दमय कोष भी कहा जाता है, इस कोष से सम्पर्कित होने पर ही मन आनन्द सागर में डूबने-उतरने लगता है, अतः सच्ची साधना के लिए मन, बुद्धि और हृदय को स्पर्शित करना जरूरी है, और इसके लिए 'ऊर्ध्व गति' से अर्थात् नीचे से ऊपर की ओर बढ़ना चाहिए।

साधना के अंग

साधना के पांच प्रधान अंग हैं—

१. अधिकार २. विश्वास
३. गुरु दीक्षा ४. सम्प्रदाय
५. मन्त्र देवता

साधकों के कृत्य

प्रत्येक कार्य के कुछ नियम होते हैं, जिन पर चलकर ही व्यक्ति सफलता प्राप्त कर सकता है, सर्वप्रथम साधक को 'अष्ट पाश' से मुक्त होना चाहिए। कुलार्णव तन्त्र के अनुसार 'अष्टपाश' निम्न प्रकार से है—

घृणा लज्जा भयं शंका जुगुप्सा चेति पंचमी
कुलं शीलं तथा जाति रष्टौ पाशाः प्रकीर्तित ।।

अर्थात् घृणा, लज्जा, भय, शंका, जुगुप्सा, कुल-शील तथा जाति के बन्धन 'अष्टपाश' कहलाते हैं, इनसे मुक्त होने पर ही साधक साधना के योग्य बनता है।

निद्रा त्याग

प्रत्येक साधक के लिए यह प्रथम और अनिवार्य कर्त्तव्य है, कि वह ब्रह्म मुहूर्त में जग जाए, रात्रि का चतुर्थ भाग अमृतमय होता है, यही वह समय होता है, जब साधक अपने बहिर्मन को अन्तर्मन में प्रवेश दे सकता है, इस प्रकार के कार्य के लिए यह सर्वथा उपयुक्त समय कहलाता है।

स्नान

शुद्ध जल से अधोवस्त्र पहनकर स्नान करे, साधनाकाल में यथा सम्भव तेल साबुन आदि का प्रयोग न करे, तथा नदी, तालाब आदि के किनारे स्नान करे, यह सम्भव न हो तो पात्र मांजकर घर पर ही स्नान करे—

सन्ध्या स्नानं जपश्चैव देवतानांच प्रजनम।
वैश्वदेव तथा तिथ्यं षट् कर्माणि दिने दिने ।।

स्नान ब्रह्ममुहूर्त में ही करने का विधान है, विष्णु पुराण में ब्रह्ममुहूर्त के बारे में कहा है—

प च प च उषः कालः सप्त पन्या रणोदय।
अष्ट पच भवेत्प्रातः स्ततः सूर्योदय स्मृतः ।।
रात्रे पश्चिम यामस्य मुहूर्तो यस्तृतीयक।
सब्राह्म इति विज्ञेयो विहितः स प्रबोधनेः ।।

अर्थात् सूर्योदय से ५८ घटी पूर्व उषाकाल, ५६ घटी पहले अरुणोदय, ५५ घटी पहले प्रातःकाल और फिर सूर्योदय होता है। रात के पिछले पहर अर्थात् सूर्योदय से ५६ से ५८ घड़ी पूर्व का काल ब्रह्ममुहूर्त कहा जाता है।

तन्त्र ग्रन्थों में तो इस काल को सर्वाधिक महत्त्व दिया गया है। इस काल में उठकर स्नान करने से, स्वास्थ्य, आयु, बुद्धि, लक्ष्मी और सौन्दर्य की वृद्धि होती है।

वर्ण कीर्ति मति लक्ष्मीं स्वास्थ्य मायुश्च विंदति।
ब्राह्मे मुहुर्ते संजाग्रच्छियं वा पंकजं यथा॥

स्नान से पूर्व तीर्थों का आवाहन करें—

गंगे च यमुने चैव गोदावरी सरस्वती।
नर्मदे सिन्धु कावेरी जलेस्मिन्सन्निधिकुरु॥
विष्णु पादाब्ज संभूते गंगे त्रिपाथ गामिनी।
धर्म्म द्रवेति विख्याते पापं मे हर जाह्नवी॥

स्नान दोष निवारण

यन्मया दूषितं तोयं मलै शरीर सम्भवै।
तस्य पापस्य शुद्धयर्थं यक्षमाणं तर्पयाम्यहम्॥

स्नान करने के बाद वहीं पर जल से देवर्षि तर्पण करें—

ॐ ब्रह्मादयो देवास्तृप्यन्ताम्
ॐ भूर्देवास्तृप्यन्ताम्
ॐ भुवर्देवास्तृप्यन्ताम्
ॐ स्वर्देवास्तृप्यन्ताम्
ॐ सनकादि मनुष्यास्तृप्यन्ताम्
ॐ कव्य वाङ्मयो देव पितरस्तृप्यन्ताम्
ॐ भूर्भुवः स्वतः पितरस्तृप्यन्ताम्
ॐ अस्मिन् पित् पितामह प्रपितामहास्तृप्यन्ताम्।
ॐ अस्मिन् मातामह, प्रमालामह वृद्ध प्रमातामहस्तृप्यन्ताम्।

फिर अन्त में एक अंजली भरकर छोड़ें—

अग्निदग्धाश्च ये जीवन येप्यदग्धाकुलेमम।
भूमौ दत्तेन तृप्यन्तु तृप्तायान्तु परागतिम्॥

जल से बाहर आकर यज्ञोपवित धारण करें, नूतन वस्त्र पहनें।

यज्ञोपवित धारण विनियोग

ॐ यज्ञोपवित मंत्रस्य परमेष्ठि ऋषिः लिंगोक्ता देवता
त्रिष्टुप्छन्द यज्ञोपवित धारणे विनियोग॥

यज्ञोपवित धारण मन्त्र

ॐ यज्ञोपवित परमं पवित्रं प्रजापतेर्यत् सहजं पुरस्तान
आयुष्यमग्रस्यं प्रतिमु च शुभं यज्ञोपवीतं बलमस्तुतेजः ।।

जीर्ण यज्ञोपवित त्याग मन्त्र

एतावद्दिन पर्यन्तं ब्रह्मत्वं धारितं मया ।
जीर्णत्वात् परित्यागो गच्छ सूत्र । यथासुखम् ।।

आसन

स्नानादि से निवृत्त होकर साधक को पूर्वाभिमुख होकर आसन पर बैठना चाहिए। मन्त्र सिद्ध एवं साधना में आसन का विशेष महत्त्व है।

आसन पूजा

हाथ में जल लेकर—

ॐ अस्य श्री आसन महामंत्रस्य-पृथिव्या
मेरूपृष्ठ ऋषिः सुतलं छन्दः कूर्मो देवता आसने
विनियोगः ।
पृथ्वीत्वया घृता लोका देवित्वं विष्णुना घृता ।
त्वं च धारय मा देवि पवित्रं कुरू चासनम् ।।
योगासनाय नमः
वीरासनाय नमः
शरासनाय नमः
ॐ ह्रीं क्लीं आधार शक्ति कमलासनाय नमः

इस प्रकार कहकर आसन पर अक्षत विकर्ण करें।

आसन सैकड़ों प्रकार के होते हैं, जिसमें कुशासन, वस्त्रासन, आदि प्रमुख हैं। ऊन, कम्बल और मृगछाला सभी प्रकार की साधनाओं में शुभ है—

काम्यार्थं कम्बलं चैव श्रेष्ठं च रक्त कम्बलम् ।
कुशासने मंत्र सिद्धि-र्नात्र कार्या विचारण ।।

—ब्रह्माण्ड पुराण

अर्थात् कामना सिद्धि के लिए कम्बल का और विशेषकर लाल कम्बल का आसन शुभ माना गया है। मन्त्र सिद्धि के लिए कुशासन श्रेष्ठ है। बिना आसन के किसी भी प्रकार की की गई साधना निष्फल जाती है।

पंचरात्र संहिता में बताया है कि बांस के आसन पर दरिद्रता, पत्थर के आसन पर बीमारी, भूमि पर दुःख, छिद्र वाले लकड़ी के तख्ते पर दुर्भाग्य, घास के आसन पर लक्ष्मीनाश तथा पत्तों के आसन पर चित्त भ्रम रहता है—

वशासने तु दारिद्रयं पाषाणे व्याधि संभवः
धरण्यां दुःख संभूति दौर्भाग्यं छिद्रि दारूजे
तृणे धनः यशो हानि पल्लवे चित्त विभ्रम ।।

किस कार्य के लिए किस आसन का प्रयोग हो

एकं सिद्धासनं प्रोक्तं द्वितीयं कमलासनम् ।
व्याघ्रजिने सर्वसिद्धिर्ज्ञानसिद्धिर्मं गाजिनें ।।
वस्त्रासनं रोगहरं वेत्रजं प्रतिवर्द्धनम् ।
कौशेयं पुष्टिदं पोक्तं कम्बलं सर्वसिद्धिवम् ।।
शुक्लं वा यदि वा कृष्णं विशेषाद्रवतं कम्बलम् ।
मेषासनं तु वश्यार्थमाकृष्टौ व्याघ्रचर्म च ।
शांतौ मृगाजिनं शस्तं मोषार्थ व्याघ्रचर्म च ।
गोचर्म स्तम्भने देवी बजि चोच्चाटने तथा
(विद्वेषे श्वानचर्म च) मारणे माहिषं चर्म कर्मोदिष्टं समाचरेत्
सर्व कामार्थदं देवि पट्टवस्त्रासनं तथा ।
कुशासनं कम्बलं वा सर्वकर्मसु पूजितम् ।।
दुःखदारिद्रयनाशं तु काष्ठपाषाणजासनम् ।

अब आसन विधान कहते हैं । पूजन कर्म में सिद्धाजन अथवा कमलासन प्रशंसनीय हैं । व्याघ्रचर्म के आसन पर जप करने से सर्वसिद्धि, मृगचर्म पर पूजन करने से ज्ञान प्राप्ति, और वस्त्रासन पर पूजन करने से रोग दूर होता है । वेत्र के आसन पर जप करने से प्रीति की वृद्धि होती है । कुश के आसन पर जप करने से पुष्टि और कम्वल के आसन पर जप करने से सर्वसिद्धि प्राप्त होती है । शुक्ल अथवा कृष्ण इन दोनों प्रकार के कम्वलों से लाल कम्वल श्रेष्ठ है । वश्यकर्म में मेष आसन, आकर्षण कर्म व्याघ्रचर्म का आसन । स्तम्भन में गोचर्म का आसन, उच्चाटन में अश्वचर्म का आसन, विद्वेषण में श्वान चर्म का आसन, मारण कर्म में महिषी के चर्म का आसन ग्रहण करे । हे देवि ! रेशमी वस्त्र का आसन सर्व कामनाओं का देने वाला है । कुशासन अथवा कमलासन सर्वकर्मों में पूजनीय है । काठ तथा पाषाण का आसन दुःख और दारिद्रयनाशक है ।

१. कामना सिद्धि के लिए	ऊनी वस्त्र का आसन
२. धन प्राप्ति के लिए	रेशम का आसन
३. आरोग्य लाभ के लिए	कुशासन
४. सम्मोहन के लिए	कृष्ण मृग चर्म
५. शत्रुनाश के लिए	व्याघ्रासन
६. सफलता के लिए	हिरण के चर्म का आसन

७. अचल संपत्ति के लिए	सिंह चर्म
८. संतान कामना के लिए	कुशासन
९. वैंभव सम्पदा सुखयोग हेतु	मणि आसन
१०. पत्नी या पति सुख के लिए	ऊर्णासिन
११. भाग्योदय के लिए	रेशम का आसन
१२. मारण मोहन, उच्चाटन के लिए	अजासन
१३. उच्चाटन के लिए	बिडालासन
१४. बान प्राप्ति के लिए	कुश का आसन
१५. मोष लाभ के लिए	वस्त्रासन

दिशा विचार

अलग-अलग साधनाओं एवं मंत्र प्रयोग में अलग-अलग दिशाओं की ओर मुंह करके बैंठने का विधान है। अपनी मरजी से किसी भी दिशा की ओर मुंह करके बैंठने से लाभ होने की सम्भावना कम रहती है, अतः साधक को दिशा ज्ञान भी पूर्ण रूप से रहना चाहिए।

प्रातःकालीन संध्या, उपासना, संकल्प आदि पूर्व दिशा की ओर मुंह करके ही करने चाहिए, क्योंकि देवताओं को दिशा पूर्व ही है।

प्राची हि देवानां दिक्

—शतपथ ब्राह्मण

वशीकरण आदि तांत्रिक क्रियाओं के लिए भी पूर्व दिशा की ओर मुंह करके ही बैठना उचित है।

जपेत्पूर्व मुखं वश्ये

सन्ध्या काल में जो भी कार्य किए जाये, पश्चिमाभिमुख होकर करने चाहिए। उडीस तंत्र में बताया है कि लक्ष्मी से सम्बन्धित सभी कार्य एवं अनुष्ठान पश्चिम की ओर मुंह करके करने चाहिए।

पितृ कार्य, श्राद्ध आदि कार्य दक्षिण मुख होकर करना चाहिए। अथर्ववेद में दक्षिण दिशा पितरों की दिशा कही है।

योगाभ्यास। सरस्वती-साधना, तप आदि कार्य उत्तर दिशा की ओर मुंह करके करने चाहिए।

१. समस्त देव कार्य—पूर्व की ओर मुंह करके

२. समस्त पितृ कार्य—दक्षिण की ओर मुंह करके

३. आत्मानुष्ठान, तप, स्वाध्याय, सरस्वती साधना आदि उत्तर की ओर मुंह करके करना चाहिए।

४. सन्ध्या एवं रात्रिकाल में जो भी कार्य या अनुष्ठान सम्पन्न किए जाए वे पश्चिम की ओर मुंह करके करने चाहिए।

स्नानं दानं तपो होमो देवता पितृ कर्म च
तत्सर्वं निष्फलं याति ललाटे तिलकं बिना ।

वस्त्र धारणोपरान्त उत्तर की ओर मुंह करके ललाट पर तिलक लगाना चाहिए । श्वेत चंदन, रक्त चंदन, गोपी चंदन, कुंकुम, मृत्रिका विल्वपत्र भस्म आदि कई पदार्थों से साधक तिलक लगाते हैं । ब्राह्मण यदि बिना तिलक के सन्ध्या तर्पण करता है, तो वह सर्वथा निष्फल जाता है ।

एक ही साधक को ऊर्ध्व पुण्ड्र या त्रिपुण्ड्र नहीं लगाना चाहिए । इन दोनों में से एक तिलक ही करना चाहिए—

ऊर्ध्व पुण्ड्र मृदाघार्य्य भस्मना तु त्रिपुण्ड्रकम्
उभयं चंदने नैव ह्भ्यंगोत्सव रात्रिषु ॥

अर्थात् मृत्तिका से ऊर्ध्वपुण्ड्र तथा भस्म से त्रिपुंण्ड्र करना चाहिए । चन्दन से दोनों प्रकार के तिलक किये जा सकते हैं ।

ललाट के मध्यभाग में दोनों भौंहां से कुछ ऊपर ललाट बिन्दु कहलाता है, इसी स्थान पर तिलक लगाना चाहिए ।

अब प्रश्न उठता है, कि किस उंगली से तिलक लगाना चाहिए—

अनामिका शांति दोक्ता मध्य मायुष्करी भवेत् ।
अंगुष्ठः पुष्टिदः प्रोक्तः तर्जनी मोक्षदायिनी ॥

अर्थात् अनामिका उंगली से तिलक करने से शांति मिलती है, मध्यमा से तिलक करने पर आयु बढ़ती है, अंगूठे से तिलक करना पुष्टिदायक माना गया है, तथा तर्जनी उंगली से तिलक करने पर मोक्ष प्राप्त होता है ।

विष्णु संहिता के अनुसार देव कार्य में अनामिका, पितृ कार्य में मध्यमा, ऋषि कार्य में कनिष्ठिका तथा तांत्रिक कार्यों में प्रथमा उंगली का प्रयोग करना चाहिए ।

अलग-अलग कार्यों के लिए तांत्रिक ग्रन्थों में अलग-अलग तिलक पदार्थों की ओर संकेत किया गया है—

विष्णु आदि देवताओं की पूजा में	पीत चन्दन
गणपति-पूजन में	हरिद्रा चन्दन
पितृ कार्यों में	रक्त चन्दन
शिव पूजा में	भस्म
ऋषि पूजा में	श्वेत चन्दन
मानव पूजा में	केशर, चन्दन
लक्ष्मी पूजा में	केसर
तांत्रिक कार्यों में	सिन्दूर

ध्यान रहे, शिव पूजा या उपासना में कुंकुम का सर्वथा निषेध है ।

तिलक किन-किन अंगों पर

सिर, ललाट, कंठ, हृदय, दोनों बाहु, दोनों बाहुमूल, नाभि, पीठ और दोनों बगल में—इस प्रकार बारह स्थानों पर तिलक करने का विधान है।

चन्दन लगाने का मन्त्र

कांति, लक्ष्मी धृति, सौख्यं सौभाग्यमतुलं ममः।
ददातु चंदनं नित्यं सततं धारयाम्यहम्॥

भस्म लगाने का मन्त्र

त्र्यायुषं जमदग्नेः कश्यपश्य त्र्यायुषम्।
यद्देवेषु त्र्यायुषं तन्नोऽस्तु त्र्यायुषम्॥

—यजुर्वेद ३।६२

तिलक करने का सामान्य मन्त्र

केशवानन्त गोविन्द वाराह पुरुषोत्तम।
पुण्यं यशस्य मायुष्यं तिलकं में प्रसीदतु॥

सन्ध्या

किसी भी वर्ण या किसी भी प्रकार के साधक को अपने गुरु की आज्ञा से सन्ध्या करनी चाहिए।

सन्ध्या में मुख्यतः दस क्रियाएं होती हैं—

१. आसन शुद्धि	६. अर्घ्यदान।
२. मार्जन	७. सूर्योपस्थान
३. आचमन	८. न्यास
४. प्राणायाम	९. ध्यान
५. अघमर्षण	१०. जप

संध्या का अर्थ है सम+ध्यै+अन+आप, 'ध्यै' धातु का अर्थ है ध्यान करना, अतः संध्या का तात्पर्य हुआ तन मन एवं वाणी से ईश्वर-स्वरूप होना। वेद में स्पष्ट कहा है—

अहरहः सन्ध्यामुपासित

अर्थात् नित्य संध्या करनी चाहिए।

सन्ध्या कब करे

उत्तमो तारकोपेता मध्यमा लुप्त तारका
क नष्टा सूर्य सहिता प्रातः सन्ध्या त्रिधा स्मृता॥

—देवी भागवत

अर्थात् प्रातःकाल की संध्या ताराओं के रहते की जानी चाहिए, यह उत्तम है। तारे छिप जाने पर की जाने वाली सन्ध्या मध्यम तथा सूर्योदय के बाद की जाने वाली सन्ध्या कनिष्ट कहलाती है। इसी प्रकार सांझ की सन्ध्या सूर्यास्त से तीन घटी पहले की जाय तो उत्तम, ताराओं के निकलने से पूर्व मध्यम तथा ताराओं के छा जाने पर की जाने वाली सन्ध्या कनिष्ट मानी जाती है।

उत्तमा सूर्य सहिता, मध्यमा लुप्त सूर्पका।
कनिष्ठा तारकोपेता सायं सन्ध्या त्रिधास्मृता ॥

—देवी भागवत

सन्ध्या स्थान

गृहेषु प्राकृती सन्ध्या गोष्ठे शतगुणास्मृता।
नदीषु शत साहस्त्री अनन्ता शिव सन्निधौ ॥

यदि सन्ध्या प्रयोग घर में किया जाता है, तो वह सामान्य है, गोशाला में सौ गुना, नदी तट पर लाख गुना और शिव मन्दिर में अनन्त गुना फल मिलता है।

सन्ध्या में प्रातःकाल ब्राह्मी का, मध्याह्न में वैष्णवी का, तथा सायंकाल शांभवी का ध्यान करना चाहिए। तांत्रिक साधना में अपनी-अपनी 'इष्ट गायत्री' का ही जप होता है, सब की गायत्री अलग-अलग है, यहां कुछ का उल्लेख कर रहा हूं।

१. विष्णु गायत्री त्रैलोक्य मोहनाय विदमहे कामदेवाय धीमहि तन्नो विष्णु प्रचोदयात्
२. नारायण गायत्री नारायणाय विदमहे वासुदेवाय धीमहि तन्नो विष्णु प्रचोदयात्
३. नृसिंह गायत्री वज्र नरवाय विदमहे तीक्ष्णदंष्ट्राय धीमहि तन्नो नृसिंहप्रचोदयात्
४. राम गायत्री दाशरथाय विदमहे सीतावल्लभाय धीमहि तन्नो राम प्रचोदयात्
५. शिव गायत्री तत्पुरुषाय विदमहे महादेवाय धीमहि तन्नो रुद्र प्रचोदयात्
६. गणेश गायत्री तत्पुरुषाय विदमहे वक्रतुण्डाय धीमहि तन्नो दन्ती प्रचोदयात्
७. शक्ति गायत्री सर्व सम्मोहिन्यै विदमहे विश्व जनन्यै धीमहि तन्नः शक्ति प्रचोदयात्
८. लक्ष्मी गायत्री महालक्ष्म्यै विदमहे महाश्रियै धीमहि तन्नः श्री प्रचोदयात्
९. सरस्वती गायत्री वाग्देव्यै विदमहे कामराजाय धीमहि तन्नः देवी प्रचोदयात्
१०. गोपाल गायत्री कृष्णाय विदमहे दामोदराय धीमहि तन्नः विष्णु प्रचोदयात्
११. सूर्य गायत्री आदित्याय विदमहे मार्तण्डाय धीमहि तन्नः सूर्य प्रचोदयात्

साधकों के दिशा-निर्देश के लिए भगवान शंकराचार्य ने साधना-पंचक एक पांच श्लोकों का ग्रन्थ रचा है—

वेदो नित्यमधीयतां तदुदितं कर्म स्वनुष्टीयतां
तेनेशस्य विधीतता मपचितिः काम्ये मतिस्त्यज्यताम्।
पापौघः परिधूयतां भव सुखे दोषोऽनुसन्धीयता।
मात्मेच्छा व्यवसीयतां निज गृहा चूर्ण विनिर्गम्यताम्

नित्य वेदाध्ययन करो तथा वेद निहित कर्म करो, साथ ही काम्य कर्मों को छोड़ दो, समस्त पाप पुंज का नाश करते हुए सांसारिक सुखों में दोष देखो, परमात्मा में चित्त लगाते हुए अपने घर का यथासम्भव त्याग कर दो।

संगः सत्सु विधीयतां भगवतो भक्तिर्दृढ़ाधीयतां
शान्त्यादिः परिचीयतां दृढ़ तरं कर्माशुसन्त्यज्यताम्।
सद्विद्वानुप सृज्यतां प्रतिदिनं तत्पादुका सेव्यतां
ब्रह्मै काक्षर मर्थ्यतां श्रुति शिरो वाक्यं समा कर्ण्यताम्॥

सत्पुरुषों का संग करो, तथा भगवान में दृढ़ अनुराग पैदा करो, शम दम आदि का पालन करते हुए काम्य कर्मों को छोड़ दो, सच्चे साधुओं के पास ब्रह्म को पहचानने का अभ्यास करो।

वाक्यार्थश्च विचार्यतां श्रुति शिरः पक्षः समाश्रीयतां
दुस्तर्कात्सु विरम्यतां श्रुतिमतस्तर्कोऽनु संधीयर्ताम्।
ब्रह्मास्मीति विभाव्यता महरह गर्वः परि त्यज्यतां—
देहेऽहं मति रुज्यतां बुध जनै र्वाद परि त्यज्यताम॥३॥

वेदान्त एवं उपनिषदों का आश्रय लो, कुतर्क से दूर रह कर श्रुति सम्मत मुक्तियों का अनुसंधान करो। "मैं ब्रह्म हूं"—ऐसी भावना भरो, अहं का त्याग करो तथा बुद्धिमानों के साथ रहो।

शुद्वयाधिश्चचिकित्स्यतां प्रतिदिनं भिक्षौषधं भुज्यतां
स्वाद्वन्नं न तु याच्यतां विधिवशात्प्राप्तेन सन्तुष्यताम्।
शीतोष्णादि विषह्यतां न तु वृथा वाक्यं समुच्चार्यता
मौदासीन्यमभीप्स्यतां जन कृपा नैष्ठुर्य मुत्सृज्यताम॥४॥

भूख को व्याधि समझो, तथा भिक्षान्न से ही उदरपोषण करो, देव कृपा से जो मिल जाय, उसी से सन्तुष्ट रहो, सर्दी गर्मी सहन करने की शक्ति रखो, झूठ मत बोलो तथा अन्य लोगों पर कृपा व कठोरता दोनों को ही छोड़ दो।

एकान्ते सुखमास्यतां परात्परे चेतः समाधीयतां
पूर्णात्मा सुसमीक्ष्यतां जगदिदं तद्‌वाधितं दृश्यताम्
प्राक्कर्म प्रविलाप्यतां चितिवलान्नाप्युत्तरैः श्लिष्यतां
प्रारब्धं त्विह भुज्यता मथ पर ब्रह्मात्मना स्थीयताम्॥५॥

एकांत में शांति से बैठ परात्पर ब्रह्म में चित्त को लगाओ। सर्वत्र पूर्णब्रह्म का अनुभव करो, भावी कर्मों से असंग रहो, तथा पूर्व कर्मों को ईश्वर से बांध दो, तथा स्वयं को ब्रह्मवत् बना लो।

वस्तुतः शंकराचार्य ने जो कुछ कहा है, वह मूलतः सन्यासियों को सामने रखकर कहा है, पर ये नियम सभी साधकों के लिए उपयोगी हैं, एवं मंत्र-तंत्र साधना काल में इनका प्रयोग सफलता देने में सहायक रहता है।

पूजा

साधना काल में कई बार पूजा विधान करना पड़ता है, यहां मैं संक्षेप में पूजा विधि लिख रहा हूं, जोकि किसी भी सगुण इष्ट पूजा में सहायक है।

संक्षेप व विस्तार में कई पूजा भेद हैं चौसठ, अठारह, सोलह, दस, पांच आदि।

अठारह उपचार

१. आसन २. स्वागत ३. पाद्य ४. अर्घ्य
५. आचमनीय ६. स्नान ७. वस्त्र ८. यज्ञोपवीत
९. भूषण १०. गंध ११. पुष्प १२. धूप
१३. दीप १४. नैवेद्य १५. दर्पण १६. माल्य
१७. अनुलेपन १८. नमस्कार।

सोलह (षोडशोपचार)

१. पाद्य २. अर्घ्य ३. आचमनीय ४. स्नान
५. वस्त्र ६. आभूषण ७. गंध ८. पुष्प
९. धूप १०. दीप ११. नैवेद्य १२. आचमन
१३. ताम्बूल १४. स्तवपाठ १५. तर्पण १६. नमस्कार।

दसोपचार

१. पाद्य २. अर्घ्य ३. आचमन ४. मधुपर्क
५. आचमनीय ६. गंध ७. पुष्प ८. धूप
९. दीप १०. नैवेद्य।

पंचोपचार

१. गंध २. पुष्प ३. धूप
४. दीप ५. नैवेद्य।

सामान्य पूजा विधि

दिशा रक्ष करना—
हाथ में सरसों लेकर दिग्रक्षा करे—

ॐ अप सर्पन्तु ये भूता ये भूता भुविसंस्थिता ।
ये भूता विघ्नकर्त्तारस्ते गच्छन्तु शिवाज्ञया ।।
अपक्रामन्तु भूतानि पिशाचा सर्वतो दिशम् ।
सर्वेषामवरोधेन पूजा कर्म समारभे ।।

पंचगव्य से भूमि शुद्ध करे

पंच गव्य : गोमूत्रं गोमयं क्षीरं दधि सर्पि कुशोदकं
पंच गव्य मिदं प्रोक्तम्महापातक नाशनम

पंचगव्य प्रमाण

गोशकृदद्विगुणं मत्रं दुग्धं दद्याच्चतुर्गुणम
घृतं चाष्ट गुणं चैव पेंचगव्ये तपादधि ।।

शास्त्रों में पांच प्रकार से पूजा विधान है :

१. **अभिगमन**—देवता के स्थान को लीप कर शुद्ध करना, साफ करना, निर्माल्य हटाना आदि अभिगमन के अन्तर्गत आता है ।

२. **उपादान**—गंध पुष्प धूप, दीप आदि पूजा सामग्री का संग्रह उपादान कहलाता है ।

३. **योग**—आत्मरूप से इष्टदेव को भावना करना योग कहलाता है ।

४. **स्वाध्याय**—मन्त्र जप, स्तोत्र, पाठ, गुण, नाम, लीला आदि का कीर्तन करना स्वाध्याय कहलाता है ।

५. **इज्या**—उपचारों के द्वारा अपने आराध्यदेव की पूजा करने को ही इज्या कहते हैं ।

उपरोक्त पांच प्रकार की पूजा का शास्त्रों में विशेष महत्व है । इन्हें क्रमशः सार्ष्टि, सामीप्य, सालौक्य, सायुज्य और सारूप्य भी कहा जाता है ।

माला : संस्कार

शास्त्रों में माला को प्रमुखता प्रदान की है, क्योंकि प्रभु नाम जप में इसका विशेष महत्त्व है । माला तीन प्रकार को होती है । (१) कर माला, (२) वर्णमाला, (३) मणिमाला ।

कर माला

जो जप उंगलियों पर किया जाता है, वह कर माला जप कहा जाता है । यह भी दो प्रकार का होता है, एक तो उंगलियों से गिनना और दूसरा उंगलियों के पर्वों से गिनना । शास्त्रोक्त दूसरा प्रकार ही उचित माना जाता है ।

नियमानुसार पहले अनामिका के मध्य भाग से नीचे की ओर चले, फिर कनिष्ठा के मूल से अग्रभाग तक । इसके बाद अनामिका और मध्यमा के अग्रभाग

होकर तर्जनी के मूल तक गिने। इस प्रकार से अनामिका के दो, कनिष्ठा का के तीन, पुनः अनामिका का एक, मध्यमा का एक और तर्जनी के तीन पर्व कुल दस संख्या होती है।

साधारणतः कर माला का यही क्रम है, पर अनुष्ठान भेद से इसमें भी अन्तर रहता है। एक दो उदाहरण पर्याप्त होंगे—

शक्ति अनुष्ठान

अनामिका के दो पर्व, कनिष्ठिका के तीन, पुनः अनामिका का अग्रभाग एक, मध्यमा के तीन और तर्जनी का एक मूल पर्व इस प्रकार दस की संख्या होती है।

लक्ष्मी अनुष्ठान

मध्यमा का मूल एक, अनामिका का मूल एक, कनिष्ठिका के तीन, अनामिका और मध्यमा के अग्रभाग एक-एक और तर्जनी के तीन, इस प्रकार दस की संख्या पूरी होती है।

नियम : करमाला करते समय उंगलियां अलग-अलग न रहें बल्कि एक दूसरे के पास परस्पर जुड़ी रहें।

—हथेली अन्दर की तरफ थोड़ी सी मुड़ी रहे।

—मेरु का उल्लंघन न करें। मध्यमा के दो पर्व मेरु कहलाते हैं।

—पर्वों की संधि का स्पर्श निषिद्ध है।

—हाथ को हृदय के सामने उंगलियों को कुछ टेढ़ी कर तथा वस्त्र मे ढककर ही जप करना चाहिए।

—दस की संख्या का स्मरण रखने के लिए लाख (लक्ष) सिन्दूर और गौ के सूखे कंडे को चूर्ण कर इन सबके मिश्रण से गोलियां बनाकर उनको गणना के समय प्रयुक्त करना चाहिए।

—अक्षत, उंगली, पुष्प, चन्दन या मिट्टी-कंकड़ आदि का प्रयोग दशकों के गणना हेतु प्रयोग नहीं करना चाहिए।

वर्णमाला

इसका प्रयोग अन्तर्जप में तो होता ही है वहिर्जप में भी किया जा सकता है।

वर्णमाला का तात्पर्य है अक्षरों के द्वारा संख्या करना। इसके जप करने का विधान यह है कि पहले वर्णमाला का एक अक्षर बिन्दु लगाकर उच्चारण करे, फिर मन्त्र का, इस क्रम से—

अ वर्ग के	१६
क वर्ग से प वर्ग तक	२५
य वर्ग से ह वर्ग तक	८
पुनः एक लकार	१
	५०

इस प्रकार पचास की संख्या हो जाने पर फिर लकार से लौटकर अकरा तक आने पर पचास और हो जायेंगे, इस प्रकार सौ की संख्या पूरी हो जायेगी।

'क्ष' को सुमेरु माना जाता है अतः इसका उल्लंघन निषिद्ध है।

'त्र' और 'ज्ञ' स्वतन्त्र अक्षर नहीं हैं अपितु ये संयुक्ताक्षर हैं। अतः इनकी गणना नहीं होती।

इस गणना में सात वर्ग न होकर आठ वर्ग होते हैं। आठवां वर्ग 'शकार' से प्रारम्भ होता है। इसके द्वारा 'अं कं चं टं तं पं यं शं' यह गणना करके आठ बार और जप करना चाहिए।

इस प्रकार जप की संख्या १०८ हो जाती है।

ये अक्षर माला के मणि हैं, इनका मूल सूत्र कुण्डलिनी शक्ति है जो कि मूलाधार से आज्ञा चक्र तक सूत्र रूप में विद्यमान है, इस प्रकार यह जप आरोह-अवरोह अर्थात् ऊपर से नीचे तथा पुनः नीचे से ऊपर होता है।

इस प्रकार किया हुआ जप पूर्ण एवं शीघ्र सिद्धिप्रद होता है।

मणिमाला

जिन साधकों को ज्यादा जप करना हो, उन्हें मणिमाला का प्रयोग करना चाहिए। मणियों से पिरोई होने के कारण ही यह मणिमाला कहलाती है। यह माला कई पदार्थों से बनी हुई होती हैं। मणि रत्न, रुद्राक्ष, तुलसी, शंख, कमल-बीज, जीव-पुत्रक चांदी, चन्दन, कुशमूल, स्फटिक, मोती आदि पदार्थों की मालाएं सामान्यतः देखी जाती हैं। सामान्यतः वैष्णवों के लिए तुलसी तथा स्मार्त शैव आदि के लिए रुद्राक्ष की माला सर्वोत्तम मानी गई है। इस बात का ध्यान रखा जाना चाहिए कि एक पदार्थ की माला में दूसरे पदार्थ का प्रयोग न हो।

१. विभिन्न देवताओं के लिए विभिन्न पदार्थों की माला का प्रयोग शीघ्र फलप्रद होता है।

२. अलग-अलग कार्यों या अनुष्ठान आदि के लिए भी अलग-अलग पदार्थों की माला प्रयोग की जानी चाहिए।

३. माला के मनके एक जैसे हों, उनमें छोटे बड़े न हों।

४. माला में १०८ मनके हों, सुमेरु अलग से हो।

५. माला में जो धागा प्रयोग में लिया जाय वह कुंवारी ब्राह्मण कन्या से कातकर बनाया हुआ प्रयोग में लिया जाय।

६. रुद्राक्ष के दानों को पिरोते समय उसके मुंह और पुच्छ का ध्यान रखें, मुंह कुछ ऊपर उठा होता है। अतः माला बनाते समय मुंह से मुंह जुड़ा हो, तथा पुच्छ से पुच्छ।

७. वशीकरण में लाल, शांति कार्यों में श्वेत, ऐश्वर्य, सम्पदा आदि के लिए रेशमी सूत का प्रयोग करना चाहिए।

८. दो दानों के बीच मे गांठ लगाई भी जा सकती है, और नहीं भी लगाई जा सकती है, दोनों ही मान्य हैं।

९. स्वर्ण-तार या रजत-तार से भी माला गूंथी जा सकती है।

१०. सुमेरु के पास गांठ तीन फेरे की अथवा ढाई फेरे की लगानी चाहिए।

११. प्रत्येक दाना पिरोते समय इष्ट मन्त्र का जाप या ॐ ध्वनि का सतत उच्चारण करते रहना चाहिए।

माला संस्कार

जब माला तैयार हो जाय, तब उसका संस्कार होना चाहिए। सर्वप्रथम पीपल के नौ पत्तों को भूमि पर एक बीच में तथा शेष आठ पत्तों को चतुर्दिक इस प्रकार से रखें, कि वह अष्टदल-सा बन जाय, फिर बीच वाले पत्ते पर माला रखें और 'अं आं इत्यादि सं हं' पर्यन्त समस्त स्वर व्यंजन का आनुनासिक उच्चारण कर पंचगव्य से माला प्रक्षालन करे, तथा सद्योजात मन्त्र पढ़कर उसे जल से धो ले—

ॐ सद्यो जातं प्रपद्यामि सद्यो जाताय वै नमो नमः
भवे भवे नाति भवे भवस्य मां भवोद्भवाय नमः ॥

फिर वामदेव मन्त्र से चन्दन लेपन करे।

ॐ वामदेवाय नमो ज्येष्ठाय नमः श्रेष्ठाय नमो रुद्राय नमः
कल विकरणाय नमो बलविकरणाय नमः।
बलाय नमो बल प्रमथनाय नमः सर्वभूतदमनाय नमो
मनोन्मनाय नमः

फिर अघोर मंत्र से धूपदान दे

ॐ अघोरेभ्यो ऽथोरेभ्यो घोर घोर तरेभ्यः
सर्वेभ्यः सर्व शर्वेभ्या नमस्ते अस्तु रुद्ररूपेभ्यः ॥

फिर एक-एक दाने पर सौ-सौ बार ईशान मन्त्र का जप करे—

ॐ ईशानःसर्व विद्यानामीश्वर : सर्वभूतानां ब्रह्माधिपति
ब्रह्मणोऽधिपति ब्रह्मा शिवो मे अस्तु सदा शिवोम ॥

फिर माला में अपने इष्ट देवता की प्राण प्रतिष्ठा कर प्रार्थना करे—

माले माले महामाले सर्व तत्व स्वरूपिणी
चतुर्वस्त्वयी-न्यस्तस्तस्मान्मे सिद्धि दाभवः ॥

सावधानियाँ

१. कभी भी जप या माला फेरते समय न तो स्वयं हिले और न माला हिलावे।

२. माला फेरते समय आवाज न हो।

३. इस बात का ध्यान रखें कि माला हाथ से गिरे नहीं।

४. यदि धागा घिस जाय, तो शुभ दिन को पुनः नया धागा डाल दें।

५. माला फेरते समय उसे तर्जनी का स्पर्श न हो।

माला-चयन

काली तंत्र के अनुसार शंखमाला से सौगुना फल मिलता है प्रवाल से सहस्त्र, स्फटिक से दस सहस्त्र, मुक्तक से लाख, कमल बीजों की माला से दस लाख, कुशा-मूल-माला से सौ करोड़ तथा रुद्राक्ष से अनन्त कोटि फल मिलता है।

काली तंत्र के ही अनुसार श्मशान स्थित धतूरे की माला श्रेष्ठ है, मनुष्य की उंगली की हड्डियों से निर्मित माला के जाप से समस्त कामनाएं सिद्ध होती हैं शत्रुनाश के लिए कमलगट्टे की माला, पापनाश हेतु कुशमूल की माला, पुत्र प्राप्ति हेतु जीवा पोता, तथा ऐश्वर्य प्राप्ति के लिए मूंगे की माला का प्रयोग करना चाहिए।

गौतमीय तंत्र में बताया है कि अर्थ प्राप्ति के लिए तीस मणकों की माला, सर्व कामना सिद्धि के लिए सत्ताईस मनकों की माला, मारण कार्यों में पन्द्रह मणियों की माला का प्रयोग होना चाहिए।

हेरण्ड तंत्र के अनुसार स्तम्भन वशीकरण आदि कार्यों में अंगूठे के अग्रभाग से माला जपनी चाहिए, आकर्षण में अंगूठा व तर्जनी, मारण में अंगूठा व कनिष्ठा का प्रयोग उचित है।

वशीकरण कार्यों में पूर्व दिशा की ओर मुंह करके जप करना चाहिए। मारण में दक्षिण, धन प्राप्ति के लिए पश्चिम तथा समस्त शुभ कार्यों में पूर्व की ओर मुंह करके जप करना चाहिए।

पुष्प

पूजन कार्यों में पुष्प प्रयोग का भी विशेष महत्त्व है। कुलार्णव तंत्र में कहा है—

पुण्य संवर्धनाच्चापि पापौघ परिहारतः।
पुष्कलार्थ प्रदानाच्च पुष्प मित्यर्देभिधीयते ॥

अर्थात् पुष्प को चढ़ाने, पापों को नाश करने एवं श्रेष्ठ शुभ फल प्रदान करने के कारण ही इसे 'पुष्प' कहा जाता है। देवता लोग न रत्नों से प्रसन्न होते हैं, न भूषणादि से, वे पुष्पों से ही प्रसन्न रहते हैं—

पुष्पैर्देवाः प्रसीदन्ति पुष्पे देवाश्च संस्थिताः।
न रत्नैर्न सुवर्णेन न वित्तेन च भूरिणा :॥

त्याज्य पुष्प

पुष्पं च कृमिसम्भिन्नं विशीर्णं भग्नमुद्गतम
सकेशं मूषिकोद्धूतं यत्नेन परिवर्जयेत्।

याचितं परकीयं च तथा पर्युषितं च यत्
अन्त्यस्पृष्टं पदास्पृष्टं यत्नेन परिवर्जयेत् ।
उग्र ग्रन्धं न दातव्यं त्वन्यदेव गृहोद्भवम ।
स्वयं पतित पुष्पाणि त्वजेदुपहितानि च ।

अर्थात् अशुद्ध, बासी, कीड़ों से खाये हुए टूटे-फूटे, जमीन पर गिरे तथा दूसरों से मांगे हुए या चुराए हुए पुष्प त्याज्य हैं पर कमल एवं कुमुद के पुष्प पांच दिनों तक बासी नहीं होते । साथ ही विल्वपत्र, पान एवं तुलसी के टूटे-फूटे जीर्ण पत्र एवं पुष्प भी चढ़ाये जा सकते हैं ।

सावधानियां

१. दिन को बारह बजे के बाद पुष्प तोड़ना वर्जित है ।

२. भगवान शंकर को केतकी या कुन्द पुष्प, विष्णुपर धतूरा, देवी पर आक के फूल तथा सूर्य को तगर का फूल भूलकर भी न चढ़ावें ।

३. लक्ष्मी को कमल का पुष्प सर्वाधिक प्रिय है ।

४. विष्णु को तुलसी, मालती, गुलाब, कनेर, चम्पा एवं कमल के पुष्प सर्वाधिक प्रिय हैं ।

५. पुष्प हमेशा सीधा चढ़ाना चाहिए, उलट करके नहीं पर बिल्वपत्र उलट करके चढ़ाया जा सकता है । पुष्पांजलि में यदि उलटे पुष्प भी चढ़ जायं तो कोई दोष नहीं ।

पुष्पाञ्जलौ न तद्दोष:
बिल्वपत्र मधौमुखम्

६. श्रीकृष्ण को सर्वाधिक प्रिय तुलसी पत्र ही है ।

७. देवताओं पर केवल चम्पा की कली ही चढ़ाई जा सकती है । अन्य कोई भी कली या अर्ध विकसित पुष्प नहीं चढ़ाना चाहिए ।

८. भगवान विष्णु को धतूरा, पाटल, जुही, जपा, कचनार, अशोक, आक, नीम आदि पुष्प भूल कर भी नहीं चढ़ाने चाहिए । आक पर रखकर पुष्पों को चढ़ाना भी दोषयुक्त है

अर्क पुष्पाणि वर्ज्यानि अर्क पत्र स्थितानि च

पद्म पुराण के अनुसार

भगवान विष्णु की पूजा में मास भेद भी दर्शित है—
चैत्र में—कमल, चम्पा से विष्णु पूजा करे ।
बैशाख—केतकी ।
ज्येष्ठ—सभी पुष्प ।
आषाढ़—कनेर, कदम्ब, कमल ।

श्रावण—अलसीपुष्प, दूर्वादल ।

भाद्रपद—चम्पा, श्वेत पुष्प, कमल (केतकी पुष्प इस मास में वर्जित है ।)

आश्विन—जूही, चमेली ।

कार्तिक—कमल-पुष्प, मौलश्री, चम्पा ।

मार्गशीर्ष—बकुल पुष्प ।

पौष—तुलसीदल ।

माघ—विविध पुष्प ।

फाल्गुन—वासन्तिक पुष्प ।

शास्त्रों में कई स्थानों पर भगवान विष्णु की पूजा सुवर्ण-पुष्प से करने का विधान है । सुवर्ण-पुष्प का अर्थ चम्पक या चम्पा ही है । जिसने जीवन में एक बार भी सुवर्ण पुष्प से भगवान विष्णु का पूजन नहीं किया, उसका जन्म ही व्यर्थ है ।

जप

साधनादि में जप का विशेष महत्त्व बताया गया है, भगवान ने स्वयं 'यज्ञाना जप यज्ञो स्मि' कहकर जप की महत्ता बताई है । जप कार्य में भी कुछ नियम होते हैं, उनका विधिपूर्वक पालन करना चाहिए—

१. जप से पूर्व ब्राह्मण को शिखा बन्धन करना चाहिए—बिना शिखा में गांठ दिये जो जप किया जाता है, वह निष्फल होता है ।

सदो पवीतिना भाव्यं सदा बद्ध शिखेन च ।
विशिखो व्युपवीतश्च् यत् करोति न तत् कृतम् ।।

२. ब्रह्माण्ड पुराण के अनुसार जप करते समय आसन बिछा होना चाहिए । ध्यान रहे कि आसन फटा हुआ, जीर्ण या छिद्रयुक्त न हो । मात्र भूमि पर बैठकर जप करने से दुख की प्राप्ति होती है । बांस के आसन पर दरिद्रता, पत्थर के आसन पर रोग, काष्ठ पर दुर्भाग्य, तृणासन पर यश-नाश तथा पत्तों के आसन पर बैठकर जप करने से चित्त उद्विग्नता की प्राप्ति ही होती है ।

काम्यार्थं कम्बलं चैव श्रेष्ठं च रक्त कम्बलम् ।
कुशासने मन्त्रसिद्धिर्नात्र कार्या विचारणा ।

३. जप करते समय पैर फैलाने नहीं चाहिए, बीच-बीच में बातें करना, नाखून कुतरना या नाखून काटना, धागा तोड़ना, चावलों या सुपारियों को हिलाना, गर्दन घुमाना, बाल बांधना, शरीर हिलाना वर्ज्य है ।

४. बिना संख्या के जप करने से भी फल नाश होता है, अंगिरा स्मृति के अनुसार—बिना दंभ के धार्मिक कार्य, बिना जल के दान एवं बिना गणना के जप निष्फल होते हैं—

बिना दर्भेश्च यत्कृत्यं यच्चदानं विनोदकम् ।
असंख्यया तु यज्जप्तं तत्सर्वं निष्फलं भवेत् ।।

५. प्रातःकाल में नाभि, मध्याह्न में हृदय और संध्याकाल में नासिका के समीप हाथ रखकर जप करना चाहिए।

६. जप का फल घर में बैठकर करने से एक गुना, गौशाला में सौ गुना, तीर्थ में हजार गुना, पर्वत पर दस हजार गुना, नदी तट पर लाख गुना, देवालय में करोड़ गुना तथा शिव सामीप्य में अनन्त गुना फल मिलता है।

७. शिथिलता, प्रमाद, मोह, क्रोध, आलस्य और निद्रा—ये जप काल के शत्रु हैं।

मुद्रा

मुदं करोति देवानां द्रावयत्यसरांस्तथा।
मोदनाद् द्रावणाच्चैव मुद्रेति परिकीर्तिता॥

अर्थात् देवताओं को हर्ष तथा असुरों का विनाश करने के कारण इसका नाम मुद्रा पड़ा।

साधकों के लिए मुद्राओं का ज्ञान आवश्यक है। क्योंकि इनसे समस्त देवताओं का मोद होता है। पापों का नाश होता है तथा प्रत्येक कार्य में सिद्धि एवं सफलता मिलती है—

मोदनात्सर्वदेवानां द्रावणात्पाप संहते।
तस्मान्मुद्रेति सा ख्याता सर्व कामार्थ साधिनी॥

गायत्री जाप में चौबीस मुद्राओं का प्रदर्शन आवश्यक है, बिना इनके जप, साधना एवं सिद्धि असम्भव है।

चतुर्विंशति मुद्राश्च गायत्र्यादौ प्रदर्शयेत्।
वृथा मंत्र जपश्चैव स्नानं भोजन मेव च।
यज्ञश्च निष्फलस्तेषां होमो देवार्चनं वृथा।
तस्मान्मुद्रा सदा ज्ञेया विद्वद्भिर्यत्रमास्थितै॥

चौबीस मुद्राएं

१. सुमुख	२. सम्पुट	३. वितत	४. विस्तृत
५. द्विमुख	६. त्रिमुख	७. चतुर्मुख	८. पंचमुख
९. षण्मुख	१०. अधोमुख	११. व्यापकांजलि	१२. शकट
१३. यमपाश	१४. ग्रथित	१५. सन्मुखोन्मुख	१६. प्रलम्ब
१७ मुष्टिक	१८. मत्स्य	१९. कूर्म	२०. वराह
२१. सिंहाक्रान्त	२२. महाक्रान्त	२३. मुद्गर	२४. पल्लव

अन्त की आठ मुद्राएं निम्न हैं—

१. सुरभि	२. ज्ञान	३. वैराग्य
४. योनि	५. शंख	६. पंकज
७. लिंग	८. निर्वाण	

विस्तार भय से यहां मात्र जानकारी ही दे रहा हूं। जो साधक इसमें रुचि रखते हों, वे योग्य गुरु के सान्निध्य में इन मुद्राओं को सीखकर लाभ उठा सकते हैं।

विशिष्ट मुद्राएं

योग शास्त्र में यों तो असंख्य मुद्राओं का उल्लेख है, परन्तु उनमें प्रधान दस मुद्राएं ही हैं, घेरण्ड संहिता ३।९५ में बताया है कि जो साधक इन मुद्राओं का अभ्यास करता है, वह न तो वृद्ध होता है, और न ही उसकी मृत्यु होती है, इतना ही नहीं अपितु उसको अग्नि, जल और वायुभय भी नहीं रहता।

प्रधान मुद्राएं

१. मूलबन्ध	२. उड्डीयान बन्ध	३. जालंधर बन्ध
४. महाबन्ध	५. महावेध	६. महामुद्रा
७. विपरीतकरणी	८. वज्रोली	९. खेचरी
१०. शक्तिचालिनी		

ये दस मुद्राएं ही श्रेष्ठ हैं, इनके तुल्य संसार में न कुछ है और न कुछ होगा। इनमें से प्रत्येक मुद्रा सिद्धिप्रद है, बिना इन्हें सिद्ध किए कोई साधक सिद्धि प्राप्त नहीं कर सकता।

एतन्समुद्रा दशकं न भूतं न भविष्यति।
एकैकाभ्यासने सिद्धिः सिद्धो भवति नान्यथा॥

घेरण्ड संहिता में 'शक्तिचालिनी मुद्रा' को सर्वश्रेष्ठ बताया है—

मुद्रेयपरमा गोप्या जरामरण नाशिनी।
तस्मादभ्यासनं कुर्याद्योगिभिः, सिद्धिकाँक्षिभिः॥

साधकों को चाहिए कि वे मुद्राओं, आसनों आदि का सम्यक ज्ञान किसी योग्य गुरु के निर्देशन में लें, तत्पश्चात् ही उनके सान्निध्य में प्रयोग कर सिद्धि प्राप्त करें।

मंत्र-सिद्धि

मंत्र शब्द का मूल अर्थ है, 'गुप्त परामर्श'। श्रद्धा से जब मंत्राक्षर अन्तर्दंश में प्रवेश कर एक दिव्य आहिण्डन करते हैं, तब एक जीवन्त ज्वलन्त एवं जागरित रूप चमक उठता है, और यही दिव्य रूप साकार होकर सिद्धि में परिणित हो जाता है—

मंत्रे तीर्थे द्विजे दे वे दैवज्ञे भैषजे गुरौ।
यादृशी भावना यस्य सिद्धिर्भवति तादृशी॥

मंत्र और सिद्धि परस्पर जुड़े हुए शब्द हैं, पर इसके लिये कई तथ्यों को ध्यान में रखते हुए उनका सम्यक् पालन आवश्यक है। विधिवत् पालन न करने से इसमें असफलता मिलती है, फलस्वरूप अश्रद्धा उत्पन्न होती है, इसीलिए महर्षियों ने कहा है—

एतद् गोप्यं महागोप्यं न देयं यस्य कस्यचित्।

मंत्र शब्द ही अपने आपमें सारगर्भित है, इस संबंध में स्पष्ट है—

मननात् त्रायेत यस्मात्तस्मान्मन्त्रः प्रकीर्तितः' अर्थात् 'म' कार से मनन और त्र कार से रक्षण अर्थात् जिन विचारों से या कार्यों से हमारे कार्य सिद्ध हों उसे मंत्र कहते हैं, मन से जब वर्णोच्चार का घर्षण होता है तब तक एक दिव्य ज्योति प्रगट होती है। और इसी से सफलता प्राप्त होती है।

मांत्रिकों के अनुसार निरन्तर मंत्र जाप करते रहना ही सिद्धि है, **'जपात्सिद्धिर्जपात्सिद्धिः'** जपते ही चले जाओ निश्चय ही सफलता मिलेगी।

मंत्र साधना में सफलता का मूल आधार चित्त की एकाग्रता है, इसीलिये उच्चस्तरीय साधक अपने योग्यतम शिष्य को श्यामा पीठिका में दीक्षित करते हैं। जो साधक श्यामा पीठिका सिद्ध कर लेता है, वह निश्चय ही स्वयं मंत्र रूप हो जाता है।

मंत्र शास्त्र में चार पीठिकाओं का उल्लेख है—१. श्मशान पीठ २. शव पीठ ३. अरण्य पीठ ४. श्यामा पीठ।

१. श्मशान पीठ—कुछ ऐसे मंत्र होते हैं, जो रात्रि में श्मशान में जाकर जपे जाते हैं। ऐसे मंत्रों को श्मशान पीठ कहा जाता है।

२. शव पीठ—किसी मृत कलेवर के ऊपर बैठकर या उसके भीतर घुमकर मंत्र-जप साधना शव पीठ कहलाती है। तांत्रिक साधना में इसका विशेष महत्त्व है।

३. अरण्य पीठिका—जहां लोगों का आवागमन न हो, कोलाहल से दूर

जंगल में, किसी वृक्ष के नीचे या शून्य मंदिर में मंत्र जप को अरण्य पीठिका कहा जाता है।

४. **श्यामा पीठिका**—यह सर्वाधिक कठिन पीठिका है, बिरला ही इस पीठिका से उत्तीर्ण हो सकता है। एकान्त स्थान में द्वार बंद कक्ष या निर्जन स्थान में षोडश-वर्षीय नवयौवना सुन्दर स्त्री को वस्त्ररहित कर सम्मुख बिठाकर जो साधक बिना विचलित हुए पूर्ण एकात्म भाव से मंत्र जप करे, उसे श्यामा पीठिका कहते हैं।

जैसा कि कई बार उल्लेख किया जा चुका है, कि साधक को योग्य गुरु के सान्निध्य में ही साधना करनी चाहिए, गुरु का आत्मदान और शिष्य का आत्मसमर्पण इन दो धाराओं के मिलन से ही सिद्धि प्राप्त होती है, प्रत्येक व्यक्ति के लिये प्रत्येक इष्ट फलप्रद नहीं होता, और न प्रत्येक मंत्र ही शीघ्र साध्य होता है। अतः यह गुरु के द्वारा ही ज्ञात हो सकता है, कि कौनसा मंत्र अमुक साधक के लिए उपयुक्त है और कौन से इष्टदेव की साधना शीघ्र शुभ फलप्रद है।

दीक्षा

गुरु दीक्षा देता है—ज्ञान सिद्धि एवं शक्ति का दान तथा अज्ञान, पाप एवं दारिद्रय का नाश ही 'दीक्षा' है। चाहे कितना ही समय बीत जाय, परन्तु जब तक दीक्षा प्राप्त नहीं होती, तब तक सिद्धि का मार्ग सही रूप में प्रशस्त नहीं होता।

दीक्षा एक तेजपुंज है, जिससे साधक के मन में निहित अज्ञान एवं अविद्या का नाश होता है, उसके शरीर की अशुद्धियां समाप्त होती हैं तथा गुरु के द्वारा ज्ञान संचार एवं आत्मदान की प्रक्रिया होती है।

दीक्षा के तीन भेद हैं—१. शाक्ती २. शाम्भवी और ३. मान्त्री।

कुण्डलिनी जाग्रत कर उसे ब्रह्मनाड़ी में से होकर परम शिव में मिला लेने को ही शाक्ती दीक्षा कहा जाता है।

श्री गुरुदेव अपनी प्रसन्नता के क्षणों में दृष्टि अथवा स्पर्श से शिष्य को स्वयंवत् कर देने की क्रिया को ही शांभवी दीक्षा कहा गया है।

मंत्रोपदेश के द्वारा गुरु जो ज्ञान देता है, उसे मान्त्री दीक्षा कहते हैं।

सभी साधक शक्तिपात् के पात्र नहीं होते, मान्त्री दीक्षा से ही वे इसके अधिकारी होते हैं।

शारदा पटेल ग्रन्थ में दीक्षा के चार भेद बताये हैं—

१. **क्रियावती**—इसमें कर्मकाण्ड का पूरा उपयोग होता है।

२. **वर्णमयी**—यह न्यासरूप है, वर्णों का अनुलोम विलोम गति से शिष्य के शरीर में समस्त वर्णों का संचार करने की क्रिया को वर्णमयी दीक्षा कहा गया है।

३. **कलावती**—मानव शरीर में पांच शक्तियां हैं।

(१) पैर के तलवे से जानु पर्यन्त, निवृत्ति शक्ति
(२) जानु से नाभिपर्यन्त, प्रतिष्ठाशक्ति
(३) नाभि से कंठ पर्यन्त विद्या शक्ति
(४) कंठ से ललाट पर्यन्त शांति शक्ति
(५) ललाट से शिखापर्यन्त शान्त्यतीत कला शक्ति

गुरु एक शक्ति को दूसरी शक्ति में समाहित कर शिष्य को शिवरूप कर देते हैं, इसी को कलावती दीक्षा कहा गया है।

४. वेधमयी—षट्चक्र भेदन ही वेधमयी दीक्षा कही जाती है। जब गुरु कृपा कर शक्तिपात् के द्वारा शिष्य का षट् चक्र भेदन कर लेते हैं तो उसे वेधमयी दीक्षा कहा जाता है।

५. पंचायतनी दीक्षा—उपरोक्त चार प्रकार की दीक्षाओं के अतिरिक्त यह दीक्षा भी प्रचलित है, इसमें शक्ति, विष्णु, शिव, सूर्य और गणेश—इन पांचों में से एक को प्रधान मान कर उसे बीच में स्थापित कर अन्य चारों देवताओं को चर्तुदिक स्थापित कर पूजा एवं साधना करा कर दीक्षा दी जाती है।

६. क्रम दीक्षा—शास्त्रों में क्रम दीक्षा का भी उल्लेख है, इसमें चिन्तन एवं गुरु-शिष्य सेवा सहयोग बना रहता है, बढ़ता है, एवं गुरु अपने शिष्य को धीरे-धीरे आत्मवत् बना लेते हैं।

दीक्षा हो जाने पर गुरु कुछ मर्यादाओं को स्पष्ट करता है, जिनका पालन शिष्य के लिए उचित रहता है। नारद पांचरात्र में इस प्रकार की कुछ मर्यादाओं का उल्लेख है—

स्व मन्त्रो नोपदेष्टव्यो वक्तव्यश्च न संसदि।
गोपनीये तथा शास्त्रं रक्षणीयं शरीरवत्॥
वैष्णवानां पराभक्तिराचार्याणां विशेषतः।
पूजनं च यथा शक्ति तानापन्नांश्च रक्षयेत्॥
प्राप्त मायतानाद्विष्णोः शिरसा प्रणतो वहेत्।
निक्षिपेदम्भसि ततो न पतेद वनौ यथा॥
सोमसूर्यान्तिरस्थं च गवाश्वत्थाग्निमध्यगम्।
भावयेद्दैवतं त्रिष्णुं गुरु विप्रशरीरगम॥
प्रदक्षिणे प्रयाणे च प्रदाने च विशेषतः।
प्रभाते च प्रवासे च स्वन्मन्त्रं बहुशः स्मरेत्॥
स्वप्ने वाक्षि समक्षं वा आश्चर्य मति हर्षदम।
अकस्माद् यदि जायेत न ख्यातव्यं गुरोर्विना॥

अर्थात् गुरु द्वारा जो मंत्र दिया गया है, उसे अन्य किसी को भी न बताना, न सभा में कहना चाहिए। अपनी पूजा विधि भी किसी को नहीं बतानी चाहिए और

इससे संबंधित शास्त्र की रक्षा शरीरवत् करनी चाहिए। वैष्णवों तथा आचार्यों के प्रति सम्मान प्रगट करना, उनकी पूजा करना तथा आपत्तिग्रस्त होने पर उनकी सेवा सुश्रुषा करनी चाहिए। भगवान के मंदिर से जो पुष्पादि प्राप्त हों, उसे सिर पर रखना चाहिए, जमीन पर न गिरावे और किसी कूप या जलाशय में विसर्जित कर दे। सूर्य, चन्द्र, गौ, पीपल, अग्नि, ब्राह्मण और गुरु में अपने इष्टदेव के दर्शन करे, तथा यात्रा काल में, प्रवास में प्रातः सायं ईश्वर का बार-बार स्मरण करे। स्वप्न में या जाग्रतावस्था में कोई चमत्कार या अलौकिक दृश्य दीख जाय, तो उसे किसी अन्य को न कहकर मात्र अपने गुरुदेव के समक्ष ही व्यक्त करे।

इस प्रकार सभी मर्यादाओं का पालन करता हुआ जो शिष्य गुरु-सेवा में लीन रहता है, वह निश्चय ही सफलता पाता है।

भूत शुद्धि

वशिष्ठ संहिता में स्पष्ट रूप से कहा है, कि बिना भूत शुद्धि के किसी भी प्रकार की कोई भी साधना सफल नहीं हो पाती। भूत शुद्धि का तात्पर्य है—शरीरस्थ मलिन भूतों की भस्म कर नवीन दिव्य भूतों का निर्माण करना है, जिससे कि शरीर पूर्ण पवित्र होकर साधना के दिव्यालोक से प्रकाशित हो सके।

भूत शुद्धि का क्रम इस प्रकार है—

१. सर्व प्रथम स्नानादि कर अपने आसन पर बैठ, और ऐसा विचार मन में लावे, कि मेरे चारों तरफ अग्नि-पुंज है, जिसे पार कर कोई पाप निकट नहीं आ सकता। इस हेतु आसन के चारों ओर अग्निबीज 'रं' का उच्चारण करता हुआ जल छिड़के।

२. फिर संकल्प—भूत शुद्धि-संकल्प करे—ॐ अद्येत्यादि देवपूजा कार्य सिद्ध्यर्थं भूत शुद्धाद्यहं करिष्ये'

३. फिर कुण्डलिनी का चिन्तन करे, और उसे उद्‌बुद्ध करने का प्रयास करे।

४. फिर स्वशरीर में पैर के तलवे से तालु तक जो पृथिवीमंडल है, उसका ध्यान करे।

१. पैर के तलवे से जंघा तक पृथ्वीमंडल, चौकोर पीतरंग का है, इसे ॐ ह्लां ब्रह्मणे पृथिव्याधिपतये निवृत्ति कलात्मने हुं फट् स्वाहा—मंत्र से जल में विसर्जित करे।

२. जंघा से नाभिपर्यन्त अर्द्धचन्द्राकार श्वेत वर्ण जल मंडल है। इसे 'ॐ ह्रीं वैष्णवे जलाधिपतये प्रतिष्ठा कलात्मने हुं कट् स्वाहा, मंत्र से अग्नि में विसर्जित कर देना चाहिए।

३. नाभि से हृदय तक त्रिकोणात्मक अग्निमंडल है, इसे 'ऊं हृ रुद्राय तेजोऽधिपतये विद्याकलात्मने हुं फट् स्वाहा, मंत्र से वायुमंडल में विलीन कर देना चाहिए।

४. हृदय से भू मण्डल तक गोलाकार वायु मंडल है, जिसे 'ॐ' हृँ ईशानाय वायव्याधिपतये शांति कलात्मने स्वाहा, मंत्र से आकाश मण्डल में विलीन कर देना चाहिए।

५. भ्रूमध्य से ब्रह्मरन्ध्र पर्यन्त आकाश मण्डल है, इसे ऊं हृैं सदाशिवाय आकाशाधिपतये शान्त्यतीत कलात्मने हुं फट् स्वाहा—मंत्र से अहंकार में विलीन कर दे, फिर अहंकार को महत्तत्व में, तथा महत्तत्व को प्रकृति में विलीन कर देना चाहिए, और प्रकृति को नित्य शुद्ध बुद्ध स्वरूप परमात्मा में विलीन कर देना चाहिए।

इसके पश्चात् पाप पुरुष का शोषण करने के लिए 'ॐ' शरीरस्यान्तर्यामी ऋषिः सत्यं देवता प्रकृति पुरुष प्रछन्द्रः पाप पुरुष शोषणे विनियोगः विनियोग करे।

भूत शुद्धि साधना की सफलता के लिए परम आवश्यक है, मेरे गुरु भ्राता ने किसी महात्मा से प्राप्त कर एक और प्रकार भूत शुद्धि का बताया था, जो कि प्रभावपूर्ण एवं पूर्ण समर्थ है।

इस भूत शुद्धि में पांच मंत्र हैं—

१. ॐ भूत श्रृंगाटात् शिरः सुषुम्णापथेन जीव शिवं परम शिव पदे योजयामि स्वाहा।

२. ॐ यं लिंग शरीरं शोषय स्वाहा।

३. ॐ रं संकोच शरीरं दह दह स्वाहा।

४. ॐ परम शिव सुषुम्नापथेन मूल श्रृंगाट्म उल्लस उल्लस, ज्वल ज्वल, प्रज्वल प्रज्वल, सोऽहं हंसः स्वाहा।

५. ॐ भ्रं भूत दह दह स्वाहा।

उपरोक्त मंत्रों की भावना समझते हुए आवृत्ति करनी चाहिए। यदि कुछ दिनो तक इसका अभ्यास किया जाता है, तो विचित्र तरह से अनुभव प्राप्त होते हैं, तथा आश्चर्यजनक उपलब्धियां प्राप्त होती हैं।

मन्त्र अनुष्ठान

मन्त्र की महिमा

सन्त तुलसीदास ने मन्त्र की महिमा बताते हुए कहा है कि मन्त्र वर्णों की दृष्टि से भले ही छोटा दिखाई दे, पर उसकी शक्ति अतुलनीय है, उससे ब्रह्मा, विष्णु, शिव को भी वश में किया जा सकता है, जैसे मदोन्मत्त हाथी को एक छोटा-सा अंकुश वश में कर लेता है। मन्त्र का अर्थ है जो "मनन करने पर त्राण करे।"

यास्क मुनि ने मन्त्र के बारे में कहा है—"मन्त्रो मननात्" अर्थात् मन्त्र वह वर्ण समूह है जिनका बार-बार मनन किया जाय और जिससे इच्छित कार्य की पूर्ति हो।

"पिंगलायत" में मन्त्र के बारे में बताया है कि यह समस्त बन्धनों को दूर कर त्राण देने वाला है—

मननं विश्व विज्ञानं, त्राणं संसार बन्धनात्।
यतः करोति संसिद्धिः मन्त्र इत्युच्यते तनः॥

"रुद्रयामल" में भी लगभग इसी प्रकार की बात भगवान शंकर ने पार्वती को कही है—

मनन-त्राणनाच्चैव मद्रूपस्या व बोधनात्।
मन्त्र इत्युच्यते सम्यग्: मदधिष्ठानतः प्रिये॥

अर्थात्—पार्वती। मनन व त्राण के द्वारा जो मेरे स्वरूप का ज्ञान कराने में समर्थ है, जिसमें स्थिरता एवं शक्ति है वही मन्त्र है।

"ललितासहस्रनाम" में मन्त्र की परिभाषा स्पष्ट करते हुए भाष्यकार ने बताया है कि धर्म युक्त अमुसन्धान कर जो आत्मा में स्फुरण पैदा करने में समर्थ हैं, तथा जिसमें संसार को ऊंचा उठाने की शक्ति हो, वही मन्त्र है।

इसके अतिरिक्त "गुप्तोपदेशतो मन्त्रः" गुरु द्वारा गुप्त उपदेश को मन्त्र कहते हैं, या मंत्र "पुनर्भवति पठित सिद्धि" जो पठन करने से सिद्ध हो, वह मन्त्र है, आदि कई सूत्र समाज में प्रचलित हैं।

स्पष्टतः मन्त्र अपन आप में देवता है, अतः लौकिक एवं पारलौकिक सिद्धियों एवं सफलताओं के लिए इससे बढकर अन्य कोई साधन नहीं।

मन्त्रों के अधिष्ठाता देवता

जितने भी प्रकार के मन्त्र हैं, उन सभी मन्त्रों के निम्न में से कोई-न-कोई देवता होता है—

१. रुद्र	२. मंगल	३. गरुड़
४. गन्धर्व	५. यक्ष	६. रक्ष
७. भुजंग	८. कीलर	९. पिशाच
१०. भूत	११. दैत्य	१२. इन्द्र
१३. सिद्ध	१४. विद्याधर	१५. असुर

मन्त्र संज्ञा

वर्णों की संख्या के अनुसार मन्त्रों की संज्ञा होती है जो कि इस प्रकार है—

एक वर्णात्मक मन्त्र को		कर्तरी
दो	"	सूची
तीन	"	मुद्गर
चार	"	मुसल
पांच	"	क्रूर
छः	"	श्रृंखल
सात	"	कुकच
आठ	"	शूल
नौ	"	वज्र
दस	"	शान्ति
एकादश	"	परशु
द्वादश	"	चक्र
त्रयोदश	"	कुलिश
चतुर्दश	"	नाराच
पंचदश	"	भुशुण्डी
षोडश	"	बर्ध

मन्त्र प्रयोग

मन्त्रच्छेद कार्यों में		कर्तरी मन्त्र का प्रयोग होता है
भेद	"	सूची
भंजन	"	मुग्दर
शोषण	"	मुसल
बन्धन	"	श्रृंखल
छेदन	"	कुकच
घातकर्म	"	शूल
स्तंभन	"	वज्र
त्रन्धन	"	शान्ति

विद्वेष	"	परशु
समस्त कार्यों में		चक्र
उत्साह	"	कुलिश
सैन्य भेद	"	नाराच
मारण	"	भुशुण्डी
शांति कार्य	"	पद्म
रंजक	'	चक्र

मन्त्र भेद

मन्त्र दो प्रकार के होते हैं—

१. **पल्लव**—जिस मन्त्र के आदि में नाम बोलना पड़ता है, उसे पल्लव मन्त्र कहते हैं।

यह मन्त्र मारण, संहारक कार्य, भूत प्रेत निवारण, उच्चाटन विद्वेषण आदि कार्यों में प्रयुक्त होता है।

२. **योजन**—जिस मन्त्र के अन्त में नाम उच्चारण कर मन्त्र सम्पन्न किया जाता है, उसे योजन मन्त्र कहते हैं।

यह शान्ति, पुष्टि, वशीकरण, प्रायश्चित सम्मोहन, दीपन आदि कार्यों में प्रयुक्त होता है। स्तंभन विद्वेषण आदि कार्यों में भी इसका प्रयोग किया जाता है।

३. **रोध**—नाम के पहले या मध्य में या अन्त में मन्त्र हो तो उसे 'रोध' संज्ञा से पुकारा जाता है।

यह सम्मोहन कार्यों एवं समस्त प्रकार की पीड़ा दूर करने में प्रयोग किया जाता है।

४. **पर**—नाम के प्रत्येक अक्षर के साथ मन्त्र सम्बन्धित हो, उसे 'पर' कहा जाता है।

इस प्रकार के मन्त्रों का प्रयोग शान्ति कार्यों में होता है।

५. **सम्पुट**—नाम से पूर्व अनुलोम तथा नाम के अन्त में विलोम मन्त्र होने पर उसे सम्पुट कहते हैं।

इस प्रकार के मन्त्रों का प्रयोग कीलन स्तम्भन उच्चाटन आदि में किया जाता है।

६. **विदर्भ**—मन्त्र के दो अक्षर फिर नाम के दो अक्षर फिर पुनः मन्त्र के दो अक्षर—इस क्रम से युक्त मन्त्र को 'विदर्भ' कहते हैं।

आकर्षण, वशीकरण आदि में इसका प्रयोग होता है।

मन्त्रों में ध्वनि प्रयोग

१. उच्चाटन विद्वेषण कार्यों में मन्त्र के अन्त में 'हु' शब्द का प्रयोग होता है।

२. छेदन सम्बन्धित कार्यों में 'फट्'
३. ग्रह शांति व अनिष्ट नाश हेतु 'हुंफट्'
४. पुष्टिकर्म, बोधन आदि कार्यों में 'वौषट्'
५. यज्ञ कार्यों में 'स्वाहा'
६. पूजन कार्यों में 'नमः'
७. शांति कार्यों में 'स्वाहा'
८. वशीकरण, सम्मोहन आदि कार्यों में 'स्वधा'
९. विद्वेषण में 'वषट्'
१०. आकर्षण कार्यों में 'हुं'
११. उच्चाटन में 'वषट्'
१२. मारण कार्यों में 'फट्'

षट् कार्यों में आसन प्रयोग

१, पुष्टिकार्यों में 'पद्मासन'
२. शांति कर्म में 'स्वस्तिकासन'
३. आकर्षण कार्यों में 'कुक्कुटासन'
४. उच्चाटन में 'अर्द्धस्वस्तिकासन'
५. स्तंभन में 'विकटासन'
६. वशीकरण में 'भद्रासन'

तन्त्र कार्यो में आसन प्रयोग

१. वशीकरण में 'भेड़ या मेढ़े का आसन'
२. आकर्षण में 'व्याघ्रासन'
३. उच्चाटन हेतु 'उष्ट्रासन'
४. विद्वेषण में 'घोड़े के चर्म का आसन'
५. मारण में 'महिष चर्म आसन'
६. मोक्ष प्राप्ति हेतु 'गज चर्मासन'

मन्त्र अनुष्ठान

हमारा जीवन मन्त्रमय है, जब तक हम सही तरीके से मन्त्रानुष्ठान के बारे में उपकरण नहीं जुटाएंगे, तब तक सफलता प्राप्ति में काफी कुछ बाधाओं का सामना करना पड़ता है ।

मन्त्रानुष्ठान में सफलता प्राप्त करने के लिए कुछ विशेष तथ्यों को स्मरण रखना चाहिए—

१. स्थान—मन्त्रानुष्ठान में स्थान का सर्वोपरि महत्त्व है, शुद्ध, सात्त्विक सरल एवं कोलाहल रहित स्थान ही मन्त्रानुष्ठान के लिए सर्वोपरि माना गया है,

सामान्यतः सिद्ध पीठ, नदीतट, गुफा पर्वत शिखर, तीर्थ, जगल, उद्यान, तुलसी के पौधे के पास, बिल्ववृक्ष के नीचे या घर का एकान्त स्थान सर्व-श्रेष्ठ है।

योग संहिता में कहा गया है—

गोशाला वै गुरोर्गेहं देवायतन काननम्।
पुण्य क्षेत्रं नदी तीरं सदा पूतं प्रकीर्तितम्॥

(गौशाला, गुरु का घर, देव मन्दिर, बगीचा पुण्य क्षेत्र तथा नदी का किनारा सदा ही पवित्र कहे गए हैं।)

धात्री बिल्व समीपे च पर्वताग्रे गुहासुच।
गंगायास्तु तटे वापि, कोटि कोटि गुणं भवेत्॥

२. **भोजन**—मन्त्रानुष्ठान में सफलता प्राप्त करने के लिए भोजन की शुचिता की ओर भी विशेष ध्यान दिया जाना चाहिए।

भोजन के तीन दोष हैं—

१. जाति दोष
२. आश्रय दोष
३. निमित्त दोष

१. जाति दोष—प्याज, लहसुन या अभक्ष्य पदार्थ जिस घर में बनते हैं, उस घर का अन्न तथा इस प्रकार के पदार्थ इसी श्रेणी में आते हैं।

२. **आश्रय दोष**—सही एवं शुद्ध स्थान पर पदार्थ न रखे रहने से आश्रय दोष आ जाता है यथा शराब घर में रखा हुआ दूध आश्रय दोष युक्त होने से त्याज्य है।

३. **निमित्त दोष**—शुद्ध स्थान पर, शुद्ध तरीके से बने हुए भोजन को भी यदि कुत्ता आदि स्पर्श कर लेता है तो वह निमित्त दोष की वजह से त्याज्य हो जाता है।

साधक को चाहिए कि वह इन तीन दोषों से रहित भोजन का ही उपयोग करे। कीट युक्त अन्न, बासी भोजन, तथा तेल, नमक, उड़द, गाजर आदि का प्रयोग भी वर्जित है। इसी प्रकार कांस्य-पात्र भी वर्जित माना गया है। भोजन कम करे, एक समय करे, तथा स्वाद के लिए नहीं करे, तभी साधक को अपने मन्त्रानुष्ठान में सफलता मिल सकती है।

३. अन्य तथ्य

१. स्त्री संसर्ग, स्त्री-चर्चा वर्जित है, वह स्थान भी छोड़ दे, जहां स्त्री रहती हो। स्व पत्नी के साथ रह सकता है, पर संभोग वर्जित है।

२. उबटन, तेल क्षौर छोड़ दे।

३. दिन में एक बार भोजन करे, तथा बिना भोग लगाए भोजन न करे।

४. नित्य स्नान, सन्ध्या, नित्यकर्म हो।

५. अपवित्र हाथ, बिना स्नान किए, नग्नावस्था, या सिर पर वस्त्र रखकर मन्त्र साधना न करे।

६. जपकाल में बातचीत न करे।

७. जपकाल में बातचीत आवश्यक हो तो कर ले, पर फिर पुनः आचमन अंगन्यास करके ही जप प्रारम्भ करे।

८. जप करते समय मल, मूत्र विसर्जन-वेग हो, तो इस वेग को रोके नहीं, क्योंकि रोकने से मन्त्र चिन्तन न होकर मल-मूत्र चिन्तन ही रहेगा, अतः मल-मूत्र विसर्जन कर स्नान कर आचमन अंगन्यास करके ही पुनः मन्त्र जप प्रारंभ करे।

९. जप करते समय—आलस्य, जंभाई, नींद, छींक, थूकना, भय, गुप्तेन्द्रिय-स्पर्श, क्रोध तथा बातचीत पूर्णतः वर्जित है।

१०. मन्त्र जप करते समय निम्न तथ्यों पर विचार रखना चाहिए—
   १. मन्त्र जप न तो जल्दी हो और न अत्यन्त धीमी गति से हो।
   २. मन्त्र को गाकर न जपे।
   ३. मन्त्र जपते समय सिर हिलाना, लिखा हुआ पढ़ना, मन्त्र का अर्थ न जानना, भूल जाना भी उचित नहीं।
   ४. प्रथम दिन जितना जप किया जाय, नित्य उतना ही करे, जप संख्या घटाना-बढ़ाना उचित नहीं।

११. मन्त्र सिद्धि हेतु निम्न नियमों का दृढ़ता से पालन करना उचित है—
   १. भूमि शयन
   २. ब्रह्मचर्य
   ३. गुरु-सत्संग, गुरु सेवा
   ४. मौन
   ५. त्रिकाल स्नान
   ६. पाप कर्म त्याग
   ७. नित्य पूजा
   ८. नित्य दान
   ९. देव प्रार्थना
   १०. नैमित्तक पूजा
   ११. इष्ट साधना
   १२. जप निष्ठा

१२. मन्त्र साधना काल में स्त्री, शुद्ध एवं पतित के साथ वार्ता न करे।

१३. अनुष्ठान काल में यदि मरण-शौच या जनन शौच हो जाय तो भी अनुष्ठान कार्य न छोड़े।

१४. उबटन, इत्र, पुष्प आदि एव चर्म पादुका का प्रयोग न करे।

१५. अपने आसन व भूमिशय्या पर अन्य किसी को भी बैठने न दे।

१६. एक वस्त्र या बहुत अधिक वस्त्र पहिन कर मन्त्र जप न करे।

१७. खाते समय या सोकर उठते ही जप नहीं करना चाहिए।

१८. भूख मे पीड़ित होने पर जप छोड़ दे।

१९. पैर फैलाकर जप करना वर्जित है।

मानस जप

मानस जप में उपरोक्त कोई भी नियम लागू नहीं होते—

मंत्रैक शरणो विद्वान् मनसैव सदाभ्यसेत्
अशुचिर्वा शुचिर्वापी गच्छस्तिष्ठन् स्वपन्नपि।
न दोषो मानसे जाप्ये सर्व देशेऽपि सर्वदा।

अर्थात् मन्त्र के रहस्य को जानने वाला साधक, जो कि मन्त्रनिष्ठ ही हो गया हो, उसे मानस जप करते समय कोई दोष व्याप्त नहीं होता। वह उठते बैठते, सोते जागते, पवित्र अपवित्र अवस्था में भी जप चालू रख सकता है।

जप तीन प्रकार के होते हैं :

१. **उपांशु जप**—उपांशु जप वह कहलाता है जिसमें थोड़े बहुत जीभ एवं होंठ हिलते हैं, उनकी ध्वनि साधक के कानों तक ही सीमित रहती है, दूसरा नहीं सुन सकता।

२. **वाचिक जप**—वह कहलाता है, जिसका स्पष्ट उच्चारण हो।

३. **मानस जप**—इसमें होंठ या जीभ नहीं हिलती, अपितु मन्त्रार्थ का चिन्तन करते हुए मन से ही मन्त्र की बार-बार आवृत्ति होती है।

मन्त्र सिद्धि

मन्त्र को सिद्ध करने के दो उपाय हे—१. जात सूतक निवृत्ति २. मृत सूतक निवृत्ति।

१. **जात सूतक निवृत्ति**—इसके लिए जप के प्रारंभ से एक सौ आठ बार ॐ कार से पुटित करके इष्ट मन्त्र का जप करना चाहिए।

फिर योनिमुद्रा अनुष्ठान करे

२. **मृत सूतक निवृत्ति**—इसके लिये भूत लिपि विधान करे। भूत लिपि विधान निम्न प्रकार से है :

अ इ उ ऋ लृ ए ऐ ओ औ ह य ल व र ङ क ख घ ग ञ च छ झ ज ण ट ठ ढ ड न त थ ध द म प फ भ ब श ष स (उसके बाद इष्ट मन्त्र उच्चारण; फिर) स ष श ब भ फ प म द ध थ त न ड ढ ठ ट ण ज झ छ च ञ ग घ ख क ङ र व ल य ह औ ओ ऐ ए लृ ऋ उ इ अ।

नियम

१. इस प्रकार नित्य एक हजार जप एक महीने तक करने से ही मंत्र जागरित होता है।

२. पूर्व में तीन प्राणायाम और अन्त में भी तीन प्राणायाम करने चाहिए।

३. प्राणायाम का नियम यह है कि चार मन्त्र से पूरक, सोलह मन्त्र से कुंभक और आठ मन्त्र से रेचक करना चाहिए।

४. जप पूरा होने पर मानसिक रूप से उसे इष्ट देवता के दाहिने हाथ में समर्पित कर लेना चाहिए। यदि देवी इष्ट स्वरूप हो तो उसके बायें हाथ में समर्पित करना चाहिए।

५. प्रतिदिन अनुष्ठान के अन्त में जप का दशांश हवन, हवन का दशांश तर्पण, तर्पण का दशांश अभिषेक और यथाशक्ति ब्राह्मण भोजन हो।

६. यदि नियम संख्या पांच का पालन किसी वजह से संभव न हो सके तो जितना होम हुआ है, उससे चौगुना जप ब्राह्मण को, छः गुना क्षत्रिय को तथा आठ गुना वैश्य को करना चाहिए।

७. अनुष्ठान के पांच अंग होते हैं—

(१) जप (२) होम (३) तर्पण

(४) अभिषेक (५) ब्राह्मण भोजन

यदि होम तर्पण अभिषेक न हो तो ब्राह्मण या गुरु के आशीर्वाद मात्र से भी ये कार्य सम्पन्न माने जा सकते हैं।

८. स्त्रियों को होम-तर्पणादि की आवश्यकता नहीं है, केवल जप मात्र से ही उन्हें सफलता मिल जाती है।

९. अनुष्ठान पूर्ण होने पर प्रत्येक विधि से गुरु को सन्तुष्ट एवं प्रसन्न करे।

मन्त्र साधना की गोपनीयता

मन्त्र साधनादि को पूर्णतः गोपनीय रखना चाहिए। ऐसा शास्त्रों में बार-बार उल्लेख है —

गोपनीयं गोपनीयं गोपनीयं प्रयत्नतः।
त्वयापि गापित्वयं हि न देयं यस्य कस्यचित्।

साधना ज्योतिष परिप्रेक्ष्य में

मन्त्र साधन से पूर्व साधक के जन्म कालीन ग्रहों के अध्ययन से भी यह ज्ञात कर लेना चाहिए कि साधक किस प्रकार की उपासना में सफल होगा।

जन्म कुण्डली में नवम भाव से ही उपासना का ज्ञान होता है। अपने अनुभव के आधार पर इस संबंध में कुछ तथ्य स्पष्ट कर रहा हूं :

१. यदि जन्म कुण्डली में वृहस्पति, मंगल एवं बुध साथ हो या परस्पर दृष्टि हो तो वह व्यक्ति साधना क्षेत्र में सफलता प्राप्त करता है।

२. गुरु बुध दोनों ही नवम भाव में हो तो वह ब्रह्म साक्षात्कार कर सकने में सफल होता है।

३. सूर्य उच्च का होकर लग्नेश के साथ हो तो वह श्रेष्ठ साधक होता है।

४. यदि लग्नेश पर गुरु की दृष्टि हो तो वह स्वयं मन्त्र स्वरूप हो जाता है, मन्त्र उसके हाथों में खेलते हैं।

५. यदि दशमेश दशम स्थान में हो तो वह व्यक्ति साकार उपासक होता है।

६. दशमेश शनि के साथ हो तो वह व्यक्ति तामसी उपासक होता है।

७. अष्टम भाव में राहू हो तो जातक अद्‌भुत मन्त्र-साधक तांत्रिक होता है। पर ऐसा व्यक्ति अपने आपको गोपनीय बनाये रखता है।

८. दशमेश का शुक्र या चन्द्रमा से संबंध हो तो वह दूसरों की सहायता से उपासना-साधना में सफलता प्राप्त करता है।

९. यदि पंचम स्थान में सूर्य हो, या सूर्य की दृष्टि हो तो वह शक्ति उपासना में पूर्ण सफलता प्राप्त करता है।

१०. यदि पंचम एवं नवम भाव में शुभ बली ग्रह हों तो वह व्यक्ति सगुणोपासक होता है।

११. नवम भाव में मंगल हो या मंगल की दृष्टि हो तो वह शिवाराधना में सफलता पा सकता है।

१२. यदि नवम स्थान में शनि हो तो जातक साधु बनता है। यदि ऐसा शनि स्वराशि या उच्च राशि का हो तो व्यक्ति वृद्धावस्था में विश्व प्रसिद्ध संन्यासी होता है।

१३. जन्म कुण्डली में सूर्य बली हो तो शक्ति उपासना करनी चाहिए।

१४. चन्द्रमा बली हो तामसी उपासना में सफलता मिलती है।

१५. मंगल बली हो तो शिव उपासना से मनोरथ प्राप्त करता है।

१६. बुध प्रबल हो तो तंत्र साधना में सफलता प्राप्त करता है।

१७. गुरु श्रेष्ठ हो तो साकार ब्रह्म उपासना से ख्याति मिलती है।

१८. शुक्र बलवान हो तो मन्त्र साधना में पूर्णता प्राप्त होती है।

१९. शनि बलवान हो तो जातक-जातक सिद्ध उपासक होकर विख्यात होता है, ऐसा जातक तंत्र एवं मंत्र दोनों में ही सफलता प्राप्त करता है।

२०. यदि लग्न या चन्द्रमा पर शनि की दृष्टि हो तो जातक सफल साधक बन सकता है।

२१. यदि चन्द्रमा नवम भाव में हो और उस पर किसी भी ग्रह की दृष्टि न हो तो वह व्यक्ति निश्चय ही संन्यासी बन कर सफलता प्राप्त करता है।

२२. दशम भाव में तीन ग्रह बलवान हों, वे उच्च के हों, तो निश्चय ही जातक साधना में उन्नति प्राप्त करता है।

२३. दशम भाव का स्वामी सप्तम भाव में हो तो व्यक्ति तांत्रिक क्षेत्र में सफलताएं प्राप्त करता है।

२४. दशम भाव में उच्च राशि के बुध पर गुरु की दृष्टि हो तो जातक जीवन्मुक्त हो जाता है।

२५. बलवान नवमेश गुरु या शुक्र के साथ हो तो व्यक्ति निश्चय ही साधना क्षेत्र में सफलता प्राप्त करता है।

२६. यदि दशमेश दो शुभ ग्रहों के बीच में हो तो जातक को साधना में सम्मान मिलता है।

२७. यदि वृषभ का चन्द्र गुरु-शुक्र के साथ केन्द्र में हो तो व्यक्ति उपासना क्षेत्र में उन्नति करता है।

२८. दशमेश लग्नेश का परस्पर स्थान परिवर्तन योग यदि जन्म कुण्डली में हो तो व्यक्ति निश्चय ही सिद्ध बनता है।

२९. यदि सभी ग्रह चन्द्र और गुरु के बीच हों तो व्यक्ति तांत्रिक क्षेत्र की अपेक्षा मंत्रानुष्ठान में विशेष सफलता प्राप्त कर सकता है।

३०. यदि केन्द्र और त्रिकोण में सभी ग्रह हों तो जातक प्रयत्न कर साधना क्षेत्र में सफलता प्राप्त कर सकता है।

इसके अतिरिक्त भी कई योग होते हैं। पर मैंने केवल उन कुछ योगों का वर्णन किया है जिसके आधार पर यह ज्ञात हो सकता है कि साधक के लिए कौन-सी साधना उपयुक्त रहेगी।

साधना प्रारंभ में शुभ-समय ज्ञान

शुभ समय में यदि कार्य प्रारंभ किया जाय तो निश्चय ही सफलता मिल सकती है। कुछ शुभ समय स्पष्ट कर रहा हूं।

गुरु पुष्य

यदि गुरुवार को पुष्य नक्षत्र हो, तो पूर्ण सिद्धि योग बनता है।

गुरौ पुष्य समायोगे सिद्ध योगः प्रकीर्तितः

सिध्यन्ति अस्मिन् सर्वाणि कार्याणि, इति सिध्यः, पुष्यन्ति अस्मिन् सर्वाणि कार्याणि इति पुष्यः।

पुष्य पर कृतं हन्ति न तु पुष्यकृतं परः
अपि द्वादशगे चन्द्रे पुष्यः सर्वार्थ साधकः।

रवि पुष्य भी इस प्रकार के कार्यों में शुभ है।

वराह मिहिर ने साधना में सफलता प्राप्त करने के लिए बारह महीनों में

प्रत्येक दिन के कुछ कालांश को अद्वितीय मान कर उसकी भूरि-भूरि प्रशंसा की है, और बताया है कि यदि इस समय में साधना प्रारंभ की जाय, तो निस्संदेह सफलता प्राप्त होनी है।

पाठकों की जानकारी हेतु वराह मिहिर निर्देशित विजय काल नीचे की पंक्तियों में स्पष्ट कर रहा हूं

मास चैत्र, वैशाख, श्रावण, भाद्रपद, माघ, फाल्गुन इन छः महीनों में निम्न समय निर्विवाद रूप से स्वयं सिद्ध काल है।

वार		**स्टेंडर्ड समय**
रविवार		प्रातः ६ से ६-४८ तक
		रात्रि ६-४८ से ७-३६
		रात्रि ३-३६ से ४-२४
सोमवार	रात्रि	७-३६ से ९-१२ तक
मंगलवार	रात्रि	७-३६ से ९-१२ तक
	रात्रि	३-३६ से ४-२४ तक
बुधवार	दिन	३-३६ से ४-२४ तक
	रात्रि	९-१२ से १०-४८ तक
गुरुवार	रात्रि	७-३६ से ९-१२ तक
शुक्रवार	रात्रि	१-१२ से ३-३६ तक
शनिवार		नहीं

मास-ज्येष्ठ-आषाढ़

वार		**स्टेण्डर्ड समय**
रविवार	दिन	३-३६ से ४-२४ तक
	रात्रि	४-२४ से ६-०० तक
सोमवार	रात्रि	२-४८ से ३-३६ तक
मंगलवार	रात्रि	५-१२ से ६-०० तक
बुधवार	प्रातः	६-४८ से ८-२४ तक
गुरुवार		नहीं
शुक्रवार	रात्रि	१०-४८ से ११-३६ तक
शनिवार	प्रातः	६-०० से ६-४८ तक
	रात्रि	८-२४ से ९-१२ तक

मास आश्विन, कार्तिक, मार्गशीष, पौष

वार		**स्टेण्डर्ड समय**
रविवार	नहीं	
सोमवार	प्रातः	९-१२ से १०-४८ तक
	दिन	३-३६ से ६-०० तक
मंगलवार	दिन	१२-२४ से २-४८ तक
बुधवार	दिन	६-४८ से ८-२४ तक
गुरुवार	सायं	५-१२ से ६-०० तक
शुक्रवार	सायं	४-२४ से ६-०० तक
	रात्रि	१-१२ से २-०० तक
शनिवार	सायं	५-१२ से ६-०० तक

उपरोक्त समय स्वयंसिद्ध है, अद्भुत सफलतादायक है, इसमें न चन्द्रबल न ग्रह बल न अन्य योग देखने की जरूरत है, मिहिराचार्य ने कहा है :

न तिथिं र्न नक्षत्रं न योगं करणं तथा
शिवस्थाज्ञा समादाय दैवंकार्यं विचिंतयेत्
न वारादि ग्रहाश्चैव व्यतिपातौ न विष्टि च
दिक्शूलं चन्द्रमा नैव तथा पंचाग दर्शनम ॥
महेन्द्रो विजयो नित्यं—।

अब मन्त्र संस्कार से पूर्व मैं सिद्धियां, न्यास आदि के बारे में संक्षिप्त विवरण प्रस्तुत कर रहा हूं :

सिद्धियां

सिद्धियां मुख्यतः आठ मानी गई हैं, जिन्हें प्राप्त करने के लिए मन्त्र प्रयोग, अनुष्ठान साधनादि की जाती है।

१. अणिमा—इस सिद्धि से देह को अत्यन्त छोटा लघु बनाया जा सकता है, सीताजी की खोज में लंका में प्रवेश करते समय हनुमान ने इसी सिद्धि से अपनी देह को लघु रूप दिया था।

२. महिमा—इस सिद्धि से देह को वृहद आकार दिया जा सकता है, तथा अपनी देह को पर्वत के समान विशाल बना सकते हैं। समुद्रोल्लंघन करते समय हनुमान ने अपने शरीर को पर्वताकार इसी सिद्धि से बनाया था।

३. लघिमा—इस दृष्टि से शरीर को कुसुमवत् हल्का बनाकर हवा में तैरने में सक्षम हो सकते हैं।

४. प्राप्ति—इन्द्रियों को नियंत्रण करने तथा उन्हें मनोनुकूल बनाने में इस सिद्धि का सहयोग ही रहता है।

५. प्राकाम्य—इस सिद्धि के माध्यम से परलोकगत विषयों को चाक्षुष ज्ञान हो सकता है ।

६. ईशिता—माया को प्रेरित करना इसी शक्ति के द्वारा ही संभव है ।

७. वशिता—अपने आपको माया छल प्रपंच काम क्रोधादि से निर्लिप्त बनाने में इसी सिद्धि का प्रयोग किया जाता है ।

८. ख्याति—सांसारिक योग, ऐश्वर्य, धन मान, पद प्रतिष्ठा आदि तुरन्त दिलाने में यह शक्ति कार्य करती है ।

इसके अतिरिक्त दस सिद्धियां और हैं, जो 'गौण' कहलाती हैं, पर उनका भी विशेष महत्त्व है ।

गौण सिद्धियां

१. अनूर्मि—भूख, प्यास शौक, मोह, जरा, मृत्यु—इन छः बाधाओं से मुक्ति इस साधना के माध्यम से हो सकती है ।

२. दूर श्रवण सिद्धि—इस सिद्धि के माध्यम से साधक अपने स्थान पर बैठा-बैठा कितनी ही दूर होने वाली बातचीत को शब्दशः सुन सकता है ।

३. दूरदर्शन सिद्धि—इस सिद्धि के माध्यम से विश्व में कहीं पर भी किसी भी प्रकार की घटती हुई घटनाओं को अपने ही स्थान पर बैठे-बैठे देखा जा सकता है, जैसे संजय ने सैकड़ों मील दूर बैठकर भी महाभारत युद्ध का चाक्षुष देख लिया था ।

४. मनो जव सिद्धि—मनोवेग से सशरीर कहीं पर भी पहुंच सकने की साधना को 'मनो जव सिद्धि कहते हैं ।

५. कामरूप सिद्धि—इस सिद्धि के द्वारा साधक चाहे तो अपने शरीर को बालक वृद्ध युवा जैसा शरीर बना सकता है ।

६. परकाय प्रवेश—अपने शरीर से निकलकर दूसरे की काया में प्रवेश करने की सिद्धि को परकाय प्रवेश कहते हैं ।

७. स्वच्छन्दमरण—मृत्यु के वश में न रहकर अपनी इच्छा से शुभ समय पर मृत्यु प्राप्त करने की सिद्धि को स्वच्छन्दमरण सिद्धि कहते हैं । भीष्म की कथा इस संबंध में सुविख्यात है ।

८. देवक्रीडानुदर्शन—स्वर्ग में देवता जो क्रीड़ा करते हैं, उसे देख सकना और तदनुरूप क्रीड़ाएं करने की सिद्धि को देवक्रीड़ानुदर्शन कहते हैं ।

९. यथासंकल्प संसिद्धि—जो मन में निश्चय हो जाय, वह कार्य तुरन्त हो जाय, किसी को कुछ कह दे, कहते ही वह हो जाय, जो वस्तु प्राप्त करनी हो इच्छा करते ही प्राप्त हो जाय, इस प्रकार की सिद्धि को यथासंकल्प संसिद्धि कहते हैं ।

१०. अप्रतिहतगति—इस सिद्धि से साधक कहीं भी आ जा सकता है, उसके लिए कुछ भी असंभव नहीं होता ।

क्षुद्र सिद्धियां

क्षुद्र सिद्धियां पांच कही जाती हैं। यद्यपि इन्हें क्षुद्र सिद्धियां कहा गया है, पर आज के युग में इनका काफी महत्त्व है।

१. **त्रिकालज्ञता**—इसके माध्यम से किसी देश, जाति या व्यक्ति का भूत, भविष्य, वर्तमान जाना जा सकता है।

२. **अद्वन्द्वता**—सर्दी-गर्मी-वर्षा आदि विभिन्न ऋतुओं को अपने अनुकूल बनाना या अपने रहने के स्थान के चतुर्दिक् एक-सा मौसम बनाये रखना इसी सिद्धि के द्वारा संभव है।

३. **परचित्ताज्ञभिज्ञता**—दूसरों के मन का हाल जानना, या उसके मन में उठते हुए विचारों को पकड़ लेने की क्षमता प्राप्त करने की साधना को 'परचित्ताज्ञ-भिज्ञता' के नाम से जाना जाता है।

४. **प्रतिष्टम्भ**—शरीर पर जहर, आग, वायु, सूर्य, ताप आदि का कोई असर न होना।

५. **अपराजय**—वाद-विवाद, युद्ध आदि में सर्वदा अपराजित रहकर विजय प्राप्त करना इसी साधना के माध्यम से संभव है।

ऊपर मैंने कुछ साधनाओं एवं सिद्धियों का वर्णन किया है। इसके अतिरिक्त भी कई ऐसी साधनाएं हैं जिनके द्वारा आश्चर्यजनक सिद्धियां प्राप्त हो सकती हैं। ये सभी सिद्धियां गुरुकृपा या गुरु-शक्ति अर्थात् शक्तिपात के माध्यम से ही संभव हैं।

दो प्रकार से सिद्धियां प्राप्त की जा सकती हैं :

१. गुरु के सान्निध्य में रहकर, उनकी आज्ञा का अक्षरशः पालन करके उनके आदेशानुसार साधना में प्रवृत्त होकर सिद्धि प्राप्त करना।

२. या जब गुरु कृपा हो, तो वह सिद्धि रूप गुरु 'शक्तिपात' के द्वारा बिना साधना के शिष्य को सिद्ध बना लेते हैं।

यहां मैं साधकों की जानकारी के लिए शक्तिपात पर कुछ प्रकाश डाल रहा हूं :

शक्तिपात

शंकराचार्य ने 'विवेक चूड़ामणि' में गुरु को ईश्वर का ही प्रतिरूप बताया है—

अद्वैतानन्दपूर्णाय व्यास शंकर रूपिणे।
नमोऽस्तु वासुदेवाय गुरवे सर्वसाक्षिणे॥

यह मानव-जीवन कई योनियों में भटकने के बाद प्राप्त होता है। मानव-जीवन में भी श्रेष्ठ कर्मों से 'पुरुष' जीवन प्राप्त होता है। इस पुरुष जीवन में भी श्रेष्ठता 'विप्रता' है। इससे भी आगे 'वैदिक धर्म मार्ग चरता' है जिसके बाद विद्वत्ता है। विद्वत्ता से आत्मविवेक प्राप्त होता है और इसी आत्मविवेक से 'अहं ब्रह्मास्मि' पद प्राप्त कर

मोक्ष-लाभ होता है। इस सारे रास्ते में केवल गुरु ही पथ-प्रदर्शक बन सकता है।

सद्गुरोः सम्प्रसादेस्य प्रतिबन्धक्षयस्ततः।
दुर्भावनातिरस्काराद्विज्ञानं मुक्तिदं क्षणात्॥

इस प्रकार सिद्धिदाता गुरु की कृपा उनकी अनन्य सेवा से ही संभव है।

अयं गुरुप्रसादस्तत्तोषात्प्राप्यो न चान्यथा।
तद्विद्धि प्रणिपातेन परिप्रश्नेन सेव्यया॥

वसिष्ठ ने श्रीराम को स्पष्ट शब्दों में बताया था कि शक्तिपात केवल गुरु-कृपा से ही संभव है और गुरु-कृपा शिष्य द्वारा सेवा से ही प्राप्त हो सकती है।

परिपक्वमला ये तानुत्सादन हेतु शक्तिपातेन।
यो जयति परे तत्वे स दीक्षयाचार्य मूर्तिस्थः॥

और इस शक्तिपात के द्वारा ही शिष्य को अलभ्य सिद्धियां एवं मुक्ति प्राप्त हो सकती है।

शक्तिपातेन संयुक्ता विद्या वेदान्त वाक्यजा।
यदा यस्य तदा यस्य विमुक्तिर्नात्र संशयः॥

वस्तुतः सद्गुरु अपनी करुणा के वशीभूत होकर शिष्य की सेवा से प्रसन्न हो 'शक्तिपात' के द्वारा उसे 'स्वयंवत्' बना लेते हैं। श्री शंकराचार्य ने इस संबंध में 'शतश्लोकी' के प्रारम्भ में ही एक सुन्दर वर्णन किया है—

दृष्टान्तो नैव दृष्टस्त्रिभुवनजठरे सद्गुरोर्ज्ञानदातुः।
स्पर्शश्चेत्तत्र कल्प्यः स नयति यदहो स्वर्णतामश्मसारम्॥
न स्पर्शत्वं तथापि श्रितचरणयुगे सद्गुरुः स्वीय शिष्ये।
स्वीयं साम्यं विधत्ते भवति निरुपमस्तेन वा लौकिकोऽपि॥

अर्थात् इस त्रिभुवन में गुरु की उपमा देने लायक कोई दृष्टान्त नहीं है। गुरु का पारस की उपमा भी नहीं दी जा सकती, क्योंकि पारस तो मात्र सोना ही बनाता है, उस वस्तु को पारस नहीं बना सकता; परन्तु सद्गुरु तो अपने शिष्य को स्वयं के समान ही बना लेता है।

शक्तिपात करते समय गुरु अपने पास जो साधना एवं सिद्धियों का समुद्र है, वह शिष्य में उंडेल देता है और शिष्य में ऐसी क्षमता पैदा कर लेता है कि उसमें उन सिद्धियों को समाहित करने की शक्ति आ जाय।

शक्तिपात करते समय गुरु जब शिष्य को अपने गले लगाता है तब उसके शरीर में कम्पन होने लग जाता है, आनन्द के अतिरेक से आंसू बहने लग जाते हैं, पसीना छूट जाता है, सारा शरीर रोमांचित हो उठता है, तथा शिष्य एक अनिर्वचनीय प्रकाश से भर जाता है।

देहपातस्तथा कम्पः परमानन्द हर्षणे।
स्वेदो रोमांच इत्येतच्छक्तिपातस्य लक्षणम्॥

कुलार्णव तंत्र में तीन प्रकार की दीक्षाओं का वर्णन है—

१. स्पर्श-दीक्षा

यथा पक्षी स्वपक्षाभ्यां शिशून् संवर्धयेच्छनैः ।
स्पर्शदीक्षोपदेशस्तु तादृशः कथित प्रिये ।।

जिस प्रकार पक्षी अपने छोटे-छोटे (उड़ने में अशक्य) बच्चों का लालन-पालन करता है, उसी प्रकार स्पर्श दीक्षा से गुरु अपने शिष्य को योग्य बनाता है ।

२. दृग्दीक्षा

स्वापत्यानि यथा कूर्मी वीक्षणेनैव पोषयेत् ।
दृग्दीक्षाख्योपदेशस्तु तादृशः कथित प्रिये ।।

जिस प्रकार कछवी अपनी दृष्टि मात्र से बच्चों का पालन-पोषण करती है, ठीक उसी प्रकार की दृग्दीक्षा होती है ।

३. ध्यान-दीक्षा

यथा मत्सी स्वतनयान् ध्यानमात्रेण पोषयेत् ।
वेधदीक्षोपदेशस्तु मनसः स्यात्तथाविधः ।।

जिस प्रकार मछली केवल ध्यानमात्र से अपने बच्चों का पालन-पोषण करती है, उसी प्रकार गुरु उस दीक्षा के माध्यम से शिष्य को योग्य बनाता है ।

चाहे शिष्य निरक्षर हो, चाहे उसे आसन-प्राणायाम आदि का ज्ञान न हो, पर शक्तिपात के वाद ये सब क्रियाएं अनायास ही होने लग जाती हैं । कुण्डलिनी जाग्रत हो जाती है और वह स्वयं गुरुवत् बन जाता है ।

जिस प्रकार जलता हुआ दीपक किसी दूसरे दीपक को जलाकर उसमें ऐसी क्षमता पैदा कर लेता है, कि वह दीपक अन्य दीपकों को भी जला सके, ठीक इसी प्रकार गुरु अपनी सिद्धि शिष्य में समाहित कर उसे इस योग्य बना लेता है कि वह दूसरों को शक्तिपात कर सके ।

शक्तिपात करते समय गुरु दया-भावना से प्रेरित होकर (शुद्धचित्त शिष्य के सिर पर) अपने दाहिने हाथ में शिव-शक्ति तथा बायें हाथ में गुरु-शक्ति भरकर रख देता है और ऐसा करते ही शक्तिपात हो जाता है ।

वस्तुतः विशिष्ट योगी साधु गुरु ही ऐसी कृपा करने में समर्थ होते हैं ।

मंत्र संस्कार

जिस प्रकार विवाह से पूर्व भकूट, नाड़ी, गण आदि का मिलान किया जाता है उसी प्रकार मन्त्र-साधना से पूर्व साधक एवं मन्त्रो का परस्पर सम्बन्ध देख लिया जाता है कि साधक के लिए कौनसा मंत्र उपयोगी रहेगा।

तंत्र ग्रन्थों में स्पष्ट निर्देश है कि प्रत्येक देवता की साधना से पूर्व साधक व देवता का परस्पर सम्बन्ध 'कुलाकुल चक्र' से देख लेना चाहिए। पर इसके साथ ही उन ग्रन्थों में यह भी निर्देश है कि दस महाविद्याएं, सिद्ध विद्याएं हैं, अतः उनकी साधना के लिए कुलाकुल चक्र देखने की कोई आवश्यकता नहीं। दस महाविद्याएं हैं—

दस महाविद्याएं

१. काली २. तारा ३. षोडशी ४. भुवनेश्वरी ५. धूमावती
६. छिन्नमस्ता ७. त्रिपुरभैरवी ८. बगला ९. मातंगी १० कमला

इन महाविद्याओं को दो कुलों में बांटा जा सकता है—

१. काली कुल २. श्री कुल

काली कुल में इन दस महा विद्याओं में से काली, तारा, भुवनेश्वरी, छिन्नमस्ता ये चार हैं। इसके अलावा रक्तकाली, महिषमर्दिनी, त्रिपुरा, दुर्गा, प्रत्यंगिरा ये पांच विद्याएं भी काली कुल में ही गिनी जाती हैं।

श्री कुल में त्रिपुरसुन्दरी (षोडशी) त्रिपुर भैरवी, बगला, कमला, धूमावती, मातंगी—ये छ: दस महाविद्याओं में से हैं, इसके अलावा बाला, स्वप्नावती मधुमती—ये तीन विद्याएं श्री कुल में ही गिनी जाती हैं।

इस प्रकार ये अठारह सिद्ध विद्याएं हैं।

इसके अतिरिक्त महाभैरव, चण्डेश्वर, शूलपाणि, बटुक भैरव, नृसिंह, राम, कृष्ण, गोपाल, मार्तण्ड भैरव, बेताल, गणपति, उच्छिष्ट गणपति, श्मशान भैरवी, उन्मुखी, चंडिका, लक्ष्मी, महालक्ष्मी, सरस्वती—आदि देवी-देवताएं हैं जिनकी साधना शीघ्र फलप्रद देखी गई है।

शास्त्रों के अनुसार मात्र दस महाविद्याएं या कुल अठारह सिद्ध विद्याओं की साधना में कुलाकुल चक्र का विचार करने की आवश्यकता नहीं है। इसके अतिरिक्त अन्य किसी भी देवी-देवता की साधना में कुलाकुल चक्र से निर्णय करके ही देवता की साधना प्रारम्भ करनी चाहिए।

कुलाकुल चक्र

इसमें पांच तत्त्व हैं—१. वायु २. अग्नि ३. भूमि ४. जल ५. आकाश।

वायु	अग्नि	भूमि	जल	आकाश
१	२	३	४	५
अ आ	इ ई	उ ऊ	ऋ ॠ	ऌ ॡ
ए	ऐ	ओ	औ	अं
क	ख	ग	घ	ङ
च	छ	ज	झ	ञ
ट	ठ	ड	ढ	ण
त	थ	द	ध	न
प	फ	ब	भ	म
य	र	ल	व	श
ष	क्ष	ळ	स	ह

देखने की विधि

इसको देखने की विधि यह है कि यदि साधक के नाम का पहला अक्षर और देवता के नाम का पहला अक्षर एक ही वर्ग का हो तो वह देवता अपने कुल का ही समझा जाना चाहिए। उस देवता की साधना पूर्ण सिद्धिप्रद होगी।

इसी प्रकार मित्र वर्ग या मित्र कुल का देवता हो, तब भी सफलता मिलेगी।

शत्रु कुल के देवता की साधना में सफलता मिलना संदिग्ध है, यों गुरु-कृपा की बात अलग है।

मित्र—जल वर्ग+भूमि वर्ग
अग्नि वर्ग+वायु वर्ग

शत्रु—वायु वर्ग+भूमि वर्ग
अग्नि वर्ग+भूमि वर्ग

विशेष—आकाश वर्ग सभी वर्गों का मित्र है।

राशि-चक्र

कुलाकुल चक्र के बाद राशि-चक्र का भी विचार साधक को कर लेना चाहिए। राशि चक्र इस प्रकार है—

१. मेष	अ, आ, इ, ई
२. वृषभ	उ, ऊ, ऋ
३. मिथुन	ॠ, ऌ, ॡ
४. कर्क	ए, ऐ
५. सिंह	ओ, औ

६. कन्या	अं, अः, श; ष, स, ह, ल, क्ष
७. तुला	क, ख, ग, घ, ङ
८. वृश्चिक	च, छ, ज, झ, ञ
९. धनु	ट, ठ, ड, ढ, ण
१०. मकर	त, थ, द, ध, न
११. कुंभ	प, फ, ब, भ, म
१२. मीन	य, र, ल, व

ऊपर के राशि-चक्र से साधक को अपनी और देवता की राशि निश्चित कर फलाफल जान लेना चाहिए।

फल

१. साधक की राशि से मंत्र की राशि यदि ६, ८ या १२वीं हो तो मंत्र उपयोगी नहीं है।

२. यदि १, ५ या ९वीं पड़े तो मित्र वर्ग है।

३. २, ६, १०वीं राशि हो तो मंत्र हितकारी है।

३, ७, ११वीं राशि हो तो मंत्र पुष्टिकर है।

४. ८, १२वीं राशि हो तो मत्युप्रद है।

राशि-चक्र के बाद नक्षत्र-चक्र का विचार कर लेना चाहिए।

नक्षत्र-चक्र

नक्षत्र	अक्षर	गण
१. अश्विनी	अ, आ	देव
२. भरणी	इ	नर
३. कृत्तिका	ई, उ, ऊ	राक्षस
४. रोहिणी	ऋ, ॠ, ऌ, ॡ	नर
५. मृगशिरा	ए	देव
६. आर्द्रा	ऐ	नर
७. पुंनर्वसु	ओ औ	देव
८. पुष्य	क	देव
९. आश्लेषा	ख ग	राक्षस
१०. मघा	घ ङ	राक्षस
११. पूर्वा फाल्गुनी	च	नर
१२. उत्तरा फाल्गुनी	छ, ज	नर
१३. हस्त	झ ञ	देव
१४. चित्रा	ट, ठ	राक्षस

१५. स्वाति	ड	देव
१६. विशाखा	ढ ण	राक्षस
१७. अनुराधा	त थ द	देव
१८. ज्येष्ठा	ध	राक्षस
१९. मूल	न प फ	राक्षस
२०. पूर्वाषाढ़ा	ब	नर
२१. उत्तराषाढ़ा	भ	नर
२२. श्रवण	म	देव
२३. धनिष्ठा	य र	राक्षस
२४. शतभिषा	ल	राक्षस
२५. पूर्वा भाद्रपद	व श	नर
२६. उत्तरा भाद्रपद	ष, स, ह	नर
२७. रेवती	ल क्ष, अं, अः	देव

विधि

पहले अपना और मंत्र का गण निश्चित कर लेना चाहिए, फिर देखें कि साधक के गण के लिए मंत्र का कौनसा गण कैसा रहेगा ?

मानव गण के लिए—मानव गण—श्रेष्ठ
देव गण—उत्तम
राक्षस गण—निकृष्ट

देव गण के लिए—देव गण—उत्तम
मानव गण—श्रेष्ठ
राक्षस गण—निकृष्ट

राक्षस गण के लिए—राक्षस गण—श्रेष्ठ
मानव गण—निकृष्ट
देव गण—निकृष्ट

इसके अतिरिक्त अपने नक्षत्र से मंत्र नक्षत्र तक गिनें, यदि

१, १०, १९ हो तो	जन्म
२, ११, २० ,, ,,	सम्पत्
३, १२, २१ ,, ,,	विपत्
४, १३, २२ ,, ,,	क्षेम
५, १४, २३ ,, ,,	प्रत्यरि
६, १५, २४ ,, ,,	साधक
७, १६, २५ ,, ,,	वध

८, १७, २६ हो तो   मित्र
६, १८, २७ ,, ,,   परम मित्र

इस प्रकार मंत्र उपयोगी है, या नहीं, जान लेना चाहिए।

अकडम चक्र

यह चक्र अ क ड म अक्षरों से प्रारम्भ होता है, इसलिए इसका नाम अकडम चक्र रखा गया है।

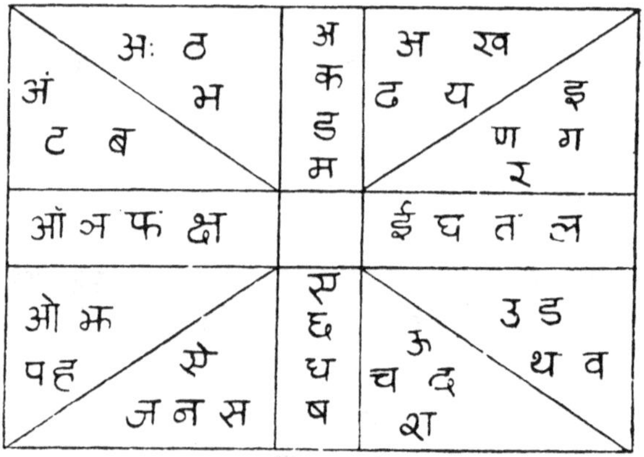

अः ठ अं भ ट ब	अ क ड म	अ ख ट य इ ण ग र	
ॐ ञ फं क्ष		ई च त ल	
ओ झ प ह से ज न स ष	स ध ध ष	ऊ च द श	उ ड थ व

इस चक्र की गणना दक्षिणावर्त से होती है। साधक के नाम का अक्षर जिस कोष्ठक में है, उससे मंत्र के अक्षर वाले कोष्ठक तक गिनिये।

यदि	पहला	प्रकोष्ठ हो तो	सिद्ध	श्रेष्ठ
,,	दूसरा	,,	साध्य	अनुकूल
,,	तीसरा	,,	सुसिद्ध	उत्तम
,,	चौथा	,,	शत्रु	विपरीत, त्याज्य
,,	पांचवां	,,	सिद्ध	श्रेष्ठ
,,	छठा	,,	साध्य	अनुकूल
,,	सातवां	,,	सुसिद्ध	उत्तम
,,	आठवां	,	शत्रु	त्याज्य
,,	नवां	,,	सिद्ध	श्रेष्ठ
,,	दसवां	,,	साध्य	अनुकूल
,,	ग्यारहवां	,,	सुसिद्ध	उत्तम
,,	बारहवां	,,	शत्रु	त्याज्य

अकथह चक्र

इस चक्र का पहला कोष्ठक अ क थ ह से प्रारम्भ होता है, इसलिए इसका नाम अकथह चक्र रखा गया है ।

अ क थ ह चक्र

१ अ क थ ह	२ उ ङ प	३ आ ख द	४ ऊ च फ
५ ओ ड ब	६ ऌ झ म	७ औ ढ श	८ ॡ ञ य
९ ई ध न	१० ॠ ज भ	११ इ ग घ	१२ ऋ छ व
१३ अः त स	१४ ऐ ठ ल	१५ अं ण ष	१६ ए ट र

इसम नाम जिस कोष्टक में हो उससे मंत्र का अक्षर जिस कोष्टक तक हो, वहां तक गिनिये, इसमें भी दक्षिणावर्त से गिनना चाहिए—

यदि पहला प्रकोष्ठ हो तो		सिद्ध	श्रेष्ठ
" दूसरा	"	साध्य	अनुकूल
" तीसरा	"	सुसिद्ध	उत्तम
" चौथा	"	शत्रु	त्याज्य
" पांचवां	"	सिद्ध	श्रेष्ठ
" छठा	"	साध्य	अनुकूल
" सातवां	"	सुसिद्ध	उत्तम
" आठवां	"	शत्रु	त्याज्य

"	नौवां प्रकोष्ठ हो तो	सिद्ध	श्रेष्ठ
"	दसवां	"	साध्य	अनुकूल
"	ग्यारहवां,	"	सुसिद्ध	उत्तम
"	बारहवां	"	शत्रु	त्याज्य
"	तेरहवां	"	सिद्ध	श्रेष्ठ
"	चौदहवां	"	साध्य	अनुकूल
"	पन्द्रहवां	"	सुसिद्ध	उत्तम
"	सोलहवां	"	शत्रु	त्याज्य

ऋणी-धनी-चक्र

रुद्रयामल तंत्र में ऋणी-धनी-चक्र दिया हुआ है, इसमें ऊपर की पंक्ति में मंत्र वर्णों के अंक हैं, तथा सबसे नीचे की पंक्ति में साधक वर्णों के अंक हैं, बीच की चार पंक्तियों में अक्षर हैं।

पहले मंत्र के स्वर व व्यंजन अलग-अलग कर उससे सम्बन्धित अंक जोड़ लें, इसी प्रकार साधक के नाम के भी व्यंजन व स्वर के अंक जोड़ लें व दोनों में अलग-अलग आठ का भाग दें।

ऋणी-धनी-चक्र

६	६	६	०	३	४	४	०	०	०	३
अ आ	इ ई	उ ऊ	ऋ ॠ	ऌ ॡ	ए	ऐ	ओ	औ	अं	अः
क	ख	ग	घ	ङ	च	छ	ज	झ	ञ	ट
ठ	ड	ढ	ण	त	थ	द	ध	न	प	फ
ब	भ	म	य	र	ल	व	श	ष	स	ह
२	२	५	०	०	२	१	०	४	४	१

शेष में यदि मंत्र का अंक अधिक हो तो वह ऋणो तथा कम· बचे तो धनी होगा।

ऋणी मंत्र से शीघ्र सिद्धि मिलती है, बराबर हो तो भी सफलता रहती है, धनी मंत्र से सिद्धि एवं सफलता में विलम्ब होता है। यदि शेष शून्य बचे तो मृत्युकारक फल ही समझना चाहिए।

ग्रंथों में कुछ मंत्रों के बारे में छूट भी दो है, कि उन मंत्रों के लिए ऋणी, धनी या अन्य चक्र शोधन की जरूरत नहीं। वे स्वयं सिद्ध होते· हैं, तथा उनको कोई भी साधक सिद्ध कर सफलता प्राप्त कर सकता है।

स्वप्नलब्धे स्त्रिया दत्ते मालामंत्रे च त्र्यक्षरे।
वैदिकेषु च सर्वेषु सिद्धादिन्नैव शोधयेत्॥
हंसस्याष्टाक्षरस्यापि तथा पंचाक्षरस्य च।
एकद्वित्र्यादि बीजस्य सिद्धादीन्नैव शोधयेत्॥

अर्थात् १—जो मंत्र स्वप्न में प्राप्त हुआ हो
२—जिस मंत्र को देने वाली कोई स्त्री साधक हो
३—जो मंत्र बीस अक्षरों से बड़ा हो
४—जिस मंत्र में तीन हजार अक्षर हों
५—समस्त वैदिक मंत्र
६—हंस मंत्र
७—अष्टाक्षर मंत्र
८—पंचाक्षर मंत्र
९—एक बीज मंत्र युक्त
१०—दो बीज मंत्र युक्त
११—तीन बीज मंत्र युक्त

इसके अतिरिक्त निम्न प्रकार के मंत्रों के लिए भी ऋणी धनी आदि विचार करने की आवश्यकता नहीं :

१—श्रीकृष्ण से सम्बन्धित कोई भी मंत्र
२—गोपाल मंत्र

कुछ शास्त्रों ने अपना यह दृढ़ मत व्यक्त किया है कि भावना और श्रद्धा की बात अलग है, अन्यथा प्रत्येक प्रकार के मंत्र की साधना से पूर्व उसके बारे में उपर्युक्त प्रकार से विचार कर ही लेना चाहिए।

मंत्र ग्रहण करते समय शुभ मास, पक्ष, तिथि, वार आदि पर भी विचार कर लेना चाहिए।

मास

१—मंत्र ग्रहण हेतु वैशाख, श्रावण, आश्विन, कार्तिक, मार्गशीर्ष, माघ और फाल्गुन मास उत्तम हैं।

२—गोपाल मंत्र या श्रीकृष्ण से सम्बन्धित मंत्र के लिए चैत्र मास ज्यादा उपयुक्त है।

३—आषाढ़ में लक्ष्मी मंत्र के अलावा अन्य मंत्र लिए जा सकते हैं।

३—लक्ष्मी मंत्र एवं श्री मंत्र के लिए कार्तिक एवं मार्गशीर्ष मास ज्यादा उचित हैं।

५—तंत्रोक्त मंत्रों के लिए माघ एवं फाल्गुन मास विशेष शुभ हैं।

६—मल मास प्रत्येक प्रकार के मन्त्रों के लिए वर्जित है।

पक्ष

१. दीक्षा किसी भी पक्ष में ली जा सकती है।
२. मन्त्र प्रारम्भ शुक्ल पक्ष में किया जाना चाहिए।
३. कुछ विद्वानों ने कृष्ण पक्ष की पंचमी तक मन्त्र प्रयोग के लिए शुभ माना है।
४. केवल मोक्ष-प्राप्ति हेतु मन्त्रों के लिए कृष्णपक्ष शुभ है, अन्य सभी प्रकार के मन्त्रों के लिए शुक्ल पक्ष ही लेना चाहिए।

तिथि

१. मन्त्र प्रयोग या साधना के लिए द्वितिया, तृतीया, पंचमी, सप्तमी, दशमी, एकादशी, द्वादशी और पूर्णिमा को शुभ माना है।
२. चतुर्थी, नवमी और चतुर्दशी प्रत्येक प्रकार के मन्त्र के लिए त्याज्य है।
३. अक्षय तृतीया, नाग पंचमी, जन्माष्टमी, दुर्गाष्टमी, कार्त्तिक कृष्ण त्रयोदशी, चतुर्दशी, एवं आमवस्या ग्राह्य है।

वार

शनि, मगल एवं रविवार के अलावा अन्य सभी वार साधना प्रारम्भ करने के लिए शुभ हैं।

नक्षत्र

अश्विनी रोहिणी, मृगशिरा, पुनर्वसु, पुष्य, मघा, पूर्वा फाल्गुनी, स्वाति, अनुराधा मूल, पूर्वाषाढ़ा, उत्तराषाढ़ा शतभिषा, पूर्वा भाद्रपद, उत्तरा भाद्रपद एवं रेवती ये सभो नक्षत्र उपयुक्त हैं।

योग

प्रीति, आयुष्मान्, सौभाग्य. शोभन, धृति, वृद्धि, ध्रुव, सुकर्मा, साध्य, हर्षण, वरीयान, शिव. सिद्धि और इन्द्र योग उपयुक्त हैं।

करण

वव, बालव, कौलव, तैतिल, वनिज करण सफलतादायक हैं।

लग्न

वृष, सिंह, कन्या और मीन लग्न मन्त्र-साधना के लिए उपयुक्त हैं। विष्णु मन्त्र में, मेष, वृश्चिक, सिंह और कुंभ लग्न लें तो ज्यादा उचित रहता है।

शक्ति-दीक्षा में या शक्ति से सम्बन्धित मन्त्र-साधना में मिथुन, कन्या, धन, तथा मीन लग्न शुभ रहता है।

शिव मन्त्र-साधना में मेष, कर्क, तुला और मकर लग्न उचित है।

मत्र-स्थान

मन्त्र-साधना के लिए गौशाला, गुरु-गृह, देव-मन्दिर वन, बगीचा, नदी-तीर, बिल्व वृक्ष के समीप, पर्वत के ऊपर, गुफा के अन्दर तथा गंगा तट सर्वाधिक उपयुक्त हैं।

आसन

मन्त्र-साधना में किस प्रकार का आसन प्रयोग किया जाना चाहिए, इसका उल्लेख मैं यथास्थान कर चुका हूं। शिवगीता के अनुसार कम्बलासन पर बैठकर मन्त्र जप करने से समस्त प्रकार की सिद्धियां प्राप्त होती हैं, काले मृगचर्म पर बैठकर जप करने से मुक्ति लाभ होता है, व्याघ्रचर्म पर जप करने से मोक्ष-प्राप्ति होती है, कुशासन पर जप करने से ज्ञान प्राप्त होता है, पत्तों से बनाये हुए आसन पर जप करने से दीर्घायु प्राप्त होती है, पत्थर के आसन पर जप करने से दुःख प्राप्त होता है[1] काष्ठ के आसन पर जप करने से रोग-प्राप्ति होती है, वस्त्रासन पर जप करने से स्त्री प्राप्त होती है, तृणासन पर जप करने से यश की हानि, बांस के आसन से दरिद्रता तथा भूमि पर बैठकर मन्त्र जप करने से साधना में सफलता प्राप्त नहीं होती।

मन्त्र चयन करते समय पूरी सावधानी एवं सतर्कता बरतनी जरूरी है, क्योंकि दूषित मन्त्र प्रयोग से किसी भी प्रकार की कोई सफलता नहीं मिलती। मन्त्र जप करते समय हमारी भावनाएं, हमारे विचार भी शुद्ध एवं परिष्कृत होने चाहिए :

मंत्रे तीर्थे द्विजे देवे दैवज्ञे भैषजे गुरौ।
यादृशी, भावना यस्य सिद्धिर्भवति तादृशी ॥

अर्थात् मन्त्र, तीर्थ, ब्राह्मण, देवता, ज्योतिषी, औषधि तथा गुरु में जिसकी जैसी भावना होती है, उसे वैसी ही सिद्धि मिलती है।

---

१. **वस्त्रासने तु दारिद्र्यं पाषाणे व्याधिपीडनम्।**

मंत्रभेद

अक्षरों के आधार पर भी मन्त्रों के भेद होते हैं—

१. एक अक्षर वाले मन्त्र को 'पिण्ड' कहते हैं

२. दो अक्षर वाले मन्त्र को 'कर्तरी' कहते हैं

३. तीन अक्षर से नौ अक्षरों तक के मन्त्र को 'बीज' कहते हैं।

४. दस अक्षर से बीस अक्षर तक के मन्त्र को 'मन्त्र' संज्ञा से विभूषित करते हैं।

५. वीस से अधिक अक्षरों वाले मन्त्र को 'माला' मन्त्र कहते हैं।

तन्त्रों में कहा गया है—

द्विविधो हि मंत्रः कूटरूपोऽकूट रूपश्च।
संयुक्तः कूट इति व्यवह्रियते उत्तरोऽकूट इति ।।

अर्थात् मन्त्र दो प्रकार के होते हैं—कूट और अकूट। जिस मन्त्र में अनेक वर्ण परस्पर संयुक्त हों, वह कूट मन्त्र तथा जिसमें सामान्य वर्ण-योजना हो, वह अकूट मन्त्र कहलाता है।

'प्रयोगसार तन्त्र' में मन्त्रों के भेद बतलाते हुए कहा गया है—

बहुवर्णास्तु ये मंत्रा माला मंत्रास्तु ते स्मृता।
नवाक्षरान्ता ये मंत्रा बीजमंत्रा प्रकीर्तिताः ।।
पुनर्विशति-वर्णान्ता मंत्रा मंत्रास्तथोदिताः।
ततोऽधिकाक्षरा मंत्रा मालामंत्रा इति स्मृताः ।।

अर्थात् अनेक अक्षरों वाले जो मन्त्र हैं, वे मालामन्त्र कहे जाते हैं, नौ अक्षर तक के जो मन्त्र हैं, वे बीजमन्त्र हैं। बीस अक्षरों तक के मन्त्र 'मंत्र' कहलाते हैं, और इनसे अधिक अक्षर वाले मन्त्र मालामन्त्र कहलाते हैं।

पुरुष-स्त्री मंत्र

१. जिस मन्त्र के अन्त में 'वषट्' या 'फट्' शब्द आता है उसे 'पुँल्लिग मन्त्र' या 'पुरुष मन्त्र' कहते हैं।

२. जिसके अन्त में 'वौषट्' या स्वाहा शब्द आता है वे स्त्रीलिंगी मन्त्र कहे जाते हैं।

३. जिन मन्त्रों के अन्त में नमः आए, उन्हें नपुंसक मन्त्र कहते हैं।

जिस मन्त्र का अधिष्ठाता देवता 'पुरुष' हो, उसको 'मन्त्र' तथा जिस मन्त्र की अधिष्ठात्री देवी हो उसे 'विद्या' कहा जाता है।

मंत्र के दोष

मन्त्र के कुल पचास दोष होते हैं, जिनकी जानकारी साधक को होनी चाहिए। जो साधक बिना मन्त्र-दोष को जाने साधना करता है, उसे सफलता एवं सिद्धि प्राप्त नहीं होती।[1]

मन्त्रों के निम्नलिखित पचास दोष हैं—

१. छिन्न
२. रुद्ध
३. शक्तिहीन
४. पराङ् मुख
५. बधिर
६. नेत्रहीन
७. कीलित
८. स्तंभित
९. दग्ध
१०. स्रस्त
११. भीत
१२. मलिन
१३. तिरस्कृत
१४. भेदित
१५. सुषुप्त
१६. मदोन्मत्त
१७. मूर्च्छित
१८. हृतवीर्य
१९. हीन
२०. प्रध्वस्त
२१. बाल
२२. कुमार
२३. युवा
२४. प्रौढ़
२५. वृद्ध
२६. निस्त्रिंश
२७. निर्बीज
२८. सिद्धिहीन
२९. मन्द
३०. कूट
३१. निश्शंक
३२. सत्वहीन
३३. केकर
३४. बीजहीन
३५. धूमित
३६. आलिंगित
३७. मोहित
३८. क्षुधार्त
३९. अतिदृप्त
४०. अंगहीन
४१. अतिक्रुद्ध
४२. अतिक्रूर
४३. सव्रीड
४४. शान्तमानस
४५. स्थानभ्रष्ट
४६. विकल
४७. नि:स्नेह
४८. अति वृद्ध
४९. पीड़ित
५०. दण्ड

मंत्रों क संस्कार

भगवान शिव के डमरू-निनाद से लगभग सात करोड़ मन्त्रों की उत्पत्ति हुई है। कालान्तर में धीरे-धीरे उन मन्त्रों में ऊपर लिखे दोषों में से कई दोष आते गए। आज कोई भी मन्त्र किसी-न-किसी प्रकार के दोष से ग्रस्त है। इन दोषों की निवृत्ति के लिए 'मन्त्र' के दस संस्कार करने आवश्यक हैं—

जननं दीपनं पश्चाद् बोधनं ताडनस्तथा।
अथाभिषेको विमलीकरणाऽप्यायने पुनः।

---

१. **दोषानिमानविज्ञाय यो मंत्रान् भजते जड़ः।**
सिद्धिर्न जायते तस्य कल्प कोटि शतैरपि ॥

जीवनं तर्पणं गुप्तिर्दशैता मंत्रसंस्क्रिया ।

स्पष्टतः १. जनन २. दीपन ३. बोधन ४. ताडन ५. अभिषेक ६. विमलीकरण ७. जीवन ८. तर्पण ९. गोपन और १०. आप्यायन—ये दस संस्कार हैं, जो किसी भी मन्त्र को सिद्ध करने से पूर्व आवश्यक है ।

१. **जनन**—मन्त्र के दस सस्कारों में 'जनन' सस्कार सबसे पहला और प्रमुख है । भोजपत्र पर गोरोचन, कुंकुम, चन्दन से पूर्व की ओर मुंह कर आसन पर बैठने के बाद त्रिकोण बनावें तथा उन तीनों कोणों में छः-छः रेखाए खींचे । इस प्रकार ४९ त्रिकोण कोष्ठ बन जायेंगे । उनमें ईशान कोण से मातृका वर्ण लिखे, उनका पूजन करे, फिर प्रत्येक वर्ण का उद्धार करते हुए उसे अलग भोजपत्र पर लिखे, तथा मन्त्र से संपृक्त करे । ऐसा करने से मन्त्र का 'जनन' संस्कार सम्पन्न होगा ।

संस्कार करने के बाद मन्त्र को जल में विर्सजित कर दें ।

जनन-संस्कार

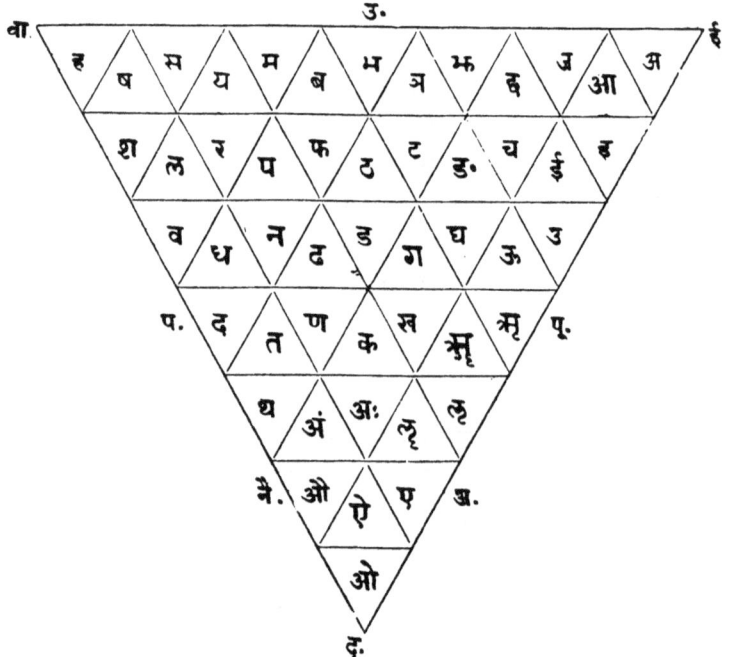

२. **दीपन**—दीपन के लिए 'हंस' मंत्र का सम्पुट देना पड़ता है । हंस मंत्र का सम्पुट देकर एक हजार जप करने से मंत्र दीपन होता है । उदाहरणार्थ 'शिवाय नमः'

मंत्र को दीपन करना हो तो 'हंसः शिवाय नमः सोऽहम्' मंत्र का एक हजार जप करने से मंत्र दीपन हो जायेगा।

३. **बोधन**—मंत्र का बोधन संस्कार करने के लिए 'ह्रूं' बीज का सम्पुट देकर पांच हजार मंत्र जप करना पड़ता है, उदाहरणार्थ 'ह्रूं शिवाय नभः ह्रूं'।

४. **ताडन**—ताडन संस्कार के लिए 'फट्' सम्पुट देकर एक हजार जप करना चाहिए। उदाहरणार्थ 'फट् शिवाय नमः फट्'।

५. **अभिषेक**—मंत्र का अभिषेक संस्कार करने के लिए 'भोजपत्र' पर मंत्र लिखकर 'रों हंसः ओं' मंत्र से जल को अभिमंत्रित कर इस जल से पीपल के पत्ते से मंत्र का अभिषेक करे।

६. **विमलीकरण**—'ॐ त्रों वषट्' मंत्र को सम्पुटित कर एक हजार बार मंत्र का जप किया जाय। तो मूल मंत्र का विमलीकरण होता है। यथा 'ॐ त्रों वषट् शिवाय नमः वषट् त्रों ॐ'।

७. **जीवन**—'स्वधा वषट्' मंत्र के सम्पुट से मूल मंत्र का एक हजार जप करने से मंत्र का जीवन संस्कार होता है.। यथा 'स्वधा वषट् शिवाय नमः वषट् स्वधा'।

८. **तर्पण**—दूध, जल तथा घी को मिलाकर मूल मंत्र से सौ बार तर्पण करने को ही तर्पण संस्कार कहा जाता है।

९. **गोपन**—'ह्रीं' बीज सम्पुट कर मूल मंत्र का एक हजार जप करने से गोपन संस्कार होता है। यथा 'ह्रीं शिवाय नमः ह्रीं'।

१०. **आप्यायन**—'ह्रौं बीज सम्पुटित कर मूल मंत्र का एक हजार जप करने से आप्यायन संस्कार होता है। यथा 'ह्रौं शिवाय नमः ह्रौं'।

इस प्रकार साधक को चाहिए कि वह दस संस्कार करने के बाद ही उस मंत्र का प्रयोग करे, जिससे पूर्ण सफलता मिल सके।

मंत्र दोष

मंत्र संस्कार करने के साथ-साथ मुख्य आठ दोषों पर भी साधक को ध्यान रखना चाहिए, क्योंकि यदि इन अष्ट दोषों का परिमार्जन नहीं करते हैं, तो मंत्र सिद्ध होने में कठिनाई होती है। ये आठ दोष हैं—

१. अभक्ति, २. अक्षर-भ्रांति, ३. लुप्त, ४. छिन्न, ५. ह्रस्व, ६. दीर्घ, ७. कथन, ८. स्वप्न-कथन।

१. **अभक्ति**—मंत्र अपने आप में देवता स्वरूप है, अतः एक-एक मंत्र के उच्चारण में आनन्द का अनुभव कीजिए। जो प्रत्येक मंत्र में परमानन्द का अनुभव करते हैं, उन्हें शीघ्र सफलता मिलती है। जो साधक मंत्र को केवल अक्षरों एवं वर्णों

का समूह समझते हैं, या अपने मंत्र को अन्य किसी मंत्र से हीन, ओछा या अयुक्त मानते हैं, उन्हें सफलता मिलने में सन्देह रहता है। अत: मंत्र के साथ भक्ति, लगाव, प्रेम या अपनत्व रहना चाहिए।

२. **अक्षर-भ्रांति**—प्रमाद से, भ्रम से या अन्य किसी भी कारण से मंत्र में एक-दो अक्षर बढ़ या घट जाते हैं। ऐसी स्थिति को 'अक्षर-भ्रांति' कहा जाता है। ऐसी स्थिति आने पर गुरु से या गुरु-पुत्र से पुन: मंत्र ग्रहण करना चाहिए।

३. **लुप्त**—मंत्र में किसी अक्षर या वर्ण का कम हो जाना 'लुप्त' दोष कहलाता है। ऐसा होने पर भी साधक को पुन: मंत्र ग्रहण करना चाहिए।

४. **छिन्न**—जब मंत्र के संयुक्ताक्षरों में से कोई वर्ण छूट जाता है या भूल जाते हैं, तब छिन्न दोष होता है। इसके लिए भी पुन: मंत्र ग्रहण करना चाहिए।

५. **ह्रस्व**—दीर्घ वर्ण के स्थान पर ह्रस्व उच्चारण करना 'ह्रस्व' दोष कहलाता है। गुरुमुख से सुनकर ही इस दोष को दूर करना सम्भव है।

६. **दीर्घ**—ह्रस्व वर्ण के स्थान पर दीर्घ उच्चारण करना 'दीर्घ दोष' कहलाता है। इसको भी गुरुमुख से सुनकर ही ठीक किया जा सकता है।

७. **कथन**—जाग्रत अवस्था में अपने मंत्र को किसी अन्य को कह देना, बता देना या सुना देना कथन दोष कहलाता है। इस दोष के निवारणार्थ साधक को चाहिए कि वह अपना दोष गुरुदेव को बता दे। वे जो प्रायश्चित निर्धारित करें, उसे स्वीकार करे तभी इस दोष का मार्जन हो सकता है।

८. **स्वप्न-कथन**—स्वप्न में अपने मंत्र को कह देना 'स्वप्न' दोष कहलाता है। इसका निराकरण भी गुरु-चरणों में निवेदन कर प्रायश्चित सहन करने से होता है।

साधक को चाहिए कि वह इन आठ दोषों से बचे, तभी उसे साधना में सिद्धि एवं सफलता प्राप्त हो सकती है।

कूर्म-चक्र

मंत्र-साधना में पूर्ण सफलता प्राप्त करने के लिए कूर्म-चक्र का विधान है। जिस स्थान, क्षेत्र, नगर या घर में साधक मंत्र-साधना करना चाहे, उस स्थान के नौ समान भाग कर कूर्म-चक्र अंकित करे। इसके मध्य भाग में 'स्वर तथा पूर्वादि क्रम से व्यंजन लिखे, ईशान कोण में 'ल' क्ष लिखे।

अब जिस स्थान या नगर का जो आदि अक्षर कूर्मचक्र में जहां पड़े, उस स्थान को मुख समझना चाहिए, उसके दोनों ओर के दो कोष्ठक भुजाएं, फिर दोनों ओर के दो कोष्ठक कुक्षि, फिर दोनों ओर के दो कोष्ठक पैर तथा शेष भाग पूंछ समझनी चाहिए। साधक को चाहिए कि वह मुख भाग पर बैठकर साधना करे। मुख भाग पर बैठकर साधना करने से सिद्धि लाभ, भुजा में अल्प जीवन, कुक्षि में असफलता, पैरों में परेशानियां तथा पूंछ में वध आदि की सम्भावना रहती है।

कूर्मचक्र

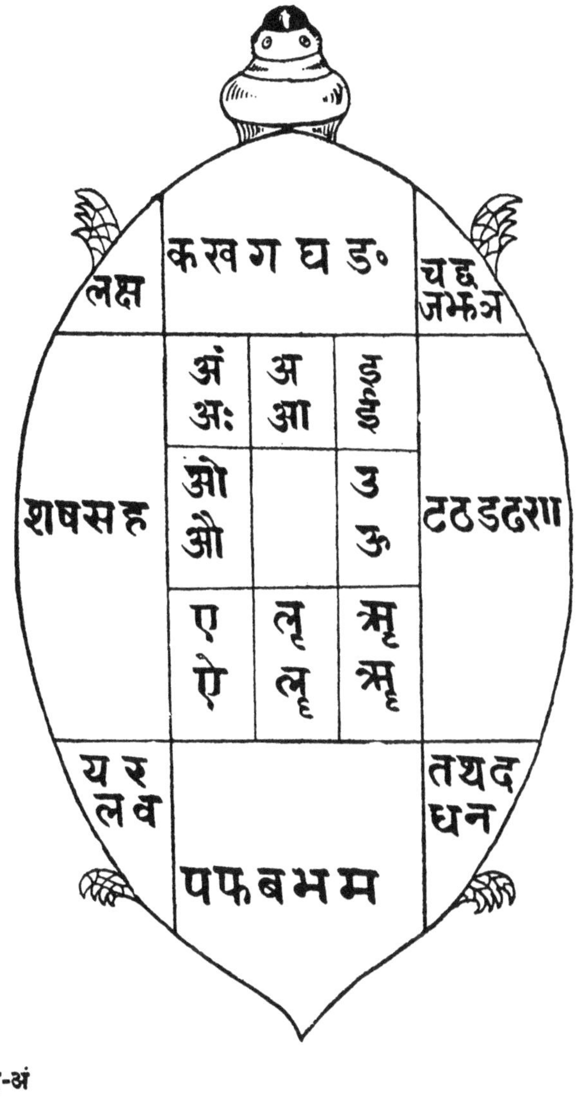

क ख ग घ ङ		च छ ज झ ञ
लक्ष	अं अः / अ आ / इ ई / उ ऊ / ओ औ / ए ऐ / ऌ ॡ / ऋ ॠ	
श ष स ह		ट ठ ड ढ ण
य र ल व		त थ द ध न
	प फ ब भ म	

गमंत्र-जप-अं

मंत्र-जप के कुल चौबीस अंग हैं, जिनका पालन प्रत्येक साधक को करना चाहिए :

१. मंत्र	२. मंत्रशिखा	३. मत्रचैतन्य
४. मंत्रार्थ	५. मंत्र भावना	६. गुरु ध्यान
७. इष्ट ध्यान	८. कुल्लुका	९. महासेनु
१०. कवच सेतु	११. निर्वाण	१२. बन्धन
१३. योनि मुद्रा	१४. करन्यास	१५. अंगन्यास
१६. प्राणायाम	१७. मुखशुद्धि	१८. प्राण योग
१९. दीपन	२०. सूतक द्वय मोक्षण	२१. मध्य दृष्टि
२२. अनुलोम-विलोम वर्ण मातृका	२३. पुरश्चरण	२४. कीलन-उत्कीलन

वास्तव में जिस साधक को उपर्युक्त मंत्र-जप-अंगों का ज्ञान नहीं होता, या इसका सम्यक् पालन नहीं करता, उसे सिद्धि मिलना सम्भव नहीं। मंत्र-जप-अंग पर संक्षिप्त में प्रकाश आगे की पंक्तियों में डाल रहा हूं।

१. **मंत्र**—मंत्र प्राप्त करने से पूर्व या मंत्र का चुनाव करने से पूर्व १. कुला-कुल-चक्र, २. राशि-चक्र, ३. नक्षत्र-चक्र, ४. अकडम चक्र, ५. अकथह चक्र तथा ६. ऋणी-धनी चक्र से देखकर ही निर्णय करना चाहिए कि वह मंत्र साधक के लिए उपयुक्त है या अनुपयुक्त। सिद्धिप्रद है या असिद्धिप्रद। इस प्रकार का निर्णय होने के बाद ही गुरु-सम्मति एवं गुरु-आज्ञा से मंत्र का चुनाव करे, साथ ही जिस साधना में रत होना चाहे, उस साधना से सम्बन्धित देवी-देवता के बारे में भी गुरु के सान्निध्य में बैठकर पूरा विचार कर लेना चाहिए।

२. **मन्त्रशिखा**—जब मंत्र का निर्णय हो जाय तो कूर्म-चक्र से स्थान का चयन करना, तथा इसके साथ-ही-साथ, साधना प्रारम्भ करने का मूहूर्त ज्ञात करना 'मन्त्रशिखा' कहलाता है। इसमें पूरा ध्यान रखा जाना चाहिए कि 'मन्त्र-साधना' विजय-मुहूर्त' में प्रारम्भ की जानी चाहिए, जिससे कि त्वरित एवं पूर्ण सिद्धि प्राप्त हो सके।

३. **मन्त्रचैतन्य**—सामान्यतः प्रत्येक मन्त्र सुप्त अथवा सुषुप्त अवस्था में होता है, अतः साधना प्रारम्भ करने से पूर्व मन्त्र का चैतन्य कर लेना चाहिए।

मन्त्र चैतन्य करने के कई तरीके हैं, जिनमें से कुछ सुगम उपाय स्पष्ट कर रहा हूं—

१. मन्त्र से पहले काम बीज (क्लीं) श्री बीज (श्रीं) और शक्ति बीज (ह्रीं) एवं अकार से हकार तक समस्त स्वर वर्णों को बोले, फिर मन्त्र का उच्चारण करे, तथा पुनः इसे अनुलोम करे। इस प्रकार इस मूल विद्या का १०८ बार उच्चारण करे, तो मन्त्र चैतन्य हो जाता है। उदाहरणार्थ 'नमः शिवाय' मन्त्र को चैंतन्य करना है, तो ॐ क्लीं श्रीं ह्रीं अं आं (आदि स्वर तथा) कं खं···हं (व्यंजन) तथा फिर मन्त्र बोलकर इसको विपरीत रूप में पढ़े।

२. बहि:स्थित तथा अन्त:स्थित द्वादश कलात्मक सूर्य में गुरु का ध्यान कर मूल मन्त्र का १०८ बार उच्चारण करे, तो मन्त्र चैतन्य हो जाता है ।

३. यदि मन्त्र को 'ई' से सम्पुटित करके जप किया जाय, तो मन्त्र चैतन्य हो जाता है ।

४. **मन्त्रार्थ**—मन्त्र साधारण शब्द या शब्दों का समूह नहीं है, अपितु इसमें एक विशेष निहित शक्ति को समझना साधक के लिए आवश्यक होता है । यह इष्ट देवता से अलग होता हुआ भी अभिन्न है । साधक को चाहिए कि वह मन्त्र के प्रत्येक अक्षर एवं शब्द के रहस्य को, उसके अर्थ को, उसमें निहित शक्ति को समझे । आगे की पंक्तियों में कुछ बीज मन्त्र, और उसमें निहित शक्ति-स्वरूप को तथा उसके रहस्य को स्पष्ट करना हूं—

क्रीं—

इसमें चार स्वर-व्यंजन शामिल हैं—

क	काली
र	ब्रह्म
ईकार	महामाया
अनुस्वार	दु:खहरण

इस प्रकार 'क्रीं' बीज का अर्थ हुआ—ब्रह्म-शक्ति-सम्पन्न महामाया काली मेरे दु:खों का हरण करे ।

श्रीं—

इसमें चार स्वर-व्यंजन शामिल हैं—

श	महालक्ष्मी
र	धन-ऐश्वर्य
ई	तुष्टि
अनुस्वार	दु:खहरण

नाद का तात्पर्य विश्वमाता । इस प्रकार 'श्रीं' बीज का अर्थ है—धन-ऐश्वर्य-सम्पत्ति, तुष्टि-पुष्टि की अधिष्ठात्री देवी लक्ष्मी मेरे दु:खों का नाश करे ।

ह्रौं

यह प्रमाद बीज है । इसका तात्पर्य है—

ह्र	शिव
औ	सदाशिव
अनुस्वार	दुख:हरण

इस प्रकार 'ह्रौं' बीज का अर्थ हुआ—शिव तथा सदाशिव कृपा कर मेरे दु:खों का हरण करें ।

दूं—

द	दुर्गा
ऊ	रक्षा
अनुस्वार	करना

तात्पर्य—मां दुर्गे ! मेरी रक्षा करो। यह दुर्गा बीज है।

ह्रीं—

यह शक्ति बीज अथवा माया बीज है। इसमें ह=शिव, र=प्रकृति, ई=महामाया, नाद=विश्वमाता, बिन्दु=दुःख हर्ता। इस प्रकार इस माया बीज का तात्पर्य हुआ—शिवयुक्त विश्वमाता मेरे दुःखों का हरण करे।

ऐं—

यह सरस्वती बीज है—

ऐ	सरस्वती
अनुस्वार	दुःखहरण

इस बीज का तात्पर्य हुआ—हे मां सरस्वती ! मेरे दुःखों का अर्थात् अविद्या का नाश कर।

क्लीं—

इसे काम बीज कहते हैं—

क	कृष्ण अथवा काम
ल	इन्द्र
ई	तुष्टिभाव
अनुस्वार	सुखदाता

इसका तात्पर्य हुआ—कामदेव रूप श्रीकृष्ण मुझे सुख-सौभाग्य दें।

गं

यह गणपति बीज है—

ग	गणेश
अनुस्वार	दुःखहर्ता

इसका तात्पर्य हुआ, श्री गणेश मेरे विघ्नों को, दुःखों को दूर करें।

हूं—

ह	शिव
ऊ	भैरव
अनुस्वार	दुःखहर्ता

इसे कूर्च बीज कहते हैं। इसका तात्पर्य है असुर-संहारक शिव मेरे दुःखों का नाश करें।

ग्लौं—

ग	गणेश
ल	व्यापक रूप
औ	तेज
बिन्दु	दुःखहरण

व्यापक रूप विघ्नहर्ता गणेश अपने तेज से मेरे दुःखों का नाश करें।

स्त्रीं—

स	दुर्गा
त	तारण
र	मुक्ति
ई	महामाया
बिन्दु	दुःखहर्ता

दुर्गा मुक्तिदाता, दुःखहर्ता, भवसागर-तारिणी महामाया मेरे दुःखों का नाश करे।

क्ष्रौं—

क्ष	नृसिंह
र	ब्रह्म
औ	ऊर्ध्वकेशी
बिन्दु	दुःखहरण

यह नृसिंह बीज है। इसका तात्पर्य है, ऊर्ध्वकेशी ब्रह्मस्वरूप नृसिंह भगवान मेरे दुःखों को दूर करे।

वं—

व	अमृत
बिन्दु	दुःखहर्ता

हे अमृतस्वरूप सागर, मेरे दुःखों को दूर कर।

इसी प्रकार कई 'बीज' हैं, जो कि प्रत्येक अपने आपमें मन्त्र स्वरूप ही है। कुछ और 'बीज' नीचे स्पष्ट कर रहा हूं—

शं	शंकर बीज
फ्रौं	हनुमत् बीज
क्रौं	काली बीज

दं	विष्णु बीज
हं	आकाश बीज
यं	अग्नि बीज
रं	जल बीज
लं	पृथ्वी बीज
ज्ञं	ज्ञान बीज
भ्रं	भैरव बीज

वस्तुतः प्रत्येक शब्द अपने आप में मंत्र है, जिसका एक निश्चित अर्थ है। निश्चित स्वरूप एवं शक्ति है। भगवान शंकर ने कहा है—

ध्यानेन् परमेशानि यद्रूपं समुपस्थितम्।
तदेव परमेशानि मन्त्रार्थं विद्धि पार्वती॥

अर्थात् जब साधक सहस्रार चक्र में पहुंचकर ब्रह्मस्वरूप का ध्यान करते-करते जब स्वयं मंत्र स्वरूप या तादात्म्य रूप हो जाता है, उस समय जो गुंजन उसके हृदय-स्थल में होता है, वही मंत्रार्थ है।

५. मंत्र-भावना—मंत्र अपने आप में सर्वशक्तिमान एवं पूर्ण सफलता लिए हुए होता है। जब तक साधक मंत्र-भावना की विधि नहीं जानता, उसे सफलता नहीं मिल पाती।

मंत्र-भावना विधि दो प्रकार से है—

पहली विधि—जिस मन्त्र का जाप करना हो उसके प्रारम्भ में और अन्त में 'ॐ श्रीं ह्रीं क्लीं' का सम्पुट देकर एक हजार मन्त्र जप करे तो मन्त्र-भावना प्रबल होती है।

दूसरी विधि—जिस मन्त्र का जप साधक करना चाहे, उस मन्त्र का एक हजार जप नदी या तालाब में रहकर उस मन्त्र से पूर्व 'ॐ' प्रणव देकर जप करे तो मन्त्र-भावना सिद्ध होती है।

तारा तन्त्र में मन्त्र-भावना के लिए एक श्रेष्ठ विधि दी है। इसके अनुसार सर्वप्रथम साधक को पंचगव्य के तीन आचमन लेने चाहिए। इसके बाद किसी आसन पर पूर्वाभिमुख होकर बैठ जाय, तथा आसन के चारों ओर पारे की लकीर खींच ले। फिर ॐ प्रणव के साथ मन्त्र के एक हजार जप करे। जब तक जप पूर्ण न हो जाय तब तक उठे नहीं, और न आसन बदले। ऐसा करने पर मन्त्र-भावना पूर्णतः सिद्ध होती है।

६. गुरु-ध्यान—साधना का श्रीगणेश गुरु से ही होता है—क्योंकि साधक को पग-पग पर कठिनाइयां आती हैं, और इन कठिनाइयों का निराकरण एकमात्र गुरु ही कर सकता है—इसलिए साधना-क्षेत्र में गुरु तथा इष्टदेव में कोई अन्तर नहीं माना है—

यथा देवे तथा मन्त्रे यथा मन्त्रे तथा गुरौ।
यथा गुरौ तथा स्वात्मन्यैवं भक्तिक्रमः स्मृतः॥

'सुन्दरी तापिनी' में बताया है—

यथा घटश्च कलशः कुम्भश्चैकार्थवाचकाः।
तथा मन्त्रो देवता च गुरुश्चैकार्थवाचकाः॥

साधना-ग्रन्थों में शिव और गुरु को एक ही माना है। निर्वाण तन्त्र के अनुसार—

शिरः पद्मे महादेवस्तथैव परमो गुरुः।
तत्समो नास्ति देवेशि पूज्यो हि भुवनत्रये
तदर्श चिन्तयेद्देवि बाह्ये गुरु चतुष्टयम्॥

काली विलास तन्त्र में बताया है—

गुरुपूजां विना देवी स्वेष्टपूजां करोति यः।
मंत्रस्य तस्य तेजांसि हरते भैरवः स्वयम्॥

साधना-ग्रन्थो में गुरु का ध्यान दृष्टव्य है—

निज शिरसि श्वेत वर्ण सहस्रदलकमल कर्णिकान्तर्गत चन्द्रमण्डलोपरि स्वगुरुं शुक्लवर्णं शुक्लालंकारभूषितं ज्ञानानन्दमुदितमानसं सच्चिदानन्दविग्रहं चतुर्भुजं ज्ञानमुद्रापुस्तकवराभयकरं त्रिनयनं प्रसन्नवदनेक्षणं सर्वदेवदेवं वामांगे वामहस्तघृतलीलाकमलया रक्तवसना भरणया स्वप्रियया दक्षभुजेनालिंगित परम शिवस्वरूपं शान्तं सुप्रसन्नं ध्यात्वा तच्चरणकमलयुगलविगलदमृतधारया स्वात्मानं प्लुतं विभाव्य मनसोपचारैराराध्यः।

श्री गुरोर्चन तन्त्र में गुरु-स्तवन प्रारम्भ इस प्रकार हुआ है—

ॐ श्री नाथादि गुरुत्रयं गणपतिं पीठत्रयं भैरवं।
सिद्धौघं बटुकत्रयं पदयुगं दूतिक्रमं मंडलम्॥
वीरानष्ट चतुष्क षष्टि नवकं वीरावलि पंचकम्।
श्रीमन्मालिनी मंत्र राज सहितं बन्दे गुरोर्मण्डलम्॥

यों गुरु के सम्बन्ध में कई पद मिलते हैं—

गुरुर्ब्रह्मा गुरुर्विष्णु गुरुर्देवो महेश्वरः।
गुरुः साक्षात्परब्रह्म तस्मै श्री गुरवे नमः॥

ध्यानमूलं गुरोः मूर्तिः पूजामूलं गुरोः पदम्।
मंत्रमूलं गुरोर्वाक्यं मोक्षमूलं गुरोः कृपा॥
न गुरोरधिकं तत्त्वं न गुरोरधिकं तपः।
गुरोः परतरं नास्ति तस्मात्संपूज्यते गुरुः॥

नमामि सद्गुरु शान्तं प्रत्यक्षं शिवरूपिणम् ।
शिरसा यज्ञपीठस्थं तस्मै श्री गुरवे नमः ।।
त्वं पिता त्वं च मे माता त्वं बन्धुस्त्वम् च देवता ।
त्वं मोक्षप्राप्ति हेतुश्च तस्मै श्री गुरवे नमः ।।
ब्रह्मानन्दं परमसुखदं केवलं ज्ञानमूर्तिम् ।
द्वन्द्वातीतं गगनसदृशं तत्त्वमस्यादि लक्ष्यम् ।।
एकं नित्यं विमलमचलं सर्वधी साक्षिभूतम् ।
भावातीतं त्रिगुण रहितं सद्गुरुं तन्नमामि ।।
ॐ नमः शिवाय गुरवे सच्चिदानन्दमूर्तये ।
निष्प्रपंचाय शान्ताय निरालम्बाय तेजसे ।।

इसीलिए शंकराचार्य ने गुरु को साधना-क्रम की धुरी तथा जीवन की सर्वोच्च सफलता बताया है । तीनों लोकों में ज्ञानदाता गुरु की उपमा किसी भी अन्य तत्त्व से देनी व्यर्थ है । गुरु की उपमा यदि पारस से दें, तब भी व्यर्थ है । क्योंकि पारस तो लोहे को सोना ही बना सकता है, पारस नहीं । परन्तु गुरु तो शिष्य को अपने समान ही बना लेता है—

दृष्टान्तो नैव दृष्टस्त्रिभुवनजठरे सद्गुरोर्ज्ञानदातुः ।
स्पर्शश्चेत्तत्र कल्प्यः स नयाति यदहो स्वर्णतामश्मसारम् ।
न स्पर्शत्वं तथापि श्रितचरणयुगे सद्गुरुः स्वीय शिष्ये ।
स्वीयं साम्यं विधत्ते भवति निरुपमसस्तेन वा लौकिकोऽपि ।।

तन्त्रसार में तो मात्र दो पंक्तियों में ही गुरु ध्यान बता दिया है—

गुरुः पिता गुरुर्माता गुरुर्देवो गुरुर्गति ।
शिवे रुष्टे गुरु त्राता गुरौ रुष्टे न कश्चनः ।।

७. इष्ट ध्यान—गुरुध्यान के बाद साधक को अपने इष्टदेव का ध्यान करना चाहिए।' इष्ट की मूर्ति अपने सामने स्थापित करे, उसकी षोडशोपचार पूजा करे, तथा साधना की सफलता हेतु उनसे निवेदन करे ।

८. कुल्लुका—सरस्वती तन्त्र में बताया है कि मन्त्रजप से पूर्व साधक को उस मन्त्र की 'कुल्लुका' का ज्ञान होना परमावश्यक है । मन्त्रजप से पूर्व उस मन्त्र की कुल्लुका अपने सिर में स्थापित कर लेनी चाहिए, अर्थात् मूर्द्धा में उसका न्यास कर लेना चाहिए । कुछ मन्त्रों की कुल्लुका मैं नीचे स्पष्ट कर रहा हूं—

काली मंत्र की कुल्लुका		ॐ क्रीं हूं स्त्रीं ह्रीं फट्
तारा	"	ॐ ह्रीं श्रीं हूं
छिन्नमस्ता	"	ॐ श्रीं ह्रीं ह्रीं ऐं ह्रीं ह्रीं स्वाहा
वज्रवैरोचनी	"	ॐ श्रीं ह्रीं ह्रीं ऐं ह्रीं ह्रीं स्वौंहा हूं
भैरवी	"	ॐ ह स रै

त्रिपुरसुन्दरी की कुल्लुका	ऐं क्लीं ह्रीं त्रिपुरे भगवति स्वाहा
भद्रा "	ॐ क्लीं क्लीं हूं
भुवनेश्वरी "	ॐ ह्रीं
विष्णु "	ॐ नमो नारायणाय
मातंगी "	ॐ
धूमावती "	ॐ ह्रीं
षोडशी "	ॐ स्त्रीं
लक्ष्मी "	ॐ श्रां
सरस्वती "	ॐ ऐं
अन्नपूर्णा "	ॐ क्लीं
शिव "	ॐ ह्रौं
हनुमान "	ॐ फ्रौं
वरदा "	ॐ ह्रीं श्रीं श्रीं ह्रीं
अष्टलक्ष्म्यै "	ॐ ॐ श्रीं
ज्ञानेश्वरी "	ॐ ज्ञं
वाग्देवी "	ॐ ज्रं भ्रं ज्ञं
अनंग "	ॐ सं

इसके अतिरिक्त अन्य देवताओं की कुल्लुका उनके स्वयं के मन्त्र ही हैं।

९. **महासेतु**—साधना-पक्ष में जप-कार्य से पूर्व महासेतु का जप किया जाना है। इस महासेतु जप से प्रत्येक समय में प्रत्येक स्थिति में जप किया जा सकता है, जिससे उसे पूर्ण सफलता प्राप्त होती है। महासेतु का जप कंठस्थित विशुद्ध चक्र में करना चाहिए।

कालिका का महासेतु	क्रीं
त्रिपुरसुन्दरी "	ह्रीं
तारा "	हूं
षोडशी "	स्त्रीं
अन्नपूर्णा "	अं
लक्ष्मी "	श्रीं

इसके अतिरिक्त अन्य सभी देवताओं का महासेतु 'स्त्रीं' है।

१०. **कवच सेतु**—कुछ साधक इसे 'मन्त्रसेतु' भी कहते हैं। जप प्रारम्भ करने से पूर्व हृदय में मन्त्रसेतु का जप करना चाहिए। प्रधानतः मन्त्रों का कवच सेतु 'प्रणव' ही है। ब्राह्मण एवं क्षत्रियों के लिए प्रणव, वैश्यों के लिए फट् तथा शूद्रों के लिए 'ह्रीं' कवच सेतु है।

जप प्रारम्भ करने से पूर्व हृदय में कवच सेतु जप एक सहस्र करना चाहिए।

११. **निर्वाण**—मन्त्र-निर्वाण हेतु सर्वप्रथम साधक को प्रणव करना चाहिए। तत्पश्चात् अ आ दि स्वर तथा क ख आदि व्यंजन पढ़े और फिर मूल मन्त्र पढ़े फिर ऐं। बाद में विलोम गति से व्यंजन तथा स्वर उच्चारण कर प्रणव करे। इस प्रकार का जप मणिपुर चक्र में करना चाहिए।

इस प्रकार निर्वाण-विधि सम्पन्न होती है।

१२. **बन्धन**—इसमें मूल मन्त्र के चतुर्दिक् बन्धन दिया जाता है, जिससे कि अन्य किसी भी प्रकार की विपरीत बाधा या आसुरी शक्तियो का प्रवेश न हो।

अलग-अलग मन्त्र-जप में अलग-अलग रूप से बन्धन है।

त्रिपुरसुन्दरी	श्रीं ॐ ॐ श्रीं
तारा	ॐ श्रीं ॐ
दुर्गा	क्रीं ॐ क्रीं
बगलामुखी	ऐं ह्लीं ह्लीं ऐं
मातंगी	ॐ ऐं ॐ
लक्ष्मी	ॐ श्रीं श्रीं श्रीं ॐ
धनदा	ॐ श्रीं ध्रं श्रीं ॐ
गणेश	ॐ गं गं गं ॐ
विष्णु	ॐ श्रीं

अन्य देवताओं के मन्त्र-जप से पूर्व ॐ श्रीं' का एक हजार जप ही बन्धन है, ऊपर जो बन्धन मन्त्र है, इनका भी मूल मन्त्र से पूर्व एक हजार जप आवश्यक है।

१३. **योनिमुद्रा**—दोनों हाथों को परस्पर एक-दूसरे के विपरीत जोड़े। अंगूठा अंगूठे से, कनिष्ठिका कनिष्ठिका से, अनामिका अनामिका से जुड़े तथा बायें हाथ की मध्यमा दाहिने हाथ की तर्जनी से तथा दाहिने हाथ की मध्यमा बायें की तर्जनी से जुड़े।

इस प्रकार की क्रिया को 'योनिमुद्रा' कहा जाता है।

मूल मन्त्र जप से पूर्व योनिमुद्रा कर सीधा बैठकर मूल मन्त्र का मात्र एक सौ आठ बार उच्चारण करे।

१४. **करन्यास**—प्रत्येक प्रकार की साधना में करन्यास अपना-अपना अलग होता है, जो कि सम्बन्धित ग्रन्थों से या गुरु से समझा जा सकता है।

१५. **अंगन्यास**—जिस प्रकार प्रत्येक साधना का करन्यास अलग-अलग होता है उसी प्रकार अंगन्यास भी सबका अलग-अलग होता है।

१६. **प्राणायाम**—साधना के प्रारम्भ करने से पूर्व रेचक कुंभक कर लेना चाहिए। इसमें दो मूल मन्त्र का रेचक, चार मूल मन्त्र का स्थिरीकरण तथा दो मूल मन्त्र का कुंभक या विनियोजन कर लेना चाहिए।

१७. **मुखशुद्धि**—साधना-क्षेत्र में कहा गया है कि मन्त्र सिद्ध करने से पूर्व

मुख शोधन कर लेना परमावश्यक है, क्योंकि सामान्य रूप से हमारी जिह्वा अशुद्ध होती है, और अशुद्ध जिह्वा के द्वारा जप करने से हानि ही होती है। शास्त्रों के अनुसार जीभ पर भोजन का मल, असत्य भाषण का मल, कलह का मल आदि कई प्रकार के मल चिपके रहते हैं। जब तक उनका परिमार्जन नहीं कर लिया जाना, जीभ शुद्ध नहीं होतो। अतः इसकी शुद्धता के लिए मुखशुद्धि कर लेना आवश्यक माना गया है। जिस देवता का मन्त्र जप करना हो उससे सम्बन्धित मुखशोधन मन्त्र का दस बार जप कर लेना चाहिए—

त्रिपुरसुन्दरी	श्रीं ॐ श्रीं ॐ श्रीं ॐ
तारा	ह्रीं हूं ह्रीं
श्यामा	क्रीं क्रीं क्रीं ॐ ॐ ॐ क्रीं क्रीं क्रीं
दुर्गा	ऐं ऐं ऐं
बगलामुखी	ऐं ह्रीं ऐं
मातंगी	ऐं ॐ ऐं
लक्ष्मी	श्रीं
गणेश	ॐ गं
विष्णु	ॐ हूं

अन्य सभी देवताओं के मूल मन्त्रों के मुख-शोधन हेतु ॐकार का दस बार जप करना चाहिए।

१८. प्राण योग—बिना प्राण योग के मन्त्र सिद्ध नहीं हो पाता, क्योंकि जिस प्रकार प्राणयुक्त शरीर ही सचेष्ट एवं सक्रिय होता हैं, उसी प्रकार प्राण योग युक्त मन्त्र ही सिद्धि-प्रदाता होता है।

इसकी विधि केवल मात्र इतनी ही है कि मन्त्र से पूर्व और पश्चात् माया बीज अर्थात् 'ह्रीं' से सम्पुटित कर मन्त्र का सात बार जप कर लेना चाहिए।

१९. दीपन—जिस प्रकार दीपक जलाने से घर प्रकाशवान हो जाता है, उसी प्रकार दीपन या दीपनी क्रिया से मन्त्र प्रकाशवान होकर त्वरित सफलता देने में सहायक हो जाता है।

इसकी विधि यह है कि मन्त्र-जप प्रारम्भ करने से पूर्व मन्त्र को प्रणव से पुटित करके सात बार जप कर लेना चाहिए जिससे मन्त्र दीपित हो जाता है।

२०. सूतक द्वय मोक्षण—१. मृत्यु सूतक और जन्म सूतक
२. प्रातः सूतक और सायं सूतक
३. नारी सूतक और पत्नी सूतक
४. विचार सूतक और चिन्तन सूतक
५. गृहस्थ सूतक और संन्यास सूतक

इस प्रकार पांच प्रकार से विभिन्न 'सूतक द्वय' होता है, जिससे प्रत्येक मानव

को स्पर्श दोष लगता है। इन सूतकों की निवृत्ति के लिए अकारादि स्वर तथा व्यंजन से पूर्व ॐ का सम्पुट लगाने के बाद मन्त्र-जप किया जाता है तो सूतक द्वय दोष नहीं लगता। इस प्रकार ॐ सम्पुटित स्वर व्यंजन का उच्चारण तीन बार करना चाहिए।

२१. **मध्य दृष्टि**—मध्य दृष्टि साधक के लिए आवश्यक है। इसके लिए मन्त्र को 'यं' बीज द्वारा मथित करना चाहिए। इसके लिए मूल मन्त्र के प्रत्येक अक्षर के आगे-पीछे 'यं' बीज लगाकर पांच बार जप करने से मध्य दृष्टि प्राप्त होती है, जो कि साधना की सफलता के लिए परमावश्यक है।

२२. **अनुलोम-विलोम वर्ण मातृका**—इसमें प्रथम स्वर एवं व्यंजन का अ से ह तक उच्चारण कर पुनः 'ह' से विलोम गति से 'अ' अक्षर तक पहुंचे। इस प्रकार एक क्रम पूरा होता है। जप से पूर्व तीन बार इस क्रिया को करने से मन्त्र का प्रत्येक अक्षर सिद्ध हो जाता है, जिससे मन्त्रसिद्धि में पूर्ण सफलता रहती है।

२३. **पुरश्चरण**—प्रत्येक साधना की सफलता के लिए शास्त्रों में पुरश्चरण विधान स्पष्ट किया हुआ है।

पुरश्चरण जप ऐसे स्थान पर बैठकर करना चाहिए, जहां चित्त को शान्ति एवं एकाग्रता मिल सके। जंगल, नदी-तट, गुरुगृह, पर्वत-शिखर, तुलसीकानन आदि इस कार्य के लिए उत्तम स्थल हैं। यदि घर में या ग्राम में पुरश्चरण करने का विचार हो तो कूर्म-चक्र से स्थान निश्चित कर उस स्थान पर बैठकर जप करना चाहिए।

भोजन—पुरश्चरणकाल में मूंग, तिल, जौ, अन्न, मटर, गौ-दुग्ध, दही, घी, शक्कर आदि ऐसी वस्तुओं का ही प्रयोग करना चाहिए जो हेमन्त ऋतु में उत्पन्न होती हों।

भोजन में निषिद्ध वस्तुएं—पुरश्चरण काल में कुछ वस्तुओं का निषेध है, जिनका प्रयोग यथासम्भव नहीं करना चाहिए।

नमक, मांस, मदिरा, गाजर, कांसी का बर्तन, मसूर, अरहर, घृत रहित भोजन, कीटयुक्त धान्य, चना, बासी भोजन।

मैथुन, रसिक वार्तालाप, शहद, असत्य भाषण, कुटिलता, उबटन, बाल बनवाना आदि बातें निषिद्ध हैं।

पुरश्चरण करते समय निम्नलिखित बातों का दृढ़ता से पालन करना चाहिए।

१. **भूमि शैया**—पुरश्चरण काल में साधक को कुश या कम्बल बिछाकर भूमि शैया का प्रयोग करना चाहिए।

२. **ब्रह्मचर्य**—ऐसे सभी कार्य, प्रसंग या वार्तालापों से दूर रहना चाहिए जिससे कामोद्दीपन होता हो।

३. **मौन**—साधना-काल में साधक को मौन धारण करना चाहिए, जिससे वह कटु शब्द दोष, मिथ्या दोष आदि से बच सके।

४. **गुरु सेवा**—पुरश्चरण काल में यदि साधक को गुरु सेवा का अवसर मिलता है, तो यह उसके लिए अत्यन्त सौभाग्यदायक ही कहा जाएगा।

५. **स्नान**—साधना एवं पुरश्चरण काल में साधक को दोनों समय स्नान कर शरीर को पवित्र रखना चाहिए।

६. **पूजा**—पुरश्चरण काल में साधक को नित्य पूजा अवश्य करते रहना चाहिए।

७. **दान**—पूजा के बाद यथाशक्ति दान करना शुभ है।

वस्तुतः साधना-काल में या पुरश्चरण काल में साधक को मन, वचन, कर्म से शुद्ध एवं सात्विक रहना चाहिए। साधक को सदैव भगवान शंकर के ये शब्द स्मरण रखने चाहिए—

"जिनकी जिह्वा परान्न से जल गई है, जिनके हाथ प्रतिग्रह से जले हुए हैं और जिनका मन परस्त्री के स्मरण से जलता रहता है, उन्हें भला मन्त्रसिद्धि कैसे प्राप्त हो सकती है?"

२४. **कीलन-उत्कीलन**—भगवान आशुतोष ने सभी मन्त्रों को कीलित इसलिए कर दिया था, जिससे कि मन्त्रों का दुरुपयोग न हो। ऐसी अवस्था में जबकि मन्त्र कीलित है, बन्द है, आबद्ध है, तब सिद्धिदायक कैसे बन सकता है जब तक कि उसका उत्कीलन न किया जाय। सभी मन्त्रों की अलग-अलग उत्कीलन विधि है, जो कि गुरु कृपा से ही प्राप्त हो सकती है।

मुझे एक उच्चस्तरीय संन्यासी से '**सर्व यन्त्र-मन्त्र-तन्त्र-उत्कीलन**' विधि ज्ञात हुई है। इससे किसी भी प्रकार के मन्त्र-तन्त्र-यन्त्र का उत्कीलन किया जा सकता है। साधकों के लाभार्थ वह '**सर्व यन्त्र-मन्त्र-तन्त्रोत्कीलन**' विधि नीचे दे रहा हूं—

सर्व यन्त्र-मन्त्र-तन्त्रोत्कीलन प्रारम्भ

पार्वत्युवाच

देवेश परमानन्द भक्तानामभयप्रद।
आगमा निगमाश्चैव बीजं बीजोदयस्तथा ॥१॥

समुदायेन बीजानां मन्त्रो मन्त्रस्य संहिता।
ऋषिच्छन्दादिकं भेदो वैदिकं यामिलादिकम् ॥२॥

धर्मोऽधर्मस्तथा ज्ञानं विज्ञानं च विकल्पनम्।
निर्विकल्प विभागेन तथा षट्कर्म सिद्धये ॥३॥

भुक्ति मुक्ति प्रकारश्च सर्वं प्राप्तं प्रसादतः ।
कीलनं सर्वमन्त्राणां शंसयद् हृदये वचः ॥४॥

इति श्रुत्वा शिवानाथः पार्वत्या वचनं शुभम् ।
उवाच परया प्रीत्या मन्त्रोत्कीलनकं शिवाम् ॥५॥

शिव उवाच

वरानने हि सर्वस्य व्यक्ताव्यक्तस्य वस्तुनः ।
साक्षीभूय त्वमेवासि जगतस्तु मनोस्तथा ॥६॥

त्वया पृष्टं वरारोहे तद्वक्ष्याम्युत्कीलनम् ।
उद्दीपनं हि मन्त्रस्य सर्वस्योत्कीलनं भवेत् ॥७॥

पुरा तव मया भद्रे समाकर्षण वश्यजा ।
मन्त्राणां कीलिता सिद्धिः सर्वे ते सप्तकोटयः ॥८॥

तवानुग्रहप्रीतत्वात्सिद्धिस्तेषां फलप्रदा ।
येनोपायेन भवति तं स्तोत्रं कथयाम्यहम् ॥९॥

श्रणु भद्रेऽत्र सततमावाभ्यामखिलं जगत् ।
तस्य सिद्धिर्भवेत्तिष्ठ मया येषां प्रभावकम् ॥१०॥

अन्नं पानं हि सौभाग्यं दत्तं तुभ्यं मया शिवे ।
संजीवनं च मन्त्राणां तथा दत्तुं पुनर्ध्रुवम् ॥११॥

यस्य स्मरण मात्रेण पाठेन जपतोऽपि वा ।
अकीला अखिला मन्त्रा सत्यं सत्यं न संशयः ॥१२॥

ॐ अस्य श्री सर्व यन्त्र तन्त्र मन्त्राणाम् उत्कीलन मन्त्रस्तोत्रस्य मूल प्रकृतिर्ऋषिर्जगतीच्छन्दः, निरंजनो देवता, क्लीं बीजं, ह्रीं शक्तिः, हः लौ कीलकं, सप्तकोटि मन्त्र-यन्त्र-तन्त्र कीलकानां संजीवन सिद्ध्यर्थे जपे विनियोगः ।

अंगन्यास

ॐ मूल प्रकृति ऋषये नमः शिरसि ।
ॐ जगतीच्छदसे नमः मुखे ।
ॐ निरंजन देवतायै नमः हृदि ।
ॐ क्लीं बीजाय नमः गुह्यै ।
ॐ ह्रीं शक्तये नमः पादयोः ।
ॐ हः लौं कीलकाय नमः सर्वाङ्गे ।

करन्यास

ॐ ह्रां अगुंष्ठाभ्यो नमः।
ॐ ह्रीं तर्जनीभ्यां नमः।
ॐ ह्रूं मध्यमाभ्यां नमः।
ॐ ह्रूं अनामिकाभ्यां नमः।
ॐ ह्रैं कनिष्ठिकाभ्यां नमः।
ॐ ह्रौं करतलकरपृष्ठाभ्यां नमः।

हृदयन्यास

ॐ ह्रां हृदये नमः।
ॐ ह्रीं शिरसे स्वाहा।
ॐ ह्रूं शिखायै वषट्।
ॐ ह्रूं कवचाय हुं।
ॐ ह्रैं नेत्रत्रयाय वौषट्।
ॐ ह्रः अस्त्राय फट्।

ध्यान

ॐ ब्रह्म स्वरूपममलं च निरंजनं तं
ज्योतिः प्रकाशमनिशं महतो महान्तम्।
कारुण्यरूपमतिबोधकरं प्रसन्नं
दिव्यं स्मरामि सततं मनुजावनाय॥१॥

एवं ध्यात्वा स्मरेन्नित्यं तस्य सिद्धिस्तु सर्वदा
वाञ्छितं फलमाप्नोति मन्त्रसंजीवनं ध्रुवम्॥२॥
ॐ ह्रीं ह्रीं ह्रीं सर्व मन्त्र-तन्त्र-यन्त्रादिनाम् उत्कीलनं कुरु कुरु स्वाहा॥

मूल मन्त्र

ॐ ह्रीं ह्रीं ह्रा षट् पंचाक्षराणामुत्कीलय उत्कीलय स्वाहा॥
ॐ जूं सर्व मन्त्र-तन्त्र-यन्त्राणां संजीवनं कुरु कुरु स्वाहा॥
ॐ ह्रीं जूं अं आं इं ईं उं ऊं ऋं ॠं लृं ॡं एं ऐं
ओं औं अं अः कं खं गं घं ङं चं छं जं झं ञं
टं ठं डं ढं णं तं थं दं धं नं पं फं बं भं मं

यं रं लं बं शं सं षं हं क्षं मात्राक्षराणां सर्वम् उत्कीलनं कुरु स्वाहा। ॐ सोहं हं सो हं (११ बार) ॐ जूं सों हं हंसः ॐ ॐ (११ बार) ॐ हं जूं हं सं गं (११ बार) सोहं हं सो यं (११ बार) लं (११ बार) ॐ (११ बार) यं (११ बार) ॐ ह्रीं जूं सर्व मन्त्र तन्त्र यन्त्रस्तोत्र कवचादीनां संजीवय संजीवनं कुरु कुरु स्वाहा ।। ॐ सो हं हं सः जूं संजीवनं स्वाहा ।।

ॐ ह्लीं मन्त्राक्षराणां उत्कीलय उत्कीलनं कुरु कुरु स्वाहा।

ॐ ॐ प्रणवरूपाय अं आं परमरूपिणे।
इं ईं शक्तिस्वरूपाय उं ऊं तेजोमयाय च ।।१।।

ऋं ॠं रंजित दीप्ताय लृं ॡं स्थूल स्वरूपिणे।
एं ऐं वाचां विलासाय ओं औं अं अः शिवाय च ।।२।।

कं खं कमलनेत्राय गं घं गरुडगामिने।
ङं चं श्री चन्द्रभालाय छं जं जयकराय ते ।।३।।

झं टं ठं जयकर्त्रे डं ढं णं तं पराय च।
थं दं धं नं नमस्तस्मै पं फं यन्त्रमयाय च ।।४।।

बं भं मं बलवीर्याय यं रं लं यशसे नमः।
वं शं षं बहुवादाय सं हं लं क्षं स्वरूपिणे ।।५।।

दिशामादित्यरूपाय तेजसे रूपधारिणे।
अनन्ताय अनन्ताय नमस्तस्मै नमो नमः ।।६।।

मातृकायाः प्रकाशायै तुभ्यं तस्यै नमो नमः।
प्राणेशायै क्षीणदायै सं संजीव नमो नमः ।।७।।

निरंजनस्य देवस्य नामकर्म विधानतः।
त्वया ध्यातं च शक्त्या च तेन संजायते जगत् ।।८।।

स्तुताहमचिरं ध्यात्वा मायाया ध्वंस हेतवे।
संतुष्टा भार्गवाया हं यशस्वी जायते हि सः ।।९।।

ब्रह्माणं चेतयन्ती विविध सुरनरांस्तर्पयन्ती प्रमोदाद्
ध्यानेनोद्दीपयन्ती निगम जपमनुं षट्पदं प्रेरयन्ती।
सर्वान् देवान् जयन्ती दितिसुदमनी साप्यहंकार मूर्ति-
स्तुभ्यं तस्मै च जाप्यं स्मररचितमनुं मोचयेशाप जालात् ।।१०।।

इदं श्री त्रिपुरस्तोत्रं पठेद् भक्त्या तु यो नरः।
सर्वान् कामानवाप्नोति सर्वशापाद् विमुच्यते ॥
॥ इति सर्व यन्त्र-मन्त्र तन्त्रोत्कीलनं सम्पूर्णम् ॥

मन्त्र-सिद्धि के उपाय

श्रद्धा-विधि के साथ मन्त्र-साधना या अनुष्ठान करने पर भी सफलता न मिले, तो उसे पुनः करना चाहिए। बार-बार करने पर भी यदि इच्छित सफलता प्राप्त न हो, तो निम्नलिखित सात उपायों में से कोई एक उपाय करना चाहिए। एक साथ ही सातों उपाय करना निषिद्ध है। यदि एक उपाय करने पर भी मन्त्र-सिद्धि न हो तो उससे अगला उपाय करना चाहिए—इससे निश्चय ही सफलता प्राप्त हो सकेगी।

पहला उपाय—भ्रामण : इस क्रिया में भूर्जपत्र पर वायु बीज 'यं' तथा मन्त्र का एक अक्षर फिर 'यं' तथा मन्त्र का दूसरा अक्षर—इस प्रकार पूरा मन्त्र 'यं' वायु-बीज से ग्रथित करे। भूर्जपत्र पर कर्पूर, कुंकुम, खस और चन्दन को मिलाकर उस लेप या स्याही से लिखे। जब मन्त्र पूरा लिख दिया जाय तो उसका षोडशोपचार से पूजन करे। ऐसा करके यदि मन्त्र अनुष्ठान किया जाय, तो निश्चय ही मन्त्र सिद्ध होता है।

दूसरा उपाय—रोधन : वाग् बीज 'ऐं' के द्वारा मन्त्र को सम्पुटित करके एक सहस्त्र मन्त्र जप किया जाय, तो मन्त्र-साधना में पूर्ण सफलता एवं सिद्धि मिलती है।

तीसरा उपाय—वश्य : अलक्तक, रक्त चन्दन, कुट, धतूरे का बीज और मैनसिल इन पांचों चीजों को बराबर भाग में मिलाकर भोजपत्र पर मूल मन्त्र लिखकर उसे गले में धारण करे तो सम्बन्धित साधना में सफलता मिलती है।

चौथा उपाय—पीडन : अधरोत्तर योग से मन्त्र जप कर अधरोत्तर देवी की पूजा करे। इसके पश्चात् अकवन के दूध से भूर्जपत्र पर मन्त्र लिखकर उसे बायें पैर के नीचे दबाकर मूल मन्त्र से १०८ आहुतियां दे तो निश्चय ही साधना में सफलता मिलती है।

पांचवां उपाय—पोषण : भोजपत्र पर गाय के दूध से मन्त्र लिखकर उसे दाहिनी भुजा पर बांधे, तथा मूल मन्त्र के 'स्त्रीं' शब्द का सम्पुट देकर एक सहस्त्र मन्त्र जप करे, तो सम्बन्धित साधना में पूर्ण सफलता मिलती है।

छठा उपाय—शोषण : यज्ञ की भस्म से भोजपत्र पर मन्त्र लिखकर उसे दाहिनी भुजा पर बांधे तथा 'यं' बीज द्वारा मूल मन्त्र को सम्पुटित कर एक सहस्त्र जप करे तो साधना में निश्चय ही सफलता मिलती है।

सातवां उपाय—दाहन : मन्त्र के प्रत्येक अक्षर के साथ अग्नि बीज 'रं' का सम्पुट देकर एक सहस्र जप करे, साथ ही पलास-बीज के तेल से भोजपत्र पर मन्त्र लिखकर कंधे पर धारण करे तो निश्चय ही साधना में पूर्ण सफलता प्राप्त होती है।

शांतिपाठ

कभी-कभी अनुष्ठान में, या मन्त्र-जप में कुछ ऐसी बाधाएं आ जातीं हैं, जिनका निराकरण नहीं दिखाई देता। ऐसी स्थिति में साधक को निम्न शांतिपाठ एक बार या ग्यारह बार करना चाहिए। इससे निश्चय ही विघ्न शान्त होते हैं, तथा अनुष्ठान-कार्य में बाधा नहीं आती।

॥ शांति - स्तोत्रम् ॥

नश्यन्तु प्रेतकूष्माण्डा नश्यन्तु दूषका नराः।
साधकानां शिवाः सन्तु आम्नाय परिपालिनाम् ॥१॥

जयन्ति मातरः सर्वा जयन्ति योगिनी गणाः।
जयन्ति सिद्ध डाकिन्यो जयन्ति गुरु पंक्तयः ॥२॥

जयन्ति साधकाः सर्वे विशुद्धाः साधकाश्च ये।
समयाचार सम्पन्ना जयन्ति पूजका नराः ॥३॥

नन्दन्तु चाणिमासिद्धा नन्दन्तु कुलपालकाः।
इन्द्राद्या देवता सर्वे तृप्यन्तु वास्तु देवतः ॥४॥

चन्द्रसूर्यादयो देवास्तृप्यन्तु मम भक्तितः।
नक्षत्राणि ग्रहाः योगाः करणा राशयश्च ये ॥५॥

सर्वे ते सुखिनो यान्तु सर्पा नश्यन्तु पक्षिणः।
पशवस्तुरगाश्चैव पर्वताः कन्दरा गुहाः ॥६॥

ऋषयो ब्राह्मणाः सर्वे शान्ति कुर्वन्तु सर्वदा।
स्तुता मे विदिताः सन्तु सिद्धास्तिष्ठन्तु पूजकाः ॥७॥

ये ये पापधियस्सुदूषणरतामन्निन्दकाः पूजने।
वेदाचार विमर्द नेष्ट हृदया भ्रष्टाश्च ये साधकाः॥
दृष्ट्वा चक्रमपूर्वमन्दहृदया ये कौलिका दूषका-
स्ते ते यान्तु विनाशमत्र समये श्री भैरवस्याज्ञया ॥८॥

द्वेष्टारः साधकानां च सदैवाम्नाय दूषकाः ।
डाकिनीनां मुखे यान्तु तृप्तास्तत्पिशितै स्तुताः ॥९॥

ये वा शक्तिपरायणाः शिवपरा ये वैष्णवाः साधवः ।
सर्वस्मादखिले सुराधिपमजं सेव्यं सुरै सन्ततम् ॥
शक्तिं विष्णुधिया शिवं च सुधियाश्रीकृष्ण बुद्ध्या च ये
सेवन्ते त्रिपुरं त्वभेदमतयो गच्छन्तु मोक्षन्तु ते ॥१०॥

शत्रवो नाशमायान्तु मम निन्दाकराश्च ये ।
द्वेष्टारः साधकानां च ते नश्यन्तु शिवाज्ञया ॥११॥
तत्परं पठेत् स्तोत्रमानन्दस्तोत्रमुत्तमम् ।
सर्वसिद्धि भवेत्तस्य सर्वलाभो प्रणाश्यति ॥१२॥

विशिष्ट ज्ञातव्य तथ्य

साधना में कई तथ्यों का ज्ञान रखना जरूरी होता है। यहां मैं कुछ विशिष्ट तथ्य स्पष्ट कर रहा हूं जो कि समय-समय पर साधकों के लिए उपयोगी रहते हैं।

योनिमुद्राबन्ध

बायें पैर की एड़ी को गुदास्थान पर तथा दाहिने पैर को जननेन्द्रिय पर रखने से 'योनिमुद्राबन्ध' बनता है। साधना-क्षेत्र में यह एक विशिष्ट आसन कहा जाता है।

प्रणव किसे कहते हैं ?

प्रणव निम्न प्रकार से हैं—

वाग्बीज का प्रणव	—	ऐं
कामबीज ,,	—	क्लीं
शक्ति बीज ,,	—	ह्रीं
श्री बीज ,,	—	श्रीं

प्रणव कहां लगाना चाहिए ?

प्रणवाद्यं गृहस्थानां तच्छून्यं निष्फलं भवेत् ।
आद्यन्तयोर्वनस्थानां यतीनां महतामपि ॥

गृहस्थों को चाहिए कि प्रत्येक मन्त्र से पूर्व ॐकार लगावें। विना ॐ कार लगाये किया हुआ मन्त्र-जप निष्फल होता है। वानप्रस्थ तथा संन्यासियों को चाहिए कि वे मन्त्र के आदि और अन्त में 'ॐ' प्रणव लगाकर जप करें।

प्रणव कहां नहीं लगाना चाहिए ?

वाग्बीज—ऐं, कामबीज—क्लीं, शक्ति बीज—ह्रीं, तथा श्री बीज—श्रीं के पूर्व 'ॐ' लगाकर जप नहीं करना चाहिए।

ॐकार कहां लगाना चाहिए ?

वैष्णवे प्रणवं दद्याच्छैवे शक्तिं नियोजयेत् ।
शक्तौ कामं गणेशं च रमा बीजं न्यसेत्पुरः ॥
सूर्ये चैव तदान्येषां तारीयं विनियोजयेत् ।

वैष्णव मन्त्रों में पहले 'ॐ', शिव मन्त्रों में पहले 'ह्रीं', शक्तिमन्त्रों में पहले 'क्लीं', सूर्य तथा अन्य देवताओं के मन्त्रों से पूर्व 'ह्रीं' तथा लक्ष्मी एवं गणेश मन्त्रों में पहले 'श्रीं' लगाकर जप करना चाहिए।

किस कर्म में क्या लगावें ?

वश्यात्कर्षणसंतापे होमे स्वाहा प्रयोजयेत।
क्रोधोपशमने शान्तौ पूजने च नमो वदेत् ॥
वौषट् सम्मोहनोद्दीपपुष्टि मृत्यु जयेषु च।
हूं कारं प्रीतिनाशे च छेदने मारणे तथा ॥
उच्चाटने च विद्वेषे तथाऽऽधि विकृतौ च फट्।
विघ्नग्रह विनाशे च हुं फट्कारं प्रयोजयेत् ॥
मंत्रोद्दीपनकार्ये च लाभालाभे वषट् स्मृतः।
एवं कर्मानुरूपेण तत्तन्मंत्रं प्रयोजयेत् ॥
नमोऽन्तमंत्रे देवेशि न नमो योजयेद् बुधः।
स्वाहान्तेऽपि तथा मन्त्रे न दद्याद् वह्नि वल्लभाम् ॥

अर्थात् वशीकरण कार्य में, आकर्षण, कर्म एवं यज्ञ कर्म में 'स्वाहा' शब्द का प्रयोग होता है, क्रोध-शांति, शांति-कार्य एवं पूजनादि में 'नमः' शब्द का उल्लेख करना चाहिए।

सम्मोहन, उद्दीपन, मृत्यु-जप, पुष्टकार्य आदि कार्यों में 'वौषट्' तथा परस्पर प्रेम-विच्छेद-छेदन, मारण आदि कार्यों में 'हुंकार' का प्रयोग करते हैं।

उच्चाटन, विद्वेप, एवं मानसिक विकारों के लिए किये जाने वाले कार्यों में 'फट्' एवं विघ्ननाश, तथा ग्रह कृत पीड़ा निवृत्ति के लिए 'हुं फट्' शब्द का प्रयोग होता है।

मन्त्र-उद्दीपन तथा लाभ-हानि के कार्यों में 'वषट्' शब्द का प्रयोग करना चाहिए।

इसके साथ ही इस बात का भी ध्यान रखना चाहिए कि जिस मन्त्र के अंत में नमः शब्द हो, उसके साथ नमः शब्द नहीं लगाना चाहिए। इसी प्रकार जिस मन्त्र के पीछे 'स्वाहा' शब्द हो, उसके पीछे स्वाहा शब्द का प्रयोग नहीं करना चाहिए।

मानसिक जप

अशुचिर्वाशुचिर्वापि गच्छंस्तिष्ठन् स्वपन्नपि।
मन्त्रैक शरणो विद्वान् मनसैवं समभ्यसेत् ॥
न दोषो मानसे जापे सर्वदेशेऽपि सर्वदा।
जपनिष्ठो द्विजश्रेष्ठोऽखिलं यज्ञफलं लभेत् ॥

जो साधक, व्यक्ति या विद्वान् निरन्तर मन्त्र-जप करने का व्रत ग्रहण करता है, उसको सोते-जागते, उठते-फिरते, चलते-बैठते पवित्र-अपवित्र अवस्था में देश-काल पात्र-स्थान आदि का बिना विचार किये मन्त्र जप करते रहने का विधान है। उसे किसी प्रकार का कोई दोष नहीं लगता। ऐसे व्यक्ति समस्त यज्ञों के पुण्य फल के भागी होते हैं।

पूजा कब करे ?

क्या जपकाल में या अनुष्ठान-काल में नित्य पूजा होनी आवश्यक है ? इसके लिए शास्त्रोक्त विधान है—

एकदा वा भवेत्पूजा न जपेत् पूजनं विना ।
जपान्ते वा भवेत्पूजा पूजान्ते वा जपेन्मनुम् ।।

जप या अनुष्ठान में प्रतिदिन एक बार देवता या इष्टदेव का पूजन आवश्यक है। बिना पूजन के जप करना निषिद्ध है। यह पूजन जपकाल के प्रारंभ या जपकाल के अन्त में हो सकता है।

पंचशुद्धि—जपकाल से पूर्व आत्मशुद्धि, स्थान-शुद्धि, मन्त्रशुद्धि, द्रव्यशुद्धि और देवशुद्धि आवश्यक है।

जपकाल में निषेध

आलस्यं जम्भणं निद्रां क्षुतं निष्ठीवनं भयम् ।
नीचाङ्गस्पर्शनं कोपं जपकाले विवर्जयेत् ।।
व्यग्रताऽऽलस्य निष्ठीव क्रोध पादप्रसारणम् ।
अन्यभाषां मृषां चैव जपकाले त्यजेत्सुधी ।।

साधक को चाहिए कि जपकाल में आलस्य, जंभाई, निद्रा, छींक, थूक, भय, गुप्तांग-स्पर्श, क्रोध करना, पांव फैलाना, दूसरों से वार्तालाप, असत्य भाषण, तथा जप मन्त्र के अलावा अन्य शब्दों का प्रयोग करना निषिद्ध है।

जपकाल में पवित्री धारण

जपे होमे तथा दाने स्वाध्याये पितृ तर्पणे ।
अशून्यं तु करं कुर्यात्सुवर्ण रजतैः कुशैः ।।

जप, होम, दान, स्वाध्याय और पितृ-तर्पण कार्य में सुवर्ण, रजत या कुशा किसी एक को हाथ में धारण करे।

जपसंख्या-साधन

नाक्षतैः हस्तपर्वै र्वा न धान्यैर्न च पुष्पकैः ।
न चन्दनैर्मृत्तिकया जपसंख्यां तु कारयेत् ।।

हाथ की उंगलियों के पर्व, अक्षत, धान्य, पुष्प, चन्दन अथवा मृत्तिका से जप संख्या की गणना नहीं करनी चाहिए।

स्तोत्र-पाठ

न मानसं पठेत्स्तोत्रं वाचिकं तु प्रशस्यते।
कण्ठतः पाठाभावे तु पुस्तकोपरि वाचयेत्॥
न स्वयं लिखितं स्तोत्रं नाब्राह्मणलिपिं पठेत्।

स्तोत्र-पाठ मानसिक न हो, उच्चरित होना चाहिए। मुख से सुमधुर स्वर में उच्चारण करना चाहिए। स्तोत्र कंठस्थ न हो तो पुस्तक सामने रखकर पाठ करे। अपने हाथ से लिखे, या ब्राह्मण के अतिरिक्त अन्य किसी वर्ण के हाथ से लिखे स्तोत्रों का पाठ भी नहीं करना चाहिए।

देव-स्पर्श

स्त्रीणामनुपनीतानां शूद्राणां च नराधिप।
स्पर्शने नाधिकारोऽस्ति विष्णोर्वा शंकरस्य च॥

अर्थात् स्त्रियां, बिना यज्ञोपवीत धारण किया हुआ ब्राह्मण एवं शूद्र भगवान शंकर एवं विष्णु भगवान की मूर्ति को स्पर्श न करे, उनके लिए पूर्णतः निषेध है।

घर में मूर्ति

अंगुष्ठपर्वादारभ्य वितस्तिं यावदेव तु।
गृहेषु प्रतिमा कार्या नाधिका शस्यतं बुधै॥
एका मूर्ति नं पूज्येत गृहिणा स्वेष्टमिच्छता।
अनेक मूर्ति सम्पन्नः सर्वान् कामानवाप्नुयात्॥
गृहे लिंगद्वयं नार्च्यं गणेश त्रितयं तथा।
शंख द्वयं तथा सूर्यो नार्च्यो शक्तित्रयं तथा॥
द्वे चक्रे द्वारकायाश्च शालग्राम शिलाद्वयम्।
तेषां तु पूजने नैव उद्वेगं प्राप्नुयाद् गृही॥
खण्डितं स्फुटितं व्यंङ्ग संस्पृष्टं कुष्ठरोगिणा।
पतितं दुष्ट भूम्यादौ न देवं पूजयेद् बुधः॥

घर में जो भी प्रतिमा हो वह अंगुष्ठ के आकार से लेकर वितस्ता आकार तक की ही हो। गृहस्थों को चाहिए कि वे एक ही देवता की पूजा न करें, अपितु पूजा-गृह में कई देवताओं की तस्वीरें या मूर्तियां हों। घर में दो शिवलिंग, दो शंख, दो सूर्य, दो शालिग्राम शिला, दो द्वारिका चक्र, तीन गणेश, तीन शक्ति मूर्ति न हों और न पूजा करे। इस प्रकार मूर्तियां होने से व पूजन से उद्वेग-प्राप्ति होती है।

टूटी-फूटी मूर्तियां, कुष्ठ रोगियों से स्पर्शित, तथा भूमि पर पड़ी मूर्तियों का पूजन कदापि न करे।

पुष्प

बिल्वस्य खदिरस्यैव तथा धात्रीदलस्य च।
तमालस्य च पत्रस्य छिन्नभिन्ने न दुष्यतः।
तुलसी सर्वदा शुद्धा तथा बिल्वदलानि च।
बिल्वपत्रं च मामाघ्यं तमालामलकी दलम् ॥
कटवारं तुलसी चैव पद्मं च मुनि पुष्पकम्।
एतत्पर्युषितं न स्याद् यच्चान्यत्कलिकात्मकम् ॥

बिल्वपत्र, खदिर, तमाल, आंवला के पत्ते टूटे-फूटे, छिन्न जीर्ण होने पर भी दूषित नहीं कहलाते। तुलसीदल तथा बिल्वपत्र सदा शुद्ध रहते हैं, तथा यदि एक बार चढ़ाया हुआ हो तो भी पुनः प्रयोग में लिया जा सकता है। बिल्वपत्र, कुन्द, तमाल, आंवला, श्वेत कमल, तुलसी, कमल और कलिकाएं कभी बासी नहीं होतीं।

दीप पूजा

घृतदीपो दक्षिणे स्यात्तैलदीपस्तु वामतः।
सितवर्तियुतो दक्षे रक्तवतिस्तु वामतः॥
(दक्ष वाम भागौ देव्या एव)

ऐं ह्रीं श्रीं दीपदेवि महादेवी शुभं भवतु मे सदा।
यावत्पूजा समाप्तिः स्यात्तावत्प्रज्वल सुस्थिरा॥

वस्तुतः मन्त्र शास्त्र विधान अत्यन्त दुष्कर एवं जटिल है। यदि साधक पूरी सावधानी एवं सतर्कता के साथ गुरु आज्ञा से विधानपूर्वक कार्य करता है, तो निश्चय ही उसे अभीष्ट सिद्धि प्राप्त होती है।

पुस्तक से मंत्र ग्रहण नहीं करना चाहिए

पुस्तके लिखितान् मंत्रानवलोक्य जपेत् तु यः।
स जीवन्नेव चाण्डालो मतः श्वा चाभिजायते॥

षट् कर्म

(१) शांति कर्म (२) वशीकरण (३) स्तंभन (४) विद्वेषण (५) उच्चाटन और (६) मारण—ये षट् कर्म कहलाते हैं।

षट्-कर्म-देवता एवं दिशा

कर्म	देवता	दिशा
१. शान्ति कर्म	रति	ईशान
२. वशीकरण	वाणी	उत्तर
३. स्तम्भन	रमा	पूर्व

कर्म	देवता	दिशा
४. विद्वेषण	ज्येष्ठा	नैऋत्य
५. उच्चाटन	दुर्गा	वायुकोण
६. मारण	भद्रकाली	अग्निकोण

षट् कर्मों के लिए काल

वशीकरण दिन के पूर्व भाग में, विद्वेषण तथा उच्चाटन दिन के मध्य भाग में, शान्ति और पुष्टिकर्म दिन के अन्तिम भाग में, तथा मारण कर्म सध्याकाल में किया जाना चाहिए ।

षट्कर्म दैनिक ऋतु

दिन का पूर्व भाग वसन्त ऋतु कहलाता है । मध्याह्न ग्रीष्म, पराह्नकाल वर्षा, संध्याकाल शीत, आधी रात शरत् तथा उषाकाल हेमन्त ऋतु कहलाती है ।

शान्तिकर्म में हेमन्त ऋतु, वशीकरण कार्य में वसन्त, स्तम्भन में शिशिर, विद्वेषण में ग्रीष्म, उच्चाटन में वर्षा तथा मारण कर्म में शरद् ऋतु शुभ फलदायक है ।

षट्-कर्म : तिथि-वार-नक्षत्र-लग्नादि

षट् कर्मों के लिए सम्बन्धित तिथि-वारादि शुभ हैं । अतः सम्बन्धित कार्य यदि इन संयोगों में या अधिकाधिक संयोगों में प्रारम्भ किया जाए तो शीघ्र फलदायक होता है ।

क्रम	कर्म	तिथि	वार	नक्षत्र	काल	लग्न
१.	शांतिकर्म	२,३,५,७	बुध, गुरु, शुक्र, सोम	ज्येष्ठा	दिन का शेष भाग	मेष, कन्या, धनु
२.	पुष्टि कर्म	४,६,८ ९,१०,१३	सोम, गुरु	अनुराधा	दिन का शेष भाग	मेष, कन्या, धनु
३.	आकर्षण कर्म	१,९,१०,११,३०	रवि, शुक्र	स्वाति	दिन का पूर्व भाग	मेष, धनु
४.	विद्वेषण कर्म	१५	रवि, शनि	मृगशिरा	दिन का मध्य भाग	कर्क, तुला
५.	उच्चाटन कर्म	६,८,१४	शनि	अश्विनी	दिन का मध्य भाग	कर्क, तुला
६.	मारण कर्म	८,१४,३०	रवि, मंगल, शनि	मघा	सन्ध्या	मेष, वृष

मन्त्रों के अधिष्ठाता देवता

विद्वानों के अनुसार—१. रुद्र २. मंगल ३. गरुड़ ४. गन्धर्व ५. यक्ष ६. रक्ष ७. भुजंग ८. किन्नर ९. पिशाच १०. भूत ११. दैत्य १२. इन्द्र १३. सिद्ध १४. विद्याधर १५. असुर—ये पन्द्रह देवता सभी प्रकार के मन्त्रों के अधिष्ठाता देवताओं में से हैं।

पल्लव मन्त्र

जिस मन्त्र के आदि में नाम की योजना हो, उसे पल्लव मन्त्र कहते हैं। मारण, संहार, भूत-निवारण, उच्चाटन, विद्वेषण आदि कार्यों में पल्लव मन्त्र का प्रयोग ही होता है।

योजन मन्त्र

जिस मन्त्र के अन्त में नाम की योजना हो, उसको योजन मन्त्र कहते हैं। शांति, पुष्टि, वशीकरण, मोहन, दीपन आदि कार्यों में इस प्रकार के मन्त्र का ही प्रयोग होता है।

रोध मन्त्र

नाम के प्रथम, मध्य या अन्त में मन्त्र प्रयोग किया जाय तो उसे रोध मन्त्र कहते हैं। ज्वर, ग्रह. विष आदि की शान्ति के लिए इसी प्रकार के मन्त्र का प्रयोग होता है।

पर मन्त्र

नाम के एक-एक अक्षर के पीछे मन्त्र होने से उसको परनाम मन्त्र कहते हैं। शान्ति कर्म में इसका प्रयोग होता है।

सम्पुट मन्त्र

नाम के प्रथम अनुलोम और अन्त में मन्त्र होने पर उसे सम्पुट मन्त्र कहते हैं। इस प्रकार के मन्त्र का प्रयोग कीलन कार्य में होता है।

विदर्भ मन्त्र

मन्त्र के दो-दो अक्षर और साध्य नाम के दो-दो अक्षर क्रमानुसार उच्चारण करने पर विदर्भ मन्त्र कहलाता है। वशीकरण आकर्षण आदि में इसका प्रयोग होता है।

हुं फट् प्रयोग

बन्धन, उच्चाटन विद्वेषण कार्यो में 'हुं' शब्द का प्रयोग होता है, छेदन में 'फट्',अरिष्ट ग्रह शान्ति में 'हुं फट्', पुष्टि, शान्ति कार्यों मे 'वौषट्', होम कार्यों में 'स्वाहा' तथा अर्चन-पूजन आदि में 'नमः' शब्द का प्रयोग किया जाता है।

स्त्री, पुरुष, नपुंसक मन्त्र

जिन मन्त्रों के अन्त में 'स्वाहा' शब्द का प्रयोग होता है वे स्त्री संज्ञक कहलाते हैं । जिनके अन्त में नमः शब्द होता है वे नपुंसक तथा जिनके अन्त में 'हुं फट्' रहता है उन्हें पुरुष संज्ञक मन्त्र कहते हैं ।

वशीकरण, शान्ति, अभिचार आदि कार्यों में पुरुष मन्त्र, क्षुद्र कार्यों में स्त्री मन्त्र तथा अन्य कार्यों में नपुंसक मन्त्रों का प्रयोग होता है

षट्कर्म आसन

पुष्टि कर्म में पद्मासन का प्रयोग होना चाहिए, शान्तिकर्म में स्वस्तिकासन, आकर्षण कार्यों में कुक्कुटासन, उच्चाटन में स्वस्तिकासन, मारण में पार्ष्णिकासन तथा स्तम्भ कार्यों में विकटासन का प्रयोग करना चाहिए ।

षट् मुद्रा

शान्ति कार्यों में पद्म मुद्रा, वशीकरण में पाश मुद्रा व गदा मुद्रा, विद्वेषण में मुसल मुद्रा, स्तम्भन में गदा मुद्रा, उच्चाटन में वज्र मुद्रा तथा मारण कर्म में खंग मुद्रा का प्रयोग करना चाहिए ।

शास्त्रों के अनुसार कार्य करते समय यदि सम्बन्धित मुद्रा का प्रयोग करें, तो कार्य में निश्चित सफलता मिलती है ।

षट् देव ध्यान

शान्ति, पुष्टि, वशीकरण व आकर्षण कार्यों में अतीव सुन्दरी, रमणीवत् देवी का ध्यान-चिन्तन करना चाहिए । मारण कार्यों में शवारूढ़ देवता का ध्यान किया जाता है ।

षट् कार्य कुंभ

शान्ति कार्यों में स्वर्ण या चांदी या तांबे का कुंभ प्रयोग करना चाहिए । अभिचार कार्यों में लोहे का, उत्साद में कांच निर्मित कुंभ, मोहन कार्यों में पीतल तथा उच्चाटन कार्यों में मिट्टी के कुंभ का प्रयोग करना चाहिए । तांबे के कंभ से प्रत्येक प्रकार के कार्य में सफलता मिलती है ।

माला-निर्णय

माला जपते समय उंगलियां परस्पर मिली रहें । उंगलियों के बीच में छिद्र या झिर्री न रहे । साथ ही सुमेरु को उलांघकर भी जप न करे । जप एक निश्चित निर्धारित संख्या के अनुसार करे । माला युक्त हाथ हृदय के पास कपड़े से ढका रहना चाहिए । अक्षत (चावल) हस्तपर्व, धान्य, चन्दन या मिट्टी के द्वारा जप-संख्या की गणना नहीं करनी चाहिए ।

हृदये हस्तमारोप्य तिर्यक्कृत्वा करांगुली।
आच्छाद्य वाससा हस्तौ दक्षिणेन जपेत्सदा ॥
नाक्षतैर्हस्तपर्वैर्वा न धान्यैर्न च पुष्पकैः।
न चन्दनैर्मृत्तिकया जप संख्यां तु कारयेत् ॥

—मन्त्र विद्या

माला-विचार

किसी भी प्रकार की पूजा में पद्म बीज या कमल गट्ठे की माला का प्रयोग हो सकता है।

निम्न पदार्थों से माला बनाई जा सकती है, पर एक ही माला में दो पदार्थों का मिश्रण नहीं होना चाहिए।

१. रुद्राक्ष, २. शंख ३. कमल गट्ठे ४. जियापोता ५. मोती ६. स्फटिक ७. मणि ८. रत्न ९. स्वर्ण १०. मूंगा ११. चांदी और १२. कुशमूल।

'मुंडमाला तन्त्र' के अनुसार मनुष्य की उंगली की हड्डियों से माला बनाकर जप करने से समस्त प्रकार की इच्छाओं की पूर्ति होती है।

शत्रु-नाश कार्यों के लिए कमलगट्ठे की माला, पापनाश के लिए कुशमूल की माला, पुत्र-प्राप्ति के लिए जियापोता की माला, इच्छित फल-प्राप्ति के लिए चांदी के टुकड़ों की माला, धन-प्राप्ति के लिए मूंगे की माला का प्रयोग होना चाहिए।

भोग व मोक्ष के लिए रक्त चन्दन की माला का भी विधान है।

विष्णु मन्त्र जपने में तुलसी की माला, गणेश-साधना के लिए गजदन्त-माला, त्रिपुरा मन्त्र जप में रुद्राक्ष माला, तारा-साधना में शंखमाला का प्रयोग करना चाहिए।

अर्थ-साधना हेतु सत्ताईस मणियों की माला, मारण कार्यों में पन्द्रह मणियों की, काम सिद्धि के लिए चौवन (५४) मणियों की तथा समस्त कामना की पूर्ति के लिए एक सौ आठ मणियों की माला का प्रयोग करना चाहिए।

जपांगुली विचार

शान्ति, पुष्टि, स्तंभन, वशीकरण आदि कार्यों में अंगूठे के अग्रभाग से माला चलानी चाहिए। आकर्षण कार्यों के लिए अंगूठे व अनामिका के सहयोग से माला फेरनी चाहिए। विद्वेषण में अंगूठे व तर्जनी तथा मारण कार्यों में अंगूठे व कनिष्ठिका उंगली का प्रयोग करना चाहिए।

जप-दिशा

वशीकरण कार्यों में पूर्व की ओर मुंह करके जप करना चाहिए। मारणादि कार्यों में दक्षिण की ओर, धनागम के लिए पश्चिमाभिमुख तथा आयु, शान्ति, पुष्टि आदि कार्यों में उत्तर की ओर मुंह करके जप करना चाहिए।

जप-विचार

१. **वाचिक जप**—जप करते समय मन्त्र यदि दूसरा पुरुष सुन सके तो वह वाचिक जप कहलाता है।

२. **उपांशु जप**—जप करते समय मन्त्र यदि अपने आपको ही सुनाई दे तो वह उपांशु जप कहा जाता है।

३. **मानसिक जप**—जप करते समय यदि जीभ व होंठ न हिलें तथा मन ही मन ध्यान करते हुए यदि जप किया जाय, तो वह मानसिक जप कहलाता है।

मारण आदि कार्यों में वाचिक जप, शांति एवं पुष्टि कार्यों में उपांशु तथा मोक्ष-साधना में मानसिक जप करना चाहिए।

षट्कर्म होमकुंड

शान्ति, पुष्टि आदि कार्यों में पूर्वमुख बैठकर जप करना चाहिए। आकर्षण कार्य में उत्तर की ओर मुंह करके वायुकोणस्थ कुंड में हवन करे। विद्वेषण में नैऋत्य कोण की ओर मुंह करके वायु कोणस्थ कुंड में हवन करे। उच्चाटन कर्म में अग्निकोण की ओर मुंह करके वायुकोणस्थ कुंड में हवन करे। मारण में दक्षिण की ओर मुंह करके दक्षिण दिशा स्थित कुंड में हवन करे। ग्रह भूत निवारण में वायुकोण की ओर मुंह करके षट्कोण कुंड में हवन करे तथा वशीकरण कार्यों में त्रिकोण कुंड में हवन करे।

षट्कर्म हवन-सामग्री

शान्ति कर्म में पीपल के पत्ते, गिलोय, घी आदि का प्रयोग किया जाता है। पुष्टि कार्यों में बेलपत्र, चमेली के फूल व घी, स्त्री-प्राप्ति के लिए कमल तथा दारिद्रय-नाथ के लिए दही व घी से आहुति दी जाती है। यदि कोई घृत, बिल्व व तिलों से लाख आहुतियां दें, तो उसे महालक्ष्मी प्राप्त होती है, आकर्षण कार्यों में पलाश के फूलों से या सेंधा नमक से यज्ञ किया जाता है। वशीकरण में चमेली के फूल, आकर्षण में कनेर के फूल, उच्चाटन में कपास के बीज तथा मारण कार्यों में धतूरे के बीजों से आहुति दी जाती है।

अग्निजिह्वा

राजसी—पद्मरागा, सुवर्णा, भद्रलोहिता, श्वेता, धूमिनी, करालिका।

तामसी—विश्वमूर्ति, स्फूलिंगिनी, धूम्रवर्णा, मनोजवा, लोहिता, कराला, काली।

सात्विक—हिरण्या, गगना, रक्ता, कृष्णा, सुप्रभा, बहुरूपा, अतिरिक्ता।

काम्य कर्म में राजसी जिह्वा का आवाहन करना चाहिए। मारणादि क्रूर

कार्यों में तामसी जिह्वा का स्मरण किया जाता है। योग कर्म में सात्विक जिह्वा को बुलाया जाता है।

आकर्षण कार्यों में हिरण्या नामक जिह्वा का आवाहन होता है, स्तंभन कार्य में 'गगना', विद्वेषण में 'रक्ता', मारणादि में 'कृष्णा', शान्ति कार्यों में 'सुप्रभा', उच्चाटन में 'अतिरक्ता' तथा अर्थलाभ के लिए 'बहुरूपा' नामक जिह्वा का आवाहन कर आहुति देनी चाहिए।

अग्नि नाम

शान्ति कार्यों में 'वरदा' नामक अग्नि का आवाहन करना चाहिए, पूर्णाहुति में 'मृडा', पुष्टिकार्यों में 'बलद' अभिचार कार्यों में 'क्रोध', वशीकरण में 'कामद', बलि दान में 'चूडक', लक्ष होम में 'वह्नि' नामक अग्नि का आवाहन करना चाहिए।

स्रुक-स्रुव

ये दोनों यज्ञ में काम आते हैं। स्रुक छत्तीस उंगल लम्बा तथा श्रुव चौबीस अंगुल लम्बा होना चाहिए। इनका मुंह सात अंगुल, कंठ एक अंगुल होना चाहिए।

स्रुक या स्रुव सोना, चांदी, तांबा, लोहा, कुचले की लकड़ी, नागेन्द्र लता, चन्दन, खैर, पीपल, आम, चम्पा या पलाश की लकड़ी का बनावे।

षट् त्रिशदंगुला सुक्रस्याच्चतुर्विशांगुलास्त्रुवः।
मुखं कंठं तथा वेदीं सप्त चैकाष्टभिः क्रमात्॥

सुवर्णरूप्यताम्रैर्वा स्रुक्स्रुवौदारुजावपि।
आयसीयौ वा स्रुक्स्रुवौ कारस्करमयावपि।
नागेन्द्रलतयोर्विद्यात्क्षद्रुकर्मणि संस्थितौ।
चन्दन खदिराश्वत्थप्लक्षचूत विकंकता।
चम्पामलकसारश्च पलाशाश्चेति दारवः॥

मन्त्र प्रारम्भ लग्न

स्थिरं लग्नं विष्णुमंत्रे शिवमंत्रे चरं ध्रुवम्।
द्विस्वभावगतं लग्नं शक्तिमंत्रे प्रशस्यते॥

अर्थात् विष्णुमन्त्र स्थिर लग्न में, शिवमन्त्र पर लग्न में तथा शक्तिमन्त्र द्विस्वभाव लग्न में ग्रहण करना चाहिए।

मन्त्र-जप के लिए ब्राह्मण कैसे हों ?

जापकाश्च द्विजाः शुद्धाः कुलीना ऋजवस्तथा।
स्नान-संध्यारता नित्यं शौचाचारपरायणाः।

श्रोत्रियाः सत्यवादश्च वेदशास्त्रार्थ कोविदाः ।
अक्रोधना पुराणज्ञा सततं ब्रह्मचारिणः ।।
देवध्यानरता नित्यं प्रसन्नमनसः सदा ।
इत्यादि गुण संपन्ना जापकाः मंत्र सिद्धिदाः ।।

त्याज्य ब्राह्मण

व्यसनी, वामन, खल्वाट, कुब्जक, कुनखी, शठ, चपल, अधिकांग, हीनांग, पापी, कुटिल, व्याधित, तार्किक, वार्द्धिक, काकस्वर, बकवृत्तिक, गुरुद्वेषी, द्विजातिनिन्दक, वृषलीपति, साहसिक, अशुचि, पण्यरंगोपजीवी, नास्तिक, क्लीव, धर्मवृत-विवर्जित, परदाररत, निर्घृणी, दुर्हृदय, अतिकृष्ण, अतिगौर, केकराक्ष, कातर, जड़, पशुशास्त्ररत, कुण्ड, गोलक, स्वयंभू, शवश्राद्धभुक्, लम्बोष्ठक, भग्नवक्र, शिशु, अतिवृद्ध, बधिर, कपिलांग, व्यंग, गर्पित, स्तब्ध, कलिप्रिय, परापवादरत, पिशुन, असंस्कृत, दीन, दुश्चर्मा, सालस्य (आलस्ययुक्त) अतिस्थूल, अतिकृश, विषग्रन्थोपजीवी, अभिशस्त, निष्ठीवन शील, कुवृत्तिक, कुष्ठी, काण, गारुड़ी, म्लेच्छदेश वासी, मांसभक्षी, तन्त्र-शास्त्र विद्वेषक, पुराणनिन्दक, प्रतिमानिन्दक, सन्ध्योपासन रहित, अनेक कार्य युक्त, रोगी ।

—अनुष्ठान प्रकाश

जप करते समय मुंह किधर हो ?

तत्पूर्वाभिमुखो वश्यं दक्षिणे चाभिचारिकम् ।
पश्चिमे धनदं विद्यादुत्तरे शांतिदं भवेत् ।।

निषिद्ध आसन

वंशासने तु दारिद्रयं पाषाणे व्याधिसंभवः ।
धरण्यां दुःखसंभूतिर्दौर्भाग्यं छिद्रदारुजे ।
तृणे धन यशो हानि पल्लवे चित्तविभ्रमः ।।

आसन

तूल कम्बल वस्त्राणि पट्ट व्याघ्र मृगाजिनम् ।
कल्पयेदासनं धीमान्सौभाग्य ज्ञान सिद्धिदम् ।।
कृष्णाजिने ज्ञानसिद्धिर्मासाप्तिव्याघ्रचर्मणि ।
बस्ताजिने व्याधिनाशः कम्बले दुःखमोचनम् ।।
अभिचारे नील वर्णं रक्तं वश्यादि कर्म्मणि ।
शांतिके कम्बलः प्रोक्तः सर्वस्मिन्नपि कम्बलः ।।
स्यात्पौष्टिके च कौशेयं शान्तिके वेत्रविष्टरम् ।
धवले शान्तिकं मोक्षः सर्वार्थश्चित्र कम्बले ।।

—पुरश्चरण दीपिका

सर्वसिद्धौ व्याघ्रचर्म ज्ञानसिद्धौ मृगासनम् ।
वस्त्रासनं रोगहरं वेत्रजं श्रीविवर्धनम् ।।
कौशेयं पौष्टिकं प्रोक्तं कम्बलं दुःखमोचनम् ।
स्तंभने गज चर्म स्यान्मारणे माहिषं तथा ।।
मेषी चर्मं तथोच्चाटे खाड्गिनं वश्यकर्मणि ।
विद्वेषे जाम्बुकं प्रोक्तं भवेद्गोचर्म शान्तिके ।।

—पुरश्चरण चंद्रिका

माला

जो व्यक्ति असंस्कारित माला का प्रयोग करता है, वह सभी प्रकार से हानि उठाता है '

अप्रतिष्ठित मालाभिर्मन्त्रं जपति यो नरः ।
सर्वं तद्विफलं विद्यात् क्रुद्धा भवति देवता ।।

माला-संस्कार

नौ अश्वत्थ या नौ पीपल के पत्ते पद्म आकार में बिछा दे । उसके बीच में माला रख दे । फिर पंचगव्य से स्नान कराकर पुनः शुद्ध पानी से धो ले । फिर चन्दन अगर व कपूर बराबर लेकर घिसकर माला व सुमेरु पर लगावे तथा निम्न मन्त्र से प्राण-प्रतिष्ठा करे—

ॐ अस्य श्री प्राणप्रतिष्ठा मंत्रस्य अजेश पद्मजा ऋषयः, ऋक् जुसामानि-च्छंदांसि । प्राण शक्तिर्देवता । आं बीजम् । ह्रीं शक्ति । क्रौं कीलकम् । प्राणस्थापने विनियोगः ।

माला वस्त्र से आच्छादित ?

भूतराक्षसवेतालाः सिद्धगन्धर्वचारणाः ।
हरन्ति प्रकटं यस्मात्तस्माद् गुप्तं जपेत्सुधिः ।।
वस्त्रेणाच्छादित करं दक्षिणं यः सदा जपेत् ।
तस्य स्यात्सफलं जाप्यं तद्धीनमफलं स्मृतम् ।।

जप नियम (त्याज्य कार्य)

स्मरणं कीर्तनं केलिः प्रेक्षणं गुह्य भाषणम् ।
संकल्पोऽध्यवशायश्च क्रिया निवृत्तिरेव च ।।
एतन्मैथुनमष्टांङ्गं प्रवदन्ति मनीषिणः ।
कौटिल्यं क्षौरमभ्यंगमनिवेदित भोजनम् ।।
असंकल्पित कृत्यं च वर्जयेन्मर्दनादिकम् ।
स्नायाच्च पंच गव्येन केवलामलकेन वा ।।

व्यग्रताऽलस्य निष्ठीव क्रोध पाद प्रसारणम् ।
अन्य भाषान्त्यजेक्षे च जपकाले त्यजेत्सुधिः ॥
स्त्रीशूद्रभाषणं निन्दां तांबूलं शयनं दिवा ।
प्रतिग्रहं नृत्यगीते कौटिल्यं वर्जयेत्सदा ॥

—मन्त्र महोदधि

पंचामृत

गव्यमाज्यं दधि क्षीरं माक्षिकं शर्करान्वितम् ।
एकत्र मिलितं ज्ञेयं दिव्यं पंचामृतं परम् ॥

गंध अंगुली विचार

देवताओं को अनामिका से, पितरों के लिए मध्यमा से, तथा ऋषियों को अंगुष्ठ एवं अनामिका से तिलक करना चाहिए ।

अष्टगंध

चन्दन, अगर. कपूर, कचूर, कुंकुम, गोरोचन, जटामांसी तथा रक्त चन्दन—ये आठों चीजें बराबर लेकर घिसने से अष्टगंध बनता है ।

चन्दनागुरुकर्पूरं चौर कुंकुम रोचना ।
जटामांसी कपियुताः शक्तिर्गन्धाष्टकं विदुः ॥

वर्ज्य पदार्थ

विष्णु को अक्षत, गणपति को तुलसी, देवी को दूर्वा, सूर्य को बिल्वपत्र तथा विष्णु को अर्क पुष्प भूलकर भी नहीं चढ़ाना चाहिए ।

शंकर को मालती पुष्प भी चढ़ाना वर्ज्य है ।

धूप-दीप-स्थान

गन्ध, पुष्प तथा भूषण देवता के सामने रखने चाहिए । इसी प्रकार दीपक देवता के दक्षिण भाग में तथा धूप या अगरबत्ती वाम भाग में रखनी चाहिए । नैवेद्य दक्षिण भाग में ही रखा जाता है ।

नैवेद्य

शिव के सामने रखा नैवेद्य लिया जा सकता है, पर शिवलिंग पर चढ़ा फल, पुष्प नैवेद्यादि सर्वथा त्याज्य है ।

साष्टांग नमस्कार

उरसा शिरसा दृष्ट्या मनसा वचसा तथा ।
पदभ्यां कराभ्यां जानुभ्यां प्रणामोऽष्टांग उच्यते ॥

नवधा भक्ति

श्रवणं कीर्तनं विष्णोः स्मरणं पादसेवनम् ।
अर्चनं वन्दनं दास्यं सख्यमात्मनिवेदनम् ॥

प्रदक्षिणा विचार

चंडी के मन्दिर में एक प्रदक्षिणा दी जानी चाहिए। इसी प्रकार सूर्य की सात, गणपति की तीन, विष्णु की चार तथा शिव की साढ़े तीन प्रदक्षिणा होती हैं। कुछ शास्त्रों में शिव की आधी प्रदक्षिणा ही कही है—

एका चण्ड्या रवेः सप्त तिस्रः कार्य्या विनायके ।
हरेश्चतस्र कर्तव्याः शिवस्यार्द्धा प्रदक्षिणाः ॥

यज्ञ काष्ठ विचार

अर्क पलाशः खदिरस्त्वपामार्गोऽथ पिप्पलः ।
उदुम्बरः शमी दूर्वा कुशाश्च समिधस्त्विमाः ॥

अग्नि

उत्तमो अरणीजन्योऽग्निर्मध्यमः सूर्यकान्तजः ।
उत्तम श्रोत्रियागारान्मध्यमः स्वगृहादि जः ॥

कर्म विशेष में अग्नि नाम

पावको लौकिके ह्यग्निः प्रथमः संप्रकीर्तितः ।
अग्निस्तु मारुतो नाम गर्भाधाने विधीयते ॥

ततः पुंसवने ज्ञेयः पावमानास्तथैव च ।
सीमन्ते मंगलो नाम प्रबलो जातकर्मणि ॥

नाम्नि वै पार्थिवो ह्यग्निः प्राशने तु शुचि स्मृतः ।
सभ्यो नाम स चौले तु व्रतादेशे समुद्भवः ॥

गोदाने सूर्यनामाग्निर्विवाहे योजको मतः ।
आवसथ्येद्विजो ज्ञेयो वैश्वदेवे तु रुक्मकः ॥

प्रायश्चित्तै विटश्चैव पाकयज्ञेषु पावकः ।
देवानां हव्यवाहश्च पितॄणां कव्य वाहनः ॥

शांतिके वरदः प्रोक्तः पौष्टिके बलवर्धनः ।
पूर्णाहुत्यां मृडो नाम क्रोधाग्निश्चाभिचारके ॥

वश्यार्थे कामदो नाम वनदाहे तु दूषकः ।
कुक्षौ तु जाठरो ज्ञेयः क्रव्यादौ मृतदाहके ॥

वह्नि नामा लक्षहोमे कोटि होमे हुताशनः ।
वृषोत्सर्गेऽध्वरो नाम शुचये ब्राह्मणः स्मृतः ॥
समुद्रे बाडवो ह्यग्निः क्षये संवर्तकस्तथा ।
ब्रह्म वै गार्हपत्यश्च ईश्वरो दक्षिणस्तथा ॥
विष्णुराहवनीयः स्यादग्निहोत्रे त्रयोग्नयः ।
ज्ञात्वैवमग्नि नामानि गृहकर्म समाचरेत् ॥

—प्रयोग रत्न

अग्नि सप्त जिह्वा नाम

१. काली २. कराली ३. मनोजवा
४. सुलोहिता ५. धूम्रवर्णा ६. स्फुलिंगिनी
७. विश्वरुचि ।

होम में वर्ज्य समिधाएं

विशीर्णा द्विदला ह्रस्वा वक्रा स्थूला कृशा द्विधा ।
कृमि विद्धा च दीर्घा च निस्त्वक्च परिवर्जिता ॥

अग्निस्वरूप

अधोमुख ऊर्ध्वपादः प्राङ्मुखो हव्यवाहनः ।
तिष्ठत्येव स्वभावेन आहुतिः कुत्र दीयते ॥

अग्निसम्मुख

सपवित्राम्बुहस्तेन वह्नेः कुर्यात्प्रदक्षिणाम् ।
हव्यवाट् सलिलं दृष्ट्वा बिभेति सम्मुखो भवेत् ॥

शाकल्य प्रमाण

तिलास्तु द्विगुणाः प्रोक्ता यवेभ्यश्चैव सर्वदा ।
अन्ये सौगन्धिकाः स्निग्धा गुग्गुलादि यवै समाः ॥
आयुक्षयं यवाधिक्यं यवसाम्यं धनक्षयम् ।
सर्व काम समृद्ध्यर्थं तिलाधिक्यं सदैव हि ॥

पूर्णाहुति विचार

विवाहादि क्रियायां च शालायां वास्तुपूजने ।
नित्य होमे वृषोत्सर्गे न पूर्णाहुतिमाचरेत् ॥

वह्नि चैतन्य मन्त्र

हूं वह्नि चैतन्याय नमः ।

मंत्र पल्लव

वशीकरण में वषट्
उच्चाटन में फट्
द्वेष में हुं
मारण में खं
स्तंभन में टं
आकर्षण में वौषट्
संपत्ति-प्राप्ति में नमः
पुष्टि में स्वाहा

मंत्र-कीलन

शिवेन कीलिता विद्या···

मंत्र-उत्कीलन

भूर्जपत्रे अष्टगन्धेन अष्टोत्तरशतं मूलं विलिलख्य पंचोपचारैः संपूज्य ब्राह्मणान् भोजयेत्। ततस्ताम्रपात्रे जलमापर्य प्रत्येकं क्षिपेत् अथवा नद्यादौ क्षिपेत्। उत्कीलनं भवति ॥

मंत्र सिद्धि-साधन

प्रथम	विश्वास
द्वितीय	श्रद्धा
तृतीय	गुरु भक्ति
चतुर्थ	समता
पंचम	इन्द्रिय-निग्रह
षष्ठ	अल्प आहार

मंत्र जप समय में छींक दोष परिहार

मन्त्र जपते समय यदि छींक, आलस्य, जंभाई अधोवायु आदि हो तो प्राणायाम करने से या सूर्य दर्शन से दोष परिहार हो जाता है।

मन्त्र सिद्ध लक्षण

चित्त प्रसादो मनसश्च तुष्टिरल्पाशिता स्वप्न परांङ्मुखत्वम्।
स्वप्ने प्रपापक्व फलं भवन्ति सिद्धस्य चिह्नानि भवन्ति सद्यः ॥

—भैरवी तंत्र

ज्योति पश्यति सर्वत्र शरीरं वा प्रकाशयुक्।
निजं शरीरमथवा देवतामयमेव हि ॥ —नारद पंचरात्र

षोडशोपचार

पाद्यार्घ्याचमनीयं च स्नानं वसन भूषणे ।
गंध पुष्प धूप दीप नैवेद्याचमनं तथा ।।
ताम्बूलमर्चनस्तोत्रं तर्पणं च नमस्क्रियाम् ।
प्रयोजयेत्प्रपूजायामुपचारांस्तु षोडश ।।

पचोपचार

गंधं पुष्पं तथा धूपं दीपं नैवेद्यमेव च ।
अखण्ड फलमासाद्य कैवल्यं लभते ध्रुवम् ।।

सर्वमान्य गुरु ध्यान

आनंदमानंदकरं प्रसन्नं ज्ञानस्वरूपं निजबोध रूपम् ।
योगीन्द्रमीड्यं भवरोग वैद्यं श्रीमद् गुरुं नित्यमहं भजामि ।।

षष्ठाक्षर गणेश मन्त्र

वक्रतुंडाय हुं

गणेश विनियोग

अस्य श्री गणेश मंत्रस्य भार्गव ऋषि, अनुष्टुप् छन्द, विघ्नेशो देवता, वं बीजं, शक्तिर्ममाभीष्ट सिद्ध्ये जपे विनियोगः ।।

गणेश ध्यान

चतुर्भुजं रक्ततनुं त्रिनेत्रं पाशांकुशौ मोदक पात्र दन्तौ ।
करैर्दधानं सरसीरुहस्थमुन्मत्तमुच्छिष्ट गणेशमीड्ये ।।

गायत्री स्वरूप

तत्सवितुरित्यस्य विश्वामित्र ऋषि, सविता देवता, गायत्री छन्द, वायव्य बीजम्, चतुर्थ शक्तिः, पंचविंशति व्यंञ्जनानि कीलकम्, चतुर्थ पदम्, प्रणवो मुखम्, ब्रह्मा शरः, विष्णु हृदयम्, रुद्रः कवचम्, परमात्मा शरीरम्, श्वेत वर्णा, शांख्यायनस गोत्रा, षट् स्वराः, सरस्वती जिह्वा, पिंगाक्षी त्रिपदा गायत्री, अशेष पाप क्षयार्थे जपे विनियोगः ।

गायत्री विनियोग

अस्य श्री ब्रह्मशापविमोचनमंत्रस्य, ब्रह्मा ऋषि, भुक्ति-मुक्तिप्रदा, ब्रह्म शाप विमोचनी, गायत्री शक्तिर्देवता, गायत्री छंद, ब्रह्म शाप विमोचनार्थे जपे विनियोगः ।

शिखा कहां-कहां बांधनी चाहिए ?

स्नाने दाने जपे होमे सन्ध्यायां देवतार्चने ।
शिखाग्रन्थिं विना कर्म न कुर्याद्वै कदाचन ।।

गणपति

गणपति, विघ्नविनाशक, सिद्ध लक्ष्मीप्रदायक देवताओं में अग्रगण्य पूज्य हैं। बिना गणपति-पूजा के अन्य समस्त सिद्धियां, साधनाएं, पूजा आदि निष्फल हैं। इष्ट के रूप में गणपति शीघ्र एवं निश्चित फलदायक हैं—

बीजापूर गदेक्षु कार्मुकरुजा चक्राब्जपाशोत्पल।
ब्रीह्य ग्रस्व विषाण रत्न कलश प्रोद्यत्कराम्भोरुहः॥
ध्येयो वल्लभया स पद्म करयाश्लिष्टो ज्वलद्भूषया।
विश्वोत्पत्ति विपत्ति संस्थिति करो विघ्नेश इष्टार्थदः॥

कुछ सिद्ध गणपति प्रयोग आगे के पृष्ठों पर साधकों के लाभार्थ अंकित हैं—

प्रयोग १

सिद्ध लक्ष्मी गणपति

विनियोग—ॐ अस्य श्री गणपति महामंत्रस्य गणक ऋषि, निचृद् गायत्री छन्दः, महागणतिर्देवता, सिद्ध लक्ष्मी गणपति मंत्रे विनियोगः।

करन्यास

ॐ श्रीं ह्रीं क्लीं श्रों गां अंगुष्ठाभ्यां नमः।
ॐ श्रीं ह्रीं क्लीं श्रीं गी तर्जनीभ्यां स्वाहा।
ॐ श्रीं ह्रीं क्लीं ह्रीं गूं मध्यमाभ्यां वषट्।
ॐ श्रीं ह्रीं क्लीं क्लीं गें अनामिकाभ्यां हुं।
ॐ श्रीं ह्रीं क्लीं ग्लौं गौं कनिष्ठिकाभ्यां वौषट्।
ॐ श्रीं ह्रीं क्लीं गं गः करतलकरपृष्ठाभ्यां फट्।

षडंगन्यास

ॐ श्रीं ह्रीं क्लीं श्रों गां हृदयाय नमः।
ॐ श्रीं ह्रीं क्लीं श्रीं गीं शिरसे स्वाहा।
ॐ श्रीं ह्रीं क्लीं ह्रीं गूं शिखायै वषट्।

ॐ श्रीं ह्रीं क्लीं क्लीं गैं कवचाय हुं ।
ॐ श्रीं ह्रीं क्लीं ग्लौं गौं नेत्रत्रयाय वौषट् ।
ॐ श्रीं ह्रीं क्लीं गं गः अस्त्राय फट् ।

ध्यान

ध्याये हृदब्जे शोणांगं वामोत्संग विभूषया ।
सिद्धलक्ष्म्या समाश्लिष्ट पार्श्वमर्धेन्दु शेखरम् ॥
वामाधः करतो दक्षाधः करान्तेषु पुष्करे ।
परिष्कृतं मातु लुंगं गदा पुण्ड्रेक्ष कार्मुकैः ॥
शूलेन शंखचक्राभ्यां पाशोत्पल युगेन च ।
शालि मञ्जरिका स्वीय दन्तान्जल मणि घटै ॥
स्रवन्मदञ्च सानन्दं श्री श्रीपत्यादि सम्वृतम् ।
अशेष विघ्न विध्वंस निघ्नं विघ्नेश्वरं भजे ॥

मन्त्र

ॐ श्रीं ह्रीं क्लीं ग्लौं गं गणपतये वर वरदये नमः ॥

उपर्युक्त मन्त्र नित्य पांच हजार जपे, तथा एक लाख जपने पर मन्त्र सिद्ध होता है । मन्त्र सिद्ध होने पर दशांश तिलादि से होम करे ।

गणपति प्रयोग कई हैं, तांत्रिक-मांत्रिक कार्यों में विविध गणपति स्मरण होता है—

पीतं स्मरेत् स्तम्भन कार्य एवं
वश्याय मंत्री ह्यरुणं स्मरेत् तम् ।
कृष्णं स्मरेन्मारण कर्मणीश
मुच्चाटने धूमनिभं स्मरेत् तम् ॥
बन्धूक पुष्पादि निभं च कृष्टौ
स्मरेद् बलार्थं किल पुष्टि कार्ये ।
स्मरेद् धनार्थी हरिवर्णमेनं ।
मुक्तौ च शुक्लं मनुवित् स्मरेत् तम् ।
एवं प्रकारेण गणं त्रिकालं
ध्याञ्जपन् सिद्धियुतो भवेत् सः ॥

अर्थात् स्तंभन कार्य में पीत कांति वाले गणेश जी के स्वरूप का ध्यान साधक को करना चाहिए । वशीकरण के लिए अरुण कांतिमय स्वरूप, मारण कार्य में कृष्ण कांति का ध्यान, उच्चाटन में धूम्र वर्ण वाला स्वरूप, आकर्षण कार्य में बन्धूक पुष्पवत् स्वरूप, पुष्टि कार्य में लाल वर्ण के गणेश जी का ध्यान करे । लक्ष्मी चाहने वाले हरितवर्ण तथा मोक्ष-प्राप्ति के इच्छुक साधक शुक्ल वर्ण वाले गणेश-स्वरूप का ध्यान

करें। इस प्रकार के गणेश का ध्यान करने पर ही साधक अपने उद्देश्य में सफलता प्राप्त करता है।

प्रयोग २

मंगल के लिए—जीवन में मंगल-विधान के लिए नित्य प्रातः उठकर नित्य द्वादश गणपति का स्मरण करना चाहिए। पद्म पुराण के अनुसार जो साधक नित्य इस स्तोत्र का एक बार भी पाठ कर लेता है उसके जीवन में व दैनिक कार्यों में विघ्न नहीं आते—

गणपतिर्विघ्नराजो लम्बतुण्डो गजाननः।
द्वैमातुरश्च हेरम्ब एकदन्तो गणाधिपः॥
विनायकश्चारुकर्णः पशुपालो भवात्मजः।
द्वादशैतानि नामानि प्रातरुत्थाय यः पठेत्॥
विश्वं तस्य भवेद्वश्यं न च विघ्नं भवेत् क्वचित्॥

प्रयोग ३

समस्त प्रकार की रक्षा के लिए—जीवन में सभी प्रकार की रक्षा व उन्नति के लिए मुद्गल पुराण में वर्णित गणेश न्यास करे—

श्री गणेशाय नमः। आचम्य प्राणायामं कृत्वा
दक्षिणहस्ते वक्रतुण्डाय नमः।
वामहस्ते शूर्पकर्णाय नमः।
ओष्ठे विघ्नेशाय नमः।
सम्पुटे गजाननाय नमः।
दक्षिण पादे लम्बोदराय नमः।
वामापादे एकदन्ताय नमः।
शिरसि एकदन्ताय नमः।
चिबुके ब्रह्मणस्पतये नमः।
दक्षिण नासिकायां विनायकाय नमः।
वाम नासिकायां ज्येष्ठराजाय नमः।
दक्षिण नेत्रे विकटाय नमः।
वाम नेत्रे कपिलाय नमः।
दक्षिण कर्णे धरणीधराय नमः।
वाम कर्णे आशापूरकाय नमः।
नाभौ महोदराय नमः।
हृदये धूम्रकेतवे नमः।

ललाटे मयूरेशाय नमः ।
दक्षिण बाहौ स्वानन्दवास कारकाय नमः ।
वाम बाहौ सच्चितसुख धाम्ने नमः ।

प्रयोग ४

लक्ष्मी-प्राप्ति हेतु—नित्य १०८ बार इसका पाठ करना अभीष्ट फलदायक देखा गया है—

ॐ नमो विघ्नराजाय सर्वसौख्यप्रदायिने ।
दुष्टारिष्ट विनाशाय पराय परमात्मने ॥

लम्बोदरं महावीर्यं नागयज्ञोपशोभितम् ।
अर्ध चन्द्र धरं देवं विघ्नव्यूहविनाशनम् ॥

ॐ ह्रां ह्रीं ह्रूं ह्रैं ह्रौं ह्रः हेरम्बाय नमो नमः ।
सर्व सिद्धिप्रदोऽसि त्वं सिद्धिबुद्धिप्रदो भवः ॥

चिन्तितार्थप्रदस्त्वं हि सततं मोदकप्रियः ।
सिन्दूरारुण वस्त्रेश्च पूजितो वरदायकः ॥

इदं गणपतिस्तोत्रं यः पठेद् भक्तिमान् नरः ।
तस्य देहं च गेहं च स्वयं लक्ष्मीर्न मुञ्चति ॥

बीजयुक्त श्रीसूक्त

लक्ष्मी को समस्त देवियों में सर्वश्रेष्ठ माना गया है, विश्व में जितने भी तंत्र हैं, श्री विद्या उनमें सर्वश्रेष्ठ तंत्र है। सौंदर्य लहरी में तभी तो कहा गया है—

चतुः षष्टया तन्त्रै सकल मति सन्धाय भुवनम्।
स्थितस्ततत्सिद्धि प्रसव परतन्त्रैः पशुपतिः॥
पुनस्त्वनिर्बन्धादखिल पुरुषार्थैक घटना।
स्वतंत्रं ते तन्त्रं क्षितितलमवातीतरदिदम्॥

पशुपति शंकर ने ६४ तंत्रों से सारे भुवन को भर दिया और उसके बाद सब पुरुषार्थों की सिद्धि देने वाले इस श्री सूक्त या श्री तंत्र को स्वतंत्र रूप से पृथ्वी पर उतारा।

यही एक ऐसा सूक्त है जो धन का अक्षय भंडार देने में समर्थ है, सरस्वती के विशाल कोष का स्वामी बनाता है तथा सुन्दर रम्य शरीर देने में सहायक है। इस एक सूक्त को सिद्ध करने के बाद जीवन में धन, मान, यश, कीर्ति, सुरम्य देह और परमोच्चता सब कुछ प्राप्त हो जाता है—

सरस्वत्या लक्ष्म्या विधि हरि सपत्नो विहरते।
रतैः पातिव्रत्यं शिथिलयति रम्येण वपुषा॥
चिरञ्जीवन्नेव क्षपित पशुपाश व्यतिकरः।
परानन्दाभिख्यं रसयति रसं त्वद्भजनवान्॥

वस्तुतः इस श्री विद्या का स्तवन, प्रशंसा सभी मान्त्रिकों, तांत्रिकों, योगियों, भक्तों एवं जिज्ञासुओं ने एक स्वर से की है—

वाक्य कोटि सहस्रं स्तु जिह्वा कोटि शतैरपि।
वर्णितुं नैव शक्येऽहं श्री विद्या षोडशाक्षरीम्॥
एकोच्चारेण देवेशि! वाजपेयस्य कोटयः।
अश्वमेध सहस्राणि पादक्षिण्यं भुवस्तथा॥
काश्यादि तीर्थयात्राः स्युः सार्धकोटि त्रयान्विताः।
तुलां नार्हन्ति देवेशि! नात्र कार्या विचारणा॥
अयि प्रियतमं देयं सुतदारधनादिकम्।
राज्यं देयं शिरोदेयं न देया षोडशाक्षरी॥

॥ श्री श्री यन्त्रम् ॥

॥ श्री श्री ललिता महा त्रिपुर सुन्दर्यै श्री महालक्ष्मी महा यन्त्रम् ॥

॥ ध्यानम् ॥

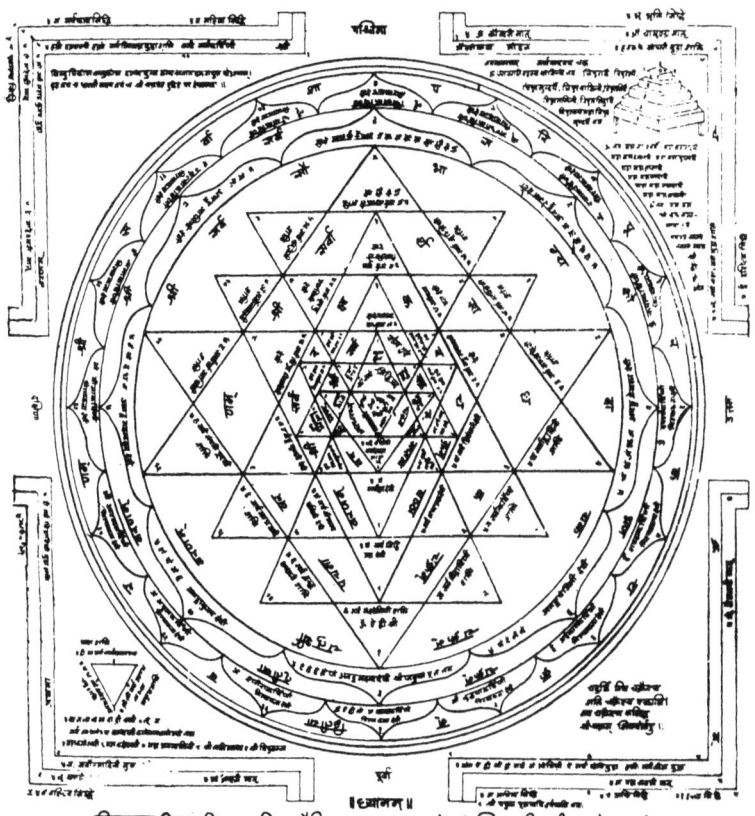

सिन्दूरारुण विग्रहां त्रिनयनां माणिक्य मौलि स्फुरत्तारा नायक शेखरां स्मितमुखी मापीन वक्षोरुहाम् ।
पाणिभ्यामलिपूर्ण रत्न चषकं रक्तोत्पलं बिभ्रतीं सौम्यां रत्न घटस्थ रक्त चरणां ध्यायेत्परामम्बिकाम् ॥

वस्तुतः श्री विद्या समस्त मन्त्रों एवं तन्त्रों में सर्वश्रेष्ठ है ।

यद्यपि इसके सोलह मन्त्र तो मिल जाते हैं पर इसकी पूर्ण विधि कहीं पर भी प्राप्य नहीं। मैंने कई साधुओं से सुना था कि इसकी गोपनीय एवं रहस्यमय पूर्ण विधि 'बीज युक्त श्री सूक्त' लटुकड़ा बाबा के पास है। उनकी खोज में वर्षों से था। पर वे सहज प्राप्य नहीं। अधिकतर वे अदृश्य स्थानों पर ही साधनारत रहते हैं। एक बार प्रयाग कुंभ में उनसे भेंट हुई थी, पर दो क्षणों के लिए ही। मैं बात प्रारम्भ करूं, इससे पूर्व ही वे अदृश्य हो गए थे।

तब से मेरी व्याकुलता बढ़ गई थी। पर मेरा सौभाग्य था कि गत वर्ष वे अचानक नैनीताल के पास विचरण करते मिल गए। इस बार मैंने निश्चय कर लिया

था कि इन्हें छोड़ना नहीं है। मैं अपना काम-धाम छोड़कर उनके पीछे लगा रहा। कितनी परेशानी, भ्रम, चकमे और भुलावा दिया, यह अलग रामकहानी है। पर आखिर वह हस्तलिखित प्रति देखने को मिल ही गई।

विश्व में संभवतः यह पहली और आखिरी हस्तलिखित प्रति है, जिसमें बोजोक्त श्री सूक्त है। अपने आपमें पूर्ण और सर्वांग है। निश्चित और अनुपम जीवन्त है। प्राणयुक्त है। प्रभावपूर्ण है।

साधकों के लिए यह अमूल्य रत्न पहली बार प्रस्तुत कर रहा हूं।

विधि

सर्वप्रथम साधक शुद्ध कूप या तालाब के जल से स्नान कर पूर्वाभिमुख बैठ जाय, तथा तीन बार आचमन करे—

१. श्री महालक्ष्म्यै नमः ऐं आत्मा तत्वं शोधयामि नमः स्वाहा।
२. श्री महालक्ष्म्यै नमः ह्रीं विद्या तत्वं शोधयामि नमः स्वाहा।
३. श्रीं महालक्ष्म्यै नमः क्लीं शिव तत्वं शोधयामि नमः स्वाहा।

संकल्प : हाथ में तिल, दूर्वा, गन्ध, अक्षत, पुंगीफल, जल लेकर संकल्प पढ़े—

ॐ विष्णु ३ तत्सद् मम सकलविध विजय, श्री, सुख, शान्ति, धनधान्य, यश, पुत्र-पौत्रादि प्राप्तये ऽस्मज्जन्मजन्मान्तरीय कुलार्जित संचित महा दुःख-दारिद्र्यादि शान्तये च यथासंख्य लक्ष्मी श्री सूक्तयोर्जपमहं करिष्ये।

पृथ्वी पूजन : ॐ ह्रीं आधार शक्तयै नमः' मन्त्र से पृथ्वी का पूजन करे।

भूत शुद्धि : पहले प्राण-प्रतिष्ठा करे, फिर पुरुष सूक्त का पाठ करे तत्पश्चात् लक्ष्मीपूजन करे।

दीपक : चन्द्रमा मनसो, प्राणश्चरे मुखाद् इन्द्रश्च अग्निश्च प्राणाद्, वायुरजायतः' मंत्र से दीपक प्रज्वलित करे।

विनियोग

ॐ हिरण्य वर्णामिति पंचदशर्चस्य श्री सूक्तस्य श्री आनन्द कर्दम चिक्लीतेन्दिरा सुता महर्षयः श्रीरग्निर्देवता, आद्यास्तिस्रोऽनुष्टुपः। चतुर्थी वृहती पंचमी षष्ठ्यो त्रिष्टुभौ ततोष्टावनुष्टुभः अन्त्या प्रस्तारपंक्तिः। हिरण्य वर्णामिति बीजम्, ताम आवह जातवेद इति शक्तिः। 'कीर्तिमृद्धि ददातु मे' इति कीलकम्। मम श्री महालक्ष्मी प्रसीद सिद्धयर्थे न्यासे जपे च विनियोगः।

कर शुद्धि : 'श्री' बीज का उच्चारण करते हुए तीन बार हाथ धोवे।

ऋष्यादिन्यास

ॐ आनन्द कर्दम चिक्लीत लक्ष्मी पुत्रेभ्यः ऋषिभ्यो नमः शिरसि।
ॐ जातवेदाग्नि श्री महालक्ष्मी देवतायै नमो हृदये।
ॐ नमो अनुष्टुभादि छन्देभ्यो नमो मुखे।
ॐ हिरण्यवर्णामिति बीजाय नमो नाभौ।
ॐ तां आवह जातवेदेति शक्तये नमः कटिदेशभागे।
ॐ कीर्तिमृद्धिं ददातु मे इति कीलकाय नमः पादयोः

ॐ मम सकल विधि धन धान्य यशः श्री पुत्रादि प्राप्तये, श्री महालक्ष्मी वर प्रसाद सिद्ध्यर्थे च जपे विनियोग नमः सर्वाङ्गे।

ऋष्यादिन्यास

ॐ आं ह्रीं क्रों ऐं श्रीं क्लीं ब्लूं यौं रं वं श्रीं ॐ हिरण्यवर्णामिति शिरसि।

"	"	"	ताम् आवह जातवेदेति नेत्रयोः।
"	"	"	अश्वपूर्वामिति कर्णयोः।
"	"	"	कांसोस्मिता इति नासिकायाम्।
"	"	"	चन्द्राप्रभासामिति मुखे।
"	"	"	आदित्यवर्णामिति कण्ठे।
"	"	"	उपैतुमामिति बाह्वौ।
"	"	"	क्षुत्पिपासामिति हृदये।
"	"	"	गन्धद्वारामिति नाभौ।
"	"	"	मनसः काममिति गुह्ये।
"	"	"	कर्दमेनेति वायौ।
"	"	"	आपः सृजंतिमिति उच्चै।
"	"	"	आर्द्रां पुष्करिणी पुष्टिमिति जाह्नवोः।
"	"	"	आर्द्रां यः करिणीमिति जंघयोः।
"	"	"	ताम आवह जातवेदो इति पादयोः। इत्यंगेषु विनस्येत्।

करन्यास

ॐ श्रां नमो भगवत्यै महालक्ष्म्यै हरिण्यवर्णाय अंगुष्ठाभ्यां नमः।
ॐ श्रीं नमो भगवत्यै महालक्ष्म्यै हरिण्यै तर्जनीभ्यां नमः।
ॐ श्रुं नमो भगवत्यै महालक्ष्म्यै स्वर्ण रजत स्रजायै मध्यमाभ्यां नमः।
ॐ श्रैं नमो भगवत्यै महालक्ष्म्यै चन्द्रायै अनामिकाभ्यां नमः।

ॐ श्रौं नमो भगवत्यै महालक्ष्म्यै हिरण्मयै—कनिष्ठिकाभ्यां नमः ।
ॐ श्रः नमो भगवत्यै महालक्ष्म्यै लक्ष्म्यै—करतलकरपृष्ठाभ्यां नमः
अस्त्राय फट् ।

अंगन्यास

ॐ श्रीं नमो भगवत्यै महालक्ष्म्यै			हिरण्यवर्णायै	हृदयाय नमः ।
ॐ श्रीं	"	"	हिरण्मयै	शिरसे स्वाहा ।
ॐ श्रुं	"	"	स्वर्णरजतस्रजायै	शिखायै वषट् ।
ॐ श्रैं	"	"	चन्द्रायै	कवचाय हुं ।
ॐ श्रौं	"	"	हिरण्मयै	नेत्रत्रयाय वौषट्
ॐ श्रः	"	"	लक्ष्म्यै	करतलकरपृष्ठाभ्यां अस्त्राय फट् ।

ध्यान

अरुण कमल संस्था, तद्रजः पुंज वर्णा ।
कर कमल धृतेष्ठा भीति युग्माम्बु जाता ।
मणिमुकट विचित्राऽलंकृता कल्प जालैः
सकल भुवन माता सन्ततम् श्रीं श्रियै नः ॥१॥

कान्त्या काञ्चनसन्निभां हिमगिरि प्रख्यैश्चतुर्भिर्गजै—
र्हस्तोत्क्षिप्त हिरण्मयामृतघटैरासिच्यमानां श्रियम् ।
बिभ्राणां वरमब्जयुग्ममभयं हस्तै किरीटोज्ज्वलां
क्षौमा बद्धनितम्बबिम्बलसितां वन्देरविन्दस्थिताम् ॥२॥

या सा पद्मासनस्थ विपुल कटि तटि पद्म पत्रायताक्षी
गम्भीरा वर्तनाभिः स्तनभरनमितांशुभ्र वस्त्रोत्तरीया ।
लक्ष्मीर्दिव्यैर्गजेन्द्रैर्मणिगण खचितै : स्नापिता हेमकुम्भै—
र्नित्यं सा पदमहस्ता मम बसतु गृहे सर्वमांगल्ययुक्ता ॥३॥

ॐ हरिणीन्तु हरेः पत्नि दारिद्रय परिहारिणीम् ।
प्रपद्ये हं हरिद्राभां हरिणाक्षीं हिरण्मयीम् ।
ॐ श्रीं देवी तां मम गृहे चिरं वासय मातरम् ।
नमोस्तु तुभ्यं चिक्लीत श्री देव्यै च नमो नमः ॥४॥

फिर प्रणम्य मुद्रा का प्रदर्शन करे, और साथ ही मुद्रा पंच भी दर्शित करे—

कमलं कलशं धेनु ज्ञानमंजलिमेव च ।
पंच मुद्रा प्रदश्यार्थं श्री सूक्तं प्रजपेद् बुधः ॥

इसके बाद मूल श्री सूक्त के सोलह पाठ करे—
ॐ आं ह्रीं श्रीं क्लीं वं ऐं ब्लूं रं ॐ महालक्ष्म्यै नमो नमः स्वाहा ।

अथ श्रीसूक्तम्

॥ श्री गणेशाय नमः ॥

ॐ हिरण्यवर्णां हरिणीं सुवर्णरजतस्रजाम् ।
चन्द्रां हिरण्मयीं लक्ष्मीं जातवेदा म आवह ॥१॥
तां म आवह जातवेदो लक्ष्मीमनपगामिनीम् ।
यस्यां हिरण्यं विन्देयं गामश्वं पुरुषानहम् ॥२॥
अश्वपूर्वां रथमध्यां हस्तिनादप्रबोधिनीम् ।
श्रियं देवीमुपह्वये श्रीर्मा देवी जुषताम् ॥३॥
कांसोस्मितां हिरण्यप्रकारामार्द्रां ज्वलन्तीं तृप्तां तर्पयन्तीम् ।
पद्मे स्थितां पद्मवर्णां तामिहोपह्वये श्रियम् ॥४॥
चन्द्राप्रभासां यशसा ज्वलन्तीं श्रियं लोके देवजुष्टामुदाराम् ।
तां पद्मनेमिं शरणं प्रपद्ये अलक्ष्मीर्मे नश्यतां त्वां वृणे ॥५॥
आदित्यवर्णे तपसोऽधिजातो वनस्पतिस्तव वृक्षोथबिल्वः ।
तस्य फलानि तपसा नुदन्तु मायान्तरायाश्चबाह्या अलक्ष्मी : ॥६॥
उपैतु मां देव सखः कीर्तिश्च मणिना सह ।
प्रादुर्भूतो सुराष्ट्रेऽस्मिन्कीर्तिमृद्धिं ददातु मे ॥७॥
क्षुत्पिपासामलां ज्येष्ठामलक्ष्मीं नाशयाम्यहम् ।
अभूतिमसमृद्धिं च सर्वां निर्णुद मे गृहात् ॥८॥
गन्धद्वारां दुराधर्षां नित्यपुष्टां करीषिणीम् ।
ईश्वरी सर्वभूतानां तामिहोपह्वये श्रियम् ॥९॥
मनस काममाकूति वाच सत्यमशीमहि ।
पशुनां रूपमन्नस्य मयि श्रीः श्रयतां यशः ॥१०॥
कर्दमेन प्रजा भूता मयि सम्भव कर्दम ।
श्रियं वासय मे कुले मातरं पद्ममालिनीम् ॥११॥
आपः स्रजन्तु स्निग्धानि चिक्लीत वस मे गृहे ।
नि च देवीं मातरं श्रियं वासय मे कुले ॥१२॥
आर्द्रां पुष्करिणीं पुष्टिं पिंगलां (सुवर्णा हेम) पद्ममालिनीम् ॥
चन्द्रां हिरण्मयीं लक्ष्मी जातवेदा म आवह ॥१५॥
आर्द्रां यः करिणीं यष्टिं सुवर्णां हेममालिनीम् ।
सूर्याहिरण्मयीं, लक्ष्मीं जातवेदा म आवह ॥१३॥
ता म आवह जातवेदा लक्ष्मीमनपगामिनीम् ।
यस्यां हिरण्यं प्रभूतिं गावो दास्यो श्वान्विन्देयं पुरुषानहम् ॥१५॥
यः शुचिः प्रयतो भूत्वा जुहुयादाज्यमन्वहम् ।
सूक्तं पञ्चदशर्चं च श्रीकामः सततं जपेत् ॥१६॥

अथ लक्ष्मीसूक्तम्

श्रीः सरसिजनिलये सरोजहस्ते ! धवलतरे ! शुभगन्धमाल्यशोभे ।
भगवति हरिवल्लभे ! मनोज्ञे त्रिभुवनभूतिकरि प्रसीद मह्यम् ॥१॥

धनमग्निर्धनं वायु धंनं सूर्यो धनं वसुः ।
धनमिन्द्रो वृहस्पतिर्वरुणं धनमस्तु मे ॥२॥

वैनतेयं सोमं पिब सोमं पिबतु वृत्रहा ।
सोमं धनस्य सोमिनो मह्यं ददातु सोमिनः ॥३॥

न क्रोधो न च मात्सर्यं न लोभो नाशुभा मतिः ।
भवन्ति कृतपुण्यानां भक्तानां सूक्तजापिनाम् ॥४॥

पद्मानने पद्म ऊरु पद्माक्षि पद्मसम्भवे ।
तन्मे भजसि पद्माक्षि येन सौख्यं लभाम्यहम् ॥५॥

विष्णु पत्नीं क्षमां देवीं माधवीं माधवप्रियाम् ।
विष्णुप्रियां सखीं देवीं नमाम्यच्युतवल्लभाम् ॥६॥

महालक्ष्म्यै च विद्महे विष्णुपत्न्यै च धीमहि ।
तन्नो लक्ष्मी प्रचोदयात् ॥७॥

पद्मानने पद्मिनि पद्मपत्रे पद्मप्रिय पद्मदलयताक्षि ।
विश्वप्रिये विश्व मतोऽनुकूले त्वत्पादपद्मं मयि सन्निधत्स्व ॥८॥

आनन्दः कर्दमश्चैव चिक्लीत इति विश्रुता ।
ऋषयस्ते त्रय· प्रोक्ताः स्वयं श्रीरेव देवताः ॥९॥

ऋणरोगादिदारिद्रयं पापञ्च अपमृत्यवः ।
भय शोक मनस्तापा नश्यन्तु मम सर्वदा ॥१०॥

श्रीर्वर्चस्वमायुष्यमारोग्यमाविद्याच्छोभमानं महीयते ।
धनं धान्यं पशुं बहुपुत्रलाभं शतसंवत्सरं दीर्घमायुः ॥११॥

पाठ फल

श्री लक्ष्मीर्वरदा विष्णुपत्नि वसुप्रदा ।
हिरण्यरूपा स्वर्णमालिनी रजतस्रजा ।

स्वर्णप्रभा, स्वर्ण प्राकारा पद्मवासिनी
पद्महस्ता पद्मप्रिया मुक्तालंकारा
चन्द्रा सूर्या बिल्वप्रिया ईश्वरी
भुक्तिर्मुक्ति विभूति ऋद्धिः समृद्धिः
कृष्टिः पुष्टिर्धनदा धनेश्वरी श्रद्धा

भोगिनी भोगदा सावित्री धात्रित्यादयः
स सकल धन धान्य सत्पुत्र कलत्र हय
भूः गज पशु महिषी दासी दासयो ज्ञानवान
भवतिर्न संशयः ।
ज्ञानेश्वर्यं सुखारोग्य धन धान्य जयादिकम् ।
लक्ष्य यस्या समुद्दिष्टं सा लक्ष्मीरिति गद्यते ।।

तत्पश्चात् लक्ष्मी गायत्री मन्त्र की एक माला फेरे—

मन्त्र

ॐ महालक्ष्म्यै च विद्महे विष्णुपत्नीं
च धीमहि, तन्नो लक्ष्मी प्रचोदयात् ।।

इसके बाद 'श्री' का षोडशोपचार पूजन करे ।

अथ षोडशोपचार पूजनम्

(शिरसि) हिरण्यवर्णा से आवाहनम् ।।१।।
(नेत्रयोः) 'तां म आवह' से आसनम् ।।२।।
(कर्णयोः) अश्वपूर्वा० से पाद्यम् ।।३।।
(नासिकायाम्) कांसोस्मितां से अर्घ्यम् ।।४।।
(मुखे) चन्द्रां प्रभासां से आचमनम् पंचामृत ।।५।।
(कण्ठे) आदित्यवर्णा० से शुद्ध जलेन गंगोदकेन वा स्नानम् ।।६।।
(बाह्वोः) उपैतु मां० से वस्त्रयुगलम् आच ० ।।७।।
(हृदये) 'क्षुत् पिपासा० से यज्ञोपवीतम् आ० सम० ।।८।।
(नाभौ) गन्धद्वारा० से चन्दनम् ।।९।।
(गुह्ये) मनसः कामं० से पुष्पाणि स० ।।१०।।
(गुदे) कर्दमेन० से धूपम् ।।११।।
आपः सृजन्तु० से दीपम् ।।१२।।
(जान्वोः) आर्द्रा पुष्करिणी० से नैवेद्य स० ।।१३।।
आर्द्रांयस्करिणी० से फलताम्बूलं च ।।१४।।
(जंघयोः) 'ताम आवह० से दक्षिणां नीराजनं, मन्त्र पुष्पांजलिम् च ।।१५।।
(पादयोः) यः शुचि ० से नमस्कारम् ।।१६।।

क्षमा-याचना

अपराध सहस्र भाजनं पतितं भीम भवार्णवोदरे ।
अगतिं शरणागतं देवी कृपया केवलमात्मसात्कुरु ।।१।।

न धर्मनिष्ठोऽस्मि न चात्मवेदी
न भक्ति मां स्त्वच्चरणारविन्दे।
अकिंचनो ऽ नन्य गति शरण्ये
त्वत्पादमूलं शरणं प्रपद्ये ॥२॥
न निन्दितं कर्म तदस्ति लोके
सहस्रसो यन्नमया व्ययाधि।
सोऽहं विपाकावसरे श्री देवी
क्रन्दामि सम्प्रत्यगतिस्तवाग्रे ॥३॥

इसके बाद मूल बीजोक्त श्री सूक्त का पाठ करे।

बीजोक्त श्री सूक्त

१. विनियोग

ॐ अस्य श्री 'हिरण्यवर्णा' इति श्री सूक्त प्रथम मंत्रस्य चिक्लीत ऋषि, श्री महाविद्या सर्वसिद्धि प्रदायै देवता, श्री बीजं, सर्वार्थ साधक शक्ति, भुवनेशी महा विद्या, रजोगुण, रसना कर्मेन्द्रियं वै रसः, वाक् कर्मेन्द्रियं, मध्यम स्वर, भू तत्व, प्रवृत्तिः कला, ह्रीं उत्कीलन, प्रवाहिनी मुद्रा, मम क्षेमस्थैर्यायुरारोग्याभिवृद्ध्यर्थं श्री सर्व मंगल कारिण्यै भगवती लक्ष्मी प्रसाद सिद्ध्यर्थं च नमोयुत प्रणव-वाग्बीज-स्वबीज-लोम-विलोम-पुटितोक्त प्रथम मंत्र जपे विनियोगः।

ऋष्यादिन्यास

श्री कर्दम चिक्लीत ऋषये नमः सहस्रारे शिरसि।
भागवती श्री सर्वसम्पत्प्रदायै नमः द्वादशारे हृदि।
श्रीं बीजाय नमः षडारे योनौ।
सर्वार्थ साधक शक्त्यै नमः दशारे नाभौ।
भुवनेशी श्रीं विद्यायै नमः षोडशारे कण्ठे।
रजोगुणाय नमः अन्तरारे मनसि।
रसना कर्मेन्द्रियाय नमः चेतसि।
वाक् कर्मेन्द्रियै नमः कर्मेन्द्रिये।
मध्यम स्वराय नमः कंठमूले।
भूतत्वाय नमः चतुरारे गुदे।
विद्या कलायै नमः करतले।
ह्रीं उत्कीलनाय नमः पादयोः।
प्रवाहिनी मुद्रायै नमः सर्वाङ्गे।

करन्यास

ॐ हिरण्यवर्णा अंगुष्ठाभ्यां नमः ।
श्रीं हरिणी तर्जनीभ्यां स्वाहा ।
ह्रीं सुवर्णरजतस्रजाम् मध्यमाभ्यां वषट् ।
श्रीं चन्द्रा हिरण्मयी लक्ष्मी अनामिकाभ्यां हुं ।
ऐं जातवेदो कनिष्ठिकाभ्यां वौषट् ।
सौं: ममावह करतलकरपृष्ठाभ्यां फट् ।

षडंगन्यास

ॐ हिरण्यवर्णा हृदयाय नमः ।
श्रीं हरिणी शिरसे स्वाहा ।
ह्रीं सुवर्णरजतस्रजाम् शिखायै वषट् ।
श्रीं चन्द्रा हिरण्मयी लक्ष्मी कवचाय हुं ।
ऐं जातवेदो नेत्रत्रयाय वौषट् ।
सौं: ममावह अस्त्राय फट् ।

ध्यान

या सा पद्मासनस्था विपुल कटि-तटि पद्मपत्रायताक्षी
गंभीरा वर्तनाभिः स्तनभरनमिता शुभ्र वस्त्रोत्तरीया ।
लक्ष्मीर्दिव्यैर्गजेन्द्रैर्मणिगण खचितैः स्नापिता हेम कुंभै-
र्नित्यं सा पद्महस्ता मम वसतु गृहे सर्वमांगल्ययुक्ता ॥

मंत्र

ॐ आं ह्रीं क्रों ऐं श्रीं क्लीं ब्लूं सौं रं वं श्रीं
ॐ श्री ह्रीं श्रीं नमः ।
हिरण्यवर्णां हरिणी सुवर्ण रजतस्रजाम् । (दुर्गं०)
चन्द्रां हिरण्मयीं लक्ष्मीं जातवेदो ममावह ॥ (दारिद्रय०)
नमो श्रीं ह्रीं श्रीं ॐ
ॐ आं ह्रीं क्रों ऐं श्रीं क्लीं ब्लूं सौं रं वं श्रीं ॐ ॥१॥
१००० जपात् सिद्धि ।
दशांश द्राक्षाहोम ।

२. विनियोग

ॐ अस्य श्री तां म आवह इति श्री सूक्त द्वितीय मंत्रस्य श्री कर्दम चिक्लीत ऋषि, भगवती सर्वकाम प्रदायै देवी, श्री बीज, ज्योति शक्ति, कमला महाविद्या, रजो

गुण, श्रोत्र ज्ञानेन्द्रिय' शान्त रस, वाक् कर्मेन्द्रिय, उच्च स्वर, भू तत्व, विद्या कला, क्लीं उत्कीलन, संकोचिनी मुद्रा, मम क्षेमस्थैर्यायुरारोग्याभिवृद्ध्यर्थं श्री सर्वमंगल कारिण्यै भगवती लक्ष्मी प्रसाद सिद्ध्यर्थं च नमोयुत प्रणव-वाग्बीज-स्वबीज-लोम-विलोम-पुटितोक्त द्वितीय मंत्र जपे विनियोगः ।

ऋष्यादिन्यास

श्री कर्दम चिक्लीत ऋषये नमः सहस्रारे शिरसि ।
भगवती सर्वकामप्रदायै देव्यै नमः द्वादशारे हृदि ।
श्री बीजाय नमः षडारे योनौ ।
ज्योतिशक्त्यै नमः दशारे नाभौ ।
भुवनेश्वरी महाविद्यायै नमः षोडशारे कंठे ।
रजोगुणाय नमः अन्तरारे मनसि ।
श्रोत्र कर्मेन्द्रियाय नमः ज्ञानेन्द्रिये ।
उच्चस्वराय नमः कंठमूले ।
भूतत्वाय नमः चतुरारे गुदे ।
विद्याकलायै नमः करतले ।
क्ली उत्कीलनाय नमः पादयोः ।
सकोचिनी मुद्रायै नमः सर्वाङ्गे ।

करन्यास

ॐ श्रीं ह्रीं अंगुष्ठाभ्यां नमः ।
ॐ नमो नमः तर्जनीभ्यां स्वाहा ।
ता म आवह जातवेदो मध्यमाभ्यां वषट् ।
लक्ष्मीमनपगामिनीम् अनामिकाभ्यां हुं ।
यस्यां हिरण्यं विन्देयं कनिष्ठिकाभ्यां वौषट् ।
गामश्वं पुरुषानहम् करतलकरपृष्ठाभ्यां फट् ।

षडंगन्यास

ॐ श्रीं ह्रीं हृदयाय नमः ।
ॐ नमो नमः शिरसे स्वाहा ।
ताम आवह जातवेदो शिखायै वषट् ।
लक्ष्मीमनपगामिनीम् कवचाय हुं ।
यस्या हिरण्यं विन्देयं नेत्रत्रयाय वौषट् ।
गामश्वं पुरुषानहम् अस्त्राय फट् ।

ध्यान

कान्त्या कांचनसन्निभां हिमगिरि प्रख्यैश्चतुर्भिर्गजैः ।
हस्तोत्क्षिप्त हिरण्मयामृतघटैरासिच्यमानां श्रियम् ।।
बिभ्राणां वरमब्जयुग्ममभयं हस्तै किरीटोज्ज्वलाम् ।
क्षौमा बद्ध नितम्बबिम्बलसितां वन्देऽरविन्दस्थिताम् ।।
ॐ श्रां ह्रीं क्रों एँ श्रीं क्लीं ब्लूं सौं रं वं श्रीं
ॐ श्रीं ह्रीं श्रीं नमः ।
ताम आवह जातवेदो लक्ष्मीमनपगामिनीम् (दुर्गं०)
यस्यां हिरण्यं विन्देयं गामश्वं पुरुषानहम् (दारिद्रय०)
नमो श्रीं ह्रीं श्रीं ॐ
ॐ श्रां ह्रीं क्रों एँ श्रीं क्लीं ब्लूं सौं रं वं श्रीं ॐ ।।२।।

१००० जपात् सिद्धि ।
दशांश दुग्धप्रसाद होम ।।

३. विनियोग

ॐ अस्य श्री 'अश्वपूर्वा रथमध्या' श्रीसूक्त तृतीय मंत्रस्य श्री चिक्लीत कर्दम ऋषि, महालक्ष्मी देवता, पद्मावती शक्ति, श्री बीज, मातंगी महाविद्या, रजो गुण, स्व ज्ञानेन्द्रिय, शान्त रस, वाक् कर्मेन्द्रिय, मध्यम स्वर, आकाशतत्व, शान्ति कला, क्रों उत्कीलन, योनि मुद्रा, मम क्षेमस्थैर्यायुरारोग्याभिवृद्धयर्थं, श्री सर्व मंगल कारिण्यै भगवती लक्ष्मी प्रसाद सिद्धयर्थं च नमोयुत प्रणव-वाग्बीज-स्वबीज-लोम-विलोम-पुटितोक्त तृतीय मंत्र जपे विनियोगः ।

ऋष्यादिन्यास

श्री चिक्लीत कर्दम ऋषये नमः सहस्रारे शिरसि ।
महालक्ष्मी देवतायै नमः द्वादशारे हृदि ।
पद्मावती शक्त्यै नमः दशारे नाभौ ।
श्री बीजाय नमः षडारे योनौ ।
मातंगी महाविद्यायै नमः षोडशारे कण्ठे ।
रजोगुणाय नमः अन्तरारे मनसि ।
स्वः ज्ञानेन्द्रियाय नमः ज्ञानेन्द्रिये ।
शान्त रसाय नमः चेतसि ।
वाक् कर्मेन्द्रियाय नमः कर्मेन्द्रिये ।
मध्यम स्वराय नमः कंठमूले ।
आकाश तत्वाय नमः चतुरारे गुदे ।
शांति कलायै नमः करतले ।

क्रों उत्कीलनाय नमः पादयोः।
योनि मुद्रायै नमः सर्वाङ्गे।

करन्यास

ॐ श्रीं ह्रीं श्रीं अंगुष्ठाभ्यां नमः।
नमो नमः तर्जनीभ्यां स्वाहा।
अश्वपूर्वां रथमध्यां मध्यमाभ्यां वषट्।
हस्तिनादप्रबोधिनीम् अनामिकाभ्यां हुं।
श्रियं देवीमुपह्वये कनिष्ठिकाभ्यां वौषट्।
श्रीर्मा देवी जुषताम् करतलकरपृष्ठाभ्यां फट्।

षडंगन्यास

ॐ श्रीं ह्रीं श्रीं हृदयाय नमः।
नमो नमः शिरसे स्वाहा।
अश्वपूर्वां रथमध्यां शिखायै वषट्।
हस्तिनादप्रोबोधिनीम् कवचाय हुं।
श्रियं देवीमुपह्वये नेत्रत्रयाय वौषट्।
श्रीर्मा देवीजुषताम् अस्त्राय फट्।

ध्यान

निषे नित्यस्मरे निरवधिगुणे नीतिनिपुणे।
निराधाट ज्ञाने नियम परचित्तैकनिलये॥
नियत्यानिर्मुक्ते निखिल निगमान्तस्तुत पदे।
निरांतके नित्ये निगमय ममापि स्तुतिमिमाम्॥

मंत्र

ॐ आं ह्रीं क्रों ऐं श्रीं क्लीं ब्लूं सौं रं वं श्रीं
ॐ श्रीं ह्रीं श्रीं नमः।
अश्वपूर्वां रथमध्यां हस्तिनादप्रबोधिनीम्। (दुर्गे०)
श्रियं देवीमुपह्वये श्रीर्मा देवी जुषताम्॥ (दारिद्रय०)
ॐ आं ह्रीं क्रों ऐं श्रीं क्लीं ब्लूं सौं रं वं श्रीं ॐ॥३॥

१००० जपात् सिद्धि।
दशांश पायस होम।

४. विनियोग

ॐ अस्य श्री 'कांसोस्मिता' इति श्रीसूक्त चतुर्थ मंत्रस्य श्री कर्दम चिक्लीत

ऋषि, भगवती सर्व काम प्रदायै देवी, ह्लां बीज, चूड़ामणि शक्ति, महाशक्त्यै महाविद्या, सत्व गुण, नेत्र ज्ञानेन्द्रिय, सौम्य रस, कर कर्मेन्द्रिय, मध्यम स्वर, भू तत्व, प्रवृत्ति कला, श्रीं ह्लीं उत्कीलन, मोहिनी मुद्रा, मम क्षेमस्थैर्यायुरारोग्याभिवृद्ध्यर्थं श्री सर्वमंगलकारिण्यै भगवती लक्ष्मी प्रसाद सिद्धयर्थं च नमोयुत प्रणव-वाग्बीज-स्वबीज-लोम-विलोम-पुटतोक्त चतुर्थ मंत्र जपे विनियोगः ।

ऋष्यादिन्यास

श्री कर्दम चिक्लीत ऋषये नमः सहस्रारे शिरसि ।
श्री सर्वकामप्रदायै देव्यै नमः द्वादशारे हृदि ।
चूड़ामणि शक्त्यै नमः दशारे नाभौ ।
ह्लां बीजाय नमः षडारे योनौ ।
महाशक्त्यै महाविद्यायै नमः अन्तरारे कंठे ।
सत्वगुणाय नमः अन्तरारे मनसि ।
कर कर्मेन्द्रियाय नमः कर्मेन्द्रिये ।
मध्यम स्वराय नमः कंठमूले ।
भू तत्वाय नमः चतुरारे गुदे ।
प्रवृत्ति कलायै नमः करतले ।
श्रीं ह्लीं उत्कीलनाय नमः पादयोः ।
मोहिनी मुद्रायै नमः सर्वाङ्गे ।

करन्यास

ॐ श्रीं ह्लीं श्रीं अंगुष्ठाभ्यां नमः ।
ॐ नमो नमः तर्जनीभ्यां स्वाहा ।
कांसोस्मिताहिरण्यप्राकारा मध्यमाभ्यां वषट् ।
मार्द्रां ज्वलन्ती तृप्तां तर्पयन्तीम् अनामिकाभ्यां हुं ।
पद्मे स्थितां पद्मवर्णां कनिष्ठिकाभ्यां वौषट् ।
तामिहोपह्वये श्रियम् करतलकरपृष्ठाभ्यां फट् ।

षडंगन्यास

ॐ श्रीं ह्लीं श्रीं हृदयाय नमः ।
ॐ नमो नमः शिरसे स्वाहा ।
कांसोस्मिताहिरण्यप्राकारा शिखायै वषट् ।
मार्द्रां ज्वलन्ती तृप्तां तर्पयन्तीम् कवचाय हुं ।
पद्मेस्थितां पद्मवर्णां नेत्रत्रयाय वौषट् ।
तामिहोपह्वये श्रियम् अस्त्राय फट् ।

ध्यान

प्रदीप ज्वालाभिर्दिवस करनी राजन विधिः ।
सुधा सुतेश्चन्द्रोपल जल लवैरर्ध्य रचना ।
स्वकीयै रम्भोमिः सलिल निधि सौहित्य करण ।
त्वदीयाभिर्वाग्भिस्त व जननि वाचां स्तुतिरियम् ।।

मन्त्र

ॐ आं ह्रीं क्रों ऐं श्रीं क्लीं ब्लूं सौं रं वं श्रीं
ॐ श्रीं ह्रीं श्रीं नमः ।
कांसोस्मितां हिरण्यप्राकारामार्द्रां ज्वलन्ती तृप्तां तर्पयन्तीम् (दुर्गं०)
पद्मेस्थितां पद्मवर्णां तामिहोपह्वये श्रियम् ।। (दारिद्रय०)
नमो श्रीं ह्रीं श्रीं ॐ
ॐ आं ह्रीं क्रौं ऐं श्रीं क्लीं ब्लूं सौं रं वं श्रीं ॐ ।।४।।

१००० जपात् सिद्धि ।
दशांश कमल बीज होम ।

५. विनियोग

ॐ अस्य श्री 'चन्द्रां प्रभासां यशसा' इति श्रीसूक्त पंचम मंत्रस्य श्री असित ऋषि, विष्णुर्देवता, 'वं' बीज, माया शक्ति, कुमारी महाविद्या, रजो गुण, श्रोत्रज्ञानेन्द्रिय, मृदु रस, वाक् कर्मेन्द्रिय, सौम्य स्वर, आकाश तत्व, विद्या कला, ब्लौं उत्कीलन, द्राविणी मुद्रा, मम क्षेमस्थैर्यायुरारोग्याभिवृद्धयर्थं श्री सर्वमंगलकारिण्यै, भगवती लक्ष्मी प्रसाद सिद्धयर्थं च नमोयुत प्रणव-वाग्बीज-स्वबीज-लोम-विलोम-पुटितोक्त पंचम मंत्र जपे विनियोगः ।

ऋष्यादिन्यास

श्री असित ऋषये नमः सहस्रारे शिरसि ।
श्री विष्णु देवतायै नमः द्वादशारे हृदि ।
वं बीजाय नमः षडारे लिंगे ।
माया शक्त्यै नमः दशारे नाभौ ।
कुमारी महाविद्यायै नमः षोडशारे कण्ठे ।
रजोगुणाय नमः अन्तरारे मनसि ।
श्रोत्र ज्ञानेन्द्रियाय नमः ज्ञानेन्द्रिये ।
मृदुरसाय नमः चेतसि ।
वाक् कर्मेन्द्रियाय नमः कर्मेन्द्रिये ।
सौम्य स्वराय नमः कंठमूले ।

आकाश तत्वाय नमः चतुरारे गुदे।
विद्या कलायै नमः करतले।
ब्लौं उत्कीलनाय नमः पादयोः।
द्राविणी मुद्रायै नमः सर्वाङ्गे।

करन्यास

ॐ श्रीं ह्रीं श्रीं अंगुष्ठाभ्यां नमः।
ॐ नमो नमः तर्जनीभ्यां स्वाहा।
चन्द्रांप्रभासां यशसा ज्वलन्तीं मध्यमाभ्यां वषट्।
श्रियं लोके देवि जुष्टामुदाराम् अनामिकाभ्यां हुं।
तां पद्मनेमिं शरणं प्रपद्ये कनिष्ठिकाभ्यां वौषट्।
अलक्ष्मीर्म्मे नश्यतां त्वां वृणे करतलकरपृष्ठाभ्यां फट्।

षडंगन्यास

ॐ श्रीं ह्रीं श्रीं हृदयाय नमः।
ॐ नमो नमः शिरसे स्वाहा।
चन्द्रां प्रभासां यशसा ज्वलन्तीं शिखायै वषट्।
श्रियं लोके देव जुष्टामुदाराम् कवचाय हुं।
तां पद्मनेमिं शरणं प्रपद्ये नेत्रत्रयाय वौषट्।
अलक्ष्मीर्म्मे नश्यतां त्वां वृणे अस्त्राय फट्।

ध्यान

अरुण कमल संस्था तद्रजः पुंज वर्णा।
कर कमल धृतेष्ठा भीति युग्माम्बु जाता॥
मणि मुकट विचित्रालंकृता कल्पजालैः।
सकल भुवन माता सन्ततम् श्रीः श्रियै नः॥

मन्त्र

ॐ श्रां ह्रीं क्रों ऐं श्रीं क्लीं ब्लूं सौं रं वं श्रीं
ॐ श्रीं ह्रीं श्रीं नमः।
चन्द्रांप्रभासां यशसा ज्वलन्तीं श्रियं लोकेदेवजुष्टामुदाराम्। (दुर्गे०)
तां पद्मनेमिं शरणं प्रपद्येऽअलक्ष्मीर्म्मे नश्यतां त्वां वृणे (दारिद्रय०)
नमो श्रीं ह्रीं श्रीं ॐ
ॐ श्रां ह्रीं क्रों ऐं श्रीं क्लीं ब्लूं सौं र वं श्रीं ॐ ॥५॥
पंच सहस्र जपात् सिद्धि।
दशांश नारिकेल होम।

६. विनियोग।

ॐ अस्य श्री आदित्यवर्णे तपसोधिऽजात' इति श्री सूक्त षष्ठ मंत्रस्य ब्रह्माऋषि, सूर्यो देवता, ॐ बीज, तेजसः शक्ति, मातंगी महाविद्या, तमो गुण, चक्षुः ज्ञानेन्द्रिय, मृदु रस, कर कर्मेन्द्रिय, मृदु स्वर ख स्तत्व, परा शान्ति कला, ह्रीं उत्कीलन, सम्पुट मुद्रा, मम क्षेमस्थैर्यायुरारोग्याभिवृद्धयर्थं श्री सर्वमंगलकारर्थ्यं, भगवती लक्ष्मी प्रसाद सिद्धयर्थं च नमोयुत प्रणव-वाग्बीज-स्वबीज-लोम-विलोम-पुटितोक्त षष्ठ मंत्र जपे विनियोगः ।

ऋष्यादिन्यास

ॐ ब्रह्मा ऋषये नमः सहस्रारे शिरसि ।
श्री सूर्योदेवतायै नमः द्वादशारे हृदि ।
'आं' बीजाय नमः षडारे लिंगे ।
तेजसः शक्त्यै नमः दशारे नाभौ ।
मातगी महाविद्यायै नमः षोडशारे कंठे ।
तमोगुणाय नमः अन्तरारे मनसि ।
चक्षु ज्ञानेन्द्रियाय नमः ज्ञानेन्द्रिये ।
मृदुरसाय नमः चेतसि ।
कर कर्मेन्द्रियाय नमः कर्मेन्द्रिये ।
मृदुस्वराय नमः कंठमूले ।
खंस्तत्वायै नमः चतुरारे गुदे ।
शांति कलायै नमः करतले ।
ह्रीं उत्कीलनाय नमः पादयोः ।
सम्पुट मुद्रायै नमः सर्वाङ्गे ।

करन्यास

ॐ श्रीं ह्रीं श्रीं अगुष्ठाभ्यां नमः ।
ॐ नमो नमः तर्जनीभ्यां स्वाहा ।
आदित्यवर्णे तपसोऽधिजातो मध्यमाभ्यां वषट् ।
वनस्पतिस्तव वृक्षोऽथ बिल्व अनामिकाभ्यां हुं ।
तस्य फलानि तपसा नुदन्तु कनिष्ठिकाभ्यां वौषट् ।
मायान्तरायाश्च बाह्याऽलक्ष्मी करतलकरपृष्ठाभ्यां फट् ।.

षडंगन्यास

ॐ श्रीं ह्रीं श्रीं हृदयाय नमः ।
ॐ नमो नमः शिरसे स्वाहा ।
आदित्यवर्णे तपसोऽधिजातो शिखायै वषट् ।
वनस्पतिस्तव वृक्षोऽथ बिल्व कवचाय हुं ।
तस्य फलानि तपसा नुदन्तु नेत्रत्रयाय वौषट् ।
मायान्तरायाश्चऽबाह्या लक्ष्मी अस्त्राय फट् ।

ध्यान

कान्त्या कांचनसन्निभां हिमगिरि प्रख्यैश्चतुर्भिर्गजैः ।
हस्तोत्क्षिप्त हिरण्मयामृतघटैरासिच्यमानां श्रियम् ।।
विभ्राणांव्वरमब्जयुग्ममभयं हस्तै किरीटो ज्ज्वलाम् ।
क्षौमाबद्ध नितम्ब बिम्ब लसितां वन्देऽरविन्दस्थिताम् ।।

मंत्र

ॐ श्रां ह्रीं क्रों ऐं श्रीं क्लीं ब्लूं सौं रं वं श्रीं
ॐ श्रीं ह्रीं श्रीं नमः ।
आदित्य वर्णे तपसोऽधिजातो वनस्पतिस्तव वक्षोऽथ बिल्व (दुर्गं०)
तस्य फलानि तपसा नुदन्तु मायान्तरायाश्च बाह्याऽलक्ष्मी ।। (दारिद्र्य०)
नमो श्रीं ह्री श्रीं ॐ
ॐ आं ह्रीं क्रों ऐं श्रीं क्लीं ब्लूं सौं रं वं श्रीं ॐ ।।६।।
१००० जापात् सिद्धि ।
दशाश द्राक्षा होम ।

७. विनियोग

ॐ अस्य श्री 'उपैतु मां देव सखः' इति श्रीसूक्त सप्तम मंत्रस्य मृकण्ड ऋषि, 'सर्व सम्पत्ति पूरिण्यै' देवता, 'सौं' बीज, शिवा शक्ति, मातंगी महाविद्या, तमोगुण, रसना ज्ञानेन्द्रिय, मृदु रस, कर कर्मेन्द्रिय, मध्यम स्वर, जल तत्व, प्रतिष्ठा कला, 'ऐं' उत्कीलन, राजसी मुद्रा, मम क्षेमस्थैर्यायुरारोग्याभिवृद्ध्यर्थं श्री सर्वमंगल कारिण्यै भगवती लक्ष्मी प्रसाद सिध्यर्थं च नमोयुत प्रणव-वाग्बीज-स्वबीज-लोम-विलोम-पुटितोक्त सप्तम मंत्र जपे विनियोगः ।

ऋष्यादिन्यास

मृकण्ड ऋषये नमः सहस्रारे शिरसि ।
सर्व सम्पत्ति पूरिण्यै देव्यै नमः द्वादशारे हृदि ।

'सौं' बीजाय नमः षडारे योनौ ।
शिवा शक्त्यै नमः दशारे नाभौ ।
मातंगी महाविद्यायै नमः षोडशारे कंठे ।
तमो गुणाय नमः अन्तरारे मनसि ।
रसना ज्ञानेन्द्रियाय नमः ज्ञानेन्द्रिये ।
मृदु रसाय नमः चेतसि ।
कर कर्मेन्द्रियाय नमः कर्मेन्द्रिये ।
मध्यम स्वराय नमः कंठमूले ।
जल तत्वाय नमः चतुरारे गुदे ।
प्रतिष्ठा कलायै नमः करतले ।
'ऐं' उत्कीलनाय नमः पादयोः ।

करन्यास

ॐ श्रीं ह्रीं श्रीं अंगुष्ठाभ्यां नमः ।
ॐ नमो नमः तर्जनीभ्यां स्वाहा ।
उपैतु मां देव सखः मध्यमाभ्यां वषट् ।
कीर्तिश्च मणिना सह अनामिकाभ्यां हुं ।
प्रादुर्भूतो सु राष्ट्रेऽस्मिन् कनिष्ठिकाभ्यां वौषट् ।
कीर्तिमृंद्धि ददातु मे करतलकरपृष्ठाभ्यां फट् ।

षडंगन्यास

ॐ श्रीं ह्रीं श्रीं हृदयाय नमः ।
ॐ नमो नमः शिरसे स्वाहा ।
उपैतु मां देवसखः शिखायै वषट् ।
कीर्तिश्च मणिना सह कवचाय हुं ।
प्रादुर्भूतो सुराष्ट्रेऽस्मिन् नेत्रत्रयाय वौषट् ।
कीर्तिमृंद्धि ददातु मे अस्त्राय फट् ।

ध्यान

कदा काले मातः कथय कलितालक्तक सम् ।
पिबेयं विद्यार्थी तव चरण निर्णेजन जलम् ॥
प्रकृत्या मूकानामपि च कविता कारण तया ।
यदा धत्ते वाणी मुख कमल ताम्बूल रसताम् ॥

मन्त्र

ॐ श्रां ह्रीं क्रों ए श्रा क्लीं ब्लूं सौं रं वं श्रीं
ॐ श्रीं ह्रीं श्रीं नमः ।
उपैतु मां देव सखः कीर्तिश्च मणिना सह । (दुर्गे०)
प्रादुर्भूतो सु राष्ट्रेऽस्मिन्कीर्तिमृद्धि ददातु मे ।। (दारिद्रय०)
नमो श्रीं ह्रीं श्रीं ॐ
ॐ श्रां ह्रीं क्रों एं श्रीं क्लीं ब्लू सौं र वं श्री ॐ ।।७।।

एक सहस्त्र जपात् सिद्धि ।
दशांश क्षीर होम ।

८. विनियोग

ॐ अस्य श्री 'क्षुत्पिपासामलां ज्येष्ठा' इति श्रीसूक्त अष्टम मंत्रस्य नारदो ऋषि, सर्व सौभाग्यदायिनी देवी, 'सां' बीज, ऐश्वर्यं शक्ति, लक्ष्मी महाविद्या, रजो गुण, चक्षु ज्ञानेन्द्रिय, मोह रस, भग कर्मेन्द्रिय, सौम्य स्वर, भू तत्व, प्रवृत्ति कला, 'ह्रीं' उत्कीलन सम्पुट मुद्रा मम क्षेमस्थैर्यायुरारोग्याभिवृद्धयार्थं श्री सर्वमंगल कारिण्यै भगवती लक्ष्मी प्रसाद सिद्धयर्थं च नमोयुत प्रणव-वाग्बीज-स्वबीज-लोम-विलोम-पुटितोक्त अष्टम मंत्र जपे विनियोगः ।

ऋष्याविन्यास

नारद ऋषये नमः सहस्त्रारे शिरसि ।
सर्वसौभाग्यदायिन्यै देव्यै नमः द्वादशारे हृदि ।
'सां' बीजाय नमः षडारे योनौ ।
ऐश्वर्यं शक्त्यै नमः दशारे नाभौ ।
लक्ष्मी महाविद्यायै नमः षोडशारे कंठे ।
रजोगुणाय नमः अन्तरारे मनसि ।
चक्षु ज्ञानेन्द्रियाय नमः ज्ञानेन्द्रिये ।
मोह रसाय नमः चेतसि ।
भग कर्मेन्द्रियाय नमः कर्मेन्द्रिये ।
सौम्य स्वराय नमः कंठमूले ।
भू तत्वाय नमः चतुरारे गुदे ।
प्रवृत्ति कलायै नमः करतले ।
ह्रीं उत्कीलनाय नमः पादयोः ।
सम्पुट मुद्रायै नमः सर्वाङ्गे ।

करन्यास

ॐ ऐं अंगुष्ठाभ्यां नमः।
ॐ रों तर्जनीभ्यां स्वाहा।
क्षुत्पिपासा मला ज्येष्ठा मध्यमाभ्यां वषट्।
अलक्ष्मीं नाशयाम्यहम् अनामिकाभ्यां हुं।
अभूतिमसमृद्धि च कनिष्ठिकाभ्यां वौषट्।
सर्वा निर्णुद मे गृहात् करतलकरपृष्ठाभ्यां फट्।

षडंगन्यास

ॐ ऐं हृदयाय नमः।
ॐ रों शिरसे स्वाहा।
क्षुत्पिपासामला ज्येष्ठा शिखायै वषट।
अलक्ष्मीं नाशयाम्यहम् कवचाय हुं।
अभूतिमसमृद्धि च नेत्रत्रयाय वौषट्।
सर्वा निर्णुद मे गृहात् अस्त्राय फट्।

ध्यान

स्मर योनिं लक्ष्मीं त्रितयमिदमादौ तव मनो।
निधायैके नित्ये निरवधि महाभोग रसिकाः॥
भजंति त्वां चिन्तामणि गुण निबद्धाक्षर लयाः।
शिवाऽग्नौ जुह्वन्तः सुरभिघृतधाराऽहुतिशतः॥

मन्त्र

ॐ श्रां ह्रीं क्रों ऐं श्रीं क्लीं ब्लूं सौं रं वं श्रीं
ॐ ऐं रों नमः।
क्षुत्पिपासामलां ज्येष्ठामलक्ष्मी नाशयाम्यहम्। (दुर्गे०)
अभूतिमसमृद्धि च सर्वा निर्णुद मे गृहात्॥ (दारिद्र्य०)
नमो रों ऐं ॐ
ॐ श्रां ह्रीं क्रों ऐं श्रीं क्लीं ब्लूं सौं रं वं श्रीं ॐ ॥८॥

पंच सहस्र जपात् सिद्धि।
दशांश कमल बीज होम।

६. विनियोग

ॐ अस्य श्री 'गन्ध द्वारां दुराधर्षां' इति श्रीसूक्त नवम मंत्रस्य मेधस ऋषि, श्री सर्वसिद्धि प्रदायें देवी 'श्रीं' बीज, भ्रामरी शक्ति, कमला महाविद्या, रजो गुण,

नासिका ज्ञानेन्द्रिय, सौम्य रस, पाणि कर्मेन्द्रिय, मृदु स्वर, भू तत्व, मोहिनी कला, 'क्लीं' उत्कीलन, द्राविणी मुद्रा, मम क्षेमस्थैर्यायुरारोग्याभिवृद्धयर्थं श्री सर्वमंगलकारिण्यै भगवती लक्ष्मी प्रसाद सिद्धयर्थं च नमोयुत प्रणव-वाग्बीज-स्वबीज-लोम-विलोम-पुटितोक्त नवम मंत्र जपे विनियोगः।

ऋष्यादिन्यास

मेधस ऋषये नमः सहस्रारे शिरसि।
श्री सर्व सिद्धि प्रदायै देव्यै नमः द्वादशारे हृदि।
'श्रीं' बीजाय नमः षडारे योनौ।
भ्रामरी शक्त्यै नमः दशारे नाभौ!
कमला महाविद्यायै नमः षोडशारे कंठे।
रजो गुणाय नमः अन्तरारे मनसि।
नासिका ज्ञानेन्द्रियाय नमः ज्ञानेन्द्रिये।
सौम्य रसाय नमः—चेतसि।
पाणि कर्मेन्द्रियाय नमः कर्मेन्द्रिये।
मृदु स्वराय नमः कंठ मूले।
भू तत्वाय नमः चतुरारे गुदे।
मोहिनी कलायै नमः करतले।
'क्लीं' उत्कीलनाय नमः पादयोः।
द्राविणी मुद्रायै नमः सर्वाङ्गे।

करन्यास

ॐ ऐं रं नमः अंगुष्ठाभ्यां नमः।
ॐ नमो नमः तर्जनीभ्यां स्वाहा।
गन्धद्वारां दुराधर्षां मध्यमाभ्यां वषट्।
नित्यपुष्टां करीषिणीम् अनामिकाभ्यां हुं।
ईश्वरीं सर्वभूतानां कनिष्ठिकाभ्यां वौषट्।
तामिहोपह्वये श्रियम् करतलकरपृष्ठाभ्यां फट्।

षडंगन्यास

ॐ ऐं रं नमः हृदयाय नमः।
ॐ नमो नमः शिरसे स्वाहा।
गन्धद्वारां दुराधर्षां शिखायै वषट्।
नित्यपुष्टां करीषिणीम् कवचाय हुं।
ईश्वरी सर्वभूतानां नेत्रत्रयाय वौषट्।
तामिहोपह्वये श्रियम अस्त्राय फट्।

ध्यान

चतुः षष्टया तन्त्रैः सकलमति संधाय भुवनम् ।
स्थितस्तत्तत्सिद्धि प्रसव पर तन्त्रैः पशुपतिः ।।
पुनस्त्वन्निर्बन्धादखिल पुरुषार्थैक घटना ।
स्वतंत्रं ते तंत्रं क्षितितलमवातीतरदिदम ।।

मन्त्र

ॐ श्रां ह्रीं क्रों ऐं श्रीं क्लीं ब्लूं सौं रं वं श्रीं
ॐ ऐं व्रीं नमः ।
गन्ध द्वारां दुराधर्षां नित्य पुष्टां करीषिणीम् । (दुर्गे०)
ईश्वरीं सर्व भूतानां तामिहोपह्वये श्रियम् ।। (दारिद्रय०)
नमो व्रीं ऐं ॐ
ॐ श्रां ह्रीं क्रों ऐं श्रीं क्लीं ब्लूं सौं रं वं श्री ॐ ।।९।।
सहस्र जपात् सिद्धि ।
दशांश घृत होम ।

१०. बिनियोग

ॐ अस्य श्री 'मनसः काम माकूतिं' इति श्रीसूक्त दशम मंत्रस्य श्री वेदव्यास ऋषि, श्री सर्व प्रियंकर्यै देवी 'क्रों' बीजं, शताक्षी शक्ति, श्री सुन्दरी महाविद्या, रजो गुण, श्रोत्र ज्ञानेन्द्रिय, मोह रसः, मन कर्मेन्द्रिय, सौम्य स्वर, जल तत्वं अविद्या कला, 'श्रीं' उत्कीलन, योनि मुद्रा, मम क्षेमस्थैर्यायुरारोग्याभिवृद्धयर्थं श्री सर्व मंगल कारिण्यै भगवती लक्ष्मी प्रसाद सिद्धयर्थं च नमोयुत प्रणव-वाग्बीज-स्वबीज-लोम-विलोम-पुटितोक्त दशम मंत्र जपे विनियोगः ।

ऋष्यादिन्यास

श्री वेदव्यास ऋषये नमः सहस्रारे शिरसि ।
श्री सर्व प्रियं कर्यै देव्यै नमः द्वादशारे हृदि ।
'क्रों' बीजाय नमः षडारे योनौ ।
शताक्षी शक्त्यै नमः दशारे नाभौ ।
श्री सुन्दरी महाविद्यायै नमः षोडशारे कंठे ।
रजोगुणाय नमः अन्तरारे मनसि ।
श्रोत्र ज्ञानेन्द्रियाय नमः ज्ञानेन्द्रिये ।
मोह रसाय नमः चेतसि ।
मन कर्मेन्द्रियाय नमः कर्मेन्द्रिये ।
सौम्य स्वराय नमः कंठमूले ।

जल तत्वाय नमः चतुरारे गुदे ।
अविद्या कलायै नमः करतले ।
'श्रीं' उत्कीलनाय नमः सर्वाङ्गे ।

करन्यास

ॐ ऐं ब्लूं नमः अंगुष्ठाभ्यां नमः ।
ॐ नमो नमः तर्जनीभ्यां स्वाहा ।
मनसः काममाकूतिं मध्यमाभ्यां वषट् ।
व्वाचः सत्य मशीमहि अनामिकाभ्यां हुं ।
पशूनां रूप मन्नस्य कनिष्ठिकाभ्यां वौषट् ।
मयि श्रीः श्रयतां यशः करतलकरपृष्ठाभ्यां फट् ।

षडंगन्यास

ॐ ऐं ब्लूं नमः हृदयाय नमः ।
ॐ नमो नमः शिरसे स्वाहा ।
मनसः काममाकूतिं शिखायै वषट् ।
व्वाचः सत्य मशीमहि कवचाय हुं ।
पशूनां रूप मन्नस्य—नेत्र त्रयाय वौषट् ।
मयि श्रीः श्रयतां यशः अस्त्राय फट् ।

ध्यान

नरं वर्षीयांसं नयनविरसं नर्मसु जडं ।
तवापांगां लोके पतितमनुधावन्ति शतशः ।।
गलद्वेणीबंधाः कुच कलश विस्त्रस्तसि च या ।
हठात्त्रुट्यत्काञ्च्या विगलित दुकूला युवतयः ।।

मन्त्र

ॐ श्रां ह्रीं क्रों ऐं श्रीं क्लीं ब्लूं सौं रं वं श्रीं
ॐ ऐं स्त्रां नमः ।
मनसः काम मा कूतिं व्वाच सत्य मशी मही । (दुर्गं॰)
पशूनां रूप मन्नस्य मयि श्रीः श्रयतां यशः ।। (दारिद्रय॰)
नमो स्त्रां ऐं ॐ ।
ॐ आं ह्रीं क्रों ऐं श्रीं क्लीं ब्लूं सौं रं वं श्रीं ॐ ।।१०।।
सहस्त्र जपात् सिद्धि ।
दशांश क्षारक होम ।

११. विनियोग

ॐ अस्य श्री 'कर्दमेन प्रजा भूता' इति श्रीसूक्त एकादश मंत्रस्य श्री विष्णु ऋषि, श्री सर्व व्याधि विनाशिन्यै देवी, 'ह्रां' बीजं, श्री महा सरस्वती देवता, 'रूं' बीजं, इन्द्राणी शक्ति, भुवनेश्वरी महाविद्या, सतो गुण, त्वक् ज्ञानेन्द्रिय, स्तवन रस, कर कर्मेन्द्रिय, मृदु स्वर, वायुस्तत्व, शान्ति कला, ऐं उत्कीलन, सम्पुटी मुद्रा, मम क्षेम-स्थैर्यायुरारोग्याभिवृद्धयर्थं श्री सर्व मंगल कारिण्यै भगवती लक्ष्मी प्रसाद सिद्धयर्थं च नमोयुत प्रणव वाग्बीज-स्वबीज लोम-विलोम-पुटितोक्त एकादश मंत्र जपे विनियोगः।

ऋष्यादिन्यास

श्री विष्णु ऋषये नमः सहस्रारे शिरसि।
श्री सर्व व्याधि विनाशिन्यै देव्यै नमः द्वादशारे हृदि।
'ह्रां' बीजाय नमः षडारे योनौ।
इन्द्राणी शक्त्यै नमः दशारे नाभौ।
श्री भुवनेश्वरी महाविद्यायै नमः षोडशारे कंठे।
सतोगुणाय नमः अन्तरारे मनसि।
त्वक् ज्ञानेन्द्रियाय नमः ज्ञानेन्द्रिये।
स्तवन रसाय नमः चेतसि।
कर कर्मेन्द्रियाय नमः कर्मेन्द्रिये।
मृदु स्वराय नमः कंठ मूले।
वायुस्तत्वाय नमः चतुरारे गुदे।
शांति कलायै नमः करतले।
'ऐं' उत्कीलनाय नमः पादयोः।
सम्पुटी मुद्रायै नमः सर्वाङ्गे।

करन्यास

ॐ ऐं ज्रां नमः अंगुष्ठाभ्यां नमः।
ॐ नमो नमः तर्जनीभ्यां स्वाहा।
कर्दमेन प्रजाभूता मध्यमाभ्यां वषट्।
मयि संभव कर्द्दम अनामिकाभ्यां हुं।
श्रियं वासय मे कुले कनिष्ठिकाभ्यां वौषट्।
मातरं पद्म मालिनीम् करतलकरपृष्ठाभ्यां फट्।

षडंगन्यास

ॐ ऐं ज्रां नमः हृदयाय नमः।
ॐ नमो नमः शिरसे स्वाहा।

कर्दमेन प्रजाभूता शिखायै वषट् ।
मयि संभव कर्द्दम कवचाय हुं ।
श्रियम् वासय मे कुले नेत्र त्रयाय वौषट् ।
मातरं पद्म मालिनीम् अस्त्राय फट् ।

ध्यान

तनूच्छायाभिस्ते तरुण तरणि श्री धरणिभि—
र्दिवं सर्वामुर्वी मरुणि मनि मग्नां स्मरति यः ।।
भवन्त्यस्य त्रस्यद्वन हरिणशालीन नयनाः ।
सहोर्वश्या वश्याः कतिकतिनः गीर्वाण गणिकाः ।।

मन्त्र

ॐ आं ह्रीं क्रों ऐं श्रीं क्लीं ब्लूं सौं रं वं श्रीं
ॐ ऐं श्रौं नमः ।
कर्दमेन प्रजाभूता मयि संभव कर्द्दम । (दुर्गे०)
श्रियं वासय मे कुले मातरं पद्म मालिनीम् । (दारिद्रय०)
नमो श्रौं ऐं ॐ
ॐ आं ह्रीं क्रों ऐं श्रीं क्लीं ब्लूं सौं रं वं श्रीं ॐ ।।११।।
सहस्त्र जपात् सिद्धि ।
दशांश नारिकेल होम ।

१२. विनियोग

ॐ अस्य श्री 'आपः स्रजन्तु स्निग्धानि' इति श्रीसूक्त द्वादश मंत्रस्य श्री अजस ऋषि, श्री महालक्ष्मी देवता 'ह्रां' बीज, शूलधारिणी शक्ति, पीताम्बरा महा विद्या, रजो गुण, त्वक् ज्ञानेन्द्रिय, गांभीर्य रस, गुद कर्मेन्द्रिय, गंभीर स्वर, भू तत्व, प्रवृत्ति कला, 'ह्रीं' उत्कीलन मत्स्य मुद्रा, मम क्षेमस्थैर्यायुरारोग्याभिवृद्ध्यर्थं श्री सर्व मंगल कारिण्यं भगवती प्रसाद सिद्ध्यर्थं च नमोयुत प्रणव-वाग्बीज-स्वबीज लोम-विलोम पुटितोक्त द्वादश मंत्र जपे विनियोगः ।

ऋष्यादिन्यास

श्री अजस ऋषये नमः सहस्त्रारे शिरसि ।
श्री महालक्ष्मी दैव्यै नमः द्वादशारे हृदि ।
'ह्रां' बीजाय नमः षडारे योनौ ।
शूलधारिणी शक्त्यै नमः दशारे नाभौ ।
पीताम्बर महाविद्यायै नमः षोडशारे कंठे ।
रजो गुणाय नमः अन्तरारे मनसि ।
त्वक् ज्ञानेन्द्रियाय नमः ज्ञानेन्द्रिये ।

गांभीर्य रसाय नमः चेतसि ।
गुद कर्मेन्द्रियाय नमः कर्मेन्द्रिये ।
गंभीर स्वराय नमः कंठमूले ।
भू तत्वाय नमः चतुरारे गुदे ।
प्रवृत्ति कलायै नमः करतले ।
'ह्लीं' उत्कीलनाय नमः पादयोः ।
मत्स्य मुद्रायै नमः सर्वाङ्गे ।

करन्यास

ॐ ऐं स्त्रीं नमः अंगुष्ठाभ्यां नमः ।
ॐ नमो नमः तर्जनीभ्यां स्वाहा ।
आपः स्त्रजन्तु स्निग्धानि मध्यमाभ्यां वषट् ।
चिक्लीत वस मे गृहे अनामिकाभ्यां हुं ।
नि च देवीं मातरं कनिष्ठिकाभ्यां वौषट् ।
श्रियं वासय मे कुले करतलकरपृष्ठाभ्यां फट् ।

षडंगन्यास

ॐ ऐं स्त्रीं नमः हृदयाय नमः ।
ॐ नमो नमः शिरसे स्वाहा ।
आपः स्त्रजन्तु स्निग्धानि शिखायै वषट् ।
चिक्लीत वस मे गृहे कवचाय हुं ।
नि च देवी मातरं नेत्रत्रयाय वौषट् ।
श्रियं वासय मे कुले अस्त्राय फट् ।

ध्यान

किरंतीमंगेभ्यः किरण निकुरुम्बामृतरसं ।
हृदि त्वामाधत्ते हिमकरशिलामूर्तिमिव यः ।।
स सर्पाणां दर्पं शमयति शकुन्ताधिप इव ।
ज्वर प्लुष्टान् दृष्ट्या सुखयति सुधाऽधारसिरया ।।

मन्त्र

ॐ आं ह्रीं क्रों ऐं श्रीं क्लूं सौं रं वं श्रीं
ॐ ऐं स्त्रीं नमः ।
आपः स्त्रजन्तु स्निग्धानि चिक्लीत वस मे गृहे । (दुर्गे०)
नि च देवीं मातरं श्रियं वासय मे कुले ।। (दारिद्रय०)

नमों स्त्रीं ऐं ॐ
ॐ श्रां ह्रीं क्रों ऐं श्रीं क्लीं ब्लूं सौं रं वं श्रीं ॐ ॥१२॥
सहस्र जापात् सिद्धि ।
दशांश द्राक्षा होम ।

१३. विनियोग

ॐ अस्य श्री 'आर्द्रां पुष्कारिणीं पुष्टी' इति श्रीसूक्त त्रयोदश मंत्रस्य मेधस ऋषि, श्री सर्वसौभाग्यदायिन्यै देवी 'द्रां' बीज, भीमा शक्ति, ज्येष्ठा महाविद्या, रजो गुण, घ्राणं ज्ञानेन्द्रिय, गंभीर रस, पाणि कर्मेन्द्रिय, दीन स्वर, वायु तत्व, परा शांति कला, 'ऐं' उत्कीलन, धेनुमुद्रा मम क्षेमस्थैर्यायुरारोग्याभिवृद्ध्यर्थं श्री सर्व मंगल कारिण्यै भगवती लक्ष्मी प्रसाद सिद्ध्यर्थं च नमोयुत प्रणव-वाग्बीज-स्वबीज-लोम-विलोम-पुटितोक्त त्रयोदश मंत्र जपे विनियोगः ।

ऋष्यादिन्यास

श्री मेधस ऋषये नमः सहस्रारे शिरसि ।
श्री सर्वसौभाग्यदायिन्यै दैव्ये नमः द्वादशारे हृदि ।
'द्रां' बीजाय नमः षडारे योनौ ।
भीमा शक्त्यै नमः दशारे नाभौ ।
ज्येष्ठा महाविद्यायै नमः षोडशारे कंठे ।
रजो गुणाय नमः अन्तरारे मनसि ।
घ्राणं ज्ञानेन्द्रियाय नमः ज्ञानेन्द्रिये ।
गांभीर्य रसाय नमः चेतसि ।
पाणिकर्मेन्द्रियाय नमः कर्मेन्द्रिये ।
दीन स्वराय नमः कंठमूले ।
वायुस्तत्वाय नमः चतुरारे गुदे ।
परा शांति कलायै नमः करतले ।
'ऐं' उत्कीलनाय नमः पादयोः ।
धेनु मुद्रायै नमः सर्वाङ्गे ।

करन्यास

ॐ ऐं ह्रीं नमः अंगुष्ठाभ्यां नमः ।
ॐ नमो नमः तर्जनीभ्यां स्वाहा ।
आर्द्रां पुष्करिणी पुष्टिं मध्यमाभ्यां वषट् ।
पिंगलां पद्ममालिनीम अनामिकाभ्यां हुं ।
चन्द्रां हिरण्मयीं लक्ष्मीं कनिष्ठिकाभ्यां वौषट् ।
जातवेदो म आवह करतलकरपृष्ठाभ्यां फट् ।

षडंगन्यास

ॐ ऐं ह्रीं नमः हृदयाय नमः ।
ॐ नमो नमः शिरसे स्वाहा ।
आर्द्रा पुष्करिणी पुष्टि शिखायै वषट् ।
पिंगलां पद्म मालिनीम् कवचाय हुं ।
चंन्द्रा हिरण्मयीं लक्ष्मीं नेत्रत्रयाय वौषट् ।
जातवेदो म आवह अस्त्राय फट् ।

ध्यान

वहन्ती सिन्दूरं प्रबल कबरी भार तिमिर
द्विषां वृन्दैर्बन्दी कृतमिव नवीनार्ककिरणम् ॥
तनोतु क्षेम नस्तव वदन सौन्दर्य लहरी ।
परिवाहः स्रोतः सरणिरिव सीमान्त सरणिः ॥

मंत्र

ॐ आं ह्रीं क्रों ऐं श्रीं क्लीं ब्लूं सौं रं वं श्रीं
ॐ ऐं वैं नमः ।
आर्द्रां पुष्करिणीं पुष्टिं पिंगला पद्म मालिनीम् । (दुर्गे०)
चन्द्रां हिरण्मयीं लक्ष्मीं जातवेदो म आवह ॥ (दारिद्रय०)
नमो वैं ऐं ॐ
ॐ आं ह्रीं क्रों ऐं श्रीं क्लीं ब्लूं सौं रं वं श्री ॐ ॥१३॥

सहस्र जपात् सिद्धि
दशांश मधु होम ।

१४. विनियोग

ॐ अस्य श्री 'आर्द्रा पुष्करिणीं यष्टि' इति श्रीसूक्त चतुर्दश मंत्रस्य श्री वेदव्यास ऋषि, श्री सर्वाह्लादिन्यै देवी 'रूं' बीज, वारुणी शक्ति, श्री तारा महाविद्या, सतोगुण, श्रोत्र ज्ञानेन्द्रिय, सौम्य रस, पद कर्मेन्द्रिय, मध्यम स्वर, वायु तत्व, विद्या कला, 'क्रीं' उत्कीलन, आकर्षिणी मुद्रा मम क्षेमस्थैर्यायुरारोग्याभिवृद्ध्यर्थं श्री सर्व मंगल कारिण्यै भगवती लक्ष्मी प्रसाद सिद्ध्यर्थं च नमोयुत प्रणव-वाग्बीज-स्वबीज-लोम-विलोम-पुटितोक्त चतुर्दश मंत्र जपे विनियोगः ।

ऋष्यादिन्यास

श्री वेदव्यास ऋषये नमः सहस्रारे शिरसि ।
श्री सर्वाह्लादिन्यै देव्यै नमः द्वादशारे हृदि ।

'हूं' बीजाय नमः षडारे योनौ ।
वारुणी शक्त्यै नमः दशारे नाभौ ।
तारा महाविद्यायै नमः षोडशारे कंठे ।
सतो गुणाय नमः अन्तरारे मनसि ।
श्रोत्र ज्ञानेन्द्रियाय नमः ज्ञानेन्द्रिये ।
सौम्य रसाय नमः चेतसि ।
पद कर्मेन्द्रियाय नमः कर्मेन्द्रिये ।
मध्यम स्वराय नमः कंठ मूले ।
वायुस्तत्वाय नमः चतुरारे गुदे ।
विद्या कलायै नमः करतले ।
'क्रीं' उत्कीलनाय नमः पादयोः ।
आकर्षिणी मुद्रायै नमः सर्वाङ्गे ।

करन्यास

ॐ ऐं क्रूं नमः अंगुष्ठाभ्यां नमः ।
ॐ नमो नमः तर्जनीभ्यां स्वाहा ।
आर्द्रां यः करिणीं यष्टिं मध्यमाभ्यां वषट् ।
सुवर्णां हेममालिनीम् अनामिकाभ्यां हुं ।
सूर्यां हिरण्मयीं लक्ष्मीं कनिष्ठिकाभ्यां वौषट् ।
जातवेदो म आवह करतलकरपृष्ठाभ्यां फट् ।

षडंगन्यास

ॐ ए क्रूं नमः हृदयाय नमः ।
ॐ नमो नमः शिरसे स्वाहा ।
आर्द्रां यः करिणीं र्यष्टिं शिखायै वषट् ।
सुवर्णां हेममालिनीम् कवचाय हुं ।
सूर्यां हिरण्मयीं लक्ष्मीं नेत्रत्रयाय वौषट् ।
जातवेदो म आवह अस्त्राय फट् ।

ध्यान

स्फुरद् गण्डाभोग प्रतिफलित ताटंक युगलम् ।
चतुश्चक्रं मन्ये तव मुखमिदं मन्मथरथम् ।।
यमारुह्य द्रुह्यत्यव निरथमर्केंदु चरणम् ।
महावीरो मारः प्रमथपतये सज्जितवते ।।

मंत्र

ॐ आं ह्रीं क्रों ऐं श्रीं क्लीं ब्लूं सौं रं वं श्रीं
ॐ ऐं कृं नमः ।
आर्द्रां यः करिणीं यष्टिं सुवर्णां हेममालिनीम् । (दुर्गे०)
सूर्यां हिरण्मयीं लक्ष्मीं जातवेदो म आवह ।। (दारिद्र्य०)
नमो कृं ऐं ॐ
ॐ आं ह्रीं क्रों ऐं श्रीं क्लीं ब्लूं सौं रं वं श्रीं ॐ ।।१४।।

सहस्र जपात् सिद्धि ।

दशांश बादाम होम ।

१५. विनियोग

ॐ अस्य श्री ''तां म आवह जातवेदो' इति श्री सूक्त पंचदश मन्त्रस्य श्री ब्रह्मा ऋषि, श्री सर्व शक्त्यै देवी, 'ज्रां' बीज, धनदा शक्ति, मातंगी महाविद्या, रजो गुण, त्वक् ज्ञानेन्द्रिय, स्तवन रस, पाद कर्मेन्द्रिय, मृदु स्वर, आकाश तत्व, परा शान्ति कला, 'श्रीं' उत्कीलन, सम्पुट मुद्रा मम क्षेमस्थैर्यायुरारोग्याभिवृद्ध्यर्थं श्री सर्व मंगल कारिण्यै भगवती लक्ष्मी प्रसाद सिद्ध्यर्थं च नमोयुत प्रणव-वाग्बीज-स्वबीज-लोम-विलोम-पुटितोक्त पंचदश मंत्र जपे विनियोगः ।

ऋष्यादिन्यास

श्री ब्रह्मा ऋषये नमः सहस्रारे शिरसि ।
श्री सर्व शक्त्यै देव्यै नमः द्वादशारे हृदि ।
'ज्रां' बीजाय नमः षडारे योनौ ।
धनदा शक्त्यै नमः दशारे नाभौ ।
मातंगी महाविद्यायै नमः षोडशारे कंठे ।
रजोगुणाय नमः अन्तरारे मनसि ।
त्वक् ज्ञानेन्द्रियाय नमः ज्ञानेन्द्रिये ।
स्तवन रसाय नमः चेतसि ।
पाद कर्मेन्द्रियाय नमः कर्मेन्द्रिये ।
मृदु स्वराय नमः कंठमूले ।
आकाश तत्वाय नमः चतुरारे गुदे ।
परा शान्ति कलायै नमः करतले ।
'श्रीं' उत्कीलनाय नमः पादयोः ।
सम्पुट मुद्रायै नमः सर्वाङ्गे ।

करन्यास

ॐ ऐं ॐ नमः अंगुष्ठाभ्यां नमः ।
ॐ नमो नमः तर्जनीभ्यां स्वाहा ।
तां म आवह जातवेदो मध्यमाभ्यां वषट् ।
लक्ष्मीमनपगामिनीम् अनामिकाभ्यां हुं ।
यस्या हिरण्यं प्रभूंति गावो कनिष्ठिकाभ्यां वौषट् ।
दास्यो श्वान्विन्देयं पुरुषानहम् करतलकरपृष्ठाभ्यां फट् ।

षडंगन्यास

ॐ ऐं ॐ नमः हृदयाय नमः ।
ॐ नमो नमः शिरसे स्वाहा ।
तां म आवह जातवेदो शिखायै वषट् ।
लक्ष्मीमनपगामिनीम् कवचाय हुं ।
यस्यां हिरण्यं प्रभूंति गावो नेत्रत्रयाय वौषट् ।
दास्यो श्वान्विन्देयं पुरुषानहम् अस्त्राय फट् ।

ध्यान

कुचौ सद्यः स्विद्य तट घटित कूर्पास भिदुरौ ।
कषन्तौ दोर्मूले कनककलशाभौ कलयता ।।
तव त्रातुं भंगा दलमिति वलग्नं तनुभुवा ।
त्रिधा नद्धं देवि त्रिवलिलवली वल्लिभिरिव ।।

मंत्र

ॐ आं ह्रीं क्रों ऐं श्रीं क्लीं ब्लूं सौं रं वं श्रीं
ॐ ऐं ॐ नमः ।
तां म आवह जातवेदो लक्ष्मी मन पगानिमीम् । (दुर्गे०)
यस्यां हिरण्यं प्रभूंति गावो दास्योश्वान्विन्देयं पुरुषानहम् ।। (दारिद्र्य०)
नमो ॐ ऐं नमः
ॐ आं ह्रीं क्रों ऐं श्रीं क्लीं ब्लूं सौं रं वं श्रीं ॐ ।।१५।।
सहस्र जपात् सिद्धि ।
दशांश क्षीर होम ।

१६. विनियोग

ॐ अस्य श्री 'यः शुचिः प्रयतो भूत्वा' इति श्रीसूक्त षोडश मंत्रस्य श्री ब्रह्मा ऋषि, श्री महा सरस्वती देवता, 'प्रूं' बीज, सिद्धिदा शक्ति, श्री कमला महा विद्या, सतो गुण, घ्राणं ज्ञानेन्द्रिय, स्वतन रस, पाद कर्मेन्द्रिय, मृदु स्वर, जल तत्व,

शांति कला, 'ह्लीं' उत्कीलन, सम्पुट मुद्रा, मम क्षेमस्थैर्यायुरारोग्याभिवृद्धयर्थं श्री सर्व मंगल कारिण्यै भगवती लक्ष्मी प्रसाद सिद्धयर्थं च नमोयुत प्रणव-वाग्बीज-स्वबीज-लोम-विलोम पुटितोक्त षोडश मंत्र जपे विनियोगः ।

ऋष्यादिन्यास

श्री ब्रह्मा ऋषये नमः सहस्रारे शिरसि ।
श्री महासरस्वत्यै देव्यै नमः द्वादशारे हृदि ।
'प्रू' बीजाय नमः षडारे योनौ ।
सिद्धिदा शक्त्यै नमः दशारे नाभौ ।
श्री कमला महाविद्यायै नमः षोडशारे कंठे ।
सतो गुणाय नमः अन्तरारे मनसि ।
घ्राणं ज्ञानेन्द्रियाय नमः ज्ञानेन्द्रिये ।
स्तवन रसाय नमः चेतसि ।
पाद कर्मेन्द्रियाय नमः कर्मेन्द्रिये ।
मृदु स्वराय नमः कंठमूले ।
जल तत्वाय नमः चतुरारे गुदे ।
शांति कलायै नमः करतले ।
'ह्लीं' उत्कीलनाय नमः पादयोः ।
सम्पुट मुद्रायै नमः सर्वाङ्गे ।

करन्यास

ॐ ऐं क्लीं श्रीं नमः अंगुष्ठाभ्यां नमः ।
ॐ नमो नमः तर्जनीभ्यां स्वाहा ।
यः शुचिः प्रयतो भूत्वा मध्यमाभ्यां वषट् ।
जुहुयादाज्यमन्वहम् अनामिकाभ्यां हुं ।
सूक्तं पंचदशर्चं च कनिष्ठिकाभ्यां वौषट् ।
श्री कामः सततं जपेत् करतलकरपृष्ठाभ्यां फट् ।

षडंगन्यास

ॐ ऐं क्लीं श्रीं नमः हृदयाय नमः ।
ॐ नमो नमः शिरसे स्वाहा ।
यः शुचिः प्रयनो भूत्वा शिखायै वषट् ।
जुहुयादाज्यमन्वहम् कवचाय हुं ।
सूक्त पंचदशर्चं च नेत्रत्रयाय वौषट् ।
श्री कामः सततं जपेत् अस्त्राय फट् ।

ध्यान

समानीतः पद्भ्यां मणिमुकुरताम्म्बर मणिः ।
भयादास्यादन्तः स्तिमित किरण श्रेणि मसृणः ।।
दधाति त्वद्वक्त्र प्रतिफलनमश्रान्त विकचम् ।
निरातंकं चन्द्राग्निज हृदय पंकेरुहमिव ।।

मंत्र

ॐ आं ह्रीं क्रों ऐं श्रीं क्लीं ब्लूं सौं रं वं श्रीं
ॐ ऐं नमः ।
यः शुचिः प्रयतो भूत्वा जुहुयादाज्य मन्वहम् । (दुर्गे०)
सूक्त पंचदशर्च च श्रीकामः सततं जपेत् ।। (दारिद्रय०)
नमो ऐं ॐ
ॐ आं ह्रीं क्रों ऐं श्रीं ब्लूं सौं रं वं श्रीं ॐ ।।१६।।
१००० जपात् सिद्धि ।
दशांश द्राक्षा होम ।

ऊपर प्रत्येक मंत्र की प्रथम पंक्ति के पीछे (दुर्गे०) तथा द्वितीय पंक्ति के पीछे (दारिद्रय०) अंकित है । इसका तात्पर्य यह है कि कुछ विद्वान् इसमें दुर्गा सप्तशती के 'दुर्गेस्मृता' मंत्र का सम्पुट देकर भी पाठ करते हैं, और इस प्रकार श्री सूक्त के सोलह मंत्रों में ही उपरोक्त मंत्र का सम्पुट देते हैं । सम्पुट देने पर पाठ इस प्रकार होगा—

ॐ आं ह्रीं क्रों ऐं श्रीं क्लीं ब्लूं सौं रं वं श्रीं
श्रीं ह्रीं श्रीं नमः
—हिरण्य वर्णा हरिणीं सुवर्ण रजतस्रजाम् ।
दुर्गे स्मृता हरसि भीतिमशेष जन्तोः
स्वस्थैः स्मृता मति मतीव शुभां ददासि ।
—चन्द्र हिरण्मयां लक्ष्मीं जातवेदो ममा वह ।।
दारिद्रय दुःख भय हारिणि कात्वदन्या
सर्वोपकार करणाय सदार्द्रचित्ता ।।
नमो श्रीं ह्रीं श्रीं ॐ
ॐ आं ह्रीं क्रों ऐं श्रीं क्लीं ब्लूं सौं रं वं श्रीं

यह श्रीसूक्त का पहला मंत्र पूर्ण बना, इसी प्रकार 'दुर्गे स्मृता' मंत्र का सम्पुट श्री सूक्त के सभी मंत्रों में देते हुए पाठ किया जा सकता है ।

वस्तुतः श्री सूक्त अपने आप में सक्षम एवं पूर्ण प्रभाव युक्त है । यदि साधक इन मंत्रों को सिद्ध कर लेता है, तो उसके जीवन में किसी भी प्रकार की कोई न्यूनता नहीं रहती तथा समस्त प्रकार के भोगों का भोग करता हुआ यशस्वी जीवन व्यतीत करता है ।

बीजयुक्त लक्ष्मीसूक्त

कहा जाता है कि श्री सूक्त के बाद यदि लक्ष्मीसूक्त का पाठ नहीं किया जाता है, तो श्रीसूक्त का प्रभाव न्यून ही रहता है। साधकों के लाभार्थ मैं गुह्य और दुर्लभ बीजयुक्त लक्ष्मीसूक्त दे रहा हूं

(१)

ॐ वं श्रीं वं ऐं ह्लीं श्रीं क्लीं गृह लक्ष्म्यै स्वाहा श्री ॐ
सरसिज निलये सरोज हस्ते धवलतरे ! शुभ गंध माल्य शोभे।
भगवति हरि वल्लभे ! मनोज्ञे त्रिभुवन भूति करि प्रसीद मह्यम् ॥१॥
ॐ वं श्रीं वं ऐं ह्लीं श्रीं क्लीं गृहलक्ष्म्यै स्वाहा श्री ॐ।

(२)

ॐ वं श्रीं वं ऐं ह्लीं श्रीं क्लीं गृहलक्ष्म्यै स्वाहा श्री ॐ
धनमग्निर्धनं वायु वसु र्धनं सूर्यो धनं वसुः।
धन मिन्द्रो बृहस्पति र्वरुणं धनमस्तु मे ॥२॥
ॐ वं श्रीं वं ऐं ह्लीं श्रीं क्लीं गृहलक्ष्म्यै स्वाहा श्री ॐ।

(३)

ॐ वं श्रीं वं ऐं ह्लीं श्रीं क्लीं गृहलक्ष्म्यै स्वाहा श्री ॐ
वैनतेयं सोमं पिब सोमं पिबतु वृत्रहा।
सोमं धनस्य सोमिनो मह्यं ददातु सोमिनः ॥३॥
ॐ वं श्रीं वं ऐं ह्लीं श्रीं क्लीं गृहलक्ष्म्यै स्वाहा श्री ॐ।

(४)

ॐ वं श्रीं वं ऐं ह्लीं श्रीं क्लीं गृहलक्ष्म्य स्वाहा श्री ॐ
न क्रोधो न च मात्सर्यं न लोभो न शुभा मतिः।
भवन्ति कृत पुण्यानां भक्तानां सूक्त जापिनाम् ॥४॥
ॐ वं श्रीं वं ऐं ह्लीं श्रीं क्लीं गृहलक्ष्म्यै स्वाहा श्री ॐ।

(५)

ॐ वं श्रीं वं ऐं ह्लीं श्रीं क्लीं गृहलक्ष्म्यै स्वाहा श्री ॐ
पद्मानने पद्म उरु पद्माक्षी पद्मसंभवे।

तन्मे भजसि पद्माक्षि येन सौख्यं लभाम्यऽहम् ॥५॥
ॐ वं श्रीं वं ऐं ह्लीं श्रीं क्लीं गृहलक्ष्म्यै स्वाहा श्री ॐ।

(६)

ॐ वं श्रीं वं ऐं ह्लीं श्रीं क्लीं गृहलक्ष्म्यै स्वाहा श्री ॐ
विष्णु पत्नीं क्षमा देवीं माधवीं माधव प्रियाम् ।
विष्णु प्रियां सखीं देवीं नम्यायच्युतवल्लभाम् ॥६॥
ॐ वं श्रीं वं ऐं ह्लीं श्रीं क्लीं गृहलक्ष्म्यै स्वाहा श्री ॐ।

(७)

ॐ वं श्रीं वं ऐं ह्लीं श्रीं क्लीं गृहलक्ष्म्यै स्वाहा श्री ॐ
महा लक्ष्मीं च विद्महे विष्णु पत्नीं च धीमहि ।
तन्मो लक्ष्मीं प्र चो द यात् ॥७॥
ॐ वं श्रीं वं ऐं ह्लीं श्रीं क्लीं गृहलक्ष्म्यै स्वाहा श्री ॐ।

(८)

ॐ वं श्रीं वं ऐं ह्लीं श्रीं क्लीं गृहलक्ष्म्यै स्वाहा श्री ॐ
पद्मानने पद्मनि पद्म पत्रे पदमप्रिये पद्मदलायताक्षि ।
विश्वप्रिये विश्व मनोनुकूले त्वत्पाद पद्मं मयि सन्निधत्स्व ॥८॥
ॐ वं श्रीं वं ऐं ह्लीं श्रीं क्लीं गृहलक्ष्म्यै स्वाहा श्री ॐ।

(९)

ॐ वं श्रीं वं ऐं ह्लीं श्रीं क्लीं गृहलक्ष्म्यै स्वाहा श्री ॐ
आनन्द कर्दम श्री दश्चिक्लीत इति विश्रुता ।
ऋषयः श्रिय पुत्राश्च मयि श्री देवी देवता ॥९॥
ॐ वं श्रीं वं ऐं ह्लीं श्रीं क्लीं गृहलक्ष्म्यै स्वाहा श्री ॐ।

(१०)

ॐ वं श्रीं वं ऐं ह्लीं श्रीं क्लीं गृहलक्ष्म्यै स्वाहा श्री ॐ
या लक्ष्मीः सिन्धु सम्भूता धेनु भूतः पुरु व सु ।
पद्मा विश्वावसु देवी सदा तो च सतां गृहे ॥१०॥
ॐ वं श्रीं वं ऐं ह्लीं श्रीं क्लीं गृहलक्ष्म्यै स्वाहा श्री ॐ।

(११)

ॐ वं श्रीं वं ऐं ह्लीं श्रीं क्लीं गृहलक्ष्म्यै स्वाहा श्री ॐ
अश्वदायी च गोदायी धनदायी महा धने ।
धनं मे जुषतां देवि सर्व कामाश्च देहि मे ॥११॥
ॐ वं श्रीं वं ऐं ह्लीं श्रीं क्लीं गृहलक्ष्म्यै स्वाह. श्री ॐ।

(१२)

ॐ वं श्रीं व ऐं ह्लीं श्रीं क्लीं गृहलक्ष्म्यै स्वाहा श्री ॐ

पुत्र पौत्र धनं धान्यं हस्त्याश्वादि गजे रथम् ।
प्रजानां भव सीमांत आयुष्मन्तं करोतु माम् ।।१२।।
ॐ वं श्रीं वं ऐं ह्लीं श्रीं क्लीं गृहलक्ष्म्यै स्वाहा श्री ॐ ।

(१३)

ॐ वं श्रीं वं ऐं ह्लीं श्रीं क्लीं गृहलक्ष्म्यै स्वाहा श्री ॐ
ऋण रोगादि दारिद्रयं पापं च अप मृत्यवः ।
भय शोक मनस्तापा नश्यन्तु मम सर्वदा ।।१३।।
ॐ वं श्रीं वं ऐं ह्लीं श्रीं क्लीं गृहलक्ष्म्यै स्वाहा श्री ॐ ।

(१४)

ॐ वं श्रीं वं ऐं ह्लीं श्रीं क्लीं गृहलक्ष्म्यै स्वाहा श्री ॐ
श्रीर्वर्चस्वमायुष्यमारोग्यमाविद्याच्छुमभानं महीयते ।
धान्यं धनं पशुं पुत्र लाभं शत संवत्सरं दीर्घमायुः ।।१४।।
ॐ वं श्रीं वं ऐं ह्लीं श्रीं क्लीं गृहलक्ष्म्यै स्वाहा श्री ॐ ।

(१५)

ॐ वं श्रीं वं ऐं ह्लीं श्रीं क्लीं गृहलक्ष्म्य स्वाहा श्री ॐ
या सा पद्मासनस्था विपुल कटि तटी पद्मपत्रायताक्षी ।
गंभीरा वर्तनाभिस्तनघनन मिता शुक्ल वस्त्रोत्तरीया ।।१५।।
ॐ वं श्रीं वं ऐं ह्लीं श्रीं क्लीं गृहलक्ष्म्यै स्वाहा श्री ॐ ।

(१६)

ॐ वं श्रीं वं ऐं ह्लीं श्रीं क्लीं गृहलक्ष्म्यै स्वाहा श्री ॐ
लक्ष्मी दिव्यैर्गजेन्दैर्मणिगण रचिता स्नापिता हेम कुम्भैः ।
नित्यं सा पदम हस्ता मम वसति गृहे सर्व मांगल्ययुक्ता ।।१६।।
ॐ वं श्रीं वं ऐं ह्लीं श्रीं क्लीं गृहलक्ष्म्यै स्वाहा श्री ॐ ।

फिर पंचमुद्रा प्रदर्शन कर जल अक्षत गंध छोड़े, तथा योनि मुद्रा से भगवती लक्ष्मी को प्रणाम करे, और प्रार्थना करे—

यावच्चद्रश्च सूर्य्यश्च यावद देवा वसुन्धरा ।
तावन्मम गृहे देवि अचला सुस्थिरा भव ।।१।।
यावद् ब्रह्मादयो देवामनुभुञ्ज चतुर्दशः ।
तावन्मम गृहे देवि अचला सुस्थिरा भव ।।२।।
यावत् तारागणाकाशे यावद् इन्द्रादयोऽमराः ।
तावन्मम गृहे देवि अचला सुस्थिरा भव ।।३।।

पश्चात् दक्षिण दिशा की ओर गंध अक्षत छोड़े व **'क्षमस्व'** शब्द का उच्चारण करते हुए श्री लक्ष्मी को प्रणाम करते हुए क्षमा मांगे ।

।। श्री लक्ष्मीसूक्त समाप्तम् ।।

दारिद्र्य-विनाशक धनदा प्रयोग

दरिद्रता जीवन का अभिशाप है। इसके व्याप्त होने से मानव चारों तरफ से घिर जाता है और अपने आपको पतित अनुभव करने लग जाता है। चेहरे की कान्ति मिट जाती है, शरीर भी हीन हो जाता है और वह व्यक्ति एक प्रकार से अपने आपको बोझ-सा अनुभव करने लग जाता है। ऋग्वेद में स्पष्ट कहा है कि लक्ष्मी उसके पास नहीं रहती जिसमें दान देने की इच्छा नहीं होती, कटुभाषी होता है, अस्त-व्यस्त विचित्र वेशभूषा में रहता है, बात-बात में झगड़ता है, और मार-पीट को सदैव तत्पर रहता है—

अराथि काणे विकटे गिरिं गच्छ सदान्वे।
शिरिन्विठस्य सत्वभिस्तेभिष्ट्वा चातयामसि ॥

दारिद्र्य विनाशक यंत्र

अर्थात् जो लक्ष्मी साधना करना चाहता है उसे मृदुभाषी, दानी, सुरुचिपूर्ण वेशभूषा युक्त तथा परोपकारी होना चाहिए। आर्ष ऋषि ने कहा है—

चत्तो इतश्चत्तामुतः सर्वाभ्रूणान्यारुषी।
अराय्यं ब्रह्मणस्पते तीक्ष्ण भृंगोवर्षन्निहि॥

अर्थात्—दरिद्रता, घर का सब कुछ नष्ट करके दुर्भिक्ष ले आती है, अतः इस दरिद्रता को मैं इस लोक और उस लोक से दूर करने का संकल्प करता हूं।

प्रयोग-१ दारिद्रय नाश

साधक शुद्ध होकर आसन पर बैठ विनियोग करे—

ॐ **अस्य श्री 'दुर्गे स्मृतेति' मंत्रस्य, विष्णु ऋषि, अनुष्टुप छन्द, श्री महालक्ष्मी देवता,** शाकुंभरी शक्ति, **वायु कील, कमम सकल संकेत कष्ट दारिद्रय परिहारार्थं जपे विनियोगः ।**

ऋष्यादिन्यास

विष्णु ऋषये नमः शिरसि ।
अनुष्टुप् छन्दसे नमः मुखे ।
महालक्ष्मी देवतायै नमः हृदि ।
शाकुंभरी शक्तये नमः नाभौ ।
वायुः कीलकाय नमः पादयोः ।

मम सकल-संकेत-कष्ट-दुःख-दारिद्रय परिहारार्थं च विनियोगः ।

करन्यास

—दुर्गे स्मृता हरसि भीतिमशेष जन्तो—भय शोक दारिद्रय यच्च दूरके अंगुष्ठाभ्यां नमः ।

—स्वस्थै स्मृता मतिमतीव शुभां ददासि—भय शोक दारिद्रय यच्च दूरके तर्जनीभ्यां स्वाहा ।

—दारिद्रय दुःख भय हारिणि का त्वदन्या—भय शोक दारिद्रय यच्च दूरके मध्यमाभ्यां वषट् ।

—सर्वोपकार करणाय सदार्द्रचित्ता—भय शोक दारिद्रय यच्च दूरके अनामिकाभ्यां हुं।

—दुर्गे स्मृता हरसि भीतिमशेष जन्तो स्वस्थै स्मृता मतिमतीव शुभां ददासि, भय शोक दारिद्रय यच्च दूरके कनिष्ठिकाभ्यां वौषट् ।

—दुर्गे स्मृता हरसि भीतिमशेष जन्तो स्वस्थैस्मृता मतिमतीव शुभां ददासि-भय शोक दारिद्रय यच्च दूरके—दारिद्रय दुःख भय हारिणि कात्वदन्या, सर्वोपकार करणाय सदार्द्र चित्ता—करतलकरपृष्ठाभ्यां फट् ।

षडंगन्यास

दुर्गे स्मृता हरसि भीतिमशेषजन्तो हृदयाय नमः ।
स्वस्थै स्मृता मतिमतीव शुभां ददासि शिरसे स्वाहा ।
दारिद्रय दुःख भय हारिणि कात्वदन्या शिखायै वषट् ।
सर्वोपकारकरणाय सदार्द्रचित्ता कवचाय हुं ॥
दुर्गे स्मृता हरसिभीतिमशेषं जन्तो नेत्रत्रयाय वौषट्।
दुर्गे स्मृता हरसि भीतिमशेष जन्तोः अस्त्राय फट् ।

ध्यान

विद्युद्दाम-सम-प्रभां मृगपति-स्कन्ध-स्थितां-भीषणाम् ।
कन्याभिः करवाल-खेट-विलसद्-हस्ताभिरा सेविताम् ।।
हस्तैश्चक्र-गदासि-खेट-विशिखं चापं गुणं तर्जनीम् ।
विभ्राणामनलात्मिकां शशिधरां दुर्गां त्रिनेत्रां भजे ।।

फिर एक एक माला निम्न बीज मन्त्र की फेरे—

ॐ ऐं सद्रूपिणी महासरस्वती वाग्भव ब्रह्म विद्यायै त्वाम् ।
ॐ ह्लीं चिद्रूपिणी महालक्ष्मी, माया ब्रह्म विद्यायै त्वाम् ।
ॐ क्लीं आनन्द रूपिणी महाकालिके कामरूपे ब्रह्मविद्यायै त्वाम् ।।

मन्त्र

ॐ ह्लीं दुं दुर्गे स्मृता हरसि भीतिमशेष जन्तो स्वस्थैः स्मृता मतिमतीव शुभां ददासि । यदन्ति यच्च दूरके भयं विन्दन्ति मामिह पवमानवीतं जहि दारिद्र्य दुःख भय हारिणि का त्वदन्या सर्वोपकारकरणाय सदार्द्रचित्ता स्वाहा ।।

उपर्युक्त मन्त्र जप पैंतालीस हजार करे । दशांश होम, तर्पण, मार्जन आदि करने पर निश्चय ही दरिद्रता का नाश और महालक्ष्मी का आगमन होता है ।

प्रयोग-२ सिद्ध लक्ष्मी

ॐ अस्य श्री सिद्ध लक्ष्मी स्तोत्र मंत्रस्य, हिरण्यगर्भ ऋषि, अग्निर्देवता, त्रिष्टुप् छन्द, मम समस्त क्लेश, पीड़ा, दारिद्र्य निवारणार्थं ऐश्वर्य लक्ष्मी प्राप्त्यर्थं सिद्ध लक्ष्मी स्तोत्र जपे विनियोगः ।

करन्यास

ॐ सिद्ध लक्ष्मी अंगुष्ठाभ्यां नमः ।
ॐ ह्लीं विष्णु हृदये तर्जनीभ्यां नमः ।
ॐ क्लीं अमृतानन्दे मध्यमाभ्यां नमः ।
ॐ श्रीं अद्वैतमालिने अनामिकाभ्यां नमः ।
ॐ तेज प्रकाशिन्यै कनिष्ठिकाभ्यां नमः ।
ॐ ह्लीं क्लीं श्रीं ब्राह्मी वैष्णवी, रौद्री करतलकरपृष्ठाभ्यां नमः

हृदयादिन्यास

ॐ सिद्ध लक्ष्मी हृदयाय नमः ।
ॐ ह्लीं विष्णु हृदये शिरसे स्वाहा ।
ॐ क्लीं अमृतानन्दे शिखायै वषट ।
ॐ श्रीं अद्वैतमालिने कवचाय हुं ।
ॐ तेज प्रकाशिन्यै नेत्रत्रयाय वौषट् ।
ॐ ह्लीं क्लीं ब्राह्मी वैष्णवी रौद्री अस्त्राय फट् ।

ध्यान

ब्राह्मी वैष्णवी रौद्री षट् भुजी च चतुर्मुखी ।
त्रिनेत्रा खड्गशूला च पद्मचक्र गदाधरा ॥१॥

पीताम्बरधरा देवि नानालंकारभूषिता ।
तेजपुंजवराश्रेष्ठा ध्यायेत् बाल कुमारिकाम् ॥२॥

ॐकार लक्ष्मी रूपेण हृदयं विष्णुमव्यय ।
विष्णुमानन्द मध्यस्थं ह्रींकारा निजमव्ययम् ॥३॥

क्लीं अमृतानंद हे च सदामानन्ददायिनी ।
श्री द्वेतां त्रिशिरा शक्तिः मालिनी शत्रु मर्दिनी ॥४॥

तेज प्रकाशिनी देवी वरदा भय नाशिनी ।
ब्राह्मी वैष्णवी रौद्री कालिका रक्त सांभवी ॥५॥

अकार ब्रह्मरूपेण ॐकार विष्णुमव्ययम् ।
मकार पुरुषं नामे देवी प्रणवमुच्यते ॥६॥

सूर्य कोटि प्रकाशं च चन्द्रकोटि समप्रभम् ।
तन्मध्य निकर सूक्ष्मं ब्रह्मरूपी व्यवस्थितम् ॥७॥

ॐकार परमानन्दं क्रीयते व सुखः सुरा ।
सर्व मंगल मांगल्ये शक्ति सर्वार्थं साधकम् ॥८॥

प्रथमे अम्बिके गौरी, द्वितीये वैष्णवी तथा ।
तृतीये कमला प्रोक्ता चतुर्थे सुन्दरी जया ॥९॥

पंचमे विष्णुपत्नी च षष्ठं कात्यायनीति च ।
सप्तमं चैव वाराही अष्टमं हरिवल्लभा ॥१०॥

नवमंखड्गत्रिश्दाला दशमं देवि देवका ।
एकादशं सिद्ध लक्ष्मी द्वादश्यां हंस वाहिनी ॥११॥

एतत् स्तोत्रमिदं मंत्रं य पठेत् सततं नरः ।
सर्वपापविनिर्मुक्तो नात्र कार्या विचारणा ॥१२॥

एक मासं द्विमासं वा त्रिमासं च चतुर्थकम् ।
पंचमासं षट् मासं च त्रिकालं च सदा पठेत् ॥१३॥

ब्राह्मण क्लेशहा दुःखी दारिद्रय भय पीड़िता ।
जन्मांतर सहस्रेषु मुच्यते सर्व किल्विषैः ॥१४॥

अलक्ष्म्या लभ्यते लक्ष्मी अपुत्रो पुत्रवान्भवेत् ।
निर्धनोधनमाप्नोति, शत्रु चोर भयं न च ॥१५॥

शाकिनी भूत वेताला, व्याघ्र चौर नियातिनी।
राजद्वारे सभा स्थाने कारागृह निबन्धते ॥१६॥
ईश्वरेण कृतं स्तोत्रं प्राणिनां हित काम्यया।
स्तोतव्यं च समानित्यं दारिद्रयं न च बाधते ॥१७॥
॥इति श्री ब्रह्मश्व विरचित सिद्ध लक्ष्मी स्तोत्र॥

प्रयोग-३ धनदा

लक्ष्मी की मूर्ति के सामने ध्यान करे—

अज्ञान-पातक-तमस्तति-तीव्र रश्मि
दौर्भाग्य-भूधर-विदारण-वज्रमोडे।
रोगार्ति-घोर-फणि-मर्दन-पक्षिराजं
लक्ष्मी-पदद्वयमनर्थ-हरं सुखार्थी॥

विनियोग

ॐ अस्य श्री सर्वा बाधा विनिर्मुक्तेति मंत्रस्य, शंकर ऋषि, अनुष्टुप् छन्द, श्री धनदा देवता, ह्रीं बीजं, स्वाहा शक्ति, ममाभीष्ट सिद्धयर्थे जपे विनियोगः।

ऋष्याविन्यास

शंकर ऋषये नमः शिरसि।
अनुष्टुप् छन्दसे नमः मुखे।
श्री धनदा देवतायै नमः हृदि।
ह्रीं बीजाय नमः गुह्ये।
स्वाहा शक्तये नमः पादयोः।

करन्यास

ह्रां अंगुष्ठाभ्यां नमः।
ह्रीं तर्जनीभ्यां नमः।
ह्रूं मध्यमाभ्यां नमः।
ह्रैं अनामिकाभ्यां नमः।
ह्रौं कनिष्ठिकाभ्यां नमः।
ह्रः करतलकरपृष्ठाभ्यां नमः।

षडङ्गन्यास

ह्रां हृदयाय नमः।
ह्रीं शिरसे स्वाहा।
ह्रूं शिखायै वषट्।
ह्रैं कवचाय हुं।

ह्रौं नेत्रत्रयाय वौषट् ।

ह्रः अस्त्राय फट् ।

ध्यान

अश्वारूढां त्रिनेत्रां करकमलधरां पीतवासां सुकेशीम् ।
भक्ताभीष्टप्रदात्रीं शशिमुकुटधरां स्वर्णवाने प्रशस्ताम् ।
दुष्टान् पापान् दहन्ति, स्मरहरतनयां सेविता सिद्ध संगे ।
स्तां देवीं देव वंद्य त्रिभुवन जननी चेतसा चिन्तयामि ।।

मन्त्र

ॐ सर्वा बाधा विनिर्मुक्तो, धनधान्यसमान्वतः ।
मनुष्यो मत्प्रसादेन भविष्यति न संशयः ।।

मन्त्र जप दस हजार ।

नित्य पंच सहस्त्र करने पर अभीष्ट सिद्धि प्राप्त ।

सिद्ध सम्पुट मन्त्र

मन्त्र शास्त्र के जानने वाले पाठकों के लिए कुछ विशिष्ट मन्त्रों का सामान्य प्रयोग दे रहा हूं; यद्यपि ग्रन्थ में मन्त्र, मन्त्रोद्धार तथा मन्त्र प्रयोग आदि की विधि स्पष्ट कर चुका हूं।

तन्त्र और मन्त्र को भली प्रकार से समझने के लिए कुछ विशिष्ट ज्ञान आवश्यक है। तन्त्र में काली वर्णन का सर्वाधिक मत्त्हव है। काली पूजन तथा काली से सम्बन्धित जानकारी अपने आप में महत्त्वपूर्ण है।

तान्त्रिक ग्रन्थों में नवविध कालियों के नाम स्पष्ट किए हैं जो कि निम्न प्रकार हैं—

१. दक्षिणकाली २. भद्रकाली ३. श्मशानकाली ४. कालकाली ५. गुह्यकाली ६. कामकलाकाली ७. धनकाली ८. सिद्धिकाली ९. चण्डकाली।

इनमें कामकलाकाली का महत्त्व सर्वाधिक प्रमुख है और उसकी उपासना और साधना अत्यन्त ही महत्त्वपूर्ण और गोपनीय मानी गई है।

कामकलाकाली के ग्यारह उपासक हैं जो कि तान्त्रिक ग्रन्थों के अनुसार निम्नलिखित हैं—

१. इन्द्र २. वरुण ३. कुबेर ४. ब्रह्मा ५. महाकाल ६. बाण ७. रावण ८. यम ९. चन्द्र १०. विष्णु तथा ११. महर्षिगण।

कामकला की उपासना अत्यन्त ही महत्त्वपूर्ण मानी गई है। तान्त्रिक ग्रन्थों के अनुसार भाग्योदय होने पर ही इस विद्या की प्राप्ति होती है। यदि प्राणदान देकर भी यह विद्या प्राप्त होती हो तो भी ज्यादा मंहगी नहीं। सर्वस्व दान करने पर गुरु की प्राप्ति होती है और गुरु की प्राप्ति होने पर ही इस विद्या की उपलब्धि हो सकती है।

इस उपासना से विद्या लक्ष्मी, मोक्ष लक्ष्मी तथा राज्य लक्ष्मी की प्राप्ति होती है। साथ ही साथ इससे धन लाभ, यश लाभ, पत्नी लाभ, अष्ट सिद्धि, वशीकरण, स्तम्भन, आकर्षण, ग्रहों की गतियों का स्तम्भन, आग तथा वायु का स्तम्भन, धारा और नदी का स्तम्भन, शत्रुओं की सेनाओं का स्तम्भन तथा वाक् स्तम्भन आदि की प्राप्ति सम्भव है।

पूर्ण मन्त्र

त्लठ्ल्ह्क्षथ्ल्ह्क्षद्ल्ह्क्षक्षरहम्ल्व्यई ॐ ।

इस मन्त्र का ऋषि महाकाल है, छन्द बृहती है, बीजआद्य बीज है, शक्ति क्रोधवर्ण है तथा विनियोग सर्वसिद्धि है ।

इस मन्त्र को त्रैलोक्याकर्षण मन्त्र भी कहते हैं ।

काली मन्त्र

किसी भी प्रकार की सिद्धि और सफलता के लिए काली मन्त्र सर्वाधिक उपयुक्त और सफल है ।

इसमें पहले शुद्धि होनी चाहिए—

भूत शुद्धि

शिरसि भैरवायऋषये नमः ।
मुखे उष्णिक्छन्दसे नमः ॥
हृदये ॐ दक्षिणकालिकायै नमः ।
गुह्ये क्रीं बीजाय नमः ॥
पादयोः हुं शक्तये नमः ।
सर्वाङ्गे क्रीं कीलकाय नमः ॥

काली ध्यान

शवारूढाम्महाभीमां घोरदंष्ट्रां हसन्मुखीम् ।
चतुर्भुजाचण्डमुण्डवराभयकरां शिवाम् ॥१॥
मुण्डमालाधरान्देवीं ललज्जिह्वान्दिगम्बराम् ।
एवं सन्चिन्तयेत्कालीं श्मशानालयवासिनीम् ॥२॥

काली यन्त्र

आदौ त्रिकोणमालिख्य त्रिकोणन्तद्बहिर्लिखेत् ।
ततो वै विलिखेन्मन्त्रं त्रिकोणत्रयमुत्तमम् ॥१॥
ततस्त्रिवृत्तमालिख्य लिखेदष्टदलं ततः ।
वृत्त विलिख्य विधिवल्लिखेद्भूपुरमेककम् ॥२॥

कालीमन्त्रोद्धार—पहले तीन बार काली बीज उच्चारण करे । फिर दो बार लज्जा बीज उच्चारण करे । फिर दो बार हुंकार शब्द का उच्चारण कर मन्त्र का स्मरण करे । फिर तीन बार काली बीज, दो बार लज्जा बीज तथा दो बार हुंकार शब्द का उच्चारण करने से काली मन्त्र उद्धार होता है ।

कालीयन्त्र

काली मन्त्र

क्रीं क्रीं क्रीं ह्लीं ह्लीं हूं हूं दक्षिणे कालिके क्रीं क्रीं क्रीं
ह्लीं ह्लीं हूं हूं स्वाहा।

तारा मन्त्र

शत्रुओं का नाश करने और जीवन में पूर्ण सफलता प्राप्त करने के लिए तारा साधना का विधान शास्त्रों में वर्णित है।

तारा ध्यान

प्रत्यालीढपदार्प्पिताङ्घ्रिशवहृद्घोराट्टहासापरा ।
खड्गेन्दीवरकर्त्रिखर्प्परभुजा हुंकारबीजोद्भवा ॥
खर्व्वा नीलविशालपिंगलजटाजूटैकनागैर्य्युता ।
जाड्यन्न्यस्य कपालकर्त्तृ जगतां हन्त्युग्रतारा स्वयम् ॥

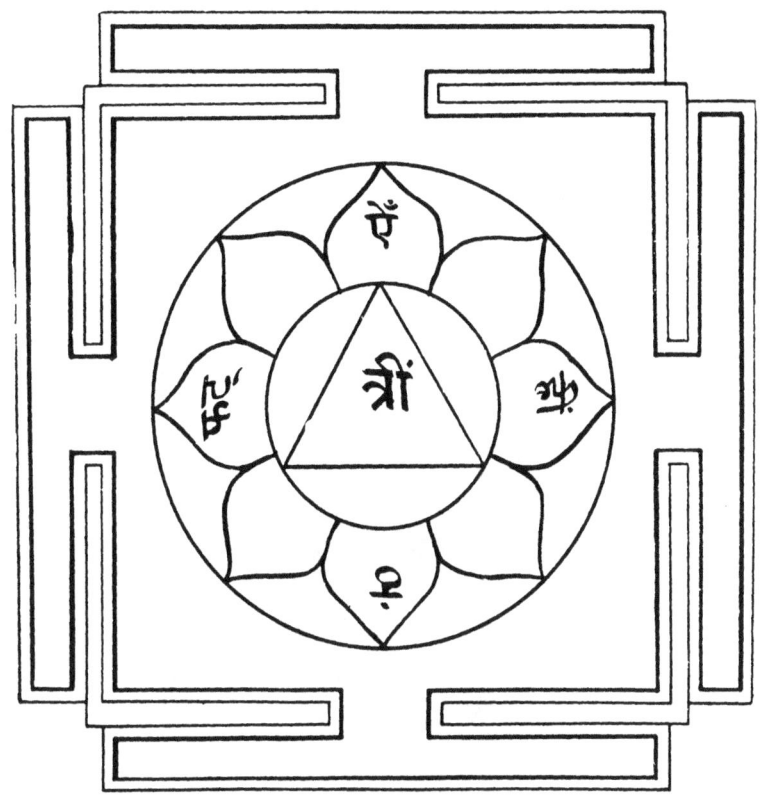

तारायन्त्र

तारा यन्त्रोद्धार—चन्दन की लेखनी से यन्त्र लिखना चाहिए। फिर दो बार बीज मन्त्र का उच्चारण करके 'फट्' का उच्चारण करना चाहिए। इस प्रकार करने से तारा मन्त्र और तारा यन्त्र का उद्धार हो जाता है।

तारा मन्त्रोद्धार—सर्वप्रथम वाग्बीज का उच्चारण करके ॐ शब्द का उच्चारण करना चाहिए। फिर लज्जा बीज और तारा बीज का उच्चारण कर 'हूंफट्' का उच्चारण होना चाहिए।

इस प्रकार करने से तारा मन्त्रोद्धार होता है।

तारा मन्त्र

ऐं ओं ह्रीं क्रीं हूं फट्॥

षोडशी मन्त्र

जीवन में पूर्ण सफलता प्राप्त करने के लिए और आर्थिक दृष्टि से उच्चकोटि की सफलता के लिए षोडशी मन्त्र का विधान तान्त्रिक ग्रन्थों में बताया है :

षोडशी ध्यान

बालार्क्कमण्डलाभासां चतुर्ब्बाहुन्त्रिलोचनाम् ।
पाशाङ्कुशशरांश्चापन्धारयन्तीं शिवाम्भजे ॥

षोडशी यन्त्र

षोडशी यन्त्रोद्धार—इसमें षोडशी यन्त्र बनाकर उसकी षोडशोषचार पूजा करने से यन्त्र उद्धार हो जाता है।

षोडशी मन्त्रोद्धार—सर्वप्रथम लज्जा बीज का उच्चारण कर 'कएईल' का उच्चारण करना चाहिए। फिर लज्जा बीज बोलकर 'हसकहल' शब्द का उच्चारण

करना चाहिए। फिर लज्जा सम्पुट देकर सोलह अक्षरों का षोडशी मन्त्र का उच्चारण करना चाहिए।

इस प्रकार करने से षोडशी मन्त्र उद्धार हो जाता है।

षोडशी मंत्र

ह्रीं क ए ई ल ह्रीं ह स क ह ल ह्रीं स क ल ह्रीं ॥

भुवनेश्वरी मंत्र

वशीकरण, सम्मोहन आदि कार्यों में यह मन्त्र तथा इससे सम्बन्धित तन्त्र सबसे अधिक अनुकूल तथा सहायक माना गया है।

भुवनेश्वरी यन्त्र

भुवनेश्वरी ध्यान

उद्यद्दिनद्युतिमिन्दुकिरीटान्तुङ्गकुचान्नयनत्रययुक्ताम् ।
स्मेरमुखीं वरदाङ्कुशपाशाम्भीतिकराम्प्रभजेभुवनेशीम् ॥

भुवनेश्वरी यन्त्रोद्धार—सर्वप्रथम भुवनेश्वरी यन्त्र बनाकर उसकी षोडशोपचार पूजा करने से ही यन्त्रोद्धार हो जाता है।

भुवनेश्वरी मन्त्रोद्धार—इसके लिए मूल मन्त्र का १०८ बार उच्चारण करने से ही मन्त्रोद्धार हो जाता है।

भुवनेश्वरी मंत्र

'ह्रीं'

भुवनेश्वरी मंत्र फल

य पठेच्छृणुयाद्वापि एकचित्तेन सर्व्वदा।
स दीर्घायुः सुखी वाग्मी वाणी तस्य न संशयः ॥१॥
गुरुपादरतो भूत्वा कामिनीनाम्भवेत्प्रियः।
धनवान् गुणवान् श्रीमान् धीमान्निव गुरु प्रिये ॥२॥
सर्व्वेषान्तु प्रियो भूत्वा पूजयेत्सर्व्वदा स्तवम्।
मंत्र सिद्धि करस्थैव तस्य देवि न संशय. ॥३॥
कुबेरत्वम्भवेत्तस्य तस्याधीना हि सिद्धयः।
मृतपुत्रा च या नारी दौऽर्भाग्यपरिपीड़िता ॥४॥
बन्ध्या वा काकवन्ध्या वा मृतवत्सा च याऽङ्गना।
धनधान्यविहीना च रोगशोकाकुला च या ॥५॥
ताभिरेतन्महादेवि भूर्ज्जपत्रे विलेखयेत्।
सव्ये भुजे च बध्नीयात्सर्व्वसौख्यवती भवेत् ॥६॥

छिन्नमस्ता मंत्र

विद्या-प्राप्ति, धन-प्राप्ति, शत्रु-नाश, मुकदमों में विजय, शत्रु पर विजय तथा अन्य सभी सिद्धियों के लिए छिन्नमस्ता साधना अत्यन्त ही प्रामाणिक और फलप्रद मानी गई है।

छिन्नमस्ता ध्यान

प्रत्यालीढपदां सदैव दधतीन्छिन्नं शिरः कर्तृका-
न्दिग्वस्त्रां स्वकबन्धशोणितसुधाधाराम्पिबन्तीन्मुदा ॥
नागाबद्धशिरोमणिन्त्रिनयनां हृद्युत्पलालङ्कृताम्।
रत्यासक्तमनोभवोपरिदृढान्ध्यायेज्जवासन्निभाम् ॥
दक्षे चातिसिताविमुक्तचिकुराकर्त्रीन्तथा खर्परं-
हस्ताभ्यान्दधती रजोगुणभवा नाम्नापि सा वर्णिनी ॥
देव्याश्छिन्नकबन्धत पतदसृग्धाराम्पिबन्ती मुदा।
नागाबद्धशिरोमणिर्म्मनुविदा ध्येया सदा सा सुरैः ॥

प्रत्यालीढपदा कबन्धविगलद्रक्तम्पिबन्ती मुदा ।
सैषा या प्रलये समस्तभुवनं भोक्तुं क्षमा तामसी ।।
शक्तिः सापि परात्परा भगवती नाम्ना परा डाकिनी ।
ध्येया ध्यानपरैः सदा सविनयं भक्तेष्टभूतिप्रदा ।।

छिन्नमस्ता यंत्रोद्धार—छिन्नमस्ता यन्त्र बनाकर उसकी षोडशोपचार पूजा करने से ही यन्त्रोद्धार हो जाता है ।

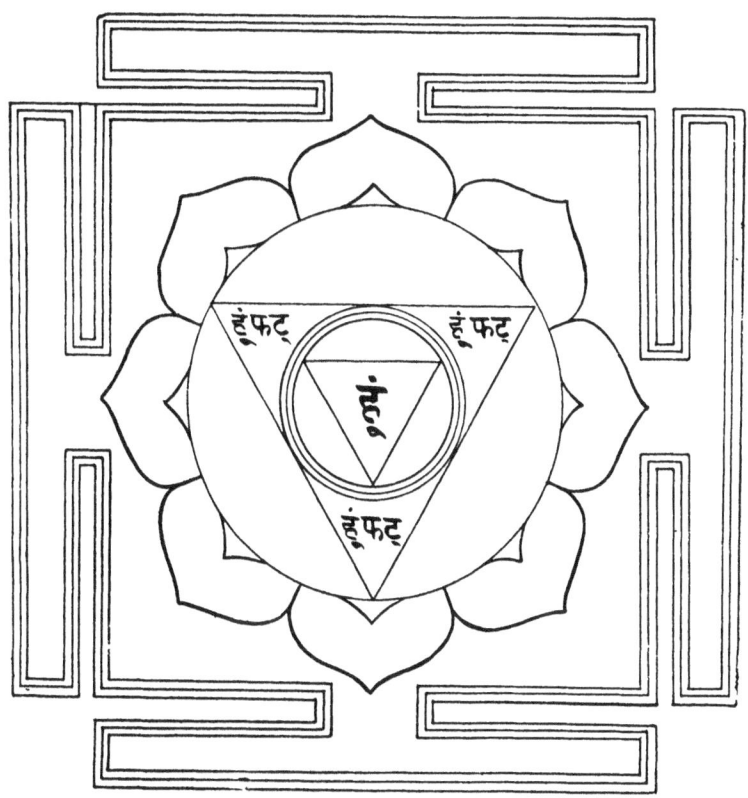

छिन्नमस्ता यन्त्र

छिन्नमस्ता मन्त्रोद्धार—सर्वप्रथम लक्ष्मी बीज, फिर लज्जा बीज का उच्चारण करना चाहिए । इस प्रकार तीन बार करने से छिंन्नमस्ता मन्त्रोद्धार हो जाता है

छिन्नमस्ता मंत्र

श्रीं ह्रीं क्लीं ऐं व ज्र वै रो च नी ये हूं हुं फट् स्वाहा ।

छिन्नमस्ता मन्त्र फल—आधी रात को नित्य इस मन्त्र का जप करने से सरस्वती सिद्धि हो जाती है और साथ ही साथ इसकी वाक् सिद्धि भी हो जाती है। इस मन्त्र का सवा लाख जप करने से स्तम्भन सिद्धि हो जाती है जिससे कि वह समूह स्तम्भन कर सकता है। यदि केवल मात्र इस मन्त्र का नित्य जाप ही किया जाय तो उससे सभी पाप समाप्त हो जाते हैं।

वस्तुतः यह मन्त्र अत्यन्त ही गोपनीय है और योग्य पात्र देखकर ही इस मन्त्र का विधान बताना चाहिए।

त्रिपुरभैरवी मन्त्र

आर्थिक उन्नति-रोग शान्ति, ऐश्वर्य-प्राप्ति तथा त्रैलोक्य-विजय के लिए त्रिपुरभैरवी साधना की जाती है। वास्तव में ही यह मंत्र अत्यन्त ही महत्त्वपूर्ण माना गया है।

त्रिपुर भैरवी यन्त्र

त्रिपुरभैरवी ध्यान

उद्यद्भानुसहस्रकान्तिमरुणक्षौमां शिरोमालिकाम् ।
रक्तालिप्तपयोधरांजपपटीं विद्यामभीतिं वराम् ।।
हस्ताब्जैर्दधतींत्रिनेत्रविलसद्वक्त्रारविन्दश्रियम् ।
देवीम्बद्धहिमांशुरत्नमुकुटां वन्दे समन्दस्मिताम् ।।

त्रिपुर भैरवी यन्त्रोद्धार—इस यन्त्र को बनाकर इसकी षोडशोपचार पूजा करने से ही इस यन्त्र का उद्धार माना गया है।

त्रिपुर भैरवी मन्त्रोद्धार—सर्वप्रथम ॐ शब्द बोलकर 'हसकरी' का उच्चारण करके मूल मन्त्र का उच्चारण करने से मन्त्रोद्धार हो जाता है।

त्रिपुरभैरवी मन्त्र

हसैं हसकरीं हसैं।

त्रिपुरभैरवी मन्त्र फल

वारमेकं पठेन्मर्त्यो मुच्यते सर्व्वसङ्कटात् ।
किमन्यद् बहुना देवि सर्व्वाभीष्टफलं लभेत् ।।
अपुत्रो लभते पुत्रिन्निर्द्धनो धनवान्भवेत् ।
दीर्घरोगात्प्रमुच्येत पञ्चमे कविराड् भवेत् ।।

धूमावती मन्त्र

पुत्र लाभ, धन रक्षा और शत्रुओं पर विजय प्राप्त करने के लिए इस मन्त्र का उपयोग किया जाता है। यह मन्त्र तुरन्त फलदायक और सुगम है।

धूमावती ध्यान

विवर्णा चञ्चला दुष्टा दीर्घा च मलिनाम्बरा ।
विमुक्तकुन्तला रुक्षा विधवा विरलद्विजा ।।
काकध्वजरथारूढ़ा विलम्बितपयोधरा ।
शूर्प्पहस्तातिरूक्षाक्षा धूपहस्ता वरान्विता ।।
प्रवृद्धघोणा तु भृशङ्कुटिला कुटिलेक्षणा ।
क्षुत्पिपासार्द्दिता नित्यम्भयदा कलहास्पदा ।।

धूमावती यन्त्रोद्धार—लेखनी से या चन्दन की कलम से आलक्तक से यह यन्त्र उत्कीर्ण करने पर यन्त्रोद्धार हो जाता है।

धूमावती मन्त्रोद्धार—धूमावती मन्त्र का आठ बार उच्चारण करने से मन्त्रोद्धार हो जाता है।

धूमावती मन्त्र

धूं धूं धू मा व ती ठः ठः ।

धूमावती यन्त्र

धूमावती मन्त्र फल

धनहृष्टा धनपुष्टा दानाध्ययनकारिणी ।
धनरक्षा धनप्राणा धनानन्दकरी सदा ॥
शत्रुग्रीवाच्छिदाछाया शत्रुपद्धतिखण्डिनी ।
शत्रुप्राणहराहार्या शत्रून्मूलनकारिणी ॥
मदिरामोदयुक्तो वै देवीध्यानपरायणः ।
तस्य शत्रु क्षयं याति यदि शक्रसमो पि वै ॥

बगलामुखी मन्त्र

बगलामुखी प्रयोग और बगलामुखी अनुष्ठान विश्वविख्यात हैं । परन्तु यह प्रयोग अत्यन्त सावधानी चाहता है क्योंकि थोड़ी-सी गलती होते ही इसका विपरीत प्रभाव हो जाता है ।

बगलामुखी ध्यान

मध्ये सुधाब्धिमणिमण्डपरत्नवेदी
सिंहासनोपरिगताम्परिपीतवर्णाम् ।
पीताम्बराभरणमाल्यविभूषिताङ्गी ॥
न्देवीन्नमामिघृतमुद्गरवैरिजिह्वाम् ॥

बगलामुखी यन्त्र

जिह्वाग्रमादाय करेण देवीं
वामेन शत्रून्परिपीडयन्तीम् ।
गदाभिघातेन च दक्षिणेन
पीताम्बराढयान्द्विभुजान्नमामि ।

बगलामुखी यन्त्रोद्धार—बगलामुखी यन्त्र को उत्कीर्ण करना ही यन्त्रोद्धार कहा जाता है ।

बगलामुखी मन्त्रोद्धार

प्रणवं स्थिरमायाञ्च ततश्च बगलामुखि ।
तदन्ते सर्व्वदुष्टानान्ततो वाचम्मुखम्पदम् ।।
स्तम्भयेति ततो जिह्वाङ्कीलयेति पदद्वयम् ।
बुद्धिन्नाशय पश्चात्तु स्थिरमायां समालिखेत् ।।
लिखेच्च पुनरोङ्कारं स्वाहेति पवमन्ततः ।
षट्त्रिंशदक्षरी विद्या सर्व्वसम्पत्करी मता ।।

बगलामुखी मन्त्र

ॐ ह्लीं बगलामुखि सर्व्वदुष्टानां वाचम्मुखं ।
स्तम्भय जिह्वाङ्कीलय कीलय बुद्धिन्निाशय ह्लीं ॐ स्वाहा ।

बगलामुखी मन्त्र फल—बगलामुखी मन्त्र अत्यन्त ही गोपनीय और महत्त्वपूर्ण माना गया है । तांत्रिक ग्रन्थों में कहा गया है कि जो एकचित्त होकर मात्र एक बार मन्त्र पढ़ता है तो उसके समस्त पाप क्षय हो जाते हैं । दो बार पढ़ने से सभी प्रकार के विघ्न शान्त हो जाते हैं और तीन बार पढ़ने से तो सभी प्रकार के कार्य सहज ही होने लगते हैं ।

इस मन्त्र का जप होने से शत्रुओं पर निश्चित ही विजंय प्राप्त की जा सकती है और मुकदमों में पूर्ण रूप से सफलता प्राप्त होती है ।

इसके साथ ही साथ विद्या प्राप्ति के लिए, स्मरण-शक्ति बढ़ाने के लिए और आर्थिक उन्नति के लिए भी इस मन्त्र का प्रयोग किया जा सकता है ।

मातंगी मन्त्र

सुन्दरता बढ़ाने के लिए, शीघ्र विवाह तथा गृहस्थ जीवन को पूर्णतः सुखमय बनाने के लिए इस मन्त्र का अनुष्ठान करने का विधान है ।

मातंगी ध्यान

श्यामांगीं शशिशेखरान्त्रिनयनां रत्नसिंहासनस्थिताम् ।
वेदैर्ब्बाहुदण्डैरसि—खेटक—पाशांकुशधराम् ।।

मातंगी यन्त्रोद्धार—मातंगी यन्त्र बनाकर जवा पुष्पों से पूर्ण विधि-विधान के साथ पूजा करने से मातंगी यन्त्रोद्धार होता है ।

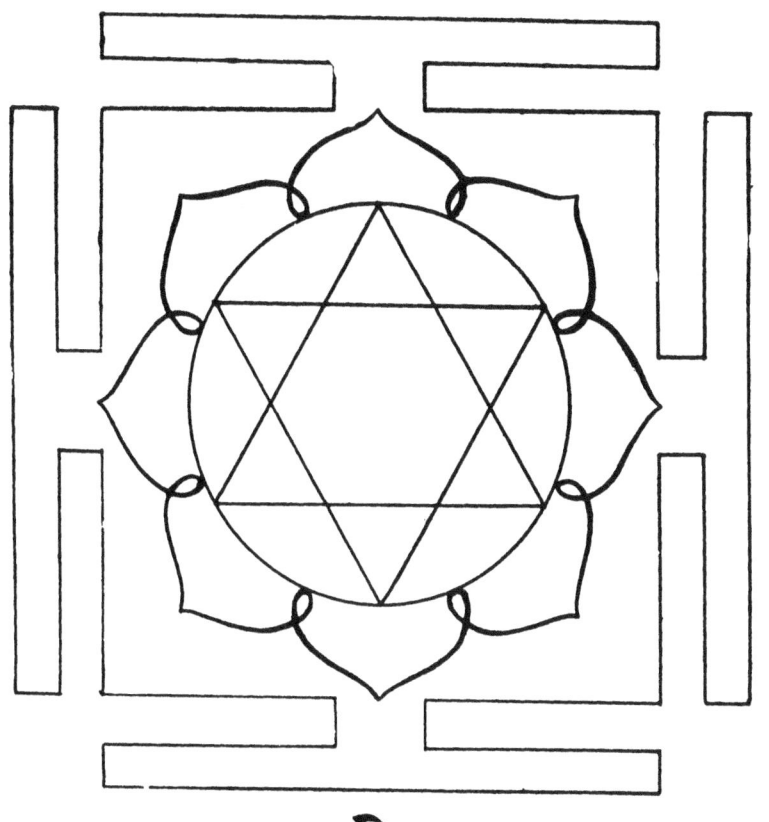

मातङ्गी यन्त्र

मातंगी मन्त्रोद्धार—सर्वप्रथम प्रणव, फिर माया बीज और काम बीज लगाकर मातंगी मन्त्र पढ़ने से मन्त्रोद्धार हो जाता है ।

मातंगी मन्त्र

ॐ ह्रीं क्लीं हूं मातंग्यै फट् स्वाहा ॥

मातंगी मन्त्र फल—जीवन में पूर्ण गृहस्थ सुख और पत्नी सुख के लिए इस मन्त्र का विधान बताया गया है । साथ ही साथ यदि किसी कन्या का विवाह नहीं हो रहा हो या विवाह में बाधाएं आ रही हों अथवा मनोवांछित स्थान पर विवाह न हो रहा हो तो इस मन्त्र का प्रयोग करने से पूर्ण सफलता प्राप्त हो जाती है ।

इसके साथ ही साथ पुत्र लाभ के लिए भी इस मन्त्र का प्रयोग बताया गया है। जीवन में सभी प्रकार के भौतिक सुखों की उपलब्धि के लिए यह मन्त्र अत्यन्त ही महत्त्वपूर्ण माना गया है।

कमला मन्त्र

इसे कुछ विद्वान् कमला और कुछ कमलात्मिका कहते हैं। यह लक्ष्मी का ही रूप है तथा जीवन में श्रेष्ठतम धन-प्राप्ति के लिए इसका अनुष्ठान बताया गया है।

वास्तव में ही यह अनुष्ठान व्यापार-वृद्धि के लिए, आर्थिक उन्नति के लिए, भौतिक सुखों की प्राप्ति के लिए तथा जीवन में समस्त प्रकार के सुखोपभोग के लिए महत्त्वपूर्ण माना गया है।

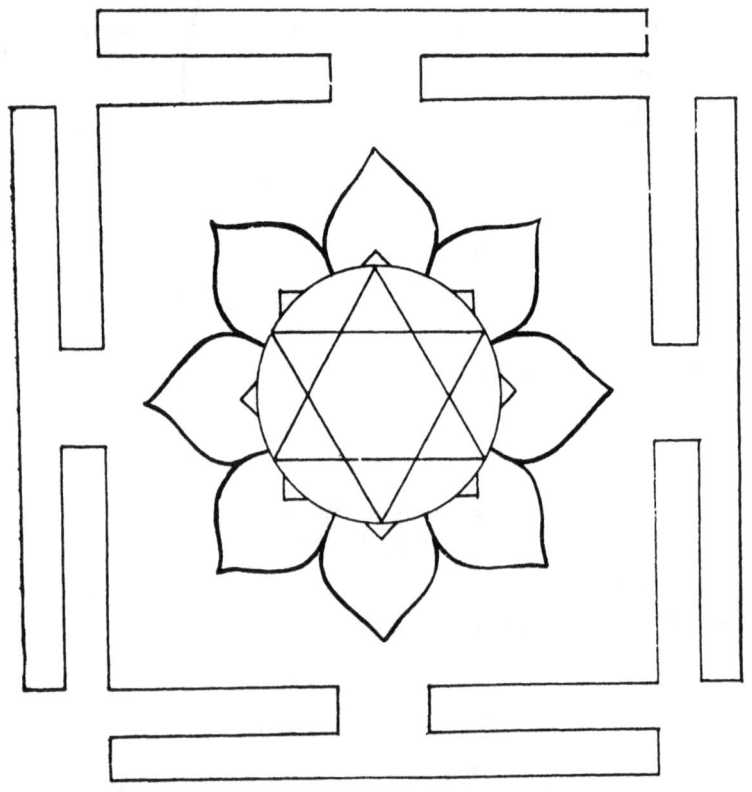

कमला यन्त्र

कमलात्मिका ध्यान

कान्त्या कांचनसन्निभां हिमगिरिप्रख्यैश्चतुर्भिर्गजैः ।
हस्तोत्क्षिप्तहिरण्मयामृतघटैरासिच्यमानां श्रियम् ।।
बिभ्राणां वरमब्जयुग्ममभयं हस्तैः किरीटोज्ज्वलाम् ।
क्षौमाबद्धनितम्बबिम्बलसितां वन्देऽरविन्दस्थिताम् ।।१।।

कमलात्मिका यन्त्रोद्धार—यन्त्र को उत्कीर्ण कर षोडशोपचार से पूजा करना ही यन्त्रोद्धार माना गया है ।

कमलात्मिका मन्त्रोद्धार—सर्वप्रथम मन्त्र को लिखकर वाग्बीज, लज्जाबीज, श्री बीज, लिखकर ॐ शब्द लिखना चाहिए और फिर मूल मन्त्र लिखकर फिर श्री बीज, लज्जाबीज, तथा वाग्बीज, लिखने से मन्त्रोद्धार हो जाता है ।

कमलात्मिका मन्त्र

ॐ ऐं ह्रीं श्रीं क्लीं ह् सौः ज ग त्प्र सू त्यै नमः ।।

कमलात्मिका मन्त्र फल—शास्त्रों में उल्लेख है कि इस मन्त्र से ऊंचा कोई मन्त्र आर्थिक समृद्धि के लिए नहीं है । इस मन्त्र और इसके अनुष्ठान से मनुष्य जीवन में आर्थिक भौतिक क्षेत्र में उच्चतम शिखर पर पहुंचने में समर्थ हो सकता है। दरिद्रता-निवारण, व्यापार-उन्नति, तथा आर्थिक उन्नति के लिए इस मन्त्र का प्रयोग सर्वश्रेष्ठ माना गया है ।

वास्तव में ही यह मन्त्र लक्ष्मी मन्त्र और कनकधारा मन्त्र से भी बढ़कर फलदायक सिद्ध हुआ है । आवश्यकता इस बात की है कि यह अनुष्ठान पूर्ण विधि-विधान के साथ किया जाय जिससे कि श्रेष्ठ फल प्राप्त किया जा सके ।

दुर्गा मन्त्र

जीवन में मोक्ष-प्राप्ति के लिए और सभी क्षेत्रों में समान रूप से पूर्ण सफलता के लिए इस मन्त्र का प्रयोग किया जाना अनुकूल माना जाता है ।

दुर्गा ध्यान

सिंहस्कन्धसमारूढ़ान्नानालंकारभूषिताम् ।
चतुर्भुजाम्महादेवीन्नागयज्ञोपवीतिनीम् ।।
रक्तवस्त्रपरीधानाम्बालार्क्कसदृशीतनुम् ।
नारदाद्यैर्म्मुनिगणैः सेविताम्भवगेहिनीम् ।।
त्रिवलीवलयोपेतनाभिनालसुवेशिनीम् ।
रत्नद्वीपे महाद्वीपे सिंहासनसमन्विते ।।
प्रफुल्लकमलारूढ़ान्ध्यायेताम्भवगेहिनीम् ।।

दुर्गा यन्त्रोद्धार—दुर्गा यन्त्र का उत्कीर्ण करके उसका पूजन करने से दुर्गा यन्त्रोद्धार हो जाता है ।

दुर्गा मन्त्रोद्धार—दुर्गा मन्त्र का १०८ बार उच्चारण करने से हो दुर्गा मन्त्रोद्धार हो जाता है।

दुर्गा मन्त्र

ॐ ह्रीं दुं न्दु गर्गा यै नमः ॥

दुर्गा मन्त्र फल—सभी प्रकार की सिद्धियों के लिए इस मन्त्र का प्रयोग किया जाता है, साथ ही साथ शक्तिमान, भूमिवान, बनने के लिए इस साधना का प्रयोग अनुकूल माना गया है।

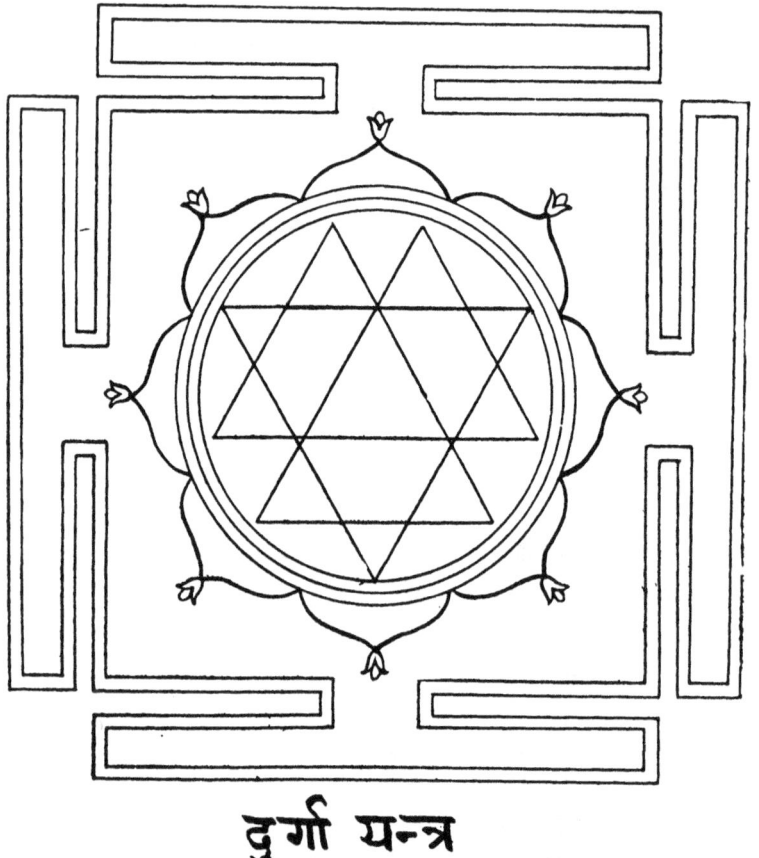

दुर्गा यन्त्र

शिव मन्त्र

मोक्ष-प्राप्ति के लिए तथा मृत्यु-भय को समाप्त करने के लिए इससे बढ़कर कोई मन्त्र नहीं है। शास्त्रों में कहा गया है कि जो इस मन्त्र का जप या अनुष्ठान

करता है उसकी इच्छा-मृत्यु होती है और जीवन में उसे रोग, शोक, भय, व्याधि, व्याप्त नहीं होती।

शिव ध्यान

ध्यायेन्नित्यम्महेशं रजतगिरिनिभन्चारुचन्द्रावतंसम्।
रत्नाकल्पोज्ज्वलांगम्परशुमृगवरभीतिहस्तम्प्रसन्नम् ॥
पद्मासीनं समन्तात्स्तुतममरगणैर्व्याघ्रकृत्तिंवसानम्।
विश्वाद्यं विश्वबीजन्निखिलभयहरम्पञ्चवक्त्रन्त्रिनेत्रम् ॥

शिव यंत्र

शिव यन्त्रोद्धार—शिव यन्त्र बनाकर उसकी पंचोपचार पूजा करने से ही शिव यन्त्रोद्धार हो जाता है।

शिव मन्त्रोद्धार—प्रारम्भ में प्रणव लगाकर मन्त्र उच्चारण करना चाहिए और इस प्रकार पांच बार उच्चारण करने से मन्त्रोद्धार हो जाता है।

शिव मन्त्र

ॐ नम शिश वा य ।

शिव मन्त्र फल—यह छ: अक्षरों का मन्त्र अत्यन्त ही महत्त्वपूर्ण और सिद्धिदायक माना गया है । इसके जप करने से जीवन में किसी प्रकार का दुःख, बन्धन, या कष्ट नहीं रहता । मृत्यु भय समाप्त करने, रोग निवारण करने, तथा जीवन में मोक्ष प्राप्ति के लिए इस मन्त्र का सतत जप होना चाहिए । शास्त्रों में कहा गया है कि चौबीस लाख मन्त्र जपने पर साधक स्वयं शंकरवत् हो जाता है ।

गणेश मन्त्र

किसी भी मांगलिक कार्य में सबसे पहले गणपति का ध्यान और पूजा की जाती है क्योंकि गणपति विघ्नों को नाश करने वाले तथा मंगलमय वातावरण बनाने वाले माने गये हैं ।

गणेश यन्त्र

गणेश मन्त्र जप करने से जीवन में किसी भी प्रकार का अभाव नहीं रहता और वह जीवन में पूर्ण भौतिक और आध्यात्मिक सफलता प्राप्त करने में समर्थ हो जाता है। क्योंकि यही एक ऐसे देवता हैं जो भौतिक और आध्यात्मिक दोनों ही प्रकार की सफलताओं को एक साथ देने में समर्थ हैं।

गणेश ध्यान

हस्तीन्द्राननमिन्दुचूडमरुणच्छायन्त्रिनेत्रं रसा।
श्लिष्टम्प्रियया सपद्मकरया स्वांकस्थया सन्ततम्।
बीजापूरगदाधनुस्त्रिशिखियुक्चक्राब्जपाशोत्पल
ङ्कंजाभैः स्वविषाणरत्नकलशौ हस्तेर्व्वहन्तम्भजे ॥

गणेश यन्त्रोद्धार—गणेश यन्त्र बनाकर उसका पूजन करने से ही गणेश यन्त्रोद्धार हो जाता है।

गणेश मन्त्रोद्धार—इस मन्त्र को २८ बार स्मरण करने से ही मन्त्रोद्धार हो जाता है।

गणेश मन्त्र

ॐ श्रीं ह्रीं क्लीं ग्लौं गंगणपतये वरवरद
सर्व्वजनम्मे वशमानय ठः ठः।

गणेश मंत्र फल—सभी प्रकार के विघ्नों के नाश हेतु, सभी सिद्धियों की प्राप्ति हेतु तथा समस्त प्रकार के पापों का नाश करने के लिए इस प्रकार के अनुष्ठान का विधान शास्त्रों में बताया गया है।

ग्रह पीड़ा, ज्वर, रोग आदि तो मंत्र उच्चारण करते ही समाप्त हो जाते हैं। धन-धान्य की वृद्धि के लिए तथा समस्त प्रकार के सुखों के लिए इस मंत्र का जप अत्यन्त महत्त्वपूर्ण माना गया है।

सूर्य मंत्र

आंखों की रोशनी बढ़ाने के लिए, चेहरे पर तेजस्विता लाने के लिए तथा जीवन में दीर्घायु प्राप्त करने के लिए इस अनुष्ठान का विधान शास्त्रों में प्रामाणिक माना गया है।

सूर्य ध्यान

भास्वद्रत्नाढ्यमौलिः स्फुरदधररुचारञ्जितश्चारुकेशी।
भास्वान्योदिव्यतेजा करकमलयुतः स्वर्ण्णवर्ण्ण प्रभाभिः।
विश्वाकाशावकाशो ग्रहगणसहितो भाति यश्चोदयाद्रौ
सर्व्वानन्दप्रदाता हरिहरनमित पातु मां व्विश्वचक्षुः ॥

सूर्य यन्त्रोद्धार—सर्वप्रथम सूर्य यंत्र बनाकर प्रणव, माया बीज आदि से पूजन करना ही यंत्रोद्धार माना गया है।

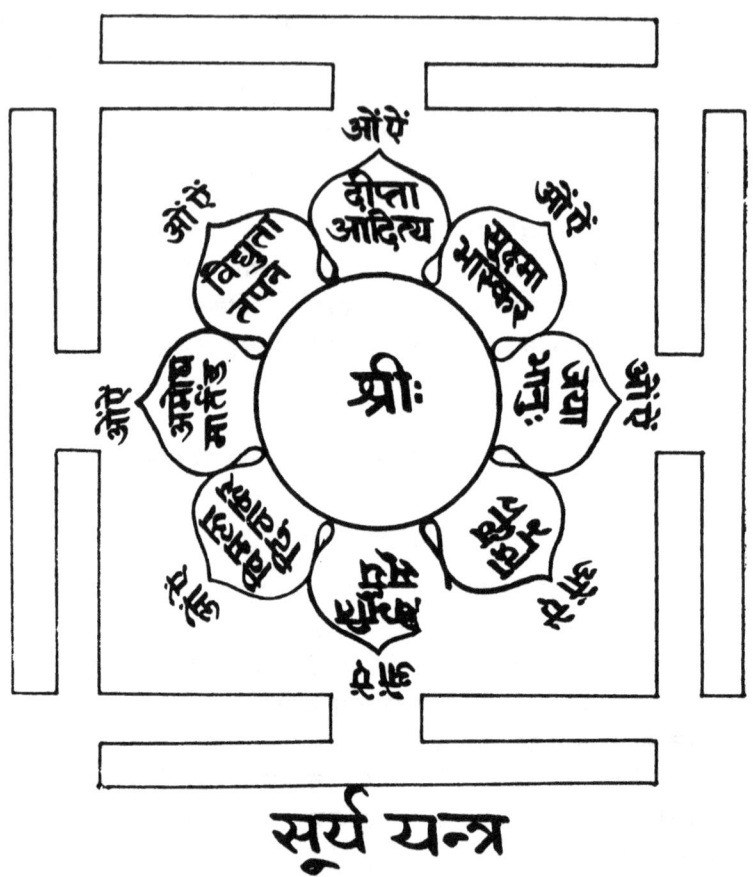

सूर्य यन्त्र

सूर्य मंत्रोद्धार—इस आठ अक्षरों वाले मंत्र का आठ बार उच्चारण करने से ही मंत्रोद्धार हो जाता है ।

सूर्य मन्त्र

ॐ घृणिः सूर्य्य आदित्यः ।

सूर्य मंत्र फल—शास्त्रों में बताया गया है कि इस मंत्र का जप करने से जीवन-भर उसके चेहरे की कान्ति बनी रहती है और ज्यों-ज्यों आयु बढ़ती है त्यों-त्यों उसकी आँखों की चमक भी बढ़ती रहती है ।

भूत, प्रेत, पिशाच, आदि इस मंत्र के उच्चारण करते ही भाग जाते हैं । यदि कोई इस मंत्र को भोजपत्र पर अष्ट गंध से अंकित कर दाहिनी भुजा पर बांधे तो वह निश्चय ही त्रैलोक्य विजय में सफलता प्राप्त करता है ।

सभी प्रकार के मंगल कार्य उसके घर में होते रहते हैं तथा ऐसा व्यक्ति धन-वान, पुत्रवान, कीर्तिमान और विद्यावान होता है।

स्मरण शक्ति बढ़ाने के लिए और जीवन में अपने व्यक्तित्व को विश्वव्यापी बनाने के लिए यह अनुष्ठान अत्यन्त ही सहायक माना गया है।

वस्तुतः इस मंत्र को मंत्रराज कहा जाता है अतः दीर्घायु, स्वास्थ्य, भौतिक सुख, कीर्ति-लाभ, आदि के लिए इस मंत्र का जप सतत करते रहना चाहिए।

वास्तव में ही इस कलियुग में यह मंत्र अत्यन्त ही महत्त्वपूर्ण और तुरन्त फल-दायक माना गया है।

विष्णु मंत्र

जीवन में आर्थिक, भौतिक उन्नति के लिए तथा सभी प्रकार से जीवन में पूर्णता प्राप्ति के लिए यह अनुष्ठान सबसे अधिक महत्त्वपूर्ण माना गया है।

विष्णु ध्यान

शान्ताकारम्भुजगशयनम्पद्मनाभं सुरेशम्।
विश्वाधारंगनसदृशम्मेघवर्णं शुभांगम्।
लक्ष्मीकान्तंकमलनयनं योगिभिर्ध्यानिगम्यम्।
वन्दे विष्णुम्भवभयहरं सर्व्वलोकैकनाथम्॥

विष्णु यन्त्रोद्धार[1]—विष्णु यंत्र बनाकर उसकी षोडशोपचार पूजा करने से विष्णु यंत्रोद्धार हो जाता है।

विष्णु मंत्रोद्धार—विष्णु मन्त्र का १०८ बार उच्चारण करने से मंत्रोद्धार हो जाता है।

विष्णु मन्त्र

ॐ नमो नारायणाय।

विष्णु मंत्र फल—कुटुम्ब में प्रसन्नता, घर में एकता, भौतिक उन्नति, साधु-सन्तों का समागम, अक्षय कीर्ति तथा समस्त प्रकार की सिद्धियों के लिए यह मन्त्र और अनुष्ठान अत्यन्त ही सफल और प्रामाणिक माना गया है।

षडक्षर वक्रतुण्ड मंत्र

यह मंत्र ऋद्धि सिद्धि देने वाला तथा आर्थिक दृष्टि से पूर्ण सफलता देने वाला माना गया है।

---

१. शिव यंत्र और विष्णु यंत्र में अन्तर नहीं है। अतः पृष्ठ २९७ पर बने शिव यन्त्र को ही विष्णु यन्त्र ही समझें।

विनियोग

ॐ अस्य श्री गणेश मंत्रस्य भार्गवऋषिः, अनुष्टुप् छंदः, विघ्नेशो देवता, वं बीजम्ः, यं शक्तिः, ममाभीष्ट सिद्धये जपे विनियोगः ।

ध्यान

उद्यद्दिनेश्वररुचिं निजहस्तपद्मैः,
पाशांकुशाभयवरान्दधतं गजास्यम् ।
रक्तांबरं सकलदुःखहरं गणेशं,
ध्यायेत्प्रसन्नमखिलाभरणाभिरामम् ॥

वक्रतुण्ड गणेश यंत्र—इस यन्त्र को बनाकर इसकी षोडशोपचार पूजा करने से यह यन्त्र सिद्ध हो जाता है । इस यन्त्र को भोजपत्र पर अंकित कर यदि दाहिनी भुजा पर बांधे तो उसके जीवन में किसी भी प्रकार से आर्थिक अभाव नहीं रहता ।

षडक्षर वक्रतुण्ड मन्त्र

वक्रतुण्डाय हुं

मन्त्रफल : यह मन्त्र गणेश जी का प्रिय मन्त्र है और सवा लाख मन्त्र जप करने से यह सिद्ध हो जाता है । इसमें इस बात का ध्यान रखना चाहिए कि अनुष्ठान में पूर्णतः ब्रह्मचर्य व्रत पालन करे और सवा लाख मन्त्र जप करने के बाद दशांश जप करे और आहुति दे । ऐसा करने से यह मन्त्र सिद्ध हो जाता है ।

एकत्रिंशदक्षर वक्रतुण्ड मन्त्र

यह ३१ अक्षरों वाला गणेश मन्त्र है और अत्यन्त ही महत्त्वपूर्ण तथा गोपनीय माना गया है ।

विनियोग

ॐ अस्य श्री वक्रतुण्ड गणेश मंत्रस्य, भार्गव ऋषिः, अनष्टुप् छंदः, विघ्नेशो देवता, यं बीजम्, यं शक्ति । ममाभीष्टसिद्धये जपे विनियोगः ।

ध्यान—इसका ध्यान भी ऊपर षडक्षर वक्रतुण्ड मन्त्र का ध्यान जो दिया है वही है । तथा इसका यन्त्र भी वही है तथा उसको सिद्ध करने की विधि भी उसी प्रकार से है जिस प्रकार से षडक्षर वक्रतुण्ड मन्त्र की है ।

एकत्रिंशदक्षर वक्रतुण्ड मन्त्र

रायस्पौषस्य ददिता निधिदो रत्न धातुमान,
रक्षोहणोवलगहनोवक्रतुंडाय हुं ।

उच्छिष्टगणपतिनवार्ण मन्त्र

यह मन्त्र विशेष रूप से तांत्रिक गणपति साधना करने के लिए सफल माना गया है और इसकी विधि, पूजा-विधान सभी कुछ तांत्रिक तरीके से ही है ।

विनियोग

ॐ अस्य श्री उच्छिष्ट गणेश नवार्णमंत्रस्य, कंकोल ऋषिः, विराट् छंद, उच्छिष्टगणपतिर्देवता, अखिलाप्तये जपे विनियोगः ।

ध्यान

चतुर्भुजं रक्ततनुं त्रिनेत्रं
पाशांकुशो मोदकपात्रदंतो ।
करैर्दधानं सरसीरुहस्थ
मुन्मत्त मुच्छिष्ट गणेश मीडे ।

उच्छिष्टगणपतिनवार्ण मन्त्र

हस्तिपिशाचिलिखे स्वाहा ।।

फल—यह मन्त्र अत्यन्त ही महत्त्वपूर्ण माना गया है और इसके माध्यम से आर्थिक अनुकूलता एवं भौतिक समृद्धि तुरन्त प्राप्त होती है ।

जिसको तांत्रिक साधना में रुचि हो उसे इस मन्त्र को अवश्य ही सिद्ध करना चाहिए ।

शक्तिविनायक मन्त्र

यह मन्त्र आर्थिक उन्नति के साथ-साथ धन, धान्य, पृथ्वी, भवन, कीर्ति, यश, सम्मान, वाहन आदि भौतिक सुखों में भी शीघ्र सफलतादायक है ।

यह मन्त्र पांच लाख जपने से सिद्ध होता है । इसमें साधना काल में एक बार आहार लेना चाहिए और इसके अलावा पूरे दिन में किसी भी प्रकार का व्यसन या अन्य पदार्थ का उपयोग नहीं करना चाहिए ।

विनियोग

ॐ अस्य शक्तिगणाधिपमंत्रस्य भार्गव ऋषिः, विराट् छंद, शक्तिगणाधिपो देवता, श्री बीजम्, ह्रीं शक्तिः, ममाभीष्टसिद्धये जपे विनियोगः ।

ध्यान

विषाणां कुशावक्षसूत्रं च पाशं ।
दानं करैर्मोदकं पुष्करेण ।।
स्वपत्न्यायुतं हेमभूषामराढ्यं ।
गणेशं समुद्याद्दिनेशाभमीडे ।।

शक्ति विनायक मन्त्र

ॐ ह्रीं ग्रीं ह्रीं ।

फल—यह मन्त्र तुरन्त और अचूक फल देने में समर्थ है। अतः जिनको जल्दी भौतिक सुख प्राप्त करना हो उन्हें इस मन्त्र को सिद्धि करनी चाहिए।

लक्ष्मी विनायक मन्त्र

यह लक्ष्मी और गणपति का संयुक्त मन्त्र है तथा इसे विशेष फलदायक मन्त्र माना गया है। इसे साधना में सफल करने के लिए साधक को पूर्ण ब्रह्मचर्य व्रत पालन करने के साथ-साथ सात्विक आहार का सेवन करना चाहिए।

विनियोग

अस्य लक्ष्मी विनायक मंत्रस्य अन्तर्यामी ऋषि, गायत्री छन्द, लक्ष्मीविनायको देवता, श्रीं बीजं, स्वाहा शक्तिः, ममाभीष्ट सिद्ध् यर्थे जपे विनियोगः।

ध्यान

दन्तामये चक्रवरौ दधानं, कराग्रगं स्वर्णघटं त्रिनेत्रम्।
धृताब्जयालिंगितमब्धिपुत्र्या लक्ष्मी गणेशं कनकाममीडे।

लक्ष्मी विनायक मन्त्र

ॐ श्रीं गं सौम्याय गणपतये।
वरवरद सर्वजनम्मे वशमानय स्वाहा॥

फल—पांच लाख मन्त्र जपने से यह मन्त्र सिद्ध होता है। इसमें ज्यादा से ज्यादा चौबीस दिन लगने चाहिए। तथा इस मन्त्र को रात्रि में ही जपना चाहिए।

त्रैलोक्यमोहन कर गणेश मन्त्र

यह मन्त्र सम्मोहन कार्यों में विशेष रूप से उपयोगी है। और जो साधक इस मन्त्र को सिद्ध कर लेता है उसके चेहरे में स्वतः ही ओजस्विता आ जाती है। फल-स्वरूप उसके प्रभाव से बात करने वाला व्यक्ति स्वयं ही सम्मोहित हो जाता है।

विनियोग

अस्य श्री त्रैलोक्यमोहन कर गणेश मन्त्रस्य गणक ऋषि, गायत्री छन्दः, त्रैलोक्य मोहन करो गणेशो देवता, ममाभीष्ट सिद्ध्यर्थे जपे विनियोगः।

ध्यान

गदाबीजपूरे धनुः शूलचक्रे, सरोजोत्पले पाशधान्याग्रदन्तान्।
करैः संदधानं स्वशुंडाग्रराजन्मणी कुम्भमंगाधिरूढं स्वपत्न्या॥

सरोजन्मना भूषणानां भरेणोज्ज्वलद्धस्ततन्वया समालिंगितांगम् ।
करीन्द्राननं चन्द्रचूडं त्रिनेत्रं जगन्मोहनं रक्तकांतिं भजेत्तम् ॥

त्रैलोक्य मोहन कर गणेश मन्त्र

वक्र तुंडैकदंष्ट्राय क्लीं ह्रीं श्रीं गं गणपते वरवरद सर्वजनं मे वशमानय स्वाहा ।

फल—पांच लाख मन्त्र करने से यह मन्त्र सिद्ध होता है । इसमें गणपति की मूर्ति सामने होनी चाहिए और उस पर त्राटक करते हुए मन्त्र जपना चाहिए ।

साधना काल में एक समय भोजन करना चाहिए तथा ब्रह्मचर्य व्रत का दृढ़ता से पालन करना चाहिए ।

ऋणहर्ता गणेश मन्त्र

यह ऋण दूर करने तथा दरिद्रता नाश करने के लिए सर्वोत्तम मन्त्र है । प्रत्येक गृहस्थ को इस मन्त्र का जप नित्य करना चाहिए ।

विनियोग

ॐ अस्य श्री ऋणहरण कृर्तृ गणपति स्तोत्र मन्त्रस्य सदाशिव ऋषिः, अनुष्टुप छन्दः, श्री ऋण हर्तृ गणपतिर्देवता, ग्लौं बीजम्, गः शक्तिः, गौं कीलकम् । मम सकलऋणनाशने जपे विनियोगः ।

ध्यान

ॐ सिंदूर वर्णं द्विभुजं गणेशं लम्बोदरं पद्मदले निविष्टम् ।
ब्रह्मादिदेवैः परिसेव्यमानं सिद्धैर्युतं तं प्रणमामि देवम् ॥
सृष्ट्यादौ ब्रह्मणा सम्यक् पूजितः फलसिद्धये ।
सदैव पार्वतीपुत्रः ऋणनाशं करोतु मे ॥
त्रिपुरस्य वधात्पूर्वं शंभुना सम्यगर्चितः
सदैव पार्वतीपुत्रः ऋणनाशं करोतु मे ॥
हिरण्यकश्यप्वादीनां वधार्थे विष्णुनार्चितः ।
सदैव पार्वतीपुत्रः ऋणनाशं करोतु मे ॥
महिषस्य वधे देव्या गणनाथः प्रपूजितः ।
सदैव पार्वतीपुत्रः ऋणनाशं करोतु मे ॥

ऋणहर्ता गणेश मन्त्र

ॐ गणेश ऋणं छिधि वरेण्यं हुं नमः फट् ॥

फल—यह दरिद्र नाश के लिए सर्वोत्तम विधान है और यहां तक कहा गया है कि जिसके घर में एक बार भी इस मन्त्र का उच्चारण हो जाता है उसके घर में कभी भी ऋण या दरिद्रता नहीं आ सकती ।

हरिद्रा गणेश मन्त्र

यह मन्त्र गृहस्थ जीवन सुखी बनाने के लिए तथा पौरुष, वीरता, वीर्य-स्तंभन तथा पूर्ण सम्भोग सुख एवं नपुंसकता समाप्त करने के लिए सर्वश्रेष्ठ माना गया है।

विनियोग

अस्य हरिद्रा गणनायक मन्त्रस्य मदन ऋषिः, अनुष्टुप्छन्दः, हरिद्रागणनायको देवता, ममाभीष्टसिद्धयर्थे जपे विनियोगः।

ध्यान

पाशांकुशौ मोदकमेकदंतं करैर्दधानं कनकासनस्थम्।
हारिद्रखण्डप्रतिमं त्रिनेत्रं पीतांशुकं रात्रि गणेश मीडे॥

हरिद्रागणेश मन्त्र

ॐ हुं गं ग्लौं हरिद्रा गणपतये वरवरद सर्वजन हृदयं स्तंभय स्तंभय स्वाहा।

फल—यह साधना सरल होने के साथ-साथ विशेष सावधानी की अपेक्षा रखती है। साधक को साधना करते समय पीले रंग के वस्त्र ही धारण करने चाहिए तथा इसमें हल्दी के टुकड़ों से निर्मित माला का प्रयोग किया जाना चाहिए।

रात्रि को बिछौना पीले रंग का होना चाहिए तथा भोजन करते समय उसमें एक वस्तु बेसन की अवश्य होनी चाहिए तथा एक बार भोजन करने के साथ ही साथ पूर्णतः ब्रह्मचर्य पालन अत्यन्त आवश्यक है।

सिद्धि विनायक मन्त्र

प्रत्येक प्रकार की साधना से पूर्व साधक लोग इस मन्त्र को सिद्ध कर लेते हैं जिससे कि साधना में सफलता मिल सके और साधना-काल में किसी प्रकार की बाधा उपस्थित न हो।

विनियोग

ॐ ह्रीं क्लीं वीरवर गणपतये वः वः इदं विश्वं मम वशमानय ॐ ह्रीं फट्।

ध्यान

ॐ गं गणपतये सर्वविघ्न हराय सर्वाय
सर्व गुरवे लंबोदराय ह्रीं गं नमः।

सिद्धि विनायक मन्त्र

ॐ नमो सिद्धिविनायकाय सर्वकारकर्त्रे सर्वविघ्न प्रशमनाय सर्वराज्य वश्यकरणाय सर्वजन सर्वस्त्री पुरुषाकर्षणाय श्रीं ॐ स्वाहा।

फल—यह मन्त्र अत्यन्त ही महत्त्वपूर्ण और श्रेष्ठ माना गया है। इसके बारे में कहा गया है कि प्रत्येक गृहस्थ को १०८ बार इस मन्त्र का उच्चारण प्रतिदिन

अवश्य ही करना चाहिए जिससे कि दिनभर उसे प्रत्येक कार्य में सफलता मिलती रहे। यदि यात्रा काल में इस मन्त्र को जपा जाय तो मार्ग भय नहीं रहता और उसकी यात्रा सफल होती है।

साधना में लाल वस्त्र पहनना चाहिए और रक्त चन्दन का त्रिपुण्ड लगाकर सवा लाख मन्त्र जप चौबीस दिन में पूरे करने चाहिए जिससे कि यह मन्त्र सिद्ध हो सके। इसके बाद मन्त्र का दशम भाग यज्ञ में आहुति देनी चाहिए। जप काल में भूमि पर सोना चाहिए। यदि कुम्हार के यहां से मृत्तिका लाकर गणेश की प्रतिमा बनाकर नित्य उसके सामने एक हजार जप करे तो भी सात दिनों में यह मन्त्र सिद्ध हो जाता है।

इस मन्त्र के जप करने से स्मरण शक्ति बढ़ती है। अविवाहित शीघ्र विवाह कर लेते हैं और आर्थिक अभाव वाले व्यक्ति सम्पन्न हो जाते हैं।

यदि नित्य सायंकाल एक हजार जप एक आसन पर किया जाय तो सौ दिन में वाक् सिद्धि हो जाती है और वह जो भी कहता है वह पूर्ण हो जाता है।

यदि नित्य दोपहर में एक आसन पर एक हजार मन्त्र जप करे और इस प्रकार एक महीने तक जप करे तो वह पूर्ण धनवान बनकर पूर्ण भौतिक सुख प्राप्त करने में सफल हो पाता है।

यदि आक की जड़ के गणपति बनाकर उसके सामने नित्य पांच हजार जप करे और इस प्रकार चाबीस दिन मन्त्र जप हो तो उसे श्रेष्ठतम धन लाभ होता है और वह कुबेर के समान धनपति हो जाता है।

शिव पंचाक्षरी मन्त्र

यह मन्त्र सामान्य और सरल होते हुए भी अत्यन्त प्रभावपूर्ण है और शास्त्रों के अनुसार इसका प्रभाव तुरन्त एव अचूक होता है।

प्रत्येक गृहस्थ को चाहिए कि वह इस प्रकार के मन्त्र का उपयोग अपने दैनिक जीवन में करे।

विनियोग

अस्य श्री शिवपंचाक्षरी मन्त्रस्य वामदेव ऋषिः, पंक्तिश्छन्दः, ईशानो देवता, ॐ बीजम्, नमः शक्तिः, शिवायेति कीलकम्, चतुर्विध पुरुषार्थ सिद्धयर्थे न्यासे विनियोगः।

ध्यान

ध्यायेन्नित्यं महेशं रजतगिरिनिभं चारुचन्द्रावतंसम्।
रत्नाकल्पोज्ज्वलांगं परशुमृगवराभीतिहस्तं प्रसन्नम्॥
पद्मासीनं समंतात्स्तुतममरगणैं र्व्याघ्र कृत्तिवसानम्।
विश्वाद्यं विश्वबीजं निखिलभयहरं पंचवक्त्रं त्रिनेत्रम्॥

शिव पंचाक्षरी मन्त्र

ॐ नमः शिवाय ।

फल—यह मन्त्र उन साधकों के लिए अत्यन्त ही महत्त्वपूर्ण है जो गृहस्थ हैं और ज्यादा विधि-विधान नहीं कर पाते । क्योंकि यह मन्त्र चलते-फिरते हर समय जपा जा सकता है । दस लाख मन्त्र जपने पर यह सिद्ध हो जाता है ।

अष्टाक्षरी शिव मन्त्र

यह मन्त्र आर्थिक समृद्धि तथा जीवन में सभी दृष्टियों से ऊंचा उठने के लिए अनुकूल तथा सहायक है ।

विनियोग

ॐ अस्य श्री शिवाष्टाक्षर मन्त्रस्य वामदेव ऋषिः, पंक्तिश्छन्दः, उमापतिर्देवता सर्वेष्ट सिद्धये विनियोगः ।

ध्यान

बंधूकसन्निभ देवं त्रिनेत्रं चन्द्रशेखरम् ।
त्रिशूलधारिणं वंदे चारुहासं सुनिर्मलम् ।।
कपालधारिणं देव वरदाभय हस्तकम् ।
उमया सहितं शंभुं ध्यायेत्सोमेश्वरं सदा ।।

अष्टाक्षरी शिव मन्त्र

ह्रीं ॐ नमः शिवाय ह्रीं ।

फल—इस मन्त्र का जप एक लाख किया जाता है और फिर इसका दशांश मधु एवं घृत की आहुतियां देकर यज्ञ किया जाता है तब यह मन्त्र सिद्ध हो पाता है ।

यह मन्त्र सौभाग्य, सम्पदा, मोक्ष एवं सर्वतोमुखी उन्नति के लिए अत्यन्त ही अनुकूल है ।

त्र्यक्षर मृत्युञ्जय मन्त्र

रोग, शान्ति तथा मृत्यु भय को दूर करने के लिए यह मन्त्र सर्वाधिक उपयोगी माना गया ।

विनियोग

अस्य त्र्यक्षरात्मक मृत्युञ्जय मन्त्रस्य, कहोल ऋषिः, गायत्री छन्दः, मृत्युञ्जयो महादेवो देवता, जूं बीजम्, सः शक्तिः, सर्वेष्ट सिद्धयर्थे जपे विनियोगः ।

ध्यान

चन्द्रार्काग्नि विलोचनं स्मितमुखं पद्मद्वयांतः स्थितम् ।
मुद्रापाश मृगाक्ष सूत्र विलसत्पाणिं हिमांशुप्रभम् ।
कोटीरेन्दु गलत्सुधाप्लुततनु हारादि भूषोज्ज्वलम् ।
कान्त्या विश्वविमोहनं पशुपतिं मृत्युञ्जयं भावयेत् ।।

त्र्यक्षर मृत्युञ्जय मन्त्र

ॐ ह्रौं जूं सः ।

फल—इस मन्त्र का तीन लाख जप करने से यह सिद्ध होता है। पुरश्चचरण के लिए दशांश दुग्ध, जल, तिल, घी, और शक्कर लेकर यज्ञ करना चाहिए। ऐसा करने से ही मन्त्र सिद्ध होता है।

यह मन्त्र सिद्ध होने से वाक् सिद्धि, आयु, आरोग्य, सम्पत्ति, यश, पुत्र आदि में अनुकूल सुख प्राप्त होता है। इससे असाध्य रोग दूर होता है तथा जीवन में किसी भी प्रकार की लम्बी बीमारी या कष्ट नहीं आ पाता।

त्र्यम्बक मन्त्र

यह मन्त्र कालभक्षी माना गया है। जिसकी आयु कम हो उसे इस मन्त्र का विधान अवश्य ही करना चाहिए।

विनियोग

अस्य त्र्यम्बक मन्त्रस्य वसिष्ठ ऋषिः, अनुष्टुप् छन्दः, त्र्यम्बक पार्वती पतिर्देवता, त्र्यं बीजम्, बं शक्तिः, कं कीलकम्, सर्वेष्ट सिद्धयर्थे जपे विनियोगः ।

ध्यान

हस्ताभ्यां कलशद्वयामृतरसैराप्लावयंतं शिरो ।
द्वाभ्यां तौ दधतं मृगाक्षवलये द्वाभ्यां वहंतं परम् ।।
अंकन्यस्त करद्वयामृतघटं कैलासकांतं शिवम् ।
स्वच्छांभोजगतं नवेन्दु मुकुटं देवं त्रिनेत्रं भजे ।।

त्र्यम्बक मन्त्र

ॐ त्र्यम्बकं यजामहे सुगंधिं पुष्टिवर्धनम् ।
उर्वारुकमिव बन्धनान्मृत्योर्मुक्षीय मामृतात् ।।

फल—इस मन्त्र का एक लाख जप करने से व्यक्ति समस्त इन्द्रियों को जीत लेता है। इस मन्त्र को सिद्ध करने के लिए शिव पर बिल्व, पलाश आदि चढ़ाने चाहिए। मन्त्र सिद्ध होने पर वह शत्रुओं पर पूर्ण विजय प्राप्त करता है और उसकी इच्छा मृत्यु होती है।

महामृत्युञ्जय मन्त्र

यह सर्वश्रेष्ठ मन्त्र कहा गया है और रोग-शान्ति, तथा मृत्यु पर विजय प्राप्त करने के लिए इससे बढ़कर और कोई मन्त्र नहीं है।

शास्त्रों में कहा गया है कि जिसके घर में इस मन्त्र की एक माला नित्य फेरी जाती है उसे किसी भी प्रकार का रोग, अकाल मृत्यु, मृत्यु भय आदि नहीं व्याप्त होता।

विनियोग

ॐ अस्य श्री महामृत्युञ्जय मन्त्रस्य वामदेव कहोल वसिष्ठा ऋषयः, पंक्ति गायत्र्यनुष्टुभश्छन्दांसि, सदाशिव महामृत्युञ्जय रुद्रा देवताः, श्री बीजम्, ह्रीं शक्तिः, महामृत्युञ्जय प्रीतये जपे विनियोगः।

ध्यान

हस्ताम्भोज युगस्थ कुंभ युगला दुद्धृत्य तोयं शिरः।
सिंचंतं करयोर्युगेन दधतं स्वांके सकुंभौ करौ॥
अक्षस्रङ् मृगहस्तमम्बुजगतं मूर्द्धस्थ चन्द्रस्रवत्।
पीयूषोन्नतनुं भजे सगिरिजं मृत्युञ्जयं त्र्यम्बकम्॥

महामृत्युञ्जय मन्त्र

ॐ ह्रौं ॐ जूं सः भुर्भुवः स्वः त्र्यम्बकं यजामहे
सुगंधि पुष्टि वर्धनम्।
उर्वा रुकमिव बंधनान् मृत्योर्मुक्षीय मामृतात्
भूर्भुवः स्वरों जूं सः ह्रौं ॐ।

फल—यह मन्त्र प्रत्येक साधक को स्मरण है और इसे शंकर का सर्वाधिक प्रिय मन्त्र माना गया है। मृत्यु भय को टालने के लिए तथा अकाल मृत्यु को समाप्त करने के लिए इससे बढ़कर न तो कोई मन्त्र है और न कोई अनुष्ठान ही।

इस मन्त्र में रोग निवारण की अद्भुत शक्ति है। सवा लाख मन्त्र जप करने से यह मन्त्र सिद्ध होता है। मन्त्र जप का दशांश बिल्व फल तथा तिल लेकर हवन किया जाता है।

जिसको यह मन्त्र सिद्ध होता है वह सौ वर्ष से ज्यादा आयु प्राप्त करता है तथा अन्तिम क्षण तक उसका शरीर सुगठित, सुन्दर, एवं स्वस्थ बना रहता है। जीवन में वह पुत्रवान, पौत्रवान, श्रीमान तथा अक्षय कीर्ति का अधिकारी होता है।

कुटुम्ब रक्षा, अकाल मृत्यु तथा बलाघात जैसे अशुभ योगों के लिए यह मन्त्र सर्वाधिक महत्त्वपूर्ण है।

रुद्र मन्त्र

यह मन्त्र शिव को प्रसन्न करने वाला है तथा इस मन्त्र को सिद्ध करने पर शंकर स्वयं साक्षात् दर्शन देते हैं।

विनियोग

अस्य श्री रुद्र मन्त्रस्य बौधायन ऋषिः, पंक्तिश्छन्दः, रुद्रो देवता, ममाभीष्ट सिद्धयर्थे जपे विनियोगः ॥

ध्यान

कैलासाचल सन्निभं त्रिनयनं पंचास्यमंबायुतम्।
नीलग्रीव महीश भूषण धरं व्याघ्रत्वचा प्रावृतम् ॥
अक्षस्रग्वर कुंडिका भयकरं चांद्रीं कलां बिभ्रतं।
गंगांभो विलसज्जटं दशभुजं वंदे महेशं परम् ॥

रुद्र मन्त्र

ॐ नमो भगवते रुद्राय।

फल—एक लाख मन्त्र जप करने से यह मन्त्र सिद्ध होता है। यह मन्त्र गृहस्थ जीवन की समस्त इच्छाओं की पूर्ति करने में सहायक होता है तथा जीवन में वह धर्म, अर्थ, काम, मोक्ष सभी का पूरा लाभ प्राप्त करने में समर्थ हो पाता है।

त्वरित रुद्र मन्त्र

यह मन्त्र शिव को प्रसन्न करने के लिए है। इससे साधक को शिव स्वयं साक्षात् दर्शन देते हैं तथा उसकी इच्छा को स्वयं पूर्ण करते हैं।

विनियोग

अस्य त्वरित रुद्र मंत्रस्य अथर्वण ऋषिः, अनुष्टुप्छंदः, त्वरित रुद्र संज्ञिका देवता, नमः इति बीजम्, अस्तु इति शक्तिः, त्वरित रुद्र प्रीत्यर्थे जपे विनियोगः।

ध्यान

रुद्रं चतुर्भुजं देवं त्रिनेत्रं वरदाभयम्।
दधानमूर्ध्व हस्ताभ्यां शूलं डमरुमेव च ॥
अंकसंस्थामुमां पद्मे दधानं च करद्वये।
आद्ये करद्वये कुंभं मातुलुंगं च बिभ्रतम् ॥

त्वरित रुद्र मन्त्र

ॐ यो रुद्रोऽग्नौ यो प्सुय ओषधीऽषुयो रुद्रो विश्वा भुवना विवेश तस्मै रुद्राय नमोऽस्तु।

फल—यह मंत्र शिव को अत्यन्त प्रिय है। सवा लाख मंत्र जप करने से यह मंत्र सिद्ध होता है। इसकी साधना में पूर्ण ब्रह्मचर्य पालन करना चाहिए। इस मंत्र के सिद्ध होने से सभी कार्यों में सिद्धि प्राप्त होती है और जिसके घर में पुत्र नहीं है इस मंत्र के अनुष्ठान से निश्चय ही पुत्र लाभ होता है।

विष्णु मंत्र

यह मंत्र उन साधकों के लिए अत्यन्त अनुकूल है जिनके इष्ट कृष्ण या विष्णु हैं। यह मंत्र सरल होने के कारण प्रत्येक गृहस्थ के लिए उपयोगी है।

प्रत्येक गृहस्थ को दिनभर कार्य करते हुए भी इस मंत्र का मन ही मन जप करते रहना चाहिए।

विनियोग

अस्य मंत्रस्य साध्य नारायण ऋषिः, देवी गायत्री छन्दः, विष्णु देवता, सर्वेष्ट सिद्धये जपे विनियोगः।

ध्यान

उद्यत्कोटि दिवाकराभमनिशं शंखं गदां पंकजंम्।
चक्रं बिभ्रतमिन्दिरा वसुमती संशोभि पार्श्वद्वयम्।
कोटीरांगद हार कुंडलधरं पीतांबरं कौस्तुभो।
द्दीप्तं विश्वधरं स्ववक्षसि लसच्छ्रीवत्स चिह्नं भजे॥

विष्णु मन्त्र

ॐ नमो नारायणाय।

फल—यह मंत्र सरल होने के साथ-साथ प्रत्येक गृहस्थ के लिए उपयोगी है और पांच लाख मंत्र जपने से यह सिद्ध होता है।

द्वादशाक्षर विष्णु मंत्र

यह मंत्र गृहस्थ व्यक्तियों के लिए उपयोगी है और सभी प्रकार की समृद्धि देने में यह सहायक है। विशेष रूप से स्त्रियों के लिए यह मंत्र विशेष उपयोगी माना गया है।

विनियोग

अस्य मंत्रस्य प्रजापति ऋषिः, गायत्री छन्दः, वासुदेव परमात्मा देवता, सर्वेष्ट सिद्धये जपे विनियोगः।

ध्यान

विष्णुं शारद चन्द्र कोटि सदृशं शंखं रथांगं गदा-
म्भोजं दधतं सिताब्ज निलयं कांत्या जगन्मोहनम्।

आबद्धां गदहार कुण्डल महा मौलि स्फुरत्कंकणम् ।
श्रीवत्सांकमुदारकौस्तुभधरं वंदे मुनींद्रैः स्तुतम् ॥

द्वादशाक्षर विष्णु मन्त्र

ॐ नमो भगवते वासुदेवाय ।

फल—यह मंत्र बारह लाख जपने से सिद्ध होता है । इससे गृहस्थ जीवन पूर्णतः सुखमय रहता है तथा मृत्यु के बाद वह निश्चय ही विष्णुलोक को जाता है ।

राम मन्त्र

यह मंत्र राम इष्ट रखने वाले साधकों के लिए तथा गृहस्थ व्यक्तियों के लिए उपयोगी माना गया है ।

विनियोग

अस्य राम मंत्रस्य, ब्रह्मा ऋषिः, गायत्री छन्दः, श्री रामो देवता, रां बीजम्, नमः शक्तिः, चतुर्विध पुरुषार्थ सिद्धये जपे विनियोगः ।

ध्यान

नीलांभोधरकांतिकांतमनिशं वीरासनाध्यासिनम् ।
मुद्रां ज्ञानमयीं दधानमपरं हस्तांबुजं जानुनि ।
सीतां पार्श्वगतां सरोरुहकरां विद्युन्निभां राघवम् ।
पश्यंतीं मुकुटां गदा दिवि विधा कल्पोज्ज्वलांगं भजे ॥

राम मन्त्र

रां रामाय नमः ।

फल—छः लाख मंत्र जप करने से यह मंत्र सिद्ध होता है और इससे साधक की राम में भक्ति दृढ़ होती है ।

दशाक्षर राम मंत्र

यह मंत्र भी साधकों एवं गृहस्थ व्यक्तियों के लिए समान रूप से उपयोगी है ।

विनियोग

अस्य मंत्रस्य वसिष्ठ ऋषिः, विराट् छंदः, सीतापाणि परिग्रहे श्री रामो देवता, हुं बीजम्, स्वाहा शक्तिः चतुर्विध पुरुषार्थ सिद्धये जपे विनियोगः ।

ध्यान

अयोध्यानगरे रम्ये रत्न सौन्दर्य मंडपे ।
मंदार पुष्पैराबद्ध वितान तोरणांकिते ॥
सिंहासन समारूढं पुष्पकोपरि राघवम् ।
रक्षोभिर्हरिभिर्देवै दिव्ययान गतैः शुभै ॥

संस्तूयमानं मुनिभिः सर्वतः परिसेवितम्।
सीतालंकृत वामांगं लक्ष्मणेनोपशोभितम्।

दशाक्षर राम मन्त्र

हुं जानकी वल्लभाय स्वाहा।

फल—यह मंत्र दस लाख जपने से सिद्ध होता है और यह सभी प्रकार की सफलता एवं मोक्ष देने में सहायक है।

कृष्ण मंत्र

जिनके इष्ट कृष्ण हैं उनके लिए तथा गृहस्थ व्यक्तियों के लिए यह मंत्र उपयोगी एवं लाभदायक है।

विनियोग

अस्य मंत्रस्य नारद ऋषिः, गायत्री छन्दः, श्रीकृष्णो देवता, क्लीं बीजम्, स्वाहा शक्तिः, चतुर्विध पुरुषार्थ सिद्धयर्थे जपे विनियोगः।

ध्यान

स्मरेद् वृक्ष वने रम्ये मोहयंतमनारतम्।
गोविंदं पुण्डरीकाक्षं गोपकन्याः सहस्त्रशः॥
आत्मनो वदनां भोज प्रेणिताक्षिमधुव्रताः।
पीडिताः कामबाणेना विरामा श्लेषणोत्सुकाः।

कृष्ण मन्त्र

क्लीं कृष्णाय गोविंदाय गोपीजन वल्लभाय स्वाहा।

फल—यह मंत्र ग्यारह लाख जपने से सिद्ध होता है तथा जावन में पूर्ण सुख भोग प्राप्त कर अन्त में कृष्ण के चरणों में लीन हो जाता है।

लक्ष्मीनारायण मंत्र

यह मंत्र आर्थिक उन्नति तथा भौतिक सुख-समृद्धि देने में पूर्णतः सहायक है।

विनियोग

अस्य मंत्रस्य प्रजापति ऋषिः, गायत्री छन्दः, वासुदेवो देवता, धर्मार्थ काम मोक्षार्थे जपे विनियोगः।

ध्यान

विद्युच्चन्द्रनिभं वपुः कमलजा वैकुंठयोरेकताम्।
प्राप्तं स्नेहवशेन रत्न विलसद्भूषाम्भरालंकृतम्॥

विद्या पंकज दर्पणान्मणिमयं कुंभं सरोजं गदाम् ।
शंखं चक्र ममूनि बिभ्रदमितां दिश्याच्छ्रियं वः सदा ।।

लक्ष्मीनारायण मन्त्र

ॐ ह्रीं ह्रीं श्रीं श्रीं लक्ष्मीवासुदेवाय नमः ।

फल—दस लाख मंत्र जपने से यह मंत्र सिद्ध होता है। इस मंत्र को चांदी के पत्र पर अंकित कर नित्य उसकी पूजा करने से जीवन में सभी प्रकार का सुख एवं वैभव प्राप्त होता है।

नृसिंह मंत्र

यह मंत्र शत्रुओं को समाप्त करने और जीवन में सभी प्रकार के भय, उपद्रव, रोग, शोक, भूत, प्रेत, पिशाच, बाधा दूर करने के लिए सहायक है।

विनियोग

अस्य नृसिंह मंत्रस्य, ब्रह्मा ऋषिः, अनुष्टुप् छन्दः, सुरासुर नमस्कृत नृसिंहो देवता, सर्वेष्ट सिद्धये जपे विनियोगः ।

ध्यान

माणिक्याद्रि समप्रभं निजरुचा संत्रस्त रक्षो गणम् ।
जानुन्यस्त करांबुजं त्रिनयनं रत्नोल्लसद्भूषणम् ।।
बाहुभ्यां धृतशंख चक्र मनिशं दंष्ट्राग्र वक्रोल्लसत् ।
ज्वाला जिह्वमुदग्र केश निचयं वंदे नृसिंहं विभुम् ।।

नृसिंह मन्त्र

ॐ उग्रवीरं महा विष्णुं ज्वलंतं सर्वतो मुखम् ।
नृसिंह भीषणं भद्रं मृत्यु मृत्युं नमाम्यहम् ।।

फल—यह मंत्र श्लोक रूप है तथा शत्रुओं पर विजय प्राप्त करने के लिए यह सर्वश्रेष्ठ मंत्र माना गया है।

वाराह मंत्र

यह मंत्र जीवन में मृत्यु भय समाप्त करने के लिए तथा लड़ाई में सफलता प्राप्त करने के लिए सहायक है।

विनियोग

अस्य मंत्रस्य भार्गव ऋषिः, अनुष्टुप् छन्दः, आदि वाराह देवता, सर्वेष्ट सिद्धये जपे विनियोगः ।

ध्यान

आपावं जानुदेशाद्धर कनकनिभं नाभिदेशावधस्तात् ।
मुक्ताभं कंठदेशात्तरुण रविनिभं मस्तकान्नीलभासम् ।
ईडे हस्तै र्दधानं रथचरणदरैः खड्ग खेटौ गदाख्याम् ।
शक्तिं दानाभये च क्षितिधरण लस द्दंष्ट्रमाद्यं वराहम् ॥

वाराह मन्त्र

ॐ नमो भगवते वाराह रूपाय भुर्भुवः स्वः स्यात्पते भूपतित्वं देह्यते ददापय स्वाहा ।

फल—सवा लाख मंत्र जप करने से यह सिद्ध होता है तथा शत्रु चोर, भूत, प्रेत, आदि बाधा जीवन में स्वतः ही समाप्त हो जाती है ।

सूर्य मंत्र

यह मंत्र सूर्य को प्रसन्न करने के लिए तथा जीवन में अक्षय कीर्ति और समस्त कार्यों में पूर्ण सफलता प्राप्त करने के लिए अत्यन्त अनुकूल है ।

विनियोग

अस्य सूर्य मंत्रस्य भृगु ऋषिः, गायत्री छन्दः, दिवाकरो देवता, ह्रीं बीजम्, श्रीं शक्तिः, दृष्टादृष्ट फल सिद्धये जपे विनियोगः ।

ध्यान

रक्ताब्ज युग्मा भय दान हस्तं ।
केयूर हारांगद कुंडलाढ्यम् ।
माणिक्य मौलिं दिननाथ मीडे ।
बंधूक कांति विलसत्त्रिनेत्रम् ॥

सूर्य मन्त्र

ॐ ह्रीं घृणिः सूर्य्य आदित्य श्रीं ।

फल—इस मंत्र का दस हजार जप करने से यह मंत्र सिद्ध हो जाता है । इस मंत्र में पुत्र संतान देने की अद्भुत क्षमता है । साथ ही साथ यह नेत्रों की ज्योति बढ़ाने शरीर को कांतिमय बनाये रखने तथा वाक्‌सिद्धि के लिए अपूर्व है ।

धन धान्य, पशु, क्षेत्र, पुत्र, मित्र, पत्नी, तेज, वीर्य, यश, कांति, विद्या, वैभव, भाग्य आदि बढ़ाने में भी यह मंत्र पूर्णतः सहायक माना गया है ।

प्रत्येक गृहस्थ को इस मंत्र की एक माला नित्य फेरनी चाहिए और साथ ही साथ प्रातःकाल सूर्य को अर्घ्य देने से वह दिन सभी दृष्टियों से अनुकूल एवं लाभदायक रहता है ।

हनुमान मंत्र

जिनके इष्ट हनुमान हैं या जो जीवन में शारीरिक बल और शक्ति में विश्वास करते हैं उन्हें इस मंत्र की साधना अवश्य ही करनी चाहिए।

विनियोग

अस्य हनुमत् मंत्रस्य रामचन्द्र ऋषिः, जगती छन्दः, हनुमान् देवता, ह्सौं बीजम्, ह्स्फ्रें शक्तिः, सर्वेष्ट सिद्धये जपे विनियोगः।

ध्यान

बालार्कायुत तेजसं त्रिभुवन प्रक्षोभकं सुन्दरम्।
सुग्रीवादि समस्त वानर गणैः संसेव्य पादांबुजम्।
नादेनैव समस्त राक्षसगणान् संत्रासयंतं प्रभुम्।
श्रीमद्राम पदांबुज स्मृति रतं ध्यायामि वातात्मजम्॥

हनुमान मन्त्र

ह्रौं ह्स्फ्रें ख्फ्रें ह्सैं ह्स्ख्फ्रें ह्सौं हनुमते नमः।

फल—यह मंत्र बारह हजार जपने से सिद्ध हो जाता है। इस मंत्र के सिद्ध होने से व्यक्ति में अत्यधिक आत्मबल आ जाता है और वह जीवन में समस्त कार्यों में सफलता प्राप्त कर लेता है।

अनुष्ठान में पूर्णतः ब्रह्मचर्य पालन अत्यन्त आवश्यक है। जिसके घर में इस मंत्र का जप होता है उसके घर में भूत, प्रेत, पिशाच बाधा नहीं आती और उसे जीवन में न तो शस्त्र भय होता है तथा न अकाल मृत्यु ही होती है।

वास्तव में ही यह मंत्र घर में सभी कार्यों के लिए तथा उपद्रव शान्ति के लिए पूर्णतः सहायक है।

हनुमान अष्टादशाक्षर मंत्र

यह मंत्र घर में सुख-शान्ति के लिए तथा सभी प्रकार के उपद्रव की शान्ति के लिए सहायक है।

विनियोग

अस्य मंत्रस्य ईश्वर ऋषिः, अनुष्टुप् छन्दः, हनुमान् देवता, हुं बीजम्, स्वाहा शक्तिः, सर्वेष्ट सिद्धये जपे विनियोगः।

ध्यान

ॐ दहनतप्त सुवर्ण समप्रभं भयहरं हृदये विहितांजलिम्।
श्रवण कुंडल शोभि मुखांबुजं नमत वानरराज मिहाद्भुतम्॥

हनुमान अष्टदशाक्षर मन्त्र

ॐ नमो भगवते आंजनेयाय महाबलाय स्वाहा ।

फल—यह इक्कीस हजार मंत्र जपने से सिद्ध होता है । इस मंत्र के जपने से रोग स्वयं ही समाप्त हो जाते हैं । भूत, प्रेत, पिशाच बाधा नहीं रहती और किसी प्रकार का उपद्रव उसके जीवन में व्याप्त नहीं होता ।

द्वादशाक्षर हनुमान मंत्र

यह मंत्र अत्यन्त गोपनीय माना गया है । यह मंत्र शीघ्र ही सिद्धि देने में सहायक है तथा इस मंत्र को सिद्ध करने से व्यक्ति तीनों लोकों में विजय प्राप्त करने में समर्थ हो पाता है ।

ध्यान

महाशैलं समुत्पाट्य धावन्तं रावणं प्रति ।
तिष्ठ तिष्ठ रणे दुष्ट घोरारावं समुच्चरन् ।।
लाक्षा रसारुणं गात्रं कालांतक यमोपमम् ।
ज्वलदग्नि लसन्नेत्रं सूर्य्यकोटि समप्रभम् ।।
अंगदाद्यैर्महावीरै र्वेष्टितं रुद्ररूपिणम् ।
एवं रूपं हनूमन्तं ध्यात्वा पूजां समारभेत् ।।

द्वादशाक्षर हनुमान मन्त्र

हं हनुमते रुद्रात्मकाय हुं फट् ।

फल—इस मंत्र के बारे में शास्त्रों में लिखा है कि इस मंत्र को शिव ने ही कृष्ण को बताया था और कृष्ण ने अर्जुन को यह मंत्र सिद्ध कराया था जिससे उसने चर-अचर जगत् को जीतकर ख्याति प्राप्त की थी ।

नदी के किनारे, मन्दिर में, निर्जन वन में, पहाड़ की गुफा में या घर के एकान्त में एक लाख मंत्र जप करने चाहिए जिससे कि यह मंत्र सिद्ध हो जाता है ।

एक लाख मंत्र जपने से हनुमान उस साधक पर प्रसन्न हो जाते हैं । वास्तव में ही शास्त्रों में इस मंत्र की बहुत ही अधिक प्रशंसा की हुई है और बताया हुआ है कि इस मंत्र को ब्रह्मचर्य व्रत रखकर सिद्ध करना चाहिए और इस प्रकार जो साधक इस मंत्र को सिद्ध कर लेता है उसे जीवन में किसी भी प्रकार की कमी नहीं रहती ।

इस मंत्र के सिद्ध करते समय सामने तेल का दीपक तथा हनुमान की मूर्ति या चित्र होना आवश्यक है ।

द्वादशाक्षर वीर साधन मंत्र

यह अनुमान जी का अत्यन्त गुप्त वीर साधन प्रयोग है। प्रत्येक गुरु को चाहिए कि वह पूरी तरह से परीक्षा कर लेने के बाद ही निकटतम शिष्य को ही इस मंत्र का ज्ञान दे।

ध्यान

ध्यायेद्रणे हनूमंतं कपि कोटिसमन्वितम्।
धावंतं रावणं जेतुं दृष्टा वरमुत्थितम्॥
लक्ष्मणं च महावीरं पतितं रणभूतले।
गुरं च क्रोधमुत्पाद्य गृहीत्स्वा गुरुपर्वतम्।
हाहाकारैः सदर्पैश्च कम्पयंतं जगत्रयम्।
ब्रह्मांडं स समावाप्य कृत्वा भीमं कलेवरम्॥

द्वादशाक्षर वीर साधन मन्त्र

हं पवननंदनाय स्वाहा।

फल—साधक को चाहिए कि वह प्रातःकाल ब्राह्म मुहूर्त में उठकर सन्ध्या आदि करके प्रथम आठ बार मूल मंत्र का जप करे। फिर बारह बार हाथ में जल लेकर मंत्र पढ़कर उस जल को अपने शरीर पर छिड़के। फिर मात्र दो वस्त्र पहनकर नदी के तीर पर या पहाड़ पर बैठकर रेचक, कुंभक करे। फिर ध्यान करके छः हजार मूल मंत्र का जप करना चाहिए।

इस प्रकार नित्य छः दिन तक जप करके सातवें दिन, दिन-रात लगातार जप करना चाहिए। इस प्रकार जप करने पर रात्रि के चौथे प्रहर में महाभय प्रदर्शन पूर्वक हनुमान जी साधक के समीप आकर वर प्रदान करते हैं। यह अनुष्ठान सत्य है।

चतुर्दशाक्षर हनुमान मंत्र

यह अत्यन्त गोपनीय है और एक अत्यन्त उच्च कोटि के महात्मा ने यह क्रमं बताया था।

चतुर्दशाक्षर हनुमान मन्त्र

ॐ नमो हरि मर्कट मर्कटाय स्वाहा।

फल—यह अनुभवसिद्ध और गोपनीय मंत्र है। इसका विधान इस प्रकार है कि साधक को प्रात काल ब्राह्म मुहूर्त्त में उठकर आम के पत्ते पर गुलाल छिड़ककर अनार की कलम से एक लाख मंत्र लिखे तो उसका कार्य निश्चय ही सिद्ध होता है।

ॐ नमो हरिमर्कट मर्कटाय अमुकं हरिमर्कट मर्कटाय स्वाहा।

इसमें अमुक शब्द के स्थान पर शत्रु का नाम लिखना चाहिए। इस प्रकार

भोजपत्र या कागज पर सिन्दूर से उपरोक्त मंत्र शत्रु सहित लिखकर हनुमान की वीर मूर्ति या चित्र पर चिपका देना चाहिए।

फिर हनुमान की पंचोपचार पूजा कर सरसों के तेल की हनुमान जी के मस्तक पर इस मंत्र के द्वारा एक लाख धारा दे, तो शत्रु का निश्चय ही नाश होता है। उसका धन नष्ट हो जाता है और वह अत्यन्त दुःखी होकर पैरों में आकर गिर पड़ने के लिए विवश हो जाता है।

वास्तव में ही यह मंत्र कई बार प्रयोग किया है और प्रत्येक बार यह मंत्र पूर्णत. सफलतादायक रहा है।

आपत्ति उद्धारक बटुक मंत्र

यह मंत्र बटुक भैरव का मंत्र है तथा जीवन में पूर्णता, सफलता तथां शत्रुओं पर विजय प्राप्त करने के लिए पूर्णतः सहायक है।

प्रारंभ में इसका संकल्प लेना चाहिए कि मैं यह मंत्र जप निम्न कार्य के लिए कर रहा हूं।

आपत्ति उद्धारक बटुक मन्त्र

ॐ ह्रीं वटुकाय आपदुद्धरणाय कुरु कुरु वटुकाय ह्रीम्।

फल—यह अनुष्ठान किसी भी महीने के शुक्ल पक्ष की द्वितीया से प्रारम्भ करना चाहिए और नित्य दस हजार मंत्र जप करने चाहिए। कुल सवा लाख मंत्र जप करने से यह मंत्र सिद्ध होता है।

यह मंत्र विद्या, बुद्धि, धन-धान्य, पुत्र, पौत्र, देने में सहायक है तथा सभी कार्यों के लिए अनुकूल है।

अनुष्ठान में एक समय भोजन करना चाहिए और पूर्णतः ब्रह्मचर्य व्रत पालन करना चाहिए।

स्वर्णाकर्षण भैरव मंत्र

मारण, मोहन, उच्चाटन, वशीकरण, आदि कार्यों में यह मंत्र फलदायक है तथा इस मंत्र के सिद्ध करने पर घर में स्वर्ण वर्षा सी होती रहती है। अर्थात् उसके जीवन में किसी भी प्रकार का अभाव नहीं रहता और आर्थिक दृष्टि से अत्यन्त ही सम्पन्न होता है।

विनियोग

ॐ अस्य श्री स्वर्णाकर्षण भैरव मंत्रस्य, श्री ब्रह्मा ऋषिः, पंक्तिश्छन्दः। हरि हर ब्रह्मात्मक स्वर्णाकर्षण भैरवो देवता, ह्रीं बीजम्, ह्रीं शक्तिः, ॐ कीलकम्, स्वर्णाकर्षण भैरव प्रसाद सिद्धयर्थं स्वर्ण राशि प्राप्तये स्वर्णाकर्षण भैरव मंत्र जपे विनियोगः।

ध्यान

पीतवर्णं चतुर्बाहुं त्रिनेत्रं पीतवाससम् ।
अक्षय स्वर्ण माणिक्यं तडित्पूरित पात्रकम् ॥
अभिलषितं महाशूलं तोमरं चामर द्वयम् ।
सर्वाभरणं सम्पन्नं मुक्ताहारोपशोभितम् ॥
मदोन्मत्तं सुखासीनं भक्तानां च वरप्रदम् ।
संततं चितयेद्दश्यं भैरवं सर्वसिद्धिदम् ॥
पारिजात द्रुम कांतारस्थिते मणि मंडपे ।
सिंहासन गतं ध्यायेद्भैरवं स्वर्ण दायकम् ॥

गांगेयपात्रं डमरुं त्रिशूलं वरं करैः संदधतं त्रिनेत्रम् ।
देव्यायुतं तप्त सुवर्ण वर्ण स्वर्णाकृति भैरवमाश्रयामि ॥

स्वर्णाकर्षण भैरव मन्त्र

ऐं ह्लीं श्रीं ऐं श्रीं आपदुद्धारणाय ह्रां ह्रीं ह्रूं ।
अजामलबद्धाय लोकेश्वराय स्वर्णाकर्षण भैरवाय ।
मम दारिद्रय विद्वेषणाय महाभैरवाय नमः श्रीं ह्लीं ऐं ।

फल—यह मंत्र अत्यन्त ही फलदायक है और इससे घर में अटूट लक्ष्मी प्राप्त होती है। व्यापार में कई गुना ज्यादा लाभ होने लग जाता है तथा व्यापार का विस्तार हो जाता है।

यह मंत्र सवा लाख जपने से सिद्ध होता है और इसका दशांश तर्पण करना चाहिए।

यह मंत्र एक अत्यन्त उच्च कोटि के महात्मा ने गोपनीय रूप से बताया था।

क्षेत्रपाल मंत्र

यह मंत्र सभी प्रकार की सिद्धियों के लिए अनुकूल माना गया है और शास्त्र में कहा गया है कि किसी प्रकार की सिद्धि प्राप्त करने से पूर्व इस मंत्र को सिद्ध करने से साधना काल में किसी प्रकार की बाधा या असफलता नहीं मिलती।

विनियोग

अस्य क्षेत्रपाल मंत्रस्य, ब्रह्मा ऋषिः, गायत्री छन्दः, क्षेत्रपालो देवता, क्षं बीजम्, लः शक्ति, सर्वेष्ट सिद्धये जपे विनियोगः ।

ध्यान

नीलांजनादि निभ मूर्द्धं पिशंग केशं
वृत्तोग्र लोचन मुदात्त गदा कपालम् ।
आशांबरं भुजग भूषणमुग्रदंष्ट्रं
क्षेत्रेशमद्भुततनुं प्रणमामि देवम् ॥

क्षेत्रपाल मन्त्र

ॐ क्षं क्षेत्रपालाय नमः ।

फल—ताम्रपत्र पर क्षेत्रपाल की मूर्ति बनाकर उस पर जलधारा और दुग्धधारा करते हुए मंत्र जप करना चाहिए ।

यह मन्त्र एक लाख जप करने से सिद्ध होता है और इससे क्षेत्रपाल प्रसन्न होते हैं ।

कामदेव बीज मन्त्र

शरीर को आकर्षक, सुन्दर, सम्मोहक तथा वीर्य स्तंभन और नारी रमण में पूर्णता प्राप्त करने के लिए इस मंत्र की साधना का विधान शास्त्रों में बताया है ।

विनियोग

ॐ काम बीज मंत्रस्य सम्मोहन ऋषिः, गायत्री छन्दः, सर्व सम्मोहन मकर देवता, सर्व सम्मोहने विनियोगः ।

ध्यान

जापरुणं रक्तविभूषणाढ्यं मीनध्वजं चारुकृत्तांगरागम् ।
करांबुजैरंकुशभिक्षु चाप पुष्पास्त्र पाशौ दधतं भजामि ॥

कामदेव बीज मन्त्र

क्लीं कामदेवाय नमः ।

फल—तीन लाख मंत्र जप करने से यह मंत्र सिद्ध होता है । जो व्यक्ति यह मंत्र सिद्ध कर लेता है वह स्वयं कामदेव के समान सुन्दर होकर प्रत्येक प्रकार की रमणी को आकर्षित एवं सन्तुष्ट कर सकता है ।

शास्त्रों में काम गायत्री मंत्र भी बताया है ।

ॐ कःम देवाय विद्महे-पुष्पवाणाय धीमहिः तन्नो अनंग प्रचोदयात् ।

जो व्यक्ति ऊपर का मंत्र सिद्ध नहीं कर सकते उन्हें चाहिए कि वे काम गायत्री मंत्र की एक माला नित्य फेरें, इससे भी उन्हें अपने उद्देश्य में सफलता प्राप्त हो सकती है ।

वरुण मन्त्र

यह मंत्र वर्षा कराने में सहायक है तथा इस मंत्र के सिद्ध करने पर व्यक्ति कहीं पर भी किसी भी प्रकार से वर्षा करा सकता है ।

विनियोग

अस्य वरुण मंत्रस्य, वसिष्ठ ऋषिः त्रिष्टुप्छन्दः, वरुणो देवता, सर्वेष्ट सिद्धये जपे विनियोगः ।

ध्यान

चन्द्रप्रभं पंकज सन्निषण्णं पाशांकुशा भीतिवरं दधानम् ।
मुक्ता विभूषांचित सर्वगात्रं ध्यायेत्प्रसन्नं वरुणं विभूत्यै ॥

वरुण मन्त्र

ॐ ध्रुवासु त्वासु क्षितिषु क्षियंतोव्य अस्मत्पाशं वरुणो मुमोचत्, अवो वन्वाना अदिते रुपस्था यूयं पात स्वस्तिभिः सदा नः स्वः ।

फल—यह मंत्र एक लाख जपने से सिद्ध होता है और यह मंत्र वर्षा करने में, ऋण मुक्ति में, और घर में सुख-शान्ति प्राप्त करने में अत्यन्त सहायक है ।

कुबेर मन्त्र

यह आर्थिक दृष्टि से श्रेष्ठतम मंत्र है । इस मंत्र को सिद्ध करने वाला व्यक्ति कुबेर का प्रिय तथा स्वयं कुबेरपति हो जाता है ।

विनियोग

अस्य कुबेर मंत्रस्य, विश्रवा ऋषिः, वृहती छन्दः, शिवमित्र धनेश्वरो देवता, ममाभीष्टसिद्धयर्थे जपे विनियोगः ।

ध्यान

मनुजबाह्य विमान वरस्थितं गरुडरत्ननिभं निधिनायकम् ।
शिवसखं मुकुटादि विभूषितं वरगदे दधतं भज तुंदिलम् ॥

कुबेर मन्त्र

ॐ यक्षाय कुबेराय वैश्रवणाय धनधान्यादिपतये धनधान्य समृद्धि मे देहि दापय स्वाहा ।

फल—एक लाख मन्त्र जपने से यह सिद्ध होता है तथा सिद्ध होने पर दशांश तिल की आहुति देनी चाहिए । यह मन्त्र सिद्ध होने पर जीवन में आर्थिक दृष्टि से किसी प्रकार का कोई अभाव नहीं रहता ।

षोडशाक्षर कुबेर मन्त्र

अन्य सभी विधियां विनियोग व ध्यान ऊपर की तरह ही है, मन्त्र निम्न प्रकार से है :

षोडशाक्षर कुबेर मन्त्र

ॐ श्रीं ॐ ह्रीं श्रीं ह्रीं क्लीं श्रीं क्लीं वित्तेश्वराय नमः ।

चन्द्र मन्त्र

यह चन्द्रमा से संबंधित मन्त्र है तथा बलाघात योग आदि विपरीत योग इससे सही हो जाते हैं ।

विनियोग

अस्य सोम मन्त्रस्य, भृगु ऋषिः, पंक्तिश्छंदः, सोमो देवता, सौं बीजम्, नमः शक्तिः, मम सर्वेष्ट सिद्धये जपे विनियोगः।

ध्यान

कर्पूर स्फटिकावदातमनिशं पूर्णेन्दु बिंबाननम्।
मुक्तादाम विभूषितेन वपुषा निर्मूल यंतं तमः॥
हस्ताभ्यां कुमुदं वरं च दधतं नीलालकोद्भासितम्।
स्वस्यांकस्थ भृगूदिताश्रयगुणं सोमं सुधाब्धि भजे॥

चन्द्र मन्त्र

सौं सोमाय नमः।

फल—एक लाख मन्त्र जपने से यह मन्त्र सिद्ध होता है। जो व्यक्ति इस मन्त्र को सिद्ध कर लेता है उसे राज्य में विशेष सम्मान मिलता है और रोग आदि से मुक्ति पाकर सौ वर्ष तक जीवित रहता है।

मंगल मन्त्र

यह मन्त्र धन, पुत्र आदि देने में समर्थ है।

विनियोग

अस्य मंगल मन्त्रस्य विरूपाक्ष ऋषिः, गायत्री छन्दः, धरात्मजो भौमो देवता, ह्रां बीजम्, हंसः शक्तिः, सर्वेष्ट सिद्धये जपे विनियोगः।

ध्यान

जपाभं शिवस्वेदजं हस्तपद्मैर्गदाशूल शक्ति करे धारयन्तम्।
अवंती समुत्थं सुमेषासनस्थं धरानंदनं रक्तवस्त्रं समीडे॥

मंगल मन्त्र

ॐ ह्रां हंसः खं खः।

फल—इस मन्त्र को वैशाख में या मार्गशीर्ष महीने के शुक्ल पक्ष में प्रथम मंगलवार से प्रारम्भ करना चाहिए। नित्य दस हजार मन्त्र जपकर कुल एक लाख मन्त्र जप करने चाहिए। साधना-काल में लाल वस्त्र धारण करने चाहिए और रक्त चंदन का तिलक लगाना चाहिए। सामने तेल का दीपक जलना रहना चाहिए।

गुरु मन्त्र

यह मन्त्र गुरु ग्रह को प्रसन्न करने के लिए तथा जीवन में पूर्ण सन्तान सुख प्राप्त करने के लिए सिद्ध किया जाता है।

विनियोग

अस्य वृहस्पति मंत्रस्य, ब्रह्मा ऋषिः अनुष्टुप् छन्दः सुराचार्यो देवता, वृ बीजम्, नमः शक्ति', ममाभीष्ट सिद्धयर्थे जपे विनियोगः ।

ध्यान

रत्नाष्टा पद वस्त्र राशिममलं दक्षात्किरंतं करा-
दासीनं विपणौ करं निदधतं रत्नादिराशौ परम् ॥
पीता लेपन पुष्प वस्त्र मखिलालंकार संभूषितम् ।
विद्या सागरपारगं सुरगुरुं वंदे सुवर्णप्रभम् ॥

गुरु मन्त्र

ॐ बृं बृहस्पतये नमः ।

फल—यह मन्त्र सन्तान पक्ष के लिए और सन्तान सुख के लिए अत्यन्त अनुकूल माना गया है । एक लाख मन्त्र जपने से यह सिद्ध होता है ।

शुक्र मन्त्र

यह शुक्र का मन्त्र है और जीवन में भौतिक सुख प्राप्त करने के लिए अनुकूल है ।

विनियोग

अस्य मन्त्रस्य, ब्रह्मा ऋषिः, विराट् छन्दः, दैत्यपूज्यः शुक्रो देवता, ॐ बीजम्, स्वाहा शक्तिः, ममाभीष्ट सिद्धयर्थे जपे विनियोगः ।

ध्यान

श्वेतांभोज निषण्णमापणतटे श्वेतांबरा लेपनम् ।
नित्यं भक्तजनाय संप्रददतं त्रासो मणीन् हाटकम् ॥
वामेनैव करेण दक्षिण करे व्याख्यान मुद्रांकितम् ।
शुक्रं दैत्य वरार्चितं स्मितमुखं वंदे सितांगं प्रभुम् ॥

शुक्र मन्त्र

ॐ वस्त्रं मे देहि शुक्राय स्वाहा ।

फल—यह मन्त्र जीवन में सभी प्रकार के भौतिक सुख देने में समर्थ है । एक लाख मन्त्र जपने से यह सिद्ध होता है ।

धर्मराज मन्त्र

यह मन्त्र मृत्यु भय को समाप्त करता है तथा इच्छा मृत्यु होती है ।

धर्मराज मन्त्र

ॐ क्रों ह्रीं ग्रा वें वैवस्वताय धर्मराजाय भक्तानुग्रह कृते नमः ।

फल—एक लाख मन्त्र जपने से यह सिद्ध होता है तथा जो साधक इस मन्त्र को सिद्ध कर लेता है मृत्यु के बाद उसे नरक में नहीं जाना पड़ता ।

चित्रगुप्त मन्त्र

इस मन्त्र का फल व विधि ऊपर लिखे अनुसार ही है ।

चित्रगुप्त मन्त्र

ॐ नमो विचित्राय धर्मलेखकाय यम बाहिकाधिकारिणे ग्ल्व्यूं जन्म संपत्प्रलयं कथय कथय स्वाहा ।

घटाकर्ण मन्त्र

यह मन्त्र आर्थिक उन्नति, शत्रुनाश व मुकदमों में विजय के लिए पूर्णतः सहायक है ।

घंटाकर्ण मन्त्र

ॐ घंटाकर्णो महावीरो (अमुकं) सर्वोपद्रव नाशनं कुरु कुरु स्वाहा ।

फल—एक लाख मन्त्र जपने से यह सिद्ध हो जाता है । इसमें अमुक शब्द के स्थान पर शत्रु का नाम उच्चारण करना चाहिए और स्वयं की उन्नति के लिए उस स्थान पर स्वयं का नाम उच्चारण करना चाहिए ।

कार्तवीर्यार्जुन मन्त्र

यह मन्त्रराज कहा गया है और इसका फल एवं प्रभाव तुरन्त एवं अचूक होता है ।

विनियोग

अस्य कार्तवीर्यार्जुन मंत्रस्य, दत्तात्रेय ऋषिः, अनुष्टुप् छन्दः, कार्तवीर्यार्जुनो देवता, ॐ बीजम्, नमः शक्तिः, ममाभीष्ट सिद्धयर्थे जपे विनियोगः ।

ध्यान

उद्यत्सूर्य्यसहस्रकांतिरखिलक्षौणीधवैर्वन्दितो ।
हस्तानां शतपंचकेन च दधच्चा पानिषंस्तावतः ।।
कंठे पाटक मालया परिवृत श्चक्रावतारो हरेः ।
पायात्स्यंन्दन गोरुणाभवसनः श्री कार्तवीर्यो नृपः ।।

कार्तवीर्यार्जुन मन्त्र

ॐफ्रों व्रीं क्लीं भ्रूं आं ह्रीं क्रों श्रीं हुं फट् कार्तवीर्यार्जुनाय नमः।

फल—यह एक लाख मन्त्र जपने से सिद्ध होता है। इस मन्त्र को सिद्ध करने के बाद भोजपत्र पर अष्ट गंध से लिखकर घड़े में रख देना चाहिए। इससे उसे जीवन में वाक् सिद्धि, अष्ट लक्ष्मी और समस्त सुख प्राप्त बने रहते हैं।

हरिवाहन गरुड़ मन्त्र

यह मन्त्र रोग शान्ति एवं जीवन में पूर्ण उन्नति के लिए अनुकूल है।

विनियोग

अस्य मंत्रस्य अनंत ऋषिः, पंक्तिश्छंदः पक्षीन्द्रो देवता, ॐ बीजम, स्वाहा शक्तिः, ममाभीष्ट सिद्धयर्थे जपे विनियोगः।

ध्यान

तप्त स्वर्ण निभं फणीन्द्र निकरैः क्लृप्तांग भूषंप्रभुम्।
स्मर्तृणां शमयंतमुग्रमखिलं नृणां विषं तत्क्षणात्॥
चंचवग्र प्रचलद्भुजंगमभयं पाय्वोर्वरं बिभ्रतम्।
पक्षोच्चारितसामगीतममलं श्री पक्षिराजं भजे॥

हरिवाहन गरुड़ मन्त्र

क्षिप ॐ स्वाहा।

फल—यह मन्त्र पांच लाख जपने से सिद्ध होता है तथा इससे शत्रु शान्त करने न जीवन में पूर्ण विजय प्राप्त करने के लिए सहायता मिलती है।

गरुड़माला मन्त्र

इस मन्त्र का विनियोग, ध्यान, फल व विधि ऊपर लिखे अनुसार ही है।

गरुड़माला मन्त्र

ॐ नमो भगवते गरुडाय कालाग्नि वर्णाय एह्येहि कालानल लोल जिजह्वाय पातय पातय मोहय मोहय विद्रावय विद्रावय भ्रम भ्रम भ्रामय भ्रामय हन हन दह दह पत पत हुं फट् स्वाहा।

चरणायुध मन्त्र

यह मन्त्र जीवन में पूर्ण शक्ति प्राप्त करने के लिए तथा जीवन के सभी कार्यों में सफलता प्राप्त करने के लिए अत्यन्त ही उपयोगी एवं अनुकूल है।

विनियोग

अस्य चरणायुध मंत्रस्य महारुद्र ऋषिः, अतिजगती छन्दः, ह्लीं बीजम्, क्रों शक्तिः, चरणायुधो देवता, ममाभीष्ट सिद्धयर्थं जपे विनियोगः।

ध्यान

सर्वालंकृति दीप्त कंठ चरणो हेमाभदेहद्युतिः ।
पक्ष द्वंद्व विधूननेति कुशलः सर्वामराभ्यर्चितः ।।
गौरी हस्त सरोज गोरुण शिखः सर्वार्थ सिद्धिप्रदो ।
रक्तं चंचुपुटं दधच्चलपदः पायान्निजान्कुक्कुटान् ।।

चरणायुध मंत्र

श्रां यूं कोलि यूं कोलि वां ह्रीं यूं कोलि चुवाक्रौं ।

फल—पांच लाख मन्त्र जपने से यह मन्त्र सिद्ध होता है । जो व्यक्ति इस मन्त्र को सिद्ध कर लेता है वह पूरे संसार को सम्मोहित कर विजय प्राप्त कर सकता है ।

सन्तान गोपाल मंत्र

यह मन्त्र शास्त्रों में प्रसिद्ध है और प्रत्येक साधक यह जानता है कि सन्तान-प्राप्ति के लिए इससे बड़ा और सफल मन्त्र अन्य कोई नहीं है ।

विनियोग

अस्य गोपाल मन्त्रस्य, नारद ऋषिः, अनुष्टुप् छन्दः, कृष्णो देवता, मम पुत्र कामनार्थं जपे विनियोगः ।

ध्यान

विजयेन युतो रथस्थितः प्रसभानीय समुद्र मध्यतः ।
प्रददत्त नयान् द्विजन्मने स्मरणीयो वसुदेव नंदनः ।।

सन्तान गोपाल मंत्र

ॐ देवकी सुत गोविंद वासुदेव जगत्पते ।
देहि मे तनयं कृष्ण त्वामहं शरणं गतः ।।

फल—यह एक लाख मन्त्र जपने से सिद्ध होता है और मन्त्र सिद्ध करने पर निश्चय ही उसे पुत्र-प्राप्ति होती है । यदि किसी व्यक्ति के लिए यह अनुष्ठान किया जाय तो उसे भी निश्चय ही इस अनुष्ठान से पुत्र लाभ होता है ।

पुत्र-प्राप्ति मन्त्र

यह मन्त्र एक उच्च कोटि के महात्मा ने बताया था और गोपनीय होने के साथ ही साथ यह मन्त्र निश्चय ही सफलतादायक माना जाता है ।

पुत्र-प्राप्ति मंत्र

ॐ ह्रां ह्रीं ह्रूं पुत्रं कुरु कुरु स्वाहा ।

फल—एकाग्र मन से इस मन्त्र को आम के वृक्ष पर बैठकर यदि एक लाख जप करे तो निश्चय ही उसे पुत्र लाभ होता है।

आगे मैं गायत्री से संबधित मन्त्र भेद स्पष्ट कर रहा हूं। सर्वप्रथम हंस गायत्री मन्त्र लिख रहा हूं।

हंस गायत्री मन्त्र

ॐ परमहंसाय विद्महे महातत्त्वाय धीमहि
तन्नो हंसः प्रचोदयात्।

ब्रह्म गायत्री मन्त्र

ॐ वेदात्मने च विद्महे हिरण्य गर्भाय धीमहि,
तन्नो ब्रह्मा प्रचोदयात्।

सरस्वती गायत्री मन्त्र

ॐ ऐं वाग्देव्यै च विद्महे कामराजाय धीमहि,
तन्नो देवी प्रचोदयात्।

विष्णु गायत्री मन्त्र

ॐ श्री विष्णवे च विद्महे वासुदेवाय धीमहि,
तन्नो विष्णुः प्रचोदयात्।

त्रैलोक्य मोहन गायत्री मन्त्र

ॐ त्रैलोक्य मोहनाय विद्महे आत्मारामाय धीमहि,
तन्नो विष्णुः प्रचोदयात्।

लक्ष्मी गायत्री मन्त्र

ॐ महादेव्यै च विद्महे विष्णु पत्न्यै च धीमहि,
तन्नो लक्ष्मीः प्रचोदयात्।

नारायण गायत्री मन्त्र

ॐ नारायणः विद्महे वासुदेवाय धीमहि,
तन्नो नारायणः प्रचोदयात्।

राम गायत्री मन्त्र

ॐ दाशरथये विद्महे सीतावल्लभाय धीमहि,
तन्नो रामः प्रचोदयात्।

जानकी गायत्री मन्त्र

ॐ जनकजायै विद्महे राम प्रियायै धीमहि,
तन्नो सीता प्रचोदयात्।

लक्ष्मण गायत्री मन्त्र

ॐ दासरथये विद्महे अलबेलाय धीमहि,
तन्नो लक्ष्मण प्रचोदयात् ।

हनुमान गायत्री मन्त्र

ॐ अंजनीजाय विद्महे वायु पुत्राय धीमहि,
तन्नो हनुमान् प्रचोदयात् ।

गरुड़ गायत्री मन्त्र

ॐ तत्पुरुषाय विद्महे सुवर्ण वरणाय धीमहि,
तन्नो गरुड़ः प्रचोदयात् ।

कृष्ण गायत्री मन्त्र

ॐ देवकी नन्दनाय विद्महे वासुदेवाय धीमहि,
तन्नो कृष्णः प्रचोदयात् ।

गोपाल गायत्री मन्त्र

ॐ गोपालाय विद्महे गोपीजन वल्लभाय धीमहि,
तन्नो गोपालः प्रचोदयात् ।

राधिका गायत्री मन्त्र

ॐ वृषभानुजायै विद्महे कृष्णप्रियायै धीमहि,
तन्नो राधिका प्रचोदयात् ।

परशुराम गायत्री मन्त्र

ॐ जामदग्न्याय विद्महे महावीराय धीमहि,
तन्नो परशुरामः प्रचोदयात् ।

नृसिंह गायत्री मन्त्र

ॐ उग्र नृसिंहाय विद्महे वज्रनखाय धीमहि,
तन्नो नृसिंहः प्रचोदयात् ।

शिव गायत्री मन्त्र

ॐ महादेवाय विद्महे रुद्र मूर्तये धीमहि,
तन्नो शिवः प्रचोदयात् ।

रुद्र गायत्री मन्त्र

ॐ तत्पुरुषाय विद्महे महादेवाय धीमहि,
तन्नो रुद्रः प्रचोदयात् ।

गौरी गायत्री मन्त्र

ॐ सुभगायै च विद्महे काम मालायै धीमहि,
तन्नो गौरी प्रचोदयात् ।

गणेश गायत्री मन्त्र

ॐ तत्पुरुषाय विद्महे वक्र तुण्डाय धीमहि,
तन्नो दन्ति प्रचोदयात् ।

षण्मुख गायत्री मन्त्र

ॐ तत्पुरुषाय विद्महे महासेनाय धीमहि,
तन्नो षण्मुखः प्रचोदयात् ।

नन्दी गायत्री मन्त्र

ॐ तत्पुरुषाय विद्महे वक्र तुण्डाय धीमहि,
तन्नो नन्दीः प्रचोदयात् ।

सूर्य गायत्री मन्त्र

ॐ भास्कराय विद्महे महातेजाय धीमहि,
तन्नो सूर्यः प्रचोदयात् ।

चन्द्र गायत्री मन्त्र

ॐ क्षीर पुत्राय विद्महे अमृत तत्वाय धीमहि,
सन्नो चन्द्रः प्रचोदयात् ।

भौम गायत्री मन्त्र

ॐ अंगारकाय विद्महे शक्तिः हस्तात धीमहि,
तन्नो भौमः प्रचोदयात् ।

पृथ्वी गायत्री मन्त्र

ॐ पृथ्वी देव्यै च विद्महे सहस्त्र मूर्त्यै च धीमहि,
तन्नो मही प्रचोदयात् ।

अग्नि गायत्री मन्त्र

ॐ महाज्वालाय विद्महे अग्नि मध्याय धीमहि,
तन्नो अग्नि प्रचोदयात् ।

जल गायत्री मन्त्र

ॐ जलबिंबाय विद्महे नील पुरुषाय धीमहि,
तन्नो अम्बुः प्रचोदयात् ।

आकाश गायत्री मन्त्र

ॐ आकाशाय च विद्महे नभो देवाय धीमहि,
तन्नो गगनं प्रचोदयात् ।

वायु गायत्री मन्त्र

ॐ पवन पुरुषाय विद्महे सहस्र मूर्त्यै च धीमहि,
तन्नो वायुः प्रचोदयात् ।

इन्द्र गायत्री मन्त्र

ॐ तत्पुरुषाय विद्महे सहस्राक्षाय धीमहि,
तन्नो इन्द्रः प्रचोदयात् ।

काम गायत्री मन्त्र

ॐ मन्मथेशाय विद्महे काम देवाय धीमहि,
तन्नो अनंग प्रचोदयात् ।

गुरु गायत्री मन्त्र

ॐ गुरु देवाय विद्महे पर ब्रह्माय धीमहि,
तन्नो गुरुः प्रचोदयात् ।

तुलसी गायत्री मन्त्र

ॐ त्रिपुराय विद्महे तुलसीपत्राय धीमहि,
तन्नो तुलसी प्रचोदयात् ।

देवी गायत्री मन्त्र

ॐ देव्यै ब्रह्माण्यै विद्महे महाशक्त्यै च धीमहि,
तन्नो देवी प्रचोदयात् ।

शक्ति गायत्री मन्त्र

ॐ सर्व सम्मोहिन्यै विद्महे विश्वजनन्यै धीमहि,
तन्नो शक्ति प्रचोदयात् ।

अन्नपूर्णा गायत्री मन्त्र

ॐ भगवत्यै च विद्महे माहेश्वर्यै च धीमहि,
तन्नो अन्नपूर्णा प्रचोदयात् ।

काली गायत्री मन्त्र

ॐ कालिकाये च विद्महे श्मशान वासिन्यै धीमहि,
तन्नो अघोरा प्रचोदयात् ।

तारा गायत्री मन्त्र

ॐ तारायै च विद्महे महोग्रायै च धीमहि,
तन्नो देवी प्रचोदयात् ।

त्रिपुर सुन्दरी गायत्री मन्त्र

ॐ त्रिपुरा देव्यै विद्महे क्लीं कामेश्वर्यै धीमहि,
सौस्तन्नः क्लिन्नै प्रचोदयात् ।

भुवनेश्वरी गायत्री मन्त्र

ॐ नारायण्यै च विद्महे भुवनेश्वर्यै धीमहि,
तन्नो देवी प्रचोदयात् ।

भैरवी गायत्री मन्त्र

ॐ त्रिपुरायै च विद्महे भैरव्यै च धीमहि,
तन्नो देवी प्रचोदयात् ।

छिन्नमस्ता गायत्री मन्त्र

ॐ वैरोचन्यै च विद्महे छिन्नमस्तायै धीमहि,
तन्नो देवी प्रचोदयात् ।

धूमावती गायत्री मन्त्र

ॐ धूमावत्यै च विद्महे संहारिण्यै च धीमहि,
तन्नो धूमा प्रचोदयात् ।

बगला मुखी गायत्री मन्त्र

ॐ बगला मुख्यै च विद्महे स्तंभिन्यै च धीमहि,
तन्नो देवी प्रचोदयात् ।

मातङ्गी गायत्री मन्त्र

ॐ मातंग्यै च विद्महे उच्छिष्टचाण्डाल्यै च धीमहि,
तन्नो देवी प्रचोदयात् ।

महिष मर्द्दिनी गायत्री मन्त्र

ॐ महिषमर्द्दियै च विद्महे दुर्गायै च धीमहि,
तन्नो देवी प्रचोदयात् ।

त्वरिता गायत्री मन्त्र

ॐ त्वरिता देव्यै च विद्महे महानित्यायै धीमहि,
तन्नो देवी प्रचोदयात् ।

दुर्गाष्टाक्षर मन्त्र

यह मन्त्र अत्यन्त गोपनीय और सिद्धिदायक माना गया है । शास्त्रों में इसके बारे में कहा है :

साक्षात्सिद्धिप्रदो मंत्रो दुर्गायाः कलिनाशनः ।
अष्टाक्षरो अष्ट सिद्धिशो गोपनीयो दिगंबरैः ।।

विनियोग

ॐ अस्य श्री दुर्गाष्टाक्षर मंत्रस्य महेश्वर ऋषिः, श्री दुर्गाष्टाक्षरात्मिका देवता, दुं बीजम्, ह्रीं शक्तिः, ॐ कीलकाय नमः इति दिग्बंधः, धमार्थ काम मोक्षार्थे जपे विनियोगः ।

ध्यान

दूर्वानिभां त्रिनयनां विलसत्किरीटां
शंखाब्जखड्ग शर खेटक शूल चापान् ।
संतर्जनी च दधतीं महिषासनस्थां
दुर्गा नवारकुल पीठगतां भजेऽहम् ।।

दुर्गाष्टाक्षर मन्त्र

ॐ ह्रीं दुं दुर्गायै नमः ।

फल—एक लाख मंत्र जपने से यह मंत्र सिद्ध होता है तथा इस मंत्र में अद्भुत शक्ति है । वाक् सिद्धि, पुत्र-प्राप्ति, शत्रुओं पर विजय, रोग-मुक्ति और जीवन में पूर्ण सुख प्राप्त करने के लिए यह मंत्र अचूक एवं सिद्धिदायक है ।

नवार्ण मन्त्र

यह देवी का प्रसिद्ध मंत्र है और बिना इस मंत्र के देवी पाठ या देवी से संबंधित कोई भी अनुष्ठान सफल एवं सिद्ध नहीं हो पाता ।

विनियोग

ॐ अस्य श्री नवार्ण मंत्रस्य ब्रह्मा विष्णु महेश्वरा ऋषयः, गायत्र्युष्णिगनुष्टुभश्छंदांसि, महाकाली महालक्ष्मी महासरस्वत्यः देवताः, नंदजा शाकुंभरी भीमाः शक्तयः, रक्तदंतिका दुर्गा भ्रामयो बीजानि, ह्रीं कीलकम्, अग्निवायु सूर्यास्तत्वानि, कार्य निर्देश जपे विनियोगः ।

नवार्ण मन्त्र

ॐ ऐं ह्रीं क्लीं चामुण्डायै विच्चे ।

नवार्ण भेद मन्त्र

नवार्ण मंत्र अपने आप में अत्यन्त महत्त्वपूर्ण और प्रभाव युक्त मंत्र माना गया है । इसे मंत्र और तंत्र में समान रूप से प्रयोग किया जाता है । इसके तांत्रिक प्रयोग नीचे दे रहा हूं :

साधक को चाहिए कि वह सावधानी के साथ इस प्रकार के मंत्रों का प्रयोग करे।

नवार्ण मारण मन्त्र

इसमें दस लाख मंत्र जप करने का विधान है। कार्य प्रारंभ करने से पहले आठ कुओं का जल ताम्रक्लश में ले लेना चाहिए और उसमें वट के पत्र डाल देने चाहिए। नित्य इस प्रकार के पानी से ही स्नान करना चाहिए। यह प्रयोग बीस दिन में समाप्त हो जाना चाहिए।

ललाट पर रक्त चंदन तथा आसन काले कम्बल का होना चाहिए। साधक को दक्षिण दिशा की तरफ मुंह करके जप करना चाहिए।

मारण कार्यों में पूर्णतः ब्रह्मचर्य पालन करना चाहिए। इसमें वीर आसन लगा कर साधक को बैठना चाहिए।

नवार्ण मारण मन्त्र

ॐ ऐं ह्रीं क्लीं चामुण्डायै विच्चे (अमुकं) रं रं खे खे मारय मारय रं रं शीघ्रं भस्मी कुरु कुरु स्वाहा।

नवार्ण मोहन मन्त्र

इसमें सात कुओं या नदियों का जल ताम्रकलश में लेकर उसमें आम के पत्ते डालकर नित्य उसी पानी से स्नान करना चाहिए। ललाट पर पीले चन्दन का तिलक करना चाहिए और शरीर पर पीले वस्त्र ही धारण करने चाहिए। साधक को पश्चिम की तरफ मुंह करके बैठना चाहिए।

बारह लाख मन्त्र जपने से यह कार्य सिद्ध होता है। इसमें पीले वस्त्र का ही आसन होना चाहिए और सुखासन में बैठकर साधक को मन्त्र जप करना चाहिए।

नवार्ण मोहन मन्त्र

ॐ क्लीं क्लीं ॐ ऐं ह्रीं क्लीं चामुण्डायै विच्चे (अमुकं) क्लीं क्लीं मोहनम् कुरु कुरु क्लीं क्लीं स्वाहा।

नवार्ण उच्चाटन मन्त्र

यह मन्त्र चौबीस लाख जपने से सिद्ध होता है। इसमें पूर्व की तरफ मुंह करके जप करना चाहिए और लाल वस्त्र का आसन बिछाना चाहिए। साधक को भी लाल वस्त्र ही धारण करने चाहिए।

यह बीस दिनों का प्रयोग है। इसमें तीन कुओं का जल ताम्रकलश में लेकर रखना चाहिए और उसीसे नित्य स्नान करना चाहिए।

नवार्ण उच्चाटन मन्त्र

ॐ ऐं ह्रीं क्लीं चामुण्डायै विच्चे (अमुकं) फट् उच्चाटनं कुरु कुरु स्वाहा।

नवार्ण वशीकरण मन्त्र

यह बीस दिनों का प्रयोग है ओर नदी या तालाव अथवा कुएं के जल से स्नान करके साधक को दक्षिण की तरफ मुंह करके बैठना चाहिए तथा सफेद आसन का प्रयोग करना चाहिए और स्वयं भी सफेद वस्त्र ही धारण करे।

बीस लाख मन्त्र जपने से कार्य में सिद्धि प्राप्त होती है।

नवार्ण वशीकरण मन्त्र

वषट् ऐं ह्रीं क्लीं चामुण्डायै विच्चे (अमुकं) वषट् मे वश्यं कुरु कुरु स्वाहा।

नवार्ण स्तंभन मन्त्र

यह सोलह लाख मन्त्र जपने से कार्य सिद्धि होती है। इसमें पूर्व की तरफ मुंह करके साधक को बैठना चाहिए तथा भूरे रंग का आसन प्रयोग में लेना चाहिए। साधक को कमलासन में बैठना चाहिए।

नवार्ण स्तम्भन मन्त्र

ॐ ठं ठं ऐं ह्रीं क्लीं चामुण्डायै विच्चे (अमुकं) ह्रीं वाचं मुखं पदं स्तंभय ह्रीं जिह्वां कीलय ह्रीं बुद्धि विनाशय विनाशय ह्रीं ॐ ठं ठं स्वाहा।

नवार्ण विद्वेषण मन्त्र

इसमें तेरह लाख मन्त्र जपने से कार्य में सफलता मिलती है। साधक को उत्तर मुख बैठना चाहिए और काले रंग का आसन बिछाना चाहिए। इसमें पृष्ठ पादक आसन पर बैठना चाहिए। यह बीस दिन का प्रयोग है और जल में तिल डालकर स्नान करना चाहिए।

नवार्ण विद्वेषण मन्त्र

ॐ ऐं ह्रीं क्लीं चामुण्डायै (अमुकं) विद्वेषणं कुरु कुरु स्वाहा।

नवार्ण महामन्त्र

यह सम्पूर्ण एवं नवार्ण महामंत्र है। इसका उच्चारण ही देवी को प्रसन्न करने के लिए पर्याप्त है।

नवार्ण महामन्त्र

ॐ ऐं ह्रीं क्लीं महादुर्गे नवाक्षरी नवदुर्गे नवात्मिके नवचंडी महामाये महामोहे महायोग निद्रे जये मधुकैटभ विद्राविणि महिषासुर मर्दिनि धूम्र लोचन संहंत्री चंडमुंड विनाशिनी रक्त बीजांतके निशुंभ ध्वंसिनि शुंभ दर्पघ्नि देवि अष्टादश बाहुके

कपाल खट्वांग शूल खड्ग खेटक धारिणि छिन्न मस्तक धारिणि रुधिर मांस भोजिनि समस्त भूत प्रेतादि योग ध्वंसिनि ब्रह्मेन्द्रादि स्तुते देवि मां रक्ष रक्ष मम शत्रुन् नाशय ह्रीं फट् ह्रूं फट् ॐ ऐं ह्रीं क्लीं चामुडणयं विच्चे ।

दुर्गेस्मृता मन्त्र

यह मन्त्र साधकों को प्रिय है और देवी के साक्षात् दर्शन करने के लिए यह मन्त्र सर्वश्रेष्ठ है। इसके साथ ही साथ अखण्ड लक्ष्मी प्राप्ति के लिए भी यह सर्वश्रेष्ठ मन्त्र कहा गया है।

विनियोग

दुर्गेस्मृता इति मंत्रस्य हिरण्यगर्भ ऋषिः, उष्णिक् छन्दः, श्री महामाया देवता, शाकुंभरी शक्तिः, दुर्गा बीजम्, श्री वायुस्तत्वम्, मम चतुर्विध पुरुषार्थ सिद्धये जपे विनियोगः ।

दुर्गे स्मृता मन्त्र

ॐ ऐं ह्रीं क्लीं चामुण्डायं विच्चे ॐ ह्रीं श्रीं कांसोस्मितां हिरण्य प्राकारा मार्द्राज्वलंतीं तृप्तां तर्पयंतीं, पद्मेस्थितां पद्मवर्णा तामिहोपह्वये श्रियम्, ॐ ह्रीं श्रीं क्लीं ॐ ह्रीं श्रीं क्लीं दुर्गेस्मृता हरसि भीतिमशेष जंतोः स्वस्थैः स्मृतामति मतीव शुभां ददासि, यदंति यच्च दूरके भयं विंदति मामिह, पवमान वितज्जहि, दारिद्रय दुःख भयहारिणि का त्वदन्या सर्वोपकारकरणाय सदार्द्र चित्ता, ॐ ह्रीं श्रीं क्लीं ॐ ह्रीं श्रीं क्लीं कांसोस्मितां हिरण्य प्राकारा मार्द्राज्वलन्तीं तृप्तां तर्पयंतीं, पद्मेस्थितां पद्म वर्णा तामिहोपह्वये श्रियम्, ॐ ह्रीं श्रीं क्लीं चामुण्डायं विच्चे ।

फल—एक लाख जपने से यह मन्त्र सिद्ध होता है। फिर दशांश क्षीर होम करना चाहिए। इस मन्त्र के सिद्ध होने से जीवन में सभी कार्यों में पूर्ण सिद्धि प्राप्त होती है और वह व्यक्ति समस्त देश में पूजा जाता है।

नव दुर्गा नामानि

१. जया, २. विजया, ३. भद्रा, ४. भद्रकाली, ५. सुमुखी, ६. दुर्मुखी ७. व्याघ्रमुखी, ८. सिंहमुखी, ९. दुर्गा ।

दस महाविद्या नाम

१. काली, २. तारा, ३. महाविद्या, ४. षोडशी, ५. भुवनेश्वरी, ६. भैरवी, ७. छिन्नमस्ता, ८. धूमावती, ९. बगलामुखी, १०. मातंगी ।

दक्षिण काली मन्त्र

यह मन्त्र शत्रुओं का संहार करने के लिए प्रयोग किया जाता है। मूल रूप से यह तांत्रिक मन्त्र है।

विनियोग

ॐ अस्य श्री दक्षिण काली मंत्रस्य, भैरव ऋषिः, उष्णिक् छंदः, दक्षिण कालिका देवता, क्रीं बीजम्, ह्वं् शक्तिः, क्रीं कीलकम्, ममाभीष्ट सिद्धयर्थे जपे विनियोगः।

ध्यान

ॐ शवारूढ़ां महाभीमां घोरदंष्ट्रां हसन्मुखीम्।
चतुर्भुजां खड्ग मुण्ड वरा भयकरां शिवाम्।।
मुंडमालाधरां देवीं ललज्जिह्वां दिगम्बराम्।
एवं संचितयेत्कालीं श्मशानालय वासिनीम्।।

मन्त्र

ॐ क्रीं क्रीं क्रीं ह्रीं ह्रीं हूं हूं दक्षिणे कालिके क्रीं क्रीं ह्रीं ह्रीं हूं हूं स्वाहा।

फल—यह तान्त्रित मन्त्र है अतः साधक को पूरी सावधानी के साथ काम करना चाहिए और ज्यादा अच्छा यह होगा कि वह किसी योग्य गुरु के साथ बैठकर इस कार्य को सम्पन्न करे।

भद्रकाली मन्त्र

ॐ ह्रौं कालि महाकालि किलि किले फट् स्वाहा।

फल—यह मन्त्र एक लाख जपने से सिद्ध होता है और इस प्रयोग से शत्रु संहार में साधक को पूर्ण सफलता मिलती है।

श्मशान काली मन्त्र

ऐं ह्रीं श्रीं क्लीं कालिके ऐं ह्रीं श्रीं क्लीं।

फल—एक लाख जपने से यह मन्त्र सिद्ध होता है और यह मन्त्र शत्रु-संहार तथा संसार में पूर्ण विजय देने में समर्थ है।

पंचाक्षर मन्त्र

ॐ ह्रीं त्रीं हुं फट्।

फल—यह तारा मन्त्र है और एक लाख जपने से सिद्ध होता है। जब बालक छः महीने का हो तब अष्टगंध से यह मंत्र बालक की जीभ पर लिखने से वह सरस्वती के समान हो जाता है और शिक्षा के क्षेत्र में वह अद्वितीय होता है। इस मन्त्र के सिद्ध करने से वाक् सिद्धि तथा धाराप्रवाह भाषण सिद्धि प्राप्त होती है।

नील सरस्वती मन्त्र

विनियोग

ॐ अस्य महाविद्या मंत्रस्य ब्रह्मा ऋषिः, अनुष्टुप छन्दः, सरस्वती देवता, ममाभीष्ट सिद्धयर्थे जपे विनियोगः।

नील सरस्वती मन्त्र

ऐं ह्रीं श्रीं क्लीं सौं क्लीं ह्रीं ऐं ब्लूं स्त्रीं
नीलतारे सरस्वती द्रां द्रीं क्लीं ब्लूं सः ।
ऐं ह्रीं श्रीं क्लीं सौंः सौः ह्रीं स्वाहा ।

फल—शास्त्रों में इसको सरस्वती का अत्यन्त प्रिय मन्त्र बताया है और कहा गया है कि जो इस मन्त्र को सिद्ध कर लेता है वह किसी भी विषय पर धाराप्रवाह बोल सकता है और किसी भी विषय पर शास्त्रार्थ में पूर्ण सफलता प्राप्त कर सकता है ।

बालक जब जन्म ले तब स्नान कराकर दूर्वा से इस मन्त्र को उसकी जीभ पर लिखने से उसे समस्त शास्त्र कंठस्थ हो जाते हैं और समस्त संसार में उसे विजय प्राप्त होती है । एक प्रकार से देखा जाय तो वह विद्या के क्षेत्र में पूर्ण सिद्धि प्राप्त करता है ।

सरस्वती मन्त्र

विनियोग

ॐ अस्य सरस्वती मंत्रस्य कण्व ऋषिः, विराट् छंदः, वाग्वादिनी देवता, मम सर्वेष्ट सिद्धये जपे विनियोगः ।

ध्यान

तरुण शकल मिन्दो बिभ्रती शुभ्र कान्ति,
कुचभरनमितांगीसन्निषण्णा सिताब्जे ।
निजकर कमलोद्यल्लेखनी पुस्तक श्रीः,
सकल विभव सिद्धयै पातु वाग्देवता नः ॥

सरस्वती मन्त्र

वद वद वाग्वादिनि स्वाहा ।

फल—यह मन्त्र दस लाख जपने से सिद्ध होता है । ब्रह्मचर्य व्रत पालन करके इसको सिद्ध करना चाहिए । इस मन्त्र के सिद्ध होने से वह व्यक्ति ज्ञान के क्षेत्र में पूरे देश में विख्यात होता है ।

वाग्देवी मन्त्र

ॐ ह्रीं ऐं ह्रीं ॐ सरस्वत्यै नमः ।

विद्या मन्त्र

ॐ ह्रीं श्रीं ऐं वाग्वादिनि भगवति अर्हन्मुख निवासिनि सरस्वति ममास्ये प्रकाशं कुरु कुरु स्वाहा ऐं नमः ।

फल—यह मन्त्र दीपावली की रात्रि को बारह हजार जपने से सिद्ध होता

है । साधक को पूर्व मुख बैठकर सफेद वस्त्र धारण कर कमलासन से यह मन्त्र सिद्ध करना चाहिए । इस मन्त्र के सिद्ध होने पर सरस्वती प्रसन्न होती है और अविद्या का नाश होकर उसे विद्या के क्षेत्र में पूर्ण सफलता प्राप्त होती है ।

एकाक्षरी सरस्वती मन्त्र

यह मन्त्र एक सिद्ध योगी ने बताया था । यह पूर्णतः गोपनीय मन्त्र माना गया है पर अपने आप में आश्चर्यजनक फल देने में समर्थ है ।

एकाक्षरी सरस्वती मन्त्र

'ऐं' ।

फल—यह मन्त्र सरस्वती का बीज मन्त्र है । सूर्य ग्रहण के समय कुश की डंडी को शहद में भिगोकर इस शब्द को जीभ पर लिखकर साधक तब तक इसका मंत्र जप करता रहे जब तक कि सूर्य ग्रहण समाप्त न हो जाय ।

फिर दूसरे दिन से लगाकर लगातार ११ दिन तक इस मन्त्र का नित्य इक्कीस हजार जप करे ।

यह जप दिन को सफेद आसन पर सफेद वस्त्र धारण कर शुद्ध घी का दीपक जलाकर करे ।

ऐसा करने से साक्षात् सरस्वती प्रकट होती है और अविद्या का नाश कर सम्पूर्ण विद्याओं में पूर्ण श्रेष्ठता प्राप्त होने का वरदान देती है ।

षोडशी मन्त्र

विनियोग

ॐ अस्य श्री त्रिपुर सुंदरी मंत्रस्य दक्षिणा मूर्ति ऋषिः, पंक्तिश्छंदः श्री त्रिपुर सुदंरी देवता, ऐं बीजम्, सौः शक्तिः, क्लीं कीलकम्, ममाभीष्ट सिद्धयर्थे जपे विनियोगः ।

षोडशी मन्त्र

श्रीं ह्रीं क्लीं एँ सौः ॐ ह्रीं क ऐं ई ल ह्रीं ।
हसकहल ह्रीं सकलह्रीं सौः ऐं क्लीं ह्री श्रीं ।

फल—यह मंत्र स्वयं को सुन्दर और मोहक आकर्षक बनाने के लिए समर्थ है । एक लाख मन्त्र जपने से यह सिद्ध होता है । सिद्धि होने पर उस साधक को देखते ही अन्य वशीभूत हो जाते हैं ।

बाला त्रिपुंरा मन्त्र

यह मन्त्र दस महाविद्याओं में से एक महाविद्या का प्रिय मन्त्र है और मूल रूप से यह तांत्रिक मन्त्र कहा गया है ।

विनियोग

ॐ अस्य श्रीबाला मंत्रस्य दक्षिणा मूर्ति ऋषिः, पंक्तिश्छन्दः, त्रिपुरा बाला देवता, सौः बीजं, क्लीं शक्तिः, ममाभीष्ट सिद्धयर्थे जपे विनियोगः ।

ध्यान

रक्तांवरां चन्द्रकलावतंसां समुद्यदावित्यनिभां त्रिनेत्राम् ।
विद्याक्ष मालाभय दान हस्तां ध्यायामि बालामरुणांम्बुजस्थाम् ।।

बाला त्रिपुरा मन्त्र

ऐं क्लीं सौः ।

फल—यह मन्त्र तीन लाख जपने से सिद्ध होता है। इससे जीवन में पूर्ण समृद्धि, सफलता, और अक्षय कीर्ति प्राप्त होती है।

भुवनेश्वरी मन्त्र

यह मन्त्र भुवनेश्वरी देवी को प्रसन्न करने के लिए है जो कि समस्त सिद्धियों और अक्षय धन लाभ देने में समर्थ है।

विनियोग

ॐ अस्य श्री भुवनेश्वरी मंत्रस्य, शक्ति ऋषिः, गायत्री छन्दः, हकारो बीजम्, ईकारः शक्तिः, रेफः कीलकम्, श्री भुवनेश्वरी देवता, चतुर्वर्ग सिद्धयर्थे जपे विनियोगः ।

ध्यान

उद्यंद्दिन द्युतिमिंदु किरीटां ।
तुंगकुंचां नयन त्रय युक्ताम् ।
स्मेर मुखीं वरदां कुशपाशा,
भीतिकरां प्रभजे भुवनेशीम् ।।

भुवनेश्वरी मन्त्र

'ह्रीं' ।

फल—यह मंत्र बत्तीस लाख जपने से सिद्ध होता है। इसका साधक अपने जीवन में सभी दृष्टियों से पूर्ण सफलता प्राप्त करता है।

त्र्यक्षरात्मक भुवनेश्वरी मन्त्र

ऐं ह्रीं श्रीं ।

ध्यान, विनियोग, फल व विधि ऊपर लिखे अनुसार ही है।

त्रिपुर भैरवी मन्त्र

यह मन्त्र मूल रूप से तांत्रिक मंत्र है और सम्मोहन कार्यों के लिए पूर्णतः अनुकूल है।

विनियोग

ॐ अस्य श्री त्रिपुर भैरवी मंत्रस्य दक्षिणा मूर्ति ऋषिः, पंक्तिश्छन्दः, त्रिपुर भैरवी देवता, ऐं बीजम्, ह्रीं शक्तिः, क्लीं कीलकम्, ममाभीष्ट सिद्ध्यर्थे जपे विनियोगः।

ध्यान

उद्यद्भानु सहस्र कांति मरुणक्षौमां शिरो मालिकाम्।
रक्ता लिप्त पयोधरां जपवटीं विद्यामभीतिं वराम्॥
हस्ताब्जैर्दधतीं त्रिनेत्रविलसद्वक्त्रारविन्दश्रियम्।
देवी बद्ध हिमांशु रत्नमुकुटां वन्दे सुमन्दस्मिताम्॥

त्रिपुर भैरवी मन्त्र

हसैं हसकरीं हसैं।

फल—यह मन्त्र चौबीस लाख जपने से सिद्ध होता है। इससे साधक पूर्ण जितेन्द्रिय तथा अक्षय कीर्ति सम्पन्न हो जाता है।

छिन्नमस्ता मन्त्र

यह मन्त्र छिन्नमस्ता महाविद्या साधना के लिए उपयुक्त है।

विनियोग

ॐ अस्य श्री शिरश्छिन्ना मंत्रस्य, भैरव ऋषिः, सम्राट् छन्दः, छिन्नमस्ता देवता, ह्रींकार द्वयं बीजम्, स्वाहा शक्तिः, अभीष्ट सिद्धये जपे विनियोगः।

ध्यान

भास्वन्मण्डल मध्यगां निजशिरश्छिन्नं विकीर्णालकम्।
स्फारास्यं प्रपिबद्गलात्स्वरुधिरं वामे करे बिभ्रतीम्॥
यामासक्त रतिस्मरो परिगतां सख्यौ निजे डाकिनी।
वर्णिन्यौ परिदृश्य मोदकलितां श्री छिन्नमस्तां भजे॥

छिन्नमस्ता मन्त्र

ॐ श्रीं ह्रीं ह्रीं क्लीं ऐं वज्रवैरोचनीये ह्रीं ह्रीं फट् स्वाहा।

फल—यह चार लाख मन्त्र जपने से सिद्ध होता है और मन्त्र सिद्ध होने पर वाक् सिद्धि, लक्ष्मी-प्राप्ति तथा जीवन में पूर्ण सुख प्राप्त होता है। शत्रु नाश में तथा मुकदमों में विजय-प्राप्ति के लिए यह साधना सर्वोत्कृष्ट मानी गई है।

धूमावती मन्त्र

यह मंत्र धूमावती महाविद्या को प्रसन्न करने के लिए श्रेष्ठ है।

विनियोग

ॐ अस्य श्री धूमावती मंत्रस्य, पिप्पलाद ऋषिः, निवृच्छंदः, ज्येष्ठा देवता, धूं बीजम्, स्वाहा शक्तिः, धूमावती कीलकम्, ममाभीष्ट सिद्धयर्थे जपे विनियोगः।

ध्यान

अत्युच्चा मलिनांबराखिलजनोद्वेगावहा दुर्मना।
रुक्षाक्षित्रितया विशालदशना सूर्योदरी चंचला॥
प्रस्वेदाम्बु चिता क्षुधाकुलतनुः कृष्णातिरूक्षाप्रभा।
ध्येया मुक्तकचा सदाप्रिय कलिर्धूमावती मंत्रिणा॥

धूमावती मन्त्र

धूं धूं धूमावति स्वाहा।

फल—यह मन्त्र एक लाख जपने से सिद्ध होता है। इस मन्त्र को श्मशान में जपना चाहिए और रात्रि को श्मशान में ही सोना चाहिए।

बगलामुखी मन्त्र

यह मन्त्र शत्रुनाश एवं शत्रुओं पर विजय प्राप्त करने के लिए श्रेष्ठतम तांत्रिक मन्त्र माना गया है।

विनियोग

ॐ अस्य श्री बगलामुखी मंत्रस्य, नारद ऋषिः, बृहती छन्दः, बगलामुखी देवता, ह्लीं बीजम्, स्वाहा शक्तिः, ममाखिलावाप्तये जपे विनियोगः।

ध्यान

सौवर्णासन संस्थितां त्रिनयनां पीतांशुकोल्लासिनीम्।
हेमाभांगरुचिं शशांकमुकुटां सच्चंपक स्रग्युताम्।
हस्तै र्मुद्गरपाशवज्र रशनाः संबिभ्रतीं भूषणैः।
व्याप्तांगीं बगलामुखीं त्रिजगतां संस्तंभिनीं चिंतयेत्॥

बगलामुखी मन्त्र

ॐ ह्लीं बगलामुखी सर्वदुष्टानां वाचं मुखं पदं स्तंभय जिह्वां कीलय बुद्धि विनाशय ह्लीं ॐ स्वाहा ।

फल—एक लाख मन्त्र जपने से यह सिद्ध होता है। शत्रुओं पर विजय तथा जीवन में शत्रुओं पर अक्षय सफलता प्राप्त करने के लिए यह साधना सर्वोत्कृष्ट है।

मातंगी मन्त्र

यह मन्त्र मातंगी साधना के लिए श्रेष्ठ माना गया है।

विनियोग

ॐ अस्य श्री मातंगी मंत्रस्य मतंग ऋषिः, अनुष्टुप् छन्दः, मातंगी देवता, ममाभीष्ट सिद्धयर्थे जपे विनियोगः ।

ध्यान

घनश्यामलांगीं स्थितां रत्नपीठेशुकस्योदितं शृण्वतीं रक्तवस्त्राम् ।
सुरापानमत्तां सरोजस्थितां श्रीं भजे वल्लकीं वादयंतीं मतंगीम् ।।

मातंगी मन्त्र

ॐ ह्लीं ऐं श्रीं नमो भगवति उच्छिष्ट चांडालि श्री मातंगेश्वरि सर्वजन वशंकरि स्वाहा ।

फल—एक लाख मन्त्र जपने से यह सिद्ध होता है। इससे जीवन में राज्य-सुख और वाहन-सुख प्राप्त होता है।

लक्ष्मी बीज मन्त्र

यह मन्त्र लक्ष्मी-प्राप्ति के लिए विशेष अनुकूल तथा प्रभावपूर्ण है।

विनियोग

ॐ अस्य श्री लक्ष्मीबीज मंत्रस्य भृगु ऋषिः, निवृच्छंदः, श्री लक्ष्मी देवता, मम धनाप्तये जपे विनियोगः ।

ध्यान

ॐ कांत्या कांचन सन्निभां हिमगिरि प्रख्यैश्चतुर्भिर्गजैः ।
हस्तोत्क्षिप्त हिरण्मयामृतघटैरासिच्यमानाश्रियम् ।।
बिभ्राणां वरमब्ज युग्ममभयं हस्तैः क्रिरीटोज्ज्वलाम् ।
क्षौमा बद्ध नितम्बबिम्ब लसितां वंदेऽरविन्दस्थिताम् ।

लक्ष्मी बीज मन्त्र

'श्रीं'।

फल—इस मन्त्र का निरन्तर मानस जप चलता रहना चाहिए। इससे जीवन में पूर्ण आर्थिक उन्नति बनी रहती है।

चतुरक्षर लक्ष्मी बीज मंत्र

यह बारह लाख जपने से सिद्ध होता है। अन्य सारी विधियां ऊपर लिखे अनुसार ही हैं।

ध्यान

माणिक्य प्रतिमप्रभां हिमनिभैस्तुंगैश्चतुर्भिर्गजै,
ईस्ताग्राहितरत्नकुंभसलिलैरासिच्यमानां मुदा।
हस्ताब्जैर्वरदानमम्बुज युगा भीतिर्दधानां हरेः,
कांतां कांक्षितपारिजातलतिकां वंदे सरोजासनाम् ॥

चतुरक्षर लक्ष्मी बीज मन्त्र

ऐं श्रीं ह्रीं क्लीं।

दशाक्षर लक्ष्मी मंत्र

अन्य सारी विधियां व विनियोग ऊपर लिखे अनुसार ही हैं।

ध्यान

आसीना सरसीरुहे स्मितमुखी हस्ताम्बुजैर्बिभ्रती,
दानं पद्मयुगाभये च वपुषा सौदामिनी सन्निभा।
मुक्ताहार विराजमान पृथु लोत्तुंगस्तनोद्भासिनी,
पायाद्वः कमला कटाक्ष विभवै रानंदयंती हरिम् ॥

दशाक्षर लक्ष्मी मन्त्र

ॐ नमः कमलवासिन्यै स्वाहा।

महालक्ष्मी मन्त्र

यह मन्त्र लक्ष्मी का सर्वश्रेष्ठ मन्त्र माना गया है।

विनियोग

ॐ अस्य श्री महालक्ष्मी मंत्रस्य ब्रह्मा ऋषिः, गायत्री छन्दः, श्री महालक्ष्मी देवता, श्रीं बीजम्, नमः शक्तिः, सर्वेष्ट सिद्धये जपे विनियोगः।

ध्यान

ॐ सिंदूरारुणकांतिमब्जवसतिं सौन्दर्यवारांनिधिम्।
कोटीरांगद हार कुंडल कटी सूत्रादिभिर्भूषिताम्॥
हस्ताब्जैर्वसुपत्रमब्जयुगला दर्शौ वहंतीं परा।
मावीतां परिचारिकाभिरनिशं ध्यायेत्प्रियां शार्ङ्गिणः॥

अष्टलक्ष्मी यन्त्र

महालक्ष्मी मन्त्र

(१)

ॐ श्रीं ह्रीं श्रीं कमले कमलालये प्रसीद
प्रसीद श्रीं ह्रीं श्रीं महालक्ष्म्यै नमः॥

(२)

ॐ श्रीं ह्रीं क्लीं श्रीं लक्ष्मीरागच्छागच्छ मममंदिरे तिष्ठ तिष्ठ स्वाहा।

द्वादशाक्षर महालक्ष्मी मन्त्र

अन्य विधान, विनियोग व ध्यान ऊपर लिखे अनुसार ही हैं।

द्वादशाक्षर महालक्ष्मी मन्त्र

ऐं ह्रीं श्रीं क्लीं सौं जगत्प्रसूत्यै नमः ।

सिद्ध लक्ष्मी मन्त्र

यह लक्ष्मी का सर्वश्रेष्ठ एवं सिद्धिदायक मन्त्र माना गया है ।

विनियोग

ॐ अस्य श्री सिद्ध लक्ष्मी मंत्रस्य हिरण्यगर्भ ऋषिः, अनुष्टुप् छन्दः, श्री महाकाली महालक्ष्मी सरस्वत्यो देवताः, श्रीं बीजम्, ह्रीं शक्तिः, क्लीं कीलकम्, ममसर्व क्लेश पीडा परिहारार्थं सर्वदुःख दारिद्रयनाशनार्थं सर्वकार्यसिद्धयर्थं च श्री सिद्धलक्ष्मी मंत्रजपे विनियोगः ।

ध्यान

ब्राह्मीं च वैष्णवीं भद्रां षड्भुजां च चतुर्मुखीम् ।
त्रिनेत्रां खड्गशूलाभी पद्म चक्र गदा धराम् ।।
पीताम्बरधरां देवीं नानालंकारभूषिताम् ।
तेजः पुंजधरां श्रेष्ठांध्यायेद्बाल कुमारिकाम् ।।

सिद्ध लक्ष्मी मन्त्र

ॐ श्रीं ह्रीं क्लीं श्रीं सिद्धलक्ष्म्यै नमः ।

फल—एक लाख जपने से मन्त्र सिद्ध होता है । साधना-काल में गाय के घी का दीपक निरन्तर जलते रहना चाहिए और साधक को पूर्व की तरफ मुंह करके कमलासन पर बैठकर मन्त्र जप करना चाहिए ।

यदि स्फटिक माला का प्रयोग किया जाए तो ज्यादा उचित रहता है । इस साधना को इक्कीस दिन में पूरा करना चाहिए ।

ज्येष्ठा लक्ष्मी मन्त्र

लक्ष्मी प्रयोग के लिए तथा अष्ट लक्ष्मी प्राप्ति के लिए यह मन्त्र सर्वश्रेष्ठ माना गया है ।

विनियोग

ॐ अस्य श्री ज्येष्ठा लक्ष्मी मंत्रस्य, ब्रह्मा ऋषिः, अष्टि छन्दः, ज्येष्ठा लक्ष्मी देवता, ह्रीं बीजम्, श्रीं शक्तिः, ममाभीष्ट सिद्धयर्थे जपे विनियोगः ।

ध्यान

उद्यद्भास्कर सन्निभास्मितमुखी रक्ताम्बरा लेपना ।
सत्कुंभम् धन भाजनम् सृणिमथोपाशं करैर्बिभ्रती ।।
पद्मस्था कमलेक्षणा वृढ़कुचा सौंदर्य्यवारांनिधिः ।
ध्यातव्या सकलाभिलाषफलदा श्रीज्येष्ठा लक्ष्मीरियम् ।।

ज्येष्ठा लक्ष्मी मन्त्र

ऐं ह्रीं श्रीं ज्येष्ठालक्ष्मि स्वयंभुवे ह्रीं ज्येष्ठायै नमः ।

फल—एक लाख जपने से यह मन्त्र सिद्ध होता है । इस मन्त्र से सभी प्रकार की सिद्धि प्राप्त होती है ।

वसुधा लक्ष्मी मन्त्र

यह मन्त्र धन-धान्य, कीर्ति, भवन, सुख आदि के लिए सर्वश्रेष्ठ माना गया है ।

विनियोग

ॐ अस्या श्री वसुधा संज्ञक ज्येष्ठा लक्ष्मी मंत्रस्य, ब्रह्मा ऋषिः, निचृद्गायत्री-छंदः, वसुधा श्री देवता, ग्लौं बीजम्, श्रीं शक्तिः, ममाभीष्ट प्राप्त्यै जपे विनियोगः ।

ध्यान

कल्पद्रुमाधो मणिवेदिकायां समास्थिते वस्त्रविभूषणाढ्ये ।
भूमिश्रियौ वांछितवामदक्ष संचितयेद्देव मुनीन्द्र वंद्ये ।।

वसुधा लक्ष्मी मन्त्र

ॐ ग्लौं श्रीं अन्नं मह्यन्नं मे देह्यन्नाधिपतये ममान्नम् प्रदापय स्वाहा श्रीं ग्लौं ॐ ।

फल—एक लाख जपने से यह मन्त्र सिद्ध होता है । यह मन्त्र सिद्ध होने पर पूरे परिवार में सुख-शान्ति बनी रहती है और वह जीवन में पूर्ण सुख एवं अक्षय कीर्ति प्राप्त करने में सफल हो पाता है ।

वार्तालि मन्त्र

तांत्रिक क्षेत्र में इस मन्त्र का बहुत अधिक महत्त्व है, क्योंकि इस मन्त्र को सिद्ध करने पर देवी वार्तालि स्वयं आकर साधक को कान में सारे तथ्य बता देती है ।

विनियोग

ॐ अस्य श्री वार्ताली मंत्रस्य, शिव ऋषिः, जगती छन्दः, वार्ताली देवता, ग्लौं बीजम्, स्वाहा शक्तिः, ममाखिलावाप्तये जपे विनियोगः ।

ध्यान

रक्तांभोरुहकर्णिको परिगते शावासने संस्थिताम् ।
मुंडस्रक् परिराजमानहृदयां नीलाश्म सद्रोचिषम् ।।
हस्ताब्जैर्मुशलं हला भयवरान् संबिभ्रतीं सत्कुचाम् ।
वार्तालीमरुणांबरां त्रिनयनां वंदे वराहाननाम् ।।

वार्ताली मन्त्र

ॐ ऐं ग्लौं ऐं नमो भगवति वार्तालि वाराहि वाराहमुखि ऐं ग्लौं ऐं अंधे अंधिनि नमो रुंधे रुंधिनि नमो जंभे जंभिनि नमो मोहे मोहिनि नमः स्तंभे स्तंभिनि नमः ऐं ग्लौं ऐं सर्वदुष्टप्रदुष्टानां सर्वेषां सर्ववाक्पदचित्त चक्षुर्मुखगति जिह्वा स्तंभं कुरु कुरु शीघ्र वशं कुरु कुरु ऐं ग्लौं ऐं ठः ठः ठः ठः हुं फट् स्वाहा ।

फल—यह मन्त्र सत्तरह हजार जपने से सिद्ध होता है और जो साधक यह मन्त्र सिद्ध कर लेता है उसे जीवन में शत्रु भय व्याप्त नहीं होता और वह जो भी सोचता है या आने वाली घटनाओं को देवी वार्ताली पहले ही उसके कान में कह देती है ।

महिषमर्द्दिनी मन्त्र

यह मन्त्र शत्रुओं का संहार करने के लिए सर्वश्रेष्ठ माना गया है ।

विनियोग

ॐ अस्य श्री महिषमर्द्दिनी मंत्रस्य नारद ऋषिः, गायत्री छन्दः, महिषमर्द्दिनी देवता, सर्वेष्टसिद्धये जपे विनियोगः ।

ध्यान

गारुड़ोपलसन्निभां मणिमौलि कुंडलमंडिताम् ।
नौमिभाल विलोचनां महिषोत्तमांगं निषेदुषीम् ।।
चक्र शंख कृपाण खेटक वाण कार्मुकशूलकाम् ।
तर्ज्जनी मपिबिभ्रतीं निजबाहुभिः शशि शेखराम् ।।

महिषामर्द्दिनी मन्त्र

महिषमर्द्दिनि स्वाहा ।

फल—यह मन्त्र आठ लाख जपने से सिद्ध होता है। रोग-मुक्ति एवं लोगों को वश में करने के लिए यह मन्त्र सर्वश्रेष्ठ माना गया है।

रेणुका शबरी मन्त्र

साबर मन्त्रों के लिए तथा इस प्रकार के मन्त्रों को सिद्ध करने के लिए यदि पहले इस मन्त्र को सिद्ध कर लिया जाय तो निश्चय ही उसे साधना में सफलता मिलती है।

विनियोग

ॐ अस्य श्री रेणुका शबरी मंत्रस्य, भैरव ऋषिः, पंक्तिश्छंदः रेणुका शबरी देवता, ममाभीष्ट सिद्धयर्थे जपे विनियोगः।

ध्यान

गुंजा फला कल्पित हार रम्याम्
श्रुत्योः शिखंडं शिखिनो वहंतीम्।
कोदंड बाणौ दधतीं कराभ्याम्
कटिस्थ वल्कां शबरीं स्मरामि।

रेणुका शबरी मन्त्र

ॐ श्रीं ह्रीं क्रौं ऐं।

फल—यह मन्त्र पांच लाख जपने से सिद्ध होता है। इस मन्त्र के जपने से साधक को अन्य सभी मन्त्रों में तथा साधनाओं में पूर्ण सफलता प्राप्त होती है।

अन्नपूर्णा मन्त्र

जिस साधक को यह मन्त्र सिद्ध होता है उसे जीवन में भौतिक पदार्थों की कभी कोई कमी नहीं रहती।

विनियोग

ॐ अस्य श्री अन्नापूर्णा मंत्रस्य द्रुहिण ऋषिः, कृतिश्छंदः अन्नपूर्णेशी देवता, ममाखिल सिद्धयर्थं जपे विनियोगः।

ध्यान

तप्त स्वर्णनिभा शशांकमुकुटा रत्नप्रभा भासुरा।
नाना वस्त्र विराजिता त्रिनयना भूमीरमाभ्याम् युता॥
दर्वीहाटक भाजनं च दधती रम्योच्चपीनस्तनी।
नित्यं तं शिवमाकलय्य मुदिताध्येयान्न पूर्णेश्वरी॥

अन्नपूर्णा मन्त्र

ॐ ह्रीं श्रीं क्लीं नमो भगवति माहेश्वरि अन्नपूर्णायै स्वाहा ।

फल—एक लाख जपने से यह मन्त्र सिद्ध होता है और ऐसा व्यक्ति कुबेर के समान धनी होता है ।

इससे सम्बन्धित अन्य मन्त्र नीचे दिये जा रहे हैं । विधान, विनियोग व ध्यान पूर्ववत् ही है ।

१. ॐ ह्रीं श्रीं क्लीं नमो भगवति माहेश्वरि
   ममाभिमतमन्नं देहि देह्यन्नपूर्णे स्वाहा ।
२. ॐ श्रीं ह्रीं नमो भगवति प्रसन्न पारिजातेश्वर्यन्नपूर्णे स्वाहा ।
३. ॐ ह्रीं ह्रीं नमो भगवति माहेश्वरि प्रसन्नवरदे अन्नपूर्णे स्वाहा ।

पृथ्वी मन्त्र

भूमि, वाहन, आदि सुख-प्राप्ति के लिए इस मन्त्र की साधना की जाती है ।

विनियोग

ॐ अस्य श्री पृथ्वी मंत्रस्य वाराह ऋषिः, निवृच्छंदः वसुधा देवता, सर्वेष्ट सिद्धये जपे विनियोगः ।

पृथ्वी मन्त्र

ॐ नमो भगवत्यै धरण्यै धरणिधरे धरे स्वाहा ।

फल—यह मन्त्र एक लाख जपने से सिद्ध होता है । सिद्ध होने पर जीवन में सभी भौतिक सुख प्राप्त होते हैं ।

मणिकर्णिका मंत्र

यह मन्त्र समस्त सुख व सन्तान-प्राप्ति के लिए सिद्ध किया जाता है ।

विनियोग

ॐ अस्य श्री मणिकर्णिका मंत्रस्य वेदव्यास ऋषिः, शकरी छंदः, श्री मणि-कर्णिका देवता, ममाभीष्ट सिद्धयर्थे जपे विनियोगः ।

मणिकर्णिका मन्त्र

ॐ ऐं ह्रीं श्रीं क्लीं ॐ मणिकर्णिके नमः ॐ ।

फल—एक लाख जपने से यह मन्त्र सिद्ध होता है। इससे व्यक्ति को निश्चय ही मोक्ष-प्राप्ति होती है।

शीतला मन्त्र

जिस बालक को शीतला हो या शीतला-शान्ति करनी हो उसे इस मन्त्र का विधान करना चाहिए।

विनियोग

ॐ अस्य श्री शीतला मंत्रस्य उपमन्युऋषिः, बृहती छंदः, शीतला देवता, ममाभीष्ट सिद्धयर्थे जपे विनियोगः।

शीतला मन्त्र

ॐ ह्रीं श्रीं शीतलायै नमः।

ज्वालामुखी मन्त्र

यह मूल रूप से वशीकरण मन्त्र है।

ज्वालामुखी मन्त्र

ॐ ह्रीं श्रीं क्लीं सिद्धेश्वरि ज्वालामुखि जृंभिणि स्तंभिनि मोहिनि वशीकरणि परधनमोहिनि सर्वारिष्टनिवारिणि शत्रु गण संहारिणि सुबुद्धिदायिनि ग्रों ग्रां क्रौं ह्रीं त्राहि त्राहि क्षोभय क्षोभय (ग्रमुकं) मे वशं कुरु कुरु स्वाहा।

फल—इस मन्त्र को दिवाली की रात से प्रतिदिन ग्यारह सौ जपे, चमेली के पुष्प चढ़ावे, बर्फी का भोग लगावे तो इक्कीस दिनों में मनोवांछित कार्य सिद्ध होता है।

स्वप्न-सिद्धि मन्त्र

इस मन्त्र को सिद्ध करने से व्यक्ति को स्वप्न में ही प्रश्न का उत्तर मिल जाता है।

विनियोग

ॐ ग्रस्य श्री स्वप्न वाराहि मंत्रस्य, ईश्वर ऋषिः, जगती छन्दः, स्वप्नवाराही देवता, ॐ बीजम्, ह्रीं शक्तिः, ठः ठः कीलकम्, ममाभीष्ट स्वप्नकथनार्थे जपे विनियोगः।

स्वप्न-सिद्धि मन्त्र

ॐ ह्रीं नमो वाराहि अघोरे स्वप्नं दर्शय ठः ठः स्वाहा।

फल—इस मन्त्र का खाट पर सोते-सोते ही नित्य ग्यारह सौ मन्त्र जप करने से ग्यारह दिन के भीतर ही प्रश्न का उत्तर स्वप्न में निश्चित रूप से मिल जाता है।

स्वप्नेश्वरी मन्त्र

यह स्वप्नेश्वरी देवी को सिद्ध करने का मन्त्र है। यह सिद्ध होने पर साधक को प्रत्येक प्रश्न का उत्तर स्वप्न में प्राप्त हो जाता है।

विनियोग

ॐ अस्य श्री स्वप्नेश्वरी मंत्रस्य, उपमन्युर्ऋषिः, बृहती छन्दः, स्वप्नेश्वरी देवता, ममाभीष्ट सिद्ध्यर्थे जपे विनियोगः

ध्यान

वराभये पद्मयुगं दधानां करैश्चतुर्भिः कनकासनस्थाम्।
सिम्ताबरां शारदचन्द्रकांति स्वप्नेश्वरि नौमि विभूषणाढ्याम्॥

स्वप्नेश्वरी मन्त्र

ॐ **श्रीं स्वप्नेश्वरि कार्यं मे वद स्वाहा।**

फल—एक लाख जपने से मन्त्र सिद्ध होता है। इस मन्त्र को रात्रि को जपना चाहिए और साधना-काल में ब्रह्मचर्य का पालन करना चाहिए।

स्वप्न देवी मन्त्र

अन्य विधि विनियोग व ध्यान ऊपर लिखे अनुसार ही है।

स्वप्नदेवी मन्त्र

ॐ ह्रीं मानसे स्वप्नेश्वरि विचार्य विद्ये वद वद स्वाहा।

स्वप्न चक्रेश्वरी मन्त्र

यह मन्त्र एक महात्मा का दिया हुआ गोपनीय है और निश्चय ही सफलतादायक है।

स्वप्न चक्रेश्वरी मन्त्र

ॐ **नमः स्वप्न चक्रेश्वरि स्वप्ने अवतर अवतर गतं वर्तमानं कथय कथय स्वाहा।**

फल—आंगन में लीपकर दीपक जला लें और शक्कर के बताशे रख लें। फिर यह मन्त्र वहीं पर बैठकर इक्कीस हजार जपें और मन्त्र जपने के बाद वे बताशे कुमारी कन्या को बांट दें तो यह देवी सिद्ध हो जाती है और सारे प्रश्नों के उत्तर स्वप्न में दे देती है।

यदि यह जप एक लाख लगातार कर लिया जाय तो स्वप्नेश्वरी देवी प्रत्यक्ष स्त्री रूप में आकर दर्शन देती है और वरदान प्रदान करती है।

हनुमान मन्त्र

यह मन्त्र एक सिद्ध योगी का बताया हुआ है अतः इसे प्रत्यक्ष करने पर शीघ्र ही सिद्धि प्रदान करता है।

हनुमान मन्त्र

ॐ नमो हनुमन्ताय आवेशय आवेशय स्वाहा।

फल—रात्रि को हनुमान की रक्त चन्दन की प्रतिमा बनाकर उसकी प्राण प्रतिष्ठा करे व सिन्दूर लगाकर गुड़ का भोग लगावे तथा स्वयं स्नान कर लाल वस्त्र पहन लाल आसन पर दक्षिण की तरफ मुंह करके बैठ जाए। उस भोग को चौबीस घंटे हनुमान जी के सामने रहने दे और नित्य ग्यारह सौ मन्त्र जपे।

चौबीस घंटे बाद जब दूसरा भोग लगावे तब पहला नैवेद्य उठाकर अलग पात्र में इकट्ठा करता रहे। जब अनुष्ठान पूरा हो जाय तब वह नैवेद्य गरीब ब्राह्मण को दे दे।

यह अनुष्ठान निर्जन स्थान में करे तथा घी का दीपक जलावे। दिनभर किसी से बोले नहीं। रात्रि को अनुष्ठान समाप्त होने पर वहीं पर सो जाय। ऐसा ग्यारह दिन बराबर करे तो हनुमान जी प्रसन्न हो जाते हैं और भविष्य में उसके प्रत्येक प्रश्न का उत्तर देते रहते हैं।

चन्द्र योगिनी मन्त्र

ॐ ह्लीं श्रीं सः नमः श्मशानवासिनि चंडयोगिनि स्वाहा।

फल—रात्रि को ग्यारह हजार मन्त्र जपे व वहीं पर सो जाय तो स्वप्न में चंड योगिनी उसके प्रश्न का उत्तर दे देती है।

स्वप्न मातंगी मन्त्र

ॐ नमः स्वप्न मातंगिनि सत्यभाषिणि स्वप्नं दर्शय दर्शय स्वाहा।

फल—साधक को दिन में बिना जल पिये व बिना अन्न खाये रहना चाहिए और रात्रि को मात्र एक सौ आठ बार इस मन्त्र को जपकर वहीं पर सो जाय तो उसी रात्रि को स्वप्न में प्रश्न का उत्तर मिल जाता है।

घंटाकर्ण मन्त्र

ॐ यक्षिणि आकर्षिणि घंटाकर्णे घंटाकर्णे विशाले मम स्वप्नं दर्शय दर्शय स्वाहा।

फल—नित्य रात्रि को ग्यारह सौ मन्त्र जपे तो ग्यारहवें दिन उसके प्रश्न का उत्तर स्वप्न में मिल जाता है।

कर्ण पिशाचिनी मन्त्र

ॐ नमः कर्णं पिशाचिनि मत्तकारिणि प्रवेशे अतीतानागत वर्तमानानि सत्यं कथय मे स्वाहा।

फल—आम के फट्टे पर गुलाल बिछाकर अनार की कलम से रात के समय १०८ बार मन्त्र उच्चारण कर लिखता व मिटाता रहे अन्त वाले मन्त्र का पूजन कर फिर ग्यारह सौ मन्त्र जप करे और फिर उस फट्टे को सिरहाने देकर सो जाय।

ऐसा करने से इक्कीस दिन के भीतर-भीतर साधक को स्वप्न में उसके प्रश्न का उत्तर मिल जाता है।

यदि यह मन्त्र होली, दिवाली या ग्रहण की रात्रि को मात्र पांच सौ बार उच्चारण कर सो जाय तो स्वप्न में उसके प्रश्न का उत्तर निश्चय ही मिल जाता है।

कर्ण पिशाचिनी अन्य मन्त्र

विधि-विधान ऊपर के समान ही है। इससे सम्बन्धित कुछ अन्य मन्त्र इस प्रकार हैं :

१. ॐ **क्रीं सनाम शक्ति भगवति कर्णपिशाचिनि चंडरोपिणि वद वद स्वाहा।**

२. ॐ **ह्रीं सः नमो भगवति कर्णपिशाचिनि चंडवेगिनि वद वद स्वाहा।**

३. ॐ **हंसोहंसः नमो भगवति कर्णपिशचिनि चंडवेगिनि स्वाहा।**

४. ॐ **भगवति चंडकर्णपिशाचनि स्वाहा।**

५. ॐ **ह्रीं चीं चिंचिनि पिशाचिनि स्वाहा।**

६. ॐ **ह्रीं आगच्छागच्छ चामुंडे श्रीं स्वाहा।**

७. ॐ **नमो भगवते रुद्राय कर्णपिशाचायै स्वाहा।**

स्वप्न मुसलमानी मन्त्र

बिस्मिल्लाहुर्रमाहनुर्रहीम अल्लाहो रवां महम्मदरसूल ख्वाजे
की तवीर कुला आलम हजूर भेजेंगे मवक्कल ल्यावेंगे जरूर।

फल—रात्रि को नित्य ग्यारह सौ जपे। इस प्रकार सवा लाख मन्त्र जपने से यह मन्त्र सिद्ध होता है। सिद्ध होने के बाद किसी भी रात्रि को ग्यारह सौ मन्त्र जपकर सो जाय तो रात्रि को उसके प्रश्न का उत्तर स्वप्न में मिल जाता है।

यह ध्यान रहे कि मुसलमानी मन्त्रों में माला उल्टे ढंग से फेरनी पड़ती है।

वागीश्वरी मन्त्र

ॐ नमः पद्मासने शब्द रूपे ऐं ह्रीं क्लीं वद वद वाग्वादिनि स्वाहा।

चित्रेश्वरी मन्त्र

क्लीं वद वद चित्रेश्वरी ऐं स्वाहा।

कुलजा मन्त्र

सें कुलजे ऐं सरस्वति स्वाहा।

कीर्तीश्वरी मन्त्र

ऐं ह्लीं श्रीं वद वद कीर्तीश्वरि स्वाहा।

अतरिक्ष सरस्वती मन्त्र

ऐं ह्लीं अंतरिक्ष सरस्वति स्वाहा।

नीला मन्त्र

ब्लू वें वद वद त्रीं हं फट्।

घट सरस्वती मंत्र

ह्सफ्रें ह्सौः ष्फ्रीं ऐं ह्लीं श्रीं द्रां ह्रीं क्लीं ब्लूं सः घटसरस्वति
घटे वद वद तर तर रुद्राज्ञया ममाभिलाषं कुरु कुरु स्वाहा।

यक्षिणी साधन मन्त्र विचित्रा

ॐ विचित्र रूपे सिद्धि कुरु कुरु स्वाहा।

फल—एक लाख मन्त्र जप वट वृक्ष के नीचे बैठकर जपने से विचित्रा यक्षिणी सिद्ध होती है।

विभ्रमा यक्षिणी मंत्र

ॐ ह्लीं विभ्रम रूपे विभ्रमं कुरु कुरु एह्येहि भगवति स्वाहा।

फल—श्मशान में रात्रि को तीन लाख मन्त्र जपने से यह यक्षिणी सिद्ध होती है।

हंसी यक्षिणी मंत्र

हंसी हंस ह्रां नें ह्रीं स्वाहा।

फल—नग्न होकर भूमि पर बैठकर एक लाख मन्त्र जपने से यह यक्षिणी सिद्ध होती है।

भिक्षिणी यक्षिणी मन्त्र

ॐ ऐं महानादे भिक्षिणि ह्रां ह्रीं स्वाहा।

फल—जहां तीन रास्ते मिलते हों वहां पर रात्रि को बैठकर कुल एक लाख मन्त्र जपने से यह यक्षिणी सिद्धि होती है।

जनरंजिनी यक्षिणी मन्त्र

ॐ क्लें जनरंजिनि स्वाहा ।

फल—तीन लाख मन्त्र जपने से यह यक्षिणी सिद्ध होती है ।

विशाला यक्षिणी मन्त्र

ॐ ऐं विशाले ह्रां ह्रीं क्लीं स्वाहा ।

फल—एक लाख मन्त्र जपने से यह यक्षिणी सिद्ध होती है ।

मदना यक्षिणी मन्त्र

ॐ मदने मदने देवि मामालिंगय संगं देहि देहि श्रीः स्वाहा ।

फल—यह मन्त्र एक लाख जपने से प्रत्यक्ष आकर साधक को एक गुटिका प्रदान करती है जिसे साधक मुख में रखकर अदृश्य हो सकता है ।

घंटा यक्षिणी मन्त्र

ॐ ऐ पुरं क्षोभय भगवति गंभीर स्वरे क्लैं स्वाहा ।

फल—एक लाख मन्त्र जपने से यह सिद्ध होता है और प्रत्यक्ष दर्शन होता है ।

कालकर्णी यक्षिणी मन्त्र

ॐ ल्वें कालकर्णिके टः टः स्वाहा ।

फल—यह मन्त्र एक लाख जपने से सिद्ध होता है ।

महामाया यक्षिणी मन्त्र

ॐ ह्रीं महाभये हुं फट् स्वाहा ।

फल—श्मशान में एक लाख मन्त्र जपने से यह सिद्ध होती है । इसके लिए हड्डियों की माला का प्रयोग किया जाना चाहिए ।

माहेन्द्री यक्षिणी मन्त्र

ॐ ऐं क्लीं ऐन्द्रि माहेन्द्रि कुलु कुलु चुलु चुलु हंसः स्वाहा ।

फल—एक लाख मन्त्र जपने से यह सिद्ध होती है ।

शंखिनी यक्षिणी मन्त्र

ॐ शंख धारिणी शंखाभरणे ह्रां ह्रीं क्लीं क्लीं श्रीः स्वाहा ।

चन्द्रिका यक्षिणी मन्त्र

ॐ ह्रीं चन्द्रिके हंसः क्लीं स्वाहा ।

श्मशानी यक्षिणी मन्त्र

ॐ हूं ह्रीं स्फूं श्मशानवासिनि श्मशाने स्वाहा ।

वट यक्षिणी मन्त्र

एह्येहि यक्षि यक्षि महायक्षि वटवृक्ष निवासिनि शीघ्रं मे सर्वं सौख्यं कुरु कुरु स्वाहा ।

मेखला यक्षिणी मन्त्र

ॐ क्रों मदनमेखले नमः स्वाहा ।

विकला यक्षिणी मन्त्र

ॐ विकले ऐं ह्रीं श्रीं क्लैं स्वाहा ।

लक्ष्मी यक्षिणी मन्त्र

ॐ श्रीं ह्रीं क्लीं महालक्ष्म्यै नमः ।

मानिनी यक्षिणी मन्त्र

ॐ ऐं मानिनी ह्रीं एह्येहि सुन्दरि हसहस मिह संगमहः स्वाहा ।

शतपतिका यक्षिणी मन्त्र

ॐ ह्रां शतपत्रिके ह्रां ह्रीं श्रीं स्वाहा ।

सुलोचना यक्षिणी मन्त्र

ॐ क्लौं सुलोचनादि देवि स्वाहा ।

सुशोभना यक्षिणी मन्त्र

ॐ अशोक पल्लवा कारकर तले शोभने देवि श्रीं क्षः स्वाहा ।

कपालिनी यक्षिणी मन्त्र

ॐ ऐं कपालिनि ह्रां ह्रीं क्लीं क्लें क्लौं हससकल ह्रीं फट् स्वाहा।

विलासिनी यक्षिणी मन्त्र

ॐ विरूपाक्ष विलासिनि आगच्छागच्छ ह्रीं प्रिया मे भव प्रिया मे भव क्लें स्वाहा ।

नटी यक्षिणी मन्त्र

ॐ ह्रीं नटिनि स्वाहा ।

कामेश्वरी यक्षिणी मन्त्र

ॐ आगच्छ कामेश्वरि स्वाहा ।

स्वर्ण रेखा यक्षिणी मन्त्र

ॐ वर्कशल्मिले सुवर्ण रेखे स्वाहा ।

सुरसुन्दरी यक्षिणी मन्त्र

ॐ आगच्छ सुरसुन्दरि स्वाहा ।

मनोहरा यक्षिणी मन्त्र

ॐ ह्रीं आगच्छ मनोहरे स्वाहा ।

प्रमदा यक्षिणी मन्त्र

ॐ ह्रीं प्रमदे स्वाहा ।

अनुरागिणी यक्षिणी मन्त्र

ॐ ह्रीं आगच्छानुरागिणि मैथुनप्रिये स्वाहा ।

नखकेशिका यक्षिणी मन्त्र

ॐ ह्रीं नखकेशिके कनकावति स्वाहा ।

नेमिनि यक्षिणी मन्त्र

ॐ ह्रीं महायक्षिणी भामिनि प्रिये स्वाहा ।

पद्मिनी यक्षिणी मन्त्र

ॐ ह्रीं आगच्छ पद्मिमनि वल्लभे स्वाहा ।

स्वर्णावती (कनकावती) यक्षिणी मन्त्र

ॐ कनकावति मैथुनप्रिये स्वाहा ।

रतिप्रिया यक्षिणी मन्त्र

ॐ ह्रीं आगच्छ रतिसुन्दरि स्वाहा ।

कुबेर यक्षिणी मन्त्र

ॐ यक्षाय कुबेराय धनधान्याधिपतये धनधान्यसमृद्धि
मे देहि दापय स्वाहा ।

विल्व यक्षिणी मन्त्र

ॐ क्लीं ह्रीं एें श्रों श्रीं महायक्षिण्यै सर्वेश्वर्यप्रदात्र्यै
ॐ नमः श्रीं क्लीं एें ॐ स्वाहा ।

चन्द्रद्रवा वट यक्षिणी मन्त्र

ॐ ह्रीं नमश्चन्द्रद्रवे कर्णाकर्ण कारणे स्वाहा ।

धनदा पिप्पल यक्षिणी मन्त्र

ॐ ऐं क्लीं धनं कुरु कुरु स्वाहा ।

पुत्रदा आम्र यक्षिणी मन्त्र

ॐ ह्रीं ह्रीं ह्रूं पुत्रं कुरु कुरु स्वाहा ।

अशुभ क्षयकरी धात्री यक्षिणी मन्त्र

ॐ ऐं क्लीं नमः ।

विद्या दात्र्युदुंबर यक्षिणी मन्त्र

ॐ ह्री श्रीं शारदायै नमः ।

विद्या दात्री निर्गुंडी यक्षिणी मन्त्र

ॐ सरस्वत्यै नमः ।

जयार्क यक्षिणी मन्त्र

ॐ ऐं महायक्षिण्यै सर्वकार्य साधनं कुरु कुरु स्वाहा ।

संतोषा श्वेत गुंजा यक्षिणी मन्त्र

ॐ जगन्मात्रे नमः ।

राज्यदा तुलसी यक्षिणी मन्त्र

ॐ क्लीं क्लीं नमः ।

राज्यदा कोल यक्षिणी मन्त्र

ॐ ह्रों नमः ।

कुश यक्षिणी मन्त्र

ॐ वाङ्मयायै नमः ।

अपामार्ग यक्षिणी मन्त्र

ॐ ह्रीं भारत्यै नमः ।

क्षीरार्णवा यक्षिणी मन्त्र

ॐ नमो ज्वाला माणिक्य भूषणायै नमः ।

उच्छिष्ट यक्षिणी मन्त्र

ॐ जगत्रय मातृके पद्मनिभे स्वाहा ।

चन्द्रामृत यक्षिणी मन्त्र

ॐ गुलु गुलू चन्द्रामत मयि प्रवजालितं हुलु हुलु चन्द्रनीरे स्वाहा ।

स्वामीश्वरी यक्षिणी मन्त्र

ॐ ह्रीं आगच्छ स्वामीश्वरि स्वाहा ।

महामाया भोग यक्षिणी मन्त्र

ॐ नमो महामाया महाभोगदायिनि हुं स्वाहा ।

त्यागा साधन यक्षिणी मन्त्र

अहो त्यागी महात्यागी अर्थं देहि मे वित्तं वीरसेवितं
ह्रीं स्वाहा ।

सर्वांग सुलोचना यक्षिणी मन्त्र

ॐ कुवलये हिलि हिलि कुरु कुरु सिद्धि सिद्धेश्वरि ह्रीं स्वाहा ।

भूतलोचना यक्षिणी मन्त्र

ॐ भूते सुलोचने त्वम् ।

जलपाणि यक्षिणी मन्त्र

ॐ ह्रीं जलपाणिनि ज्वल ज्वल हुं ल्बुं स्वाहा ।

मातगेश्वरी यक्षिणी मन्त्र

ॐ ह्रीं श्रीं क्लीं मातंगैश्वर्यै नमो नमः ।

विद्या यक्षिणी मन्त्र

ॐ ह्रीं वेदमातृभ्यः स्वाहा ।

हटेले कुमारी यक्षिणी मन्त्र

ॐ नमो हटेले कुमारि स्वाहा ।

बंदी साधन मन्त्र

ॐ हिलि हिलि बंदी दैव्यै स्वाहा ।

अष्ट अप्सरा आवाहन मन्त्र

तत्क्षणात्सर्वाप्सरस आगच्छागच्छ हुं यः यः ।

शशि अप्सरा मन्त्र

ॐ श्रीं शशि देव्यागच्छागच्छ स्वाहा ।

तिलोत्तमा अप्सरा मन्त्र

ॐ श्रीं तिलोत्तमे आगच्छ।गच्छ स्वाहा ।

कांचनमाला अप्सरा मन्त्र

ॐ श्रीं कांचनमाले आगच्छागच्छ स्वाहा ।

कुंडला हारिण्य अप्सरा मन्त्र

ॐ श्रीं ह्रीं कुंडलाहारिणि आगच्छागच्छ स्वाहा ।

रत्नमाला अप्सरा मन्त्र

ॐ हूं रत्नमाले आगच्छागच्छ स्वाहा ।

रम्भा अप्सरा मन्त्र

ॐ सः रंभे आगच्छागच्छ स्वाहा ।

उर्वशी अप्सरा मन्त्र

ॐ श्रीं उर्वशि आगच्छागच्छ स्वाहा ।

भूषणा अप्सरा मन्त्र

ॐ वाः श्रीं वाः श्रीं भूषणि आगच्छागच्छ स्वाहा ।

अष्ट किन्नरी मन्त्र

ॐ ह्रीं आकट्ट कट्ट हूं यः फट् ।

मंजुघोषा किन्नरी मन्त्र

ॐ मंजुघोषे आगच्छागच्छ स्वाहा ।

मनोहारी किन्नरी मन्त्र

ॐ मनोहार्य स्वाहा ।

सुभगा किन्नरी मन्त्र

ॐ सुभगे स्वाहा ।

विशाल नेत्रा किन्नरी मन्त्र

ॐ विशालनेत्रे स्वाहा ।

सुरतिप्रिया किन्नरी मन्त्र

ॐ सुरतिप्रिये स्वाहा ।

अश्वमुखी किन्नरी मन्त्र

ॐ अश्वमुखि स्वाहा ।

दिवाकीर किन्नरी मन्त्र

ॐ दिवाकीर मुखि स्वाहा ।

सुभग कात्यायनी मन्त्र

ॐ सुरतिप्रिये दिव्य लोचने कामेश्वरि जगन्मोहने सुभगे कांचनमाला विभूषण नूपुर शब्देनाविशादिश पूरय साधक प्रियं स्वाहा ।

कुण्डल कात्यायनी मन्त्र

ॐ यामिनि कृतिनि अकाल मृत्यु निवारिणि खड्ग त्रिशूल हस्ते शीघ्रं सिद्धि ददाति हि तां साधक आज्ञापयति ह्लीं स्वाहा ।

चंड कात्यायनी मन्त्र

ॐ ऐं क्रं रुद्र भयंकरि अट्टाट्टहासिनि साधक प्रिये महाविचित्र रूपे रत्नाकरि सुवर्ण हस्ते यमनिकृतनि सर्वदुःख प्रशमनि उंउंउं हूंहूंहूं शीघ्रं सिद्धि प्रयच्छ ह्लीं जः स्वाहा ।

रुद्र कात्यायनी मन्त्र

ॐ ह्लीं ह्लीं हूं हूं हे हे फट स्वाहा ।

महाकात्यायनी मन्त्र

ॐ भू हू लह् णं फट् ।

सुर कात्यायनी मंत्र

ॐ भूं हूं फट् ।

कर्ण पिशाचिनी मन्त्र

यह मन्त्र अत्यन्त गोपनीय और कलियुग में शीघ्र सिद्धि देने वाला है ।

ध्यान

कृष्णां रक्तविलोचनां त्रिनयनां खर्वा च लम्बोदरी ।
बन्धू कारुण जिह्विकां वरवरा भीतीकरांमुन्मुखाम् ।।
धू म्राचिर्जटिलां कपाल विलसत्पाणि द्वयां चंचलाम् ।
सर्वज्ञां शवहृत्कृताधिवसतिं पैशाचिकीं तां नमः ।।

कर्ण पिशाचिनी मन्त्र

ॐ कर्णपिशाचिनि वदातीतानागतं ह्लीं स्वाहा ।

फल—आधी रात को अपने हृदय में देवी का ध्यान करके देवी की पूजा करनी चाहिए और जली हुई मछली की बलि देनी चाहिए। दिनभर भूखा रहे तथा रात्रि को मन्त्र का जप करे।

एक लाख जपने से यह मन्त्र सिद्ध होता है। इसमें पूजा करते समय 'ॐ अमृतं कुरु कुरु स्वाहा' कहकर पूजा करनी चाहिए तथा बलि चढ़ाते समय 'ॐ कर्णपिशाचि दग्धमीन बलि गृहाण गृहाण मम सिद्धि कुरु कुरु स्वाहा' कहकर बलि देनी चाहिए।

शाम को एक बार आहार करे और आहार में से एक पिण्ड सन्ध्या को घर की छत पर फेंक दे।

ऐसा करने से यह देवी सिद्ध हो जाती है और उसके कान में प्रत्येक बात का उत्तर कह देती है।

कर्ण पिशाचिनी मन्त्र

इसमें अन्य विधि-विधान पहले के समान ही है। तर्पण करते समय 'ॐ कर्ण-पिशाचि तर्पयामि स्वाहा' कहकर तर्पण करे।

कर्ण पिशाचिनी मन्त्र

कह कह कालिके गृह्ण गृह्ण पिंडं पिशाचिके स्वाहा।

अष्टादशाक्षर कर्ण पिशाचिनी मन्त्र

अन्य विधि-विधान ध्यान, व तर्पण ऊपर लिखे अनुसार ही है।

अष्टादशाक्षर कर्ण पिशाचनी मन्त्र

ॐ ह्रीं चः चः कम्बलिके गृह्ण पिण्डं पिशाचिके स्वाहा।

कर्ण पिशाचिनी मन्त्र

ॐ ह्रीं कर्णपिशाचि मे कर्णे कथय हुं फट् स्वाहा।

फल—रात्रि को दीपक का तेल पैरों में मलकर एक लाख मन्त्र जपना चाहिए तब यह मन्त्र सिद्ध होता है। इसमें पूजा ध्यान आदि नहीं करना चाहिए।

सिद्ध कर्ण पिशाचिनी मन्त्र

यह मन्त्र पूर्ण सिद्धिदायक है और एक श्रेष्ठ तांत्रिक ने गोपनीय रूप से इसे बताया था।

विनियोग

ॐ अस्य श्री कर्ण पिशाचिनि मन्त्रस्य पिप्पलाद ऋषिः, नीवृच्छंदः, कर्ण पिशाचिनी देवता ममाभीष्ट सिद्धयर्थे जपे विनियोगः ।

ध्यान

ॐ चित्तासनस्थां नरमुंडमाला विभूषितामस्थिमणीन् कराब्जैः ।
प्रेतान्नरांत्रैर्दधतीं कुवस्त्रां भजामहे कर्ण पिशाचिनीं ताम् ।

सिद्ध कर्ण पिशाचिनी मन्त्र

ॐ ऐं ह्रीं एं क्लीं क्लीं ग्लौं ॐ नमः कर्णाग्नौ कर्णपिशाचिकादेवि अतीतानागत वर्तमान वार्ता कथय मम कर्णे कथय कथय तथ्यं मुद्रावातां कथय कथय आगच्छागच्छ सत्यं सत्यं वद वद वाग्देवि स्वाहा ।

फल—श्मशान में जाकर या मरे हुए मुर्दे के सीने पर बैठकर यह मन्त्र एक लाख जपना चाहिए। ऐसा करने से मन्त्र सिद्ध होता है। पर जब तक एक लाख मन्त्र जप पूर्ण न हो तब तक साधक न तो स्नान करे और न दांत साफ करे। ऐसा करने पर कर्ण पिशाचिनि देवी प्रसन्न होती है और दूसरे के मन की बात साधक के कान में कह देती है।

मतांतरे कर्ण पिशाचिनी मन्त्र

ॐ नमः कर्ण पिशाचिनि मत्तकर्णि प्रविश अतीतानागत वर्तमानं सत्यं सत्यं कथय मे स्वाहा ।

फल—यह मन्त्र एक लाख जपने से सिद्ध होता है। फिर आम की लकड़ी पर एक सौ आठ बार यह मन्त्र लिखना चाहिए। तब स्वप्न में उसे प्रश्न का उत्तर मिल जाता है।

कर्ण पिशाचिनी मन्त्र

ॐ कर्ण पिशाचिनि पिंगल लोचने स्वाहा ।

फल—एक लाख जपने से यह मन्त्र सिद्ध होता है और सिद्ध होने पर देवी प्रसन्न होकर उसे भूत, भविष्य, वर्तमान बता देती है।

कर्ण पिशाचिनी मन्त्र

ॐ विश्वरूपे पिशाचि वद वद ह्रीं स्वाहा ।

फल—एक लाख जपने से यह मन्त्र सिद्ध होता है। फिर प्रतिदिन तीन हजार

मन्त्र जपता हुआ इक्कीस दिन तक प्रयोग करे तो देवी प्रसन्न होती है और सामने वाले व्यक्ति के हृदय की बात उसके कान में कह देती है ।

कर्ण पिशाचिनी मन्त्र

ॐ नमः कर्णपिशाचिन्य मोघसत्यवादिनि मम कर्णे अवतरावरातीता नागत-वर्तमानानि दर्शय मम भविष्यं कथय कथय ह्रीं कर्णपिशाचि स्वाहा ।

फल—दिन को घी का तथा रात्रि को घी का व तेल का दीपक जलाकर त्रिशूल की पूजा करे तथा मन्त्र का सवा लाख जप करे । ऐसा करने पर मन्त्र सिद्ध हो जाता है और उसके कान में आवाज आने लगती है ।

वार्ताली मन्त्र

ॐ ह्रीं श्रीं क्लीं नृं ठं ठं नमो देवपुत्रि स्वर्गनिवासिनि सर्व नरनारी मुख वार्तालि वार्तां कथय सप्त समुद्रान्दर्शय दर्शय ॐ ह्रीं श्रीं क्लीं नीं ठं ठं हुं फट् स्वाहा ।

फल—दो जंगली कांटे तथा एक सूअर का दांत लेकर उसके ऊपर एक लाख बत्तीस हजार मन्त्र जप करे तो मन्त्र सिद्ध हो । फिर नित्य सिन्दूर का तिलक करके एक सौ आठ बार मन्त्र जपे तो वार्ताली देवी प्रसन्न होती है और उसे कान में भूत-भविष्य वर्तमान बता देती है ।

इसमें दिन को हर समय सिन्दूर का तिलक लगाये रहना चाहिए ।

वृहद कर्ण पिशाचिनी मन्त्र

ॐ ऐं ह्रीं श्रीं दुं हुं फट् कनकवज्र वैदूर्य मुक्तालंकृत भूषणे एहि एहि आगच्छ आगच्छ मम कर्णे प्रविर्श्य भूत भविष्य वर्तमान काल ज्ञान दूर दृष्टि दूर श्रवणं ब्रूहि ब्रूहि अग्निस्तंभनं शत्रुस्तंभनं शत्रुमुखस्तंभनं शत्रुगति स्तंभनं शत्रुमतिस्तंभनं परेषां गतिं मतिं सर्वशत्रूणां वाग्जृंभण स्तंभनं कुरु कुरु शत्रुकार्यं हानि करि मम कार्यं सिद्धि करि शत्रूणामुद्योगविध्वंसकरि वीरचामुंडिनि हाटक धारिणि नगरी पुरी पट्टणस्थान-सम्मोहिनि असाध्य साधिनि ॐ श्रीं ह्रीं ऐं ॐ देवि हन हन हुं फट् स्वाहा ।

फल—यह मन्त्र एक लाख जपने से सिद्ध होता है और इससे शत्रु नाश तथा पूर्ण कार्य सिद्धि होती है ।

विप्रचाण्डालिनि मन्त्र

ॐ नमश्चामुंडे प्रचंडे इन्द्राय ॐ नमो विप्रचांडालिनि शोभिनि प्रकर्षिणि आकर्षय द्रव्यमानय प्रबल मानय हुं फट् स्वाहा ।

फल—प्रथम दिन भूखा रहे, धरती पर सोवे, मीठा भोजन करे और आधा भोजन करके आधा भोजन उसी थाली में झूठा छोड़ दे और भूखे मुंह से ही अपवित्र स्थान पर बैठकर यह मन्त्र जपे तो एक लाख मन्त्र जपने पर सिद्ध होता है । इसे २१ दिन में पूरा करना चाहिए ।

२१ दिनों में यदि रात्रि को भय दिखाई दे तो चिन्ता न करे और अनुष्ठान बराबर करता रहे तो उसे सिद्धि प्राप्त होती है और देवी स्वयं प्रसन्न होकर उसे मनोवांछित वरदान देती है।

क्षोभिणी मन्त्र

ॐ नमः उच्छिष्ट चांडालिनि क्षोभिणि दह दह द्रव द्रव श्रानपूरी श्री भास्करि नमः स्वाहा।

फल—२२ हजार १२३ मन्त्र जपने पर यह सिद्ध होता है और उसे पूर्ण सिद्धि प्राप्त होती है।

प्रेत साधन मन्त्र

ॐ श्री वं वं भुं भूतेश्वरि मम वश्यं कुरु कुरु स्वाहा।

फल—नित्य शौच के बाद बचा हुआ जल मूल नक्षत्र से प्रारंभ करके बबूल के वृक्ष में डाले और फिर उस वृक्ष के नीचे बैठकर १०८ मन्त्र जप प्रतिदिन करे। इस प्रकार ६ महीने तक मन्त्र जप करे, पीछे एक दिन पानी न डाले और मन्त्र जप करे तो प्रेत सामने आकर पानी मांगे तब उससे तीन वचन ले कि नित्य याद करने पर हाजिर होगा, बताया हुआ काम करेगा, और सेवा करेगा। ऐसा करने पर प्रेत वश में हो जाता है।

वट यक्षिणी चेटक मन्त्र

ॐ सुमुखे विद्युज्जिह्वे ॐ हूं चेटक जय जय स्वाहा।

नित्य इस मंत्र का १०८ जप करे और भोजन करते समय आधा भोजन छत पर फेंक दे। ऐसा छः महीने करने पर यक्षिणी स्वयं आकर अपने हाथ से भोजन ग्रहण करती है और जो भी मांगो वर प्रदान करती है।

लिंग चेटक मन्त्र

ॐ नमो लिंगोद्भव रुद्र देहि मे वाचां सिद्धिं वित्तानां पार्वतोपते ह्रीं ह्रीं हूं हैं ह्रौं हः।

स्वयं के लिंग को दाहिने हाथ में लेकर बायें हाथ से मन्त्र जपे। इस प्रकार एक लाख मन्त्र जपने पर वाक् सिद्धि हो जाती है।

नाना सिद्धि चेटक मन्त्र

ॐ नमो भूतनाथाय नमः मम सर्वसिद्धीर्देहि देहि श्रीं क्लीं स्वाहा।

पांच लाख मन्त्र जपने पर यह सिद्ध होता है और सिद्ध होने पर उसे जीवन में सम्पूर्ण सुख भोग प्राप्त होते हैं।

सागर चेटक मन्त्र

ॐ नमो भगवते समुद्राय देहि रत्नानि जलराशे त्रीणि नमो स्तुते स्वाहा।

समुद्र या नदी के किनारे नित्य रात्रि को यह मन्त्र जपे। एक लाख जपने पर यह सिद्ध होता है और उसके बाद नित्य उसे प्रातः उठते समय तकिये के नीचे तीन रत्न प्राप्त होते हैं।

काली चेटक मन्त्र

ॐ कंकाली महाकाली केलिकलाभ्यां स्वाहा।

यह मन्त्र अत्यन्त दुर्लभ और गोपनीय है। इसके जानने वाले को सर्व सिद्धि प्राप्त होती है। इस मन्त्र से एक हजार चमेली के फूलों का रस मिलाकर एक हजार होम करे तो काली प्रसन्न होती है और नित्य प्रातः उठते समय साधक को सिरहाने एक तोला स्वर्ण प्राप्त होता है।

फेत्कारिणी चेटक मन्त्र

ॐ नमो अश्म कर्णेश्वरि दुर्बले आर्द्रकेशी जटाकलापे ढक्कण फेत्कारिणि स्वाहा।

अजमोद की जड़ को घोड़ी के दूध में हरताल के साथ घिसकर मुख में रख ले तथा फिर इस मन्त्र का एक हजार जप करे। ऐसा करने पर मंत्र सिद्ध होता है। फिर एक बार मन्त्र पढ़कर जिस किसीसे भी जो भी वस्तु मांगेगा वह तुरन्त दे देगा।

रतिराज चेटक मन्त्र

ॐ ह्रां ह्रीं ह्रूं विटपाय स्वाहा।

यह मन्त्र पांच लाख जप करने पर सिद्ध होता है। फिर जिस समय स्त्री के साथ रमण करना हो तब एक बार मन्त्र पढ़कर रमण करे तो स्त्री को पूर्ण सन्तुष्ट करे। पूर्ण कामोद्दीपन हो तथा स्त्री जीवनभर वश में रहे।

शतयोजन दृष्टि चेटक मन्त्र

ॐ ह्रीं फ्रूं स्वाहा।

कृष्ण पक्ष की चतुर्दशी को गिद्ध का सिर लाकर उसे जमीन में गाड़ दे और उसमें लहसन के बीज बो दे। जब पुष्य नक्षत्र आवे तब उस लहसन के फूल को जल के साथ पीस कर घृत मिलाकर आंख में लगावे और मन्त्र पढ़े तो सौ योजन तक दिखाई दे तथा नेत्र-ज्योति अत्यन्त तीव्र हो।

तस्कर ग्रहण चेटक मन्त्र

उद्दमुद्द जल्ल जलाल, पकड़ चोटी धर पछाड़,
मेज कुद्दा लाव मुद्दा, याकहु हारो या कहु हारो।

नदी के किनारे या कुएं के पास १२१ बार यह मन्त्र पढ़कर सो जाय तो तुरन्त उसे चोरी की हुई सामग्री, सामग्री छुपाने का स्थान तथा चोर के बारे में पूरा-पूरा ज्ञान हो जायगा।

चौर्य चेटक मन्त्र

ॐ नमो नारसिंह वीर ज्यूं ज्यूं तू चालै, पवन चालै, पानी चालै चोर का चित्त चालै, चोर के मुख में लोही चालै, काया थांभै, माया परै करै जो चोर के मुख में लोही न चलावै तो गोरखनाथ की आज्ञा मेटै, नौ नाथ चौरासी सिद्ध की आज्ञा मेटै।

सवा पाव चावल लेकर तीन दफे पानी से धोकर फिर गौ मूत्र में भिगोवे और उसे सुखा दे। सूखने पर उस पर १०८ बार मन्त्र पढ़े। फिर वह चावल थोड़ा-थोड़ा सब को दे। जो चोर होगा उसके मुंह से रक्त निकलेगा।

गुप्त वार्ता लक्ष्य चेटक मन्त्र

रविदिन जहां जु घुग्घु पावे,
ताको काढ़ कलेजो लावे।
ताको धूप दीप दे राखे,
सोवत नर के हिरदे नाखे।
गुप्त बात मन में जो होई,
ज्यों की त्यों सबही कह देई।

स्वर्ण सिद्धि मन्त्र

ॐ ऐं क्लीं क्लीं ह्लीं ह्लीं ह्लीं सः वं आपदुद्धरणाय अजामल बद्धाय लोकेश्वराय स्वर्णाकर्षण भैरवाय मम दारिद्रय विद्वेषणाय श्री महाभैरवाय नमः।

पारा तीन हिस्सा, जस्ता नौ हिस्सा लेकर मिट्टी के बर्तन में रख करके साग पत्र रस दे तो भस्म होय। फिर मन्त्र द्वारा इस भस्म को चांदी के पत्र पर लेप करे तो वह पत्र सुवर्ण हो।

अदृश्य विधान मन्त्र

ॐ ह्रीं क्लीं ऐं आसुरी रक्त वाससे अघोर अघोर कर्म कारिके अदृश्य कुरु कुरु ह्रीं ऐं ॐ।

इस मन्त्र को रविवार के दिन आरंभ करके एक सप्ताह तक नित्य एक लाख जपे और बिल्कुल निराहार रहे तथा वस्त्र भी धारण न करे तो अगले रविवार को स्वयं यक्ष आकर गुटिका प्रदान करता है जिसे हाथ में लेते ही साधक अदृश्य हो जाता है। वह स्वयं तो दूसरों को देख सकता है परन्तु दूसरे लोग उसको नहीं देख पायेंगे।

प्रत्यंगिरा मन्त्र

ॐ ह्रीं यां कल्पयति नो रयः करां कृत्यां वधूमिव,
ह्रां ब्रह्मणा अपनिर्णुद्मः प्रत्यक्कर्तारि मृच्छतु ह्रीं ॐ।

यह मन्त्र एक लाख जपने से सिद्ध होता है और सिद्ध होने पर साधक को जीवन में किसी प्रकार का रोग नहीं होता।

चोरी न हो—मन्त्र

जले रक्षतु वाराहः स्थले रक्षतु वामनः।
अटव्यां नारसिंहश्च सर्वतः पातु केशवः॥
जले रक्षतु नन्दीशः स्थले रक्षतु भैरवः।
अटव्यां वीरभद्रश्च सर्वतः पातु शंकरः॥

अर्जुनः फाल्गुनो जिष्णुः किरीटी श्वेत वाहनः।
बीभत्सुर्विजयः कृष्णः सव्यसाची धनंजय॥
तिस्रो भार्याः कफल्लस्य दाहिनी मोहिनी सती।
तासां स्मरण मात्रेण चोरो गच्छति निष्फलः॥
कफल्लकः कफल्लकः कफल्लकः

विधान—रात को सोते समय केवल एक बार इस मन्त्र का उच्चारण कर सोने से घर में चोरी नहीं होती।

भूत उपद्रव नाश मन्त्र

ॐ नमो भगवते नारसिंहाय घोर रौद्र महिषासुर रूपाय **त्रैलोक्याडंबराय रौद्र क्षेत्रपालाय ह्रौं ह्रौं क्रीं क्रीं क्रीमिति** ताडय ताडय **मोहय मोहय द्रंभि द्रंभि क्षोभय क्षोभय आभि आभि साधय साधय ह्रीं हृदये आं शक्तये प्रीति ललाटे बंधय बंधय हृदये स्तंभय स्तंभय किलि किलि ईं ह्रीं डाकिनि प्रच्छादय प्रच्छादय शाकिनीं प्रच्छादय प्रच्छादय भूतं प्रच्छादय प्रच्छादय प्रभूतं प्रच्छादय प्रच्छादय स्वाहा राक्षसं प्रच्छादय प्रच्छादय ब्रह्मराक्षसं प्रच्छादय प्रच्छादय सिंहिनी पुत्रं प्रच्छादय प्रच्छादय** डाकिनी ग्रहं साधय साधय शाकिनी ग्रहं साधय साधय **अनेन मंत्रेण डाकिनी शाकिनी** भूत प्रेत पिशाचाद्यं काहि कद्वया हिक त्र्याहि **कचातुर्थिक पंचवातिक पैत्तिक श्लैष्मिक**

सन्निपात केसरि डाकिनी ग्रहादीन्मुंच मुंच स्वाहा। गुरु की शक्ति, मेरी भक्ति, फुरो मंत्र ईश्वरी वाचा।

लोहे की सलाख से या झाड़ू से २१ बार यह मन्त्र पढ़कर झाड़ दे तो भूत बाधा आदि दूर हो।

नजर झाड़ने का मन्त्र

ॐ नमो सत्य नाम आदेश गुरु को ॐ नमो नजर जहां परपीर न जानी बोले छलसों अमृतबानी, कहो नजर कहां ते आई, यहां को ठौर तोहि कौन बताई, कौन जात तेरो कहा ठाम, किसकी बेटी कहा तेरो नाम, कहां से उड़ी कहां को जाया अब ही बसकर ले तेरी माया, मेरी जात सुना चितलाय जैसी होय सुनाऊं आय, तेलन तमोलन चूहड़ी चमारी कायथनी खतरानी कुम्हारी महतरानी राजा की रानी जाको दोष ताहि के सिर पड़े जाहर पीर नजर से रक्षा करे मेरी भक्ति गुरु की शक्ति, फुरो मंत्र ईश्वरी वाचा।

मोर पंख से एक बार यह मन्त्र पढ़कर झाड़ दे तो नजर उतर जाय।

ज्वर दूर करने का मन्त्र

ॐ ह्रां ह्रीं श्रीं सुग्रीवाय महाबल पराक्रमाय सूर्य पुत्राय अमित तेजसे ऐकाहिकं द्वयाहिकं त्र्याहिकं चातुर्थिकं दृष्टि ज्वरं सान्निपातिकं संततज्वरं तत्क्षणं षाण्मासिकं सांवत्सरिकं सर्वान् छिंधि छिंधि भिंधि भिंधि किरि किरि सर्वान् ज्वरान् ग्रस ग्रस पिब पिब ब्रह्मज्वरं भीषय भीषय विष्णु ज्वरं त्रासय त्रासय माहेश्वरज्वरं निघातय भूतज्वर प्रेतज्वर अपस्मरादि महाव्याधीन्नाशय नाशय सर्वान् दोषान् घातय घातय महावीर वानर ज्वरान् बंध बंध ॐ ह्रां ह्रीं हुं हुं फट् स्वाहा।

इस मन्त्र से २१ बार झाड़ दे तो किसी भी प्रकार का ज्वर तुरन्त दूर हो जाता है।

सुख प्रसव मन्त्र

ॐ मुक्ताः पाशा विमुक्ताशा मुक्ताः सूर्येण रश्मयः।
मुक्ताः सर्वभयाद्गर्भ एहि माचिर माचिर स्वाहा।

इस मन्त्र से आठ बार पढ़कर जल को अभिमंत्रित करके जल गर्भिणी स्त्री को पिलावे तो तुरन्त सुख से प्रसव हो जाय।

बिच्छू झाड़ने का मन्त्र

ॐ नमो आदेश गुरू को कालो बिच्छु कांकरवालो उत्तर बिच्छु न कर टालो उतरै तो उतारूं, चढ़े तो मारूं, गरुड मोर पंख हकाल शब्द साचा पिंड काचा फुरो मंत्र ईश्वरी वाचा।

इस मन्त्र से छः बार झाड़ दे तो बिच्छू उतर जाय ।

सर्प झाड़ने का मन्त्र

खं खः ।

जो व्यक्ति सर्प काटने की खबर दे तो पानी को इस मंत्र से १०८ बार अभिमंत्रित कर खबर देने वाले मनुष्य को यह जल देकर कहे कि जाकर पिला दे। इस पानी के पीने से सर्प का जहर उतर जाता है ।

शत्रु पीड़ाकारक मन्त्र

वीर वीर महावीर सात समुद्र का सोखा नीर,
अमुका के ऊपर चौकी चढ़े हियौ फोड़ चोटी चढ़े ।
सांस न आवे पड्यो रहे काया माहि जीव रहे ।
लाल लंगोट तेल सिन्दूर, पूजा मांगो महावीर ।
अन्तर कपड़ा पर तेल सिंदूर हजरत वीर की चौकी रहे ।

मंगलवार के दिन आधी रात को तेल सिंदूर लाल वस्त्र इस मंत्र द्वारा हनुमान को चढ़ावे, चने की दाल का भोग लगावे, गुड़ का नैवेद्य रखे, पीछे दूसरे कपड़े में तेल सिन्दूर लगाकर (अमुक) के स्थान पर शत्रु का नाम बोलकर सात सूई उस कपड़े में चुभोवे और उस कपड़े को मिट्टी की हांडी में डालकर मुख बन्द कर जमीन में गाड़ दे तो शत्रु तड़फता रहे। जब अच्छा करना हो तो जमीन में से हांडी निकालकर उस कपड़े में से सुइयां निकाल दे और कपड़ा धो दे तो शत्रु अच्छा हो जायगा ।

शत्रु को पागल करने का मन्त्र

ॐ नमो भगवते शत्रुणां (अमुकं) बुद्धिस्तंभनं कुरु कुरु स्वाहा ।

ऊंट की लीद को छाया में सुखाकर फिर उसमें से एक रत्ती लेकर १०८ बार इस मंत्र से अभिमंत्रित करके उस लीद को पान में डालकर शत्रु को खिलावे तो शत्रु पागल हो जाता है ।

शत्रु गृहे कलह करण मन्त्र

ॐ ह्रीं हुं फट् ।

रविवार की दोपहर को गधा जहां लोटा हो उस स्थान की धूल लाकर उसके सामने गुग्गल धूप जलाकर एक सौ आठ बार मन्त्र पढ़कर उस धूल को शत्रु के सिर पर या उसके घर में डाल दे तो उसके घर में कलह बनी रहे ।

विक्रय रोधन मन्त्र

भवर वीर तूं चेला मेरा, बांध दुकान कहा कर मेरा।
उठे न डंडी बिके न माल, न भवरवीरसो खेकर जाय।

इस मन्त्र से काले उड़दों को १०८ बार अभिमंत्रित कर रविवार को शत्रु की दुकान में डाले तो तीन रविवार के अन्दर-अन्दर शत्रु के दुकान की बिक्री बंद हो जायगी।

शत्रु मारण मन्त्र

क्रीं नमो भगवति आर्द्र पटेश्वरि हरित नीलपटे कालि
आर्द्र जिह्वे चांडालिनि रुद्राणि कपालिनि ज्वालामुखि
सप्तजिह्वे सहस्त्र नयने एहि एहि (अमुकं) ते पशुं ददामि
(अमुकस्य) जीवं निकृन्तय एहि तज्जीवितापहारिणि हुं।
फट् भुर्भुवः स्वः फट् रुधिरार्द्रंव साखादिनि मम शत्रुन्।
छेदय छेदय शोणितं पिब पिब हुं फट् स्वाहा।

यह रावण कृत मन्त्र है। केवल जप करने से ही एक महीने में शत्रु का मरण हो जाता है। इसे कृष्ण पक्ष की अष्टमी से प्रारंभ करके चतुर्दशी तक एक लाख मन्त्र जप कर लेना चाहिए।

मुख स्तंभन मन्त्र

ॐ नमो भगवति दुर्वचने किलि किलि वाचो भंजिनि मख स्तंभिनि स्वाहा।

शत्रु का नाम लेकर इस मन्त्र का एक लाख जप करे तो केवल मात्र जप से ही शत्रु का मुंह बन्द हो जाता है।

बुद्धि स्तंभन मन्त्र

ॐ घूं।

उल्लू अथवा बन्दर की विष्ठा को पांच बार इस मन्त्र से अभिमंत्रित कर पान में रखकर शत्रु को खिलावे तो उसकी बुद्धि समाप्त हो जाती है।

वशीकरण मन्त्र

ॐ हूं।

सफेद सरसों और त्रियंगू को साथ पीसकर ऊपर लिखे मन्त्र से अभिमंत्रित करके जिसके मस्तक पर डाल दे तो वह उसी क्षण साथ-साथ चला आयेगा तथा जीवन भर दास के समान होकर रहेगा।

विचित्र मन्त्र

कड़ुवी तुंबीं तेल ले, बींट कबूतर लाय ।
हड्डी गधा मंगाय के सबको ले पिसवाय ।।
माथे पर याको तिलक, जो कोई लेय लगाय ।
रावण सो दीखन लगे, यामें संशय नाय ।।

वस्तुतः मन्त्रों की संख्या अपरिमित है और कई प्रकार के मन्त्र हैं जिनसे सफलता प्राप्त होती है ।

मैंने कुछ मन्त्र इस परिशिष्ट में दिये हैं । यदि पूर्ण विधि-विधान के साथ इन मन्त्रों का प्रयोग किया जाय तो साधकों को निश्चिय ही सफलता प्राप्त होगी ।

उपसंहार

मानव अपने मुंह से जो भी शब्द या ध्वनि उच्चारित करता है वह मन्त्र रूप होती है। परन्तु जब इस ध्वनि या शब्द का गुंफन हो जाता है तो उसमें एक विशेष लय की सृष्टि हो जाती है और यह सृष्टि ही मन्त्र रूप बन जाती है।

हम भारतीय हैं और भारत की मूल आत्मा मन्त्रमय है। हमारे जीवन में जन्म से लगाकर मृत्यु तक सोलह संस्कार करने का विधान है और प्रत्येक संस्कार के पीछे एक ठोस धरातल और एक निश्चित प्रक्रिया है। इन सारी प्रक्रियाओं के मूल में मन्त्र ही हैं। इस प्रकार से हमारा पूरा जीवन मंत्रों के आधार पर स्थित है।

सृष्टि के प्रारंभ में शिव ने जो नृत्य किया उस नृत्य से चौदह प्रकार की ध्वनियां प्रवाहित हुईं और ये ध्वनियां ही मंत्रों का मूल आधार माना जाता है।

प्रारम्भ में हमने मन्त्रों का विधिवत् अध्ययन, मनन, और संयोजन किया था जिसके आधार पर हमने पूर्ण प्रकृति को अपने नियंत्रण में ले रखा था परन्तु धीरे-धीरे बाहरी वातावरण से मन्त्रों के प्रति हमारा अज्ञान बढ़ता गया और हम इन मंत्रों से दूर हटते गये। इसके मूल में कई कारण उपस्थित हुए। विदेशी आक्रमणों से हमारे मूल ग्रन्थ समाप्त हो गये। कुछ विशिष्ट ग्रन्थों को विदेशी अपने साथ लेते गये। फलस्वरूप भारतीयों ने यह परम्परा स्थापित की कि इन मन्त्रों को बताने का एक मात्र उपाय मौखिक परम्परा स्थापित करना है। फलस्वरूप विशिष्ट साधु योगी और विद्वद्जनों ने मंत्रों को कंठस्थ रखना प्रारम्भ किया और शिष्यों को भी कंठस्थ करवा दिया। इस प्रकार ये मंत्र जीवित रह सके और विदेशी आक्रमणों के आघात से भी अपने आप को सुरक्षित रख सके।

परन्तु धीरे-धीरे इस स्थिति में परिवर्तन आया। व्यक्ति अन्य कई कार्यों में व्यस्त हो गया। फलस्वरूप उनका जो मूल ध्येय था उसके पीछे स्वार्थ ने घर कर लिया। गुरु मूल रूप से गुरु होते हुए भी तथ्य पर भी ध्यान देने लगा कि इन मन्त्रों का ज्ञान शिष्य को तभी दिया जाना चाहिए जब कि उससे सेवा प्राप्त हो सके। इस प्रकार मन्त्रों की जो परम्परा थी वह समाप्त होने लगी और एक प्रकार से यह मंत्र-साधना व्यापार का साधन बन गई।

समय बीतने पर कई विद्याएं गुरु के साथ ही समाप्त होती चली गईं। क्योंकि एक तो उन्हें पूर्ण समर्पित भाव शिष्य नहीं मिल सके जिन्हें कि वे अपने ज्ञान को

सुचारु रूप में दे सकें और दूसरा कारण स्वार्थपरता भी रहा जिसकी वजह से भी मंत्रों का आदान-प्रदान कुंठित हो गया। फलस्वरूप मंत्रों की धारा में ऐसी बाधा आ गई जिससे कि मंत्र शक्ति अपने आप में कमजोर और निर्बल होने लगी।

समय बीतने के साथ-साथ हमारे भारतवर्ष की अमूल्य विद्या उन साधुओं के साथ समाप्त होती चली गई जो कि सर्मपित भाव से इस कार्य में लगे हुए थे। जब समाज की तरफ से उन्हें पूरा सम्मान प्राप्त नहीं हुआ तो वे समाज से कट गये और अपना अधिकांश जीवन जंगलों में और हिमालय की कंदराओं में व्यतीत करने लगे। इससे समाज को बहुत बड़ा नुकसान हुआ क्योंकि वह उन सिद्धिदायकों, साधुओं, महात्माओं और त्रिकाल दर्शियों के ज्ञान से वंचित रह गया। वह अमूल्य विद्या उन योगियों के साथ ही समाप्त होती चली गई और समाज इस तरफ से पूरी तरह से आंख मूंदकर पड़ा रहा।

परन्तु जब भारतीय समाज ने इस समस्या की ओर देखा तब्र तक समय बहुत अधिक बीत चुका था। उसने इधर-उधर हाथ पैर मारनें शुरू किये परन्तु वे वास्तविक योगी प्राप्त नहीं हो सके जिन्हे इन विद्याओं का पूर्ण ज्ञान था। इसके स्थान पर समाज को ढोंगी, कपटी और स्वार्थ-लोलुप साधुओं से ही सामना करना पड़ा जो कि इस ज्ञान के क्षेत्र में बिल्कुल कोरे थे परन्तु आडम्बर में पूर्णत: प्रवीण और चतुर थे जिसकी वजह से वे समाज में अपने आपको स्थापित करने में सफल हो सके परन्तु जिनका योगदान समाज को कुछ भी प्राप्त नहीं हो सका।

इससे सबसे बड़ी समस्या यह हो गई कि समाज को जो थोड़ा-बहुत विश्वास मंत्र तंत्र के क्षेत्र में था वह डिग गया क्योंकि जब भी समाज को इसकी आवश्यकता हुई तब समाज दौड़कर इन साधुओं के पास ही गया जो कि मूल रूप से ढोंगी थे और जो कुछ भी देने में समर्थ नहीं थे। फलस्वरूप समाज के मन में यह धारणा घर कर गई कि मंत्र-तंत्र व्यर्थ की बात है, इससे किसी भी प्रकार से हित सम्पादन संभव नहीं है।

परन्तु यह संक्रमण काल बहुत समय तक नहीं रहा। समाज इस बात को मानने लगा कि मंत्र तंत्र व्यर्थ नहीं है अपितु इन धर्म के ठेकेदारों ने अपने स्वार्थ के कारण अपने आपको ऊंचा उठाने के लिए पाखण्ड की एक ऐसी दीवार खड़ी कर दी है जिसके उस पार स्थित सत्य को देखा जाना संभव नहीं रह गया है।

इस बीच विदेशियों के मन में भारत के प्रति और विशेषकर भारत के इस ज्ञान के प्रति ललक पैदा हुई और उन्होंने इस संबंध में खोज प्रारम्भ की। कई विदेशी भारतवर्ष में आए और दुर्गम स्थानों पर यात्रा कर उन साधुओं, संन्यासियों और विद्वानों से मिले जो वास्तव में ही इसके जानकार थे और जिनकी वाणी में स्पष्ट और शुद्ध उच्चारण था। उन्होंने इन घटनाओं को जब प्रकाशित किया तो भारतवासियों ने भी अनुभव किया कि यह ज्ञान तो मूल रूप से हमारी संस्कृति का

ही है । यह ज्ञान हमारा स्वयं का है, और हम स्वयं इससे कट गये हैं। फलस्वरूप उन्होंने इस संबंध में विशेष रुचि लेनी प्रारम्भ की और जो सत्य था उसे सबके सामने रखने को तैयार हुए ।

इससे उन ढोंगियों का पर्दा फाश हो गया जो कि वास्तव में ही आडम्बर के सहारे अपने आपको महान् मंत्रशास्त्री और तांत्रिक सिद्ध कर बैठे थे । इससे एक लाभ यह भी हुआ कि समाज में एक विशेष प्रकार की बेचैनी देखने को मिली । समाज इस बात की खोज में लगा कि वास्तव में मंत्र शक्ति क्या है, और क्या उस शक्ति का उपयोग जीवन-निर्माण में तथा जीवन के उत्थान में किया जा सकता है ।

आज समाज और विशेषकर भारतीय समाज इस बात को एक स्वर से मानने के लिए बाध्य है कि हम विश्व में सर्वोपरि इसलिए माने गए थे क्योंकि हमारे पास **मन्त्र तन्त्र** का अक्षय भण्डार था और इन सिद्धियों के माध्यम से हमने पूरी प्रकृति को अपने नियन्त्रण में ले रखा था । आज पुनः इन मन्त्रों-तन्त्रों का सही वैज्ञानिक तरीके से अध्ययन होने की आवश्यकता है, जिससे कि इस ज्ञान का सही रूप से उपयोग किया जा सके ।

ऐसी स्थिति में भारतवर्ष में और भारतवर्ष से बाहर कई स्थानों पर मन्त्र-तन्त्र से संबंधित अध्ययन-कक्ष प्रारम्भ हुए जहां पर इसका ज्ञान कराने की व्यवस्था है ।

वास्तव में अभी तक ऐसी कोई पुस्तक उपलब्ध नहीं थी जो कि **मन्त्र का शुद्ध वैज्ञानिक रूप** से अध्ययन प्रस्तुत कर सके । साथ ही साथ इस बात की भी आवश्यकता थी कि भारतवर्ष में एक ऐसा केन्द्र स्थापित हो जो कि सही रूप में इस ज्ञान को समाज के सामने रख सके और आने वाली पीढ़ी को मार्गदर्शन दे सके ।

भारतीय ज्योतिष अध्ययन अनुसन्धान केन्द्र ने इस चुनौती को भली प्रकार से स्वीकार किया और इस केन्द्र में मन्त्र-तन्त्र से संबंधित इस प्रकार का ज्ञान वैज्ञानिक पद्धति से देने का निश्चय किया, जिससे कि वे सही रूप में इससे लाभान्वित हो सकें और अपने कार्यों से समाज को और देश को एक नवीन दिशा प्रदान कर सकें ।

मैंने देखा है कि आज की नयी पीढ़ी में इस ज्ञान के प्रति एक ललक है, चेतना है, कुछ कर गुजरने की क्षमता है और वह इस ज्ञान के क्षेत्र में गहरे से गहरे पैठने की क्षमता रखता है । पिछले पांच-छः वर्षों में कई शिष्य आये और उन्होंने मन्त्र-तन्त्र के क्षेत्र में कुछ सीखने की इच्छा प्रकट की । यद्यपि यह साधना अत्यन्त कठिन मानी जाती है क्योंकि इस क्षेत्र में तथा साधना में किसी भी प्रकार की शिथिलता और कमजोरी एक प्रकार से आत्मघात के समान ही होती है, परन्तु इन युवकों ने यह दिखा दिया है कि वे प्रत्येक प्रकार की चुनौतियों का सामना करने के लिए तैयार हैं और कठिन से कठिन परीक्षा में भी खरे उतरकर सफलता वरण करने के लिए उद्यत हैं ।

इसी तथ्य को ध्यान में रखकर केन्द्र में एक शिक्षण संस्थान स्थापित किया है जिसके द्वारा उन युवकों का चयन किया जाता है जो पूर्ण समर्पित भाव से इस क्षेत्र में सफलता प्राप्त करने के इच्छुक हों और फिर उन्हें वैज्ञानिक तरीके से मन्त्र-तन्त्र का ज्ञान कराया जाता है।

वास्तव में मन्त्र अपने आप में बहुत गहरे अर्थ में ध्वन्यात्मक रूप है। अतः इस प्रकार का ज्ञान गुरुमुख से ही प्राप्त करना चाहिए क्योंकि गुरु ही उस मंत्र की मूल आत्मा और उसका प्रयोग बता सकता है। साथ ही साथ गुरु ही उस मन्त्र की उच्चारण शैली को स्पष्ट कर सकता है।

आज केन्द्र से कई युवक इस क्षेत्र में सीखकर समाज में आगे बढ़े हैं और अपने क्षेत्र में विशेष सफलता प्राप्त की है। यह धारणा गलत है कि गृहस्थ व्यक्ति साधना प्राप्त नहीं कर सकता या मन्त्र-तन्त्र के क्षेत्र में सिद्धि और सफलता स्वीकार नहीं कर सकता। इस क्षेत्र में योगी या साधु भी उतना ही सफल हो सकता है जितना कि गृहस्थ व्यक्ति। अपितु मैं तो यह कहूंगा कि गृहस्थ व्यक्ति इस क्षेत्र में विशेष सफलता प्राप्त कर सकता है।

इन वर्षों में युवकों ने इस क्षेत्र में सीखकर यह सिद्ध कर दिया है कि वे तन्त्र-मन्त्र के क्षेत्र में विशेष सफलता प्राप्त कर सकते हैं। मैंने देखा है कि पुरुषों के बराबर महिलाओं ने भी इस क्षेत्र में रुचि ली है और कुछ महिलाएं विशेष रूप से मन्त्रों के क्षेत्र में सफल हुई हैं।

मेरे सामने एक स्वप्न था कि मैं भारतवर्ष की इस खोई हुई विद्या को पुनर्जीवित करूं, धीरे-धीरे जो यह विद्या समाज से और देश से लोप हो रही है उसे पुनः साकार रूप दे सकू। कुछ ऐसे शिष्य-शिष्याएं तैयार कर सकूं जो इस क्षेत्र में पूर्णता प्राप्त कर सकें और आने वाली पीढ़ी को यह ज्ञान उपहार के रूप में दे सकें।

मुझे प्रसन्नता है कि इन वर्षों में इन युवकों ने मेरे स्वप्न को साकार बनाने में सफलता प्राप्त की है। मेरे इन शिष्यों में भारतीय और विदेशी दोनों ही हैं और दोनों ने ही इस क्षेत्र में समान रूप से रुचि ली है। मैंने यह भी देखा है कि महिलाएं भी इस क्षेत्र में पूर्णता प्राप्त करना चाहती हैं और पिछले वर्षों में कुछ शिष्याएं इस क्षेत्र में विशेष सफलता प्राप्त कर समाज में अपने आपको सम्माननीय स्थान पर स्थापित कर सकी हैं।

मुझे विश्वास है अब यह विद्या भारतवर्ष से समाप्त नहीं हो सकेगी। इन युवकों में जो चेतना मैंने जागृत की है वह मंद नहीं होगी। जो आग मैंने जलाई है वह समाप्त नहीं होगी। और एक बार पुनः निकट भविष्य में ही यह देश इस क्षेत्र में पूरे विश्व को रास्ता दिखा सकेगा तथा अपने प्रकाश से पूरे विश्व को प्रकाशित कर सकेगा।

यह पुस्तक इसी कार्य की एक कड़ी है। युवकों के लिए और विशेषकर **साधक, जिज्ञासुओं के लिए यह पुस्तक अत्यन्त उपयोगी है क्योंकि पहली बार इस पुस्तक के माध्यम से मन्त्र का सही रूप से विवेचन प्रस्तुत हो** सका है और **मन्त्र का सैद्धान्तिक पक्ष** स्पष्ट हो सका है।

केन्द्र ने जिस दिन से मन्त्र-तन्त्र प्रतिष्ठान स्थापित किया है, भारतीय व्यक्तियों के मन में एक नई चेतना, एक नया जोश, एक नई उमंग साकार हो सकी है। उन्हें यह विश्वास हुआ है कि वे अपने स्वप्नों को साकार कर सकेंगे।

केन्द्र ने भी इस उत्तरदायित्व को भली प्रकार से अनुभव किया है और पूर्ण क्षमता के साथ अपनी जिम्मेदारी को समाज के सामने प्रस्तुत किया है। यद्यपि तन्त्र-मन्त्र-साधना के क्षेत्र में सीखने वाले विद्यार्थियों का चयन अत्यन्त कठिन होता है। पूरी तरह से ठोक-बजाकर देखा जाता है कि यह वास्तव में ही इस क्षेत्र में कुछ कर सकेगा, समाज को नया रास्ता बता सकेगा और अपने ज्ञान का दुरुपयोग न कर उसे देश के उत्थान में सक्रिय योगदान दे सकेगा। तभी उसे इस क्षेत्र में कार्य करने का प्रवेश प्राप्त होता है।

पिछले वर्षों में इस क्षेत्र में साधकों ने कई प्रकार का ज्ञान भली प्रकार से प्राप्त किया जिसमें ८० साल के वृद्ध से लेकर २० साल के युवक तक हैं और जो पूर्ण क्षमता के साथ साधना-क्षेत्र में सफलता प्राप्त कर सके हैं। स्त्रियों ने भी इस क्षेत्र में विशेष रुचि प्रदर्शित की है और उन्होंने भी इस क्षेत्र मे पूर्ण सफलता प्राप्त कर यह सिद्ध कर दिया है कि वे किसी भी प्रकार से पुरुषों से पीछे नहीं हैं।

साधकों में आयु का कोई बन्धन नहीं होता, आवश्यकता इस बात की होती है कि उनमें ज्ञान प्राप्त करने की विशेष रुचि हो, कष्ट सहन करने की पूर्ण क्षमता हो, गुरु के प्रति श्रद्धा और सम्मान हो तथा इस क्षेत्र में कुछ कर गुजरने की चमक उनकी आंखों में कौंधती हो तो वे निश्चय ही सफलता के पथ पर अग्रसर हो सकते हैं। और मुझे प्रसन्नता है कि इन साधकों ने मुझे निराश नहीं किया है।

आने वाला समय इन साधकों का है। आने वाली पीढ़ी इस बात के लिए गौरवान्वित होगी कि वर्तमान समय में युग ने करवट ली है और भारतवर्ष की अमूल्य थाती पुनः प्रस्तुत हो सकी है तथा समाज जिसके पीछे लालायित था, जो ज्ञान एक प्रकार से जंगलों और गुफाओं में खो गया था, वह पुनः सबके सामने सुलभ हो सका है और इसके लिए केन्द्र ने जो भूमिका निभाई है वह आने वाले समय के लिए अविस्मरणीय रहेगी।

भारतीय ज्योतिष अध्ययन अनुसन्धान केन्द्र, डा० श्रीमाली मार्ग, हाई कोर्ट कॉलोनी, जोधपुर, (राजस्थान) इस प्रकार के ज्ञान और साधना का एक पुंजीभूत रूप है, एक साकार स्वप्न है, जिसके माध्यम से आज का समाज भावी युग को देखने में

सफल हो सका है । मुझे विश्वास है आने वाला समय इस केन्द्र के माध्यम से अपने स्वप्न को साकार करने में समर्थ हो सकेगा ।

यह ग्रन्थ अपने आप में इसलिए अमूल्य है क्योंकि इसके **माध्यम से साधक मन्त्र के मूल आत्मा और उसके रहस्य को समझ** सकेंगे तथा इसके माध्यम से अपने ज्ञान को भली प्रकार से आगे बढ़ा सकेंगे ।

मुझे भारतवर्ष और सम्पूर्ण विश्व के साधकों पर गर्व है कि उनमें एक नयी चेतना व्याप्त है और वे इस चेतना को पूरे विश्व में फैलाने के लिए उद्यत हैं । मेरा आशीर्वाद इन सभी साधकों के साथ प्रति क्षण है ।